グローバル・マーケティング・コミュニケーション

GLOBAL MARKETING AND ADVERTISING

MARIEKE DE MOOIJ =著

朴 正洙 =監訳

千倉書房

Global Marketing and Advertising
Understanding Cultural Paradoxes
4th Edition

Authorized translation from the English language edition, entitled
Global Marketing and Advertising,4th Edition, ISBN978-1-4522-5717-4
by Marieke de Mooij, published by SAGE Publications,Inc.,Copyright ©2014
by SAGE Publications,Inc.

All rights reserved. No part of this book may be reproduced or utilized in
any form or by any means, electoronic or mechanical, including photocopying,
recording, or by any information storage and retrieval system, without permission
in writing from the publisher.

JAPANESE language edition published by CHIKURA SHOBO Co.Ltd.,
Copyright ©2016.

Japanese translation rights arranged with SAGE Publications,Inc., through
Japan UNI Agency ,Inc.,Tokyo

本書は SAGE Publications, Inc. より翻訳許可を得たものである。

Los Angeles | London | New Delhi
Singapore | Washington DC

日本語版への序文

　本書は、20世紀末のグローバル化における議論への対応として書かれた。この議論には、二つの対立する意見が含まれている。Levittなどの北米のマーケティングとマネジメントの権威者たちは、全世界の消費者の価値は普遍であるという観点を取っており、マーケティングと広告の戦略および実施の標準化を主張する。一方、大前研一などの日本のストラテジストたちは、国境なき世界のマネジメントは平均によるマネジメントではないことを示した。

　企業はインターナショナル化もしくはグローバル化する際、異文化間の差異を考慮してさまざまなターゲット市場用に国別戦略を開発するよりも、その代替手段として、コスト効率向上を求めて、マーケティングや広告を標準化する可能性を考慮する傾向にある。標準化という決定は、西洋の国々にとっては比較的自然なことであるが、標準化しないという決定は、日本などのアジア諸国で比較的自然に生じるのではないだろうか。しかしながら、国家間の区別をいかにしてつけるのかは、学習していかなければならない。

　筆者が本書を著したのは、この意思決定プロセスの一助とし、インターナショナル戦略開発のガイダンスとするためである。本書は、広告業界の業界人だけではなく、インターナショナル・マーケティングと広告を研究する教員と学生にも利用されている。広告業界人が学んできたことは、適切な広告キャンペーンのインターナショナル化というものは、メッセージを翻訳して画像を適応化させるだけではない、もっと複雑なものであるということだ。文化的な価値はブランド・ポジショニングの一部であり、中心的なアイディアとメッセージは、広告メッセージのコンセプトや制作に含まれている。文化的に配慮した広告は、主に原産国の価値を反映している標準化されたメッセージよりも効果的であることが、調査研究によって示されてきている。

　筆者の研究は、国を超えたマーケティング、ブランディング、広告戦略に焦点を合わせてきた。さらに、さまざまな国の消費者の根本的な価値にも重点を置いている。グローバルな市場は存在するかもしれないが、グローバルな消費者というものは存在しない。そのため本書では、多くの実例とともに戦略や制作に与える影響の検討だけでなく、文化を超えた消費や消費者行動に関するデータも含んでいる。筆者にとって、この数年間、実例を選定するのは楽しい作業であった。特に、美しく制作された日本のテレビ広告を、多くの、直接的でときにはきついと思える西洋のテレビ広告と比較することは、楽しみであった。

本書が日本語に翻訳され、筆者の研究が実りある結果となったことを知るのは、光栄であり喜びでもある。本書を、インターナショナル・マーケティングと広告を学習・実践する日本のマーケターや学生にとって有益なツールにするために尽力してくださった、朴正洙先生、千倉書房に感謝申し上げる。

2016 年 4 月
Marieke de Mooij

序文

　今日にいたるまで、産学によく見られる一連の単純素朴な前提は、生産者としての人々の合理性は消費者としての合理性とは異なるというものだ。生産者の合理性は、収益を最大化するということであるはずだ。一方、消費者の合理性は、マーケティング関係者が発見すべきことである。

　基本的に、普遍的な合理性などというものは存在しない－経済学者たちが利用できる「合理的選択」モデルは、まだできていない。ある人にとって、何が合理的であるか、または不合理であるかということは、その人の価値システムによるし、それはまた、この人物がその人生の初期に獲得した文化の一部である。世界の人々が価値を置くものは、非常にさまざまである。貧困に対しての収入の最大化、連帯感に対しての個別性、節約に対しての消費、貞操に対しての性的充足感、控えめさに対しての自己実現などである。企業の利益を最大化するための人員削減は、ある社会、例えばアメリカでは合理的かもしれないが、従業員の献身が企業の主たる資本である他の社会、例えば日本ではそうではない。

　マーケティングと広告は、基本的に消費者についてのものであって、生産者についてのものではない。生産者の論理に基づいているが、消費者の論理に欠けるマーケティングと広告理論は、無益である。マーケティング・リサーチ会社は、この2種類の論理の間のギャップを埋めようとしており、調査会社が優秀であるかどうかは、生産者に消費者の言葉で考えさせるようにする能力次第である。一つの国の中であってさえも、これは容易ではない。特に消費者が他国文化の影響を受けた人たちであるときは、非常に困難となる。

　広範囲におけるマネジメントにおいては、エスノセントリズム的なアプローチは、ただ単に効果がないというよりは、むしろ致命的であるという理由により、この30年間で徐々に支持を失ってきている。インターナショナル、もしくは比較マネジメントは経営学の教育の下位区分として広く認められるようになってきている。現在、経営学の教科書やハンドブックでこれの入っていないものはない。ただ、このテーマの取り扱いによって隠されたエスノセントリズム（自民族中心主義）が漏れ出てしまうことは多い。

　マーケティングと広告理論の分野で、エスノセントリズムが一般的な経営学よりも長く生き延びているのは、パラドックスである。パラドックスというのは、ビジネスの中で文化に依存した一面があるならば、それは消費者行動のためである。著者のMarieke de Mooijが主張するように、グローバルな製品はあるかもしれないが、グローバルな人々というものは存在しない。結局のところ、ビジネスの成功は、その製品がいかにうまく顧客のもとに届くかということにかかっているが、顧客の行動は顧客自身の価値に影響されており、それは事業マネージャーの価値とは予想外の形で異なっているものである。

　Marieke de Mooij は、文化とマーケティングの分野の世界的な先駆者である。Mooijは広告業界の徹底的な経験基盤、世界各地での広範な教育やコンサルティング経験、また外国の人々に共感する能力を発揮した。1998 年から 4 版となる本書は、新しく版を重ねるたびに全面的に改訂されており、その進化はこの分野における Mooij のリーダーシップを反映するものである。本書は、現在世界中の大学で採用されており、それは世界各地において等しく受け入れられている。

　第 1 版では、Mooij は世界各地のマーケティングと広告実践に関する自身のインサイトを、最先端の文化研究結果と結びつけた。2005 年の第 2 版では、消費者行動とその長期的進展の差異に関する新たな情報を統合した。2010 年の第 3 版では、ウェブサイトの文化的役割を始めとする電子メディアのダイナミクスや製品デザイン、パッケージ・デザインの文化的要素に対応した。この第 4 版では、より多くの世界地域が扱われ、かつてないほど多くの比較データを基に、長期間にわたる価値差異の安定性を確認し、また近代的メディア利用がヒューマン・コミュニケーションの基本的な差異をいかに反映しているかを示している。仏教やヒンドゥー教のような長い年月を経た哲学は、今でも東洋のコミュニケーションの根底にあり、それは西洋のコミュニケーションがアリストテレスの修辞学の上にその理論を構築したのと変わらない。

　この序文を書いているのは、グローバル・ビジネス危機が進行している最中であるが、ここでも文化的要素が重要な役割を果たしている。異文化間マーケティングの成功には、新たなスタイルのマーケティング・リーダーシップが求められる。少なくとも、これまで信頼されていた原則に沿って拙速な判断や行動をするステレオタイプのようなものではないことは確かだ。成功する異文化間マーケティングのマネージャーは、もっと思慮深く多様な選択肢を増やして、他の社会とその社会の人々を動かすものへの広範な関心を持っている。本書は、そのような人間になることを熱望し、またなろうとしている人々のためのものである。

Geert Hofstede

オランダ、フェルプにて　2013 年 3 月

第4版のための前書き

　マーケティングと広告に及ぼす文化の影響を理解することに対する関心は、世界中で大きくなっている。デジタル・メディアは、個人間コミュニケーションとマス・コミュニケーションのハイブリッド形式であるために、グローバル市場における新たなデジタル開発も、文化間のコミュニケーションがどのように作用するか理解することの必要性が増している。これは、本書に加えられた重要な部分である。

　本書全体を更新したほか、ユーザーからのコメントを参考に変更した部分もある。第4章は、大幅に改訂し、3大次元モデルを扱い、マーケティングと広告に応用するには、Hofstedeのモデルがいまだに最も有益である理由を説明している。実務家も学生も、3大次元がどのような効果があるのかについての基本を理解でき、また選択のための比較ができるであろう。また、この比較分析を第6章に拡大し、これを研究者たちが調査に利用するためのさまざまなモデルを分析した後、価値構造マップをさらに進め、戦略についての第11章へと移行させた。

　文化と消費者行動についての第5章は大幅に改訂し、いくつかのテーマを加えた。第7章には、文化を超えたヒューマン・コミュニケーションについての節が含まれるようになり、世界各地域の長い年月を経た哲学が、いかにヒューマン・コミュニケーションの基礎となっているかを説明している。PR、製品デザインとパッケージ・デザイン、小売などの戦略に関する内容を第11章に移した。この章には、市場参入戦略やマーケティング・ミックスについての要約を加えた。これを本書の始めに期待していたユーザーもいるだろうが、本書は文化の影響に重点を置いているので、まず文化の説明をしなければならず、最も戦略的な側面は、最終章で扱っている。

　第8章は、メディアについてであり、これには従来型メディアと電子メディア、特にインターネットと携帯電話への文化の影響に関する情報が含まれている。人々が、いたる所にあるソーシャル・メディアをどのように利用し、またこれらのメディアのデザインがさまざまである理由を理解することは重要である。使用の差異に関しては、現在、多くのデータが利用可能である。

　第9章と第10章は、ほぼ変わっていない。写真や図表の一部は改訂されたり新しいものに差し替えられたりしており、また新しく加えられたものもある。しかし、多くはまだ有効な実例であるので、これらは変更されていない。以前よりも世界のさまざまな地域の多様な国を数多く扱うことができたが、利用可能なデータ量はすべての地域で同じではなかった。

目　次

日本語版への序文 … i
序文 … iii
第4版のための前書き … v
本書概要 … xiv

第1章　グローバル・マーケティング・コミュニケーションにおけるパラドックス … 001

1-1.　価値パラドックス … 002
　　グローバル ― ローカルのパラドックス … 004
　　テクノロジーのパラドックス … 004
　　メディアのパラドックス … 005

1-2.　グローバル・マーケティング理論のパラドックス … 005
　　ローカル市場は人、グローバル市場は製品 … 006
　　ユニークな個人に焦点をあてる … 007

1-3.　グローバリゼーション … 008

1-4.　消費者行動の収束と拡散 … 009

1-5.　グローバル・マーケティングにおけるグローバル ― ローカルのジレンマ … 014

1-6.　グローバル・コミュニティ … 015

1-7.　グローバルかローカルか？標準化 ― 適応化の議論 … 018
　　50年間の議論検証 … 018
　　標準化 ― 適応化の決定に影響を与える変数 … 021
　　パフォーマンスに対する効果 … 024

　要約 … 025
　参考文献 … 026

第2章　グローバル・ブランディング … 031

2-1.　ブランディング … 032
　　ブランド・コンセプトとブランディング・モデル … 033
　　ブランド・エクイティ … 036

　　　　　　ブランド・アーキテクチャ　　　　　　　　　　　　　　037
　2-2. グローバル・ブランド　　　　　　　　　　　　　　　　　039
　2-3. グローバル・ブランドに対する消費者の知覚　　　　　　043
　2-4. グローバル・ブランド戦略　　　　　　　　　　　　　　047
　　　　　　グローバル企業のブランド・ポートフォリオ　　　048
　2-5. グローバル・ブランド・コミュニケーション　　　　　　050
　　　　　　グローバル・コミュニケーションのための文化の重要性　051
　2-6. 連想ネットワークとしてのブランド　　　　　　　　　　052
　　　　要約　　　　　　　　　　　　　　　　　　　　　　　　056
　　　　参考文献　　　　　　　　　　　　　　　　　　　　　　057

第3章 価値と文化　　　　　　　　　　　　　　　　　　　　　061

　3-1. 価値の概念　　　　　　　　　　　　　　　　　　　　　062
　　　　　　価値は永続的　　　　　　　　　　　　　　　　　063
　　　　　　価値のパラドックス：望ましいものと望むもの　　064
　3-2. 定義された文化　　　　　　　　　　　　　　　　　　　065
　　　　　　文化のレベル　　　　　　　　　　　　　　　　　067
　　　　　　普遍的文化　　　　　　　　　　　　　　　　　　068
　　　　　　選択的知覚　　　　　　　　　　　　　　　　　　070
　　　　　　ステレオタイプ化　　　　　　　　　　　　　　　071
　3-3. 文化の表れ　　　　　　　　　　　　　　　　　　　　　072
　3-4. 記号、シンボル、ボディ・ランゲージ　　　　　　　　　075
　3-5. イメージと音楽　　　　　　　　　　　　　　　　　　　078
　3-6. 思考パターンと知的スタイル　　　　　　　　　　　　　080
　3-7. 言語　　　　　　　　　　　　　　　　　　　　　　　　081
　3-8. 文化の比較　　　　　　　　　　　　　　　　　　　　　086
　　　　　　国家の比較：同質性と異質性　　　　　　　　　　086
　　　　要約　　　　　　　　　　　　　　　　　　　　　　　　090
　　　　参考文献　　　　　　　　　　　　　　　　　　　　　　090

第4章 文化の次元　　　　　　　　　　　　　　　　　　　　　095

　4-1. 文化の分類　　　　　　　　　　　　　　　　　　　　　095
　4-2. 高コンテクストと低コンテクストの文化　　　　　　　　099
　4-3. 時間の次元　　　　　　　　　　　　　　　　　　　　　100

		終結	101
		過去、現在、未来に対する時間志向	101
		時間は線形性と循環性	101
		モノクロニックとポリクロニック時間	102
		原因と結果	102
	4-4.	人間と自然との関係	103
	4-5.	主要な三大の次元モデル	103
		個人主義と集団主義	105
		権力格差	108
		長期志向／短期志向	110
		自己主張と男性 – 女性の役割	112
		不確実性の回避	116
		その他の次元	119
	4-6.	次元の配置構造	120
		アメリカ	120
		オランダ	121
		日本	121
	要約		122
	参考文献		123

第5章 文化と消費者行動　127

	5-1.	消費者行動	127
	5-2.	消費者の属性	128
		自己の概念	129
		パーソナリティ	133
		パーソナリティの特性	133
		アイデンティティとイメージ	134
		マーケティングにおけるパーソナリティとアイデンティティ	136
		態度	139
		ライフスタイル	142
	5-3.	社会的プロセス	142
		ニーズ	142
		動機づけ	144
		購買動機	145

	情緒	148
	広告における情緒	150
	グループ・プロセス	150
	公的空間と私的空間	151
	オピニオン・リーダー	152

5-4. 精神的プロセス　152

　　　学習、記憶、言語、知覚　153
　　　カテゴリー化　154
　　　場への依存性　155
　　　創造的プロセス　156
　　　コントロール所在　157
　　　情報処理　158
　　　意思決定　160

5-5. 消費者行動領域　162

　　　製品獲得、所有、利用　162
　　　買い物と購買行動　165
　　　苦情行動　168
　　　ブランド・ロイヤルティ　168
　　　イノベーションの普及　169

　　要約　171
　　参考文献　172

第6章 文化的価値の調査と適応　181

6-1. 価値調査　181

　　　価値、信念、特質、規範　184
　　　価値優先順位の多様性　184
　　　最終価値と手段価値のミキシング　185
　　　不変性と価値変化　185

6-2. 文化特有の価値　187

　　　ベルギーの価値　188
　　　オランダの価値　188
　　　インドの価値　188
　　　日本の価値　189

6-3. 重要な価値は翻訳できない　192

6-4.	文化的価値の測定	195
	望むもの対望ましいものの測定	197
	調査質問	198
	個人レベルと文化レベル	201
6-5.	調査データの等価性	202
	サンプル等価性	202
	言語的等価性と概念的等価性	203
	測定基準等価性	204
	次元モデルの比較	205
6-6.	文化的次元のマーケティングと広告への適応	206
	次元の発現の理解	207
	調査のサンプリング国	208
6-7.	因果関係	209
6-8.	商業的価値とライフスタイル調査	210
	要約	212
	参考文献	213

第7章 文化とコミュニケーション　219

7-1.	コミュニケーション	219
	コミュニケーション理論	221
	口述性と識字能力	224
7-2.	文化とコミュニケーションスタイル	227
	個人間コミュニケーションスタイル	227
	デジタル・コミュニケーション	230
7-3.	マス・コミュニケーションスタイル	232
	基礎モデル	233
7-4.	広告スタイル	235
7-5.	マーケティング・コミュニケーションの目的	239
	情報的 対 情緒的	240
	広告の測定：説得か好感か	243
7-6.	広告はどのように機能するか	244
	効果の階層	244
	高関与と低関与	244
	広告の中のビジュアル	246

		全般的な広告の認識	248
	7-7.	ウェブサイト・デザイン	249
	7-8.	デザイン	251
		要約	252
		参考文献	252

第8章 文化とメディア　259

- 8-1. 絶えず変化するメディア状況　260
- 8-2. 文化を超えたメディア利用　261
  - テレビ　261
  - IPTV　264
  - ラジオ　265
  - 出版　266
  - その他のメディア　268
- 8-3. ハイブリッド・メディア　269
  - 携帯電話　270
- 8-4. ワールド・ワイド・ウェブ　273
- 8-5. インターネットの情報機能　277
  - eコマース　278
- 8-6. インターネットの社会的機能　280
  - ソーシャル・ネットワーク・サービス　280
  - ウェブログ、もしくはブログ　285
- 8-7. 消費者の意思決定に対するさまざまなインターネット利用　286
- 8-8. インターネット・マーケティングとインターネット広告　288
  - ソーシャル・メディア・マーケティング　290
  - バイラル・マーケティング　292
  - モバイル・マーケティングとモバイル広告　294
- 8-9. メディアとグローバル化　295
- 8-10. インターナショナル・メディア・プランニングの体系化　297
  - 要約　299
  - 参考文献　299

第9章 文化と広告訴求　307

- 9-1. 広告における訴求　307

9-2. 効果的な広告手段としての価値のパラドックス　308
- 平等のパラドックス　310
- 依存と自由のパラドックス　310
- 成功のパラドックス　311
- イノベーション（革新）とグローバル・パラドックス　312

9-3. 次元による訴求の例　312
- 権力格差　313
- 個人主義／集団主義　315
- 男性らしさ／女性らしさ　321
- 不確実性回避　327
- 長期志向／短期志向　331

9-4. 広告コンセプトへの影響　333
9-5. 素晴らしいアイディアは伝わるのか？　334
9-6. 原産国訴求　337
9-7. ユーモアが伝わらないのはなぜか　337
- 要約　339
- 参考文献　340

第10章　文化と制作スタイル　343

10-1. 広告形態の分類　343
10-2. 全世界の7つの基本広告形態　345
1. アナウンスメント　346
2. 連想移転　348
3. レッスン　352
4. ドラマ　361
5. エンターテイメント　363
6. イマジネーション　365
7. 特殊効果　366

10-3. 基本的形態、文化、製品カテゴリー間の関係性　368
- 要約　369
- 参考文献　370

第11章　価値のパラドックスから戦略へ　373

11-1. 企業のグローバル戦略　374

国際市場への参入方法	374
企業のミッションとビジョン	375
コーポレート・アイデンティティ	377
PRと文化	379
11-2. グローバル・マーケティング・ミックス	382
文化を超えた製品／市場開発	383
文化を超えた市場開発予測	384
製品開発とデザイン	385
パッケージ・デザイン	388
11-3. 小売	389
11-4. ブランディングと文化	391
11-5. 異文化でのブランド・ポジショニング	393
11-6. 外的側面：製品利用とブランド・イメージ	394
製品利用	394
ブランド・イメージ	396
11-7. 内的側面：ブランド・アイデンティティとパーソナリティ、およびブランド価値	397
ブランド・アイデンティティとパーソナリティ	398
ブランド価値	398
11-8. 異文化のブランド・コミュニケーション	399
インターナショナル・ブランディングとインターナショナル広告に対する価値概念の応用	400
11-9. グローバル・マーケティング・コミュニケーション戦略	405
11-10. 市場開発の段階別コミュニケーション戦略	407
要約	410
参考文献	411
別表A（Appendix A）	415
別表B（Appendix B）	417
あとがき	425
主要索引	427

本書概要

　本書は、グローバル・マーケティングとグローバル広告における文化のさまざまな問題と機会について説明するものである。グローバルなマーケティングと広告における主な論争は、標準化の効率についてのものであってはならず、文化的区分の効果についてのものであるべきだというのが本書の主張である。文化的な固有性や価値のパラドックスについての知識は、効果的なマーケティング・コミュニケーション戦略の基礎である。

　第1章は、価値のパラドックスと、グローバル化とグローバル・マーケティング理論におけるパラドックスの概念を紹介する。グローバル－ローカルのジレンマと、グローバル・コミュニティの存在や消費者行動の収束といった、グローバル・マーケティングにおけるいくつかの神話について検討する。グローバル・マーケティングにおける標準化－適応化という議論を要約する。

　第2章は、ブランド・コンセプト、ブランド構築モデル、グローバル・ブランドを成功させる要因は何かと言うことを説明し、さらにグローバル・ブランドは消費者にどのように感じ取られているのか、またグローバル・ブランド・コミュニケーションの役割といったグローバル・ブランドのさまざまな側面について説明する。ブランドは消費者の心のなかの連想ネットワークであると定義している。

　第3章は、価値の概念を紹介し、文化を定義付けている。言語、シンボル、イメージ、音楽、グローバル文化について説明する。

　第4章は、時間の概念や高コンテクスト、低コンテクストといった文化のさまざまな分類について説明している。Hofstede、Schwartz、GLOBEによる国民文化の3大次元モデルを説明し、マーケティングと広告に対する適用について比較する。

　第5章は、さまざまな消費者行動理論の文化的影響を概観する。消費者行動の以下の4つの側面が取り上げられる：消費者属性（自己とパーソナリティ）、社会的プロセス（ニーズ、動機、情緒、グループ・プロセス）、思考プロセス（知覚、情報処理、意思決定）、そして消費者行動領域（製品所有と利用、ブランド・ロイヤルティ、イノベーションの

普及)。

第6章は、異文化間の価値観調査に伴うさまざまな問題を扱う。国特有の価値観の例をあげていき、さまざまな次元モデルをどのように比較するか、またHofstedeのモデルを広告に適用する際の詳細を説明していく。商業的価値とライフスタイルの研究についての情報も、多少提供する。

第7章は、コミュニケーションと文化を扱う。どのようにコミュニケーションするかは文化と関連しており、それは個人間コミュニケーションにも新たな電子コミュニケーションメディアの使用法にも反映する。電子メディアは、個人間コミュニケーションとマス・コミュニケーションのハイブリッド型である。世界主要地域の昔からある哲学が、現在のコミュニケーション行動の説明となっていることを示す。文化は広告スタイルの差異を説明し、これらの差異は、ウェブサイト・デザインにも反映されている。広告は、消費者が情報をどのように処理するかについてのアメリカの調査を基に、広告がどのように作用するかという仮定に従って制作されている。

第8章は、メディア利用がいかに文化の影響を受けているかを説明する。それは、従来型メディアであるテレビ、ラジオ、出版と新しい電子メディアの両者ともである。また、新興市場の消費者にアプローチするのに効果的と思われるその他メディアについての指摘もする。eコマース、ソーシャル・ネットワーク、ブログなどのインターネット上のさまざまな活動の差異も説明し、文化がいかにこれらを説明できるかを検討する。インターネット上の広告スタイルが、いくつか出現してきている。ソーシャル・メディア・マーケティング、バイラル・マーケティング、モバイル・マーケティング、およびモバイル広告などを含むインターネット・マーケティングやインターネット広告を説明する。

第9章は、広告訴求における価値のパラドックスを検討し、広告における訴求がどのように文化を反映しているかを説明する。また、広告アイディアやコンセプトが文化を超えても伝わる場合と伝わらない場合の例を示す。

第10章は、7つの基本的広告スタイルとそれらが文化とどう関連しているかを多くの事例とともに検討する。

第11章は、戦略の側面について検討していく。企業レベルでのインターナショナル市場への参入方法を要約し、ミッション・ステートメント、コーポレート・アイデンティ

ティ、インターナショナル PR を検討する。マーケティング・レベルでは、異文化間の製品開発、市場開発、製品デザイン、パッケージ・デザイン、小売などグローバル・マーケティング・ミックスが検討される。重要なことは、異文化間のブランド・ポジショニング、もしくはアイデンティティの一致であり、文化を超えるイメージは、文化内よりもさらに難しい。最後に、いくつかのマーケティング・コミュニケーション戦略を検証し、市場の発展段階によってさまざまな戦略を使用すべきであるとする。

別表 A は、Hofstede 次元のスコアと 2011 年の一人当たり所得を示した各国のリストである。このデータは、消費データの文化分析、もしくは製品やブランドの文化マップを作成する学生が利用できる。

別表 B は、本書で提示した異文化分析に使用されたさまざまなデータベースを検証するものである。

第1章

グローバル・マーケティング・コミュニケーションにおけるパラドックス

　ワーテルローの戦いの後、ウェリントン公爵とナポレオンの会談の席上、ウェリントン公はナポレオンに対し「貴公は権力のために戦ったが、我々は名誉のために戦った」と言って非難したと伝えられている。ナポレオンはこれに対し、「しかり。人は己の持たざるもののために戦うのが常である」と答えたと言われている。

　この2人は、戦場において異なるアプローチで戦った。ウェリントンは、軍の指揮官であり、自身をイギリス政府の代理人と考えていた。一方、ナポレオンは自身を、栄光を求める国家元首と見なしていた[1]。ある人々にとって、名誉は職務についてくるもので、そのために戦う必要はなく、真の名誉は公的な尊敬、もしくは栄光である。しかし、名誉とは職務を忠実に実行することであると考える人々もいれば、名誉は精神的な高潔さであると考える人々もいる。社会集団の数だけ名誉の種類がある[2]。

　パラドックス的だと思えるのは、国によっては職務や人に本来備わっているものが、他の国では戦って勝ち取らなければならないということだ。世界の一部地域では自然に得られるスキルも、他の地域では学ばなければならない。フランス人にとって、リーダーシップは自然に得られる概念であり、持っているか、持っていないかのどちらかだ。フランス語とスペイン語には、リーダーシップに相当する言葉が存在しない。アメリカにおいては、リーダーシップは初等教育に欠く事のできないものだ。小学校の児童は日替わりでクラスのリーダーとなり、努力に対しては皆の前で称賛されることもある。アメリカのリーダーは、資本主義の英雄であり、成功しようと失敗しようと称賛される。日本のリーダーは、顔のない存在だと言われている。

　広告は、得てして社会に欠けているものに訴求（appeal）するものである。家族のまとまりが欠けている国においては、幸福な家族が広告に多用される。家族がアイデンティティの一部である国においては、家族の価値に焦点をあてた広告は少ない。家族は空気

のようなもので、特に注意を払ったりする必要はない。

　グローバル・マーケティングにおいて「グローバルに考え、ローカルに行動せよ」というのはパラドックスである。考えと行動は、同じように文化の影響を受けている。グローバルに考える人といえども、自身の文化から生まれたものに他ならない。世界中の若者がコカコーラを飲んだり、ジーンズをはいたりしているのを見て、皆が同じようになっていると結論づける人もいるが、消費者にとって、ローカルの方がグローバルよりも重要であることの証拠は十分にある。グローバル・マーケターは、世界中の若者に均質の欲求を提案する[3]。しかし、グローバルな若者文化スタイルが簡単に手に入るとき、ローカル・バージョンの若者文化が出現してくる。

　インターネットは、グローバル・コミュニケーションの究極的な例である。さらに、インターネットは、文化的な障壁を超えると見なされている[4]。ところが、その出現から短期間ではあるが、インターネットはさまざまな国の人々がさまざまな方法でさまざまな言語を利用することにより、非常にローカルなものとなってきた。コンピュータが他のコンピュータと通信するために必要なテクノロジーは、アメリカの防衛研究機関によって発明された。現在われわれが利用している形のインターネットは、イギリスのコンピュータ科学者によって発明され、英語圏で開発が進められたが、2008年時点、ほとんどのウェブログは英語ではなく、日本語であった[5]。すでに2005年には、アメリカ起源のグローバル・ブランドのウェブサイトが、かなり高度なローカル化をしていることが報告されている[6]。

　グローバリゼーションによって、世界中の消費者が均一化されることはなかった。テクノロジー、メディア、金融システムが世界的に収束してくるということはあったが、消費者の欲求や行動は収束していない。これらの例は、マーケティングと広告のマネージャーがグローバル市場に参入する際に、理解していなければならないパラドックス的な側面である。

　本章では、価値のパラドックスの概念を示し、いくつかのグローバル・マーケティング・パラドックスを取り上げ、消費者行動の収束などのグローバリゼーションの推定効果を要約する。最後に、グローバル・マーケティング、ブランディング（branding）、広告戦略の標準化や適応化に関しては議論が続いているため、そのような議論の短い歴史を提示し、標準化-適応化決定のさまざまな側面を考察していく。

1-1. 価値パラドックス

　世界の一部地域では自然に得られるスキルも、他の地域では学ばなければならない。アメリカでは、チームワークの訓練は大きなビジネスであるが、日本ではそのような市

場はほとんどない。アメリカ人にとっては、個人主義的な行動は、無意識に発生するものだが、日本人は学ばなければならない。集団の価値を非常に重要視する日本人にとっては、自主的になり、自分の行動の責任はほぼ自分にあるということを学ばなければならない。

シリコン・バレーが成功した主要因の一つはカオス（混沌）だと言われている。しかし、アメリカの実業界ではカオスの管理は管理方式として受け入れられていない。それは管理支配の欲求と矛盾するからである。規則ではなく、もう少しカオスを取り入れればドイツ人のためになるという提案はパラドックス的である。ドイツ人はカオスのなかでは、いきいきとすることができない。それどころか、ドイツ人の生活は非常にきっちりと計画されている。

西洋では伝統と近代性は、矛盾するものと捉えられているが、日本では両立するものである。日本人にとっては、保守的でありながら、新しい方法に引きつけられることは可能である。西洋においては、古いものは捨て去られ、新しいものを受け入れなければならないのに対し、アジアの多くでは、伝統が十分に生かされ、近代的な生活のなかで再生利用される。

パラドックス的な価値は、一つの文化の中でも見られるし、文化間にも見られる。どんな文化にも対立する価値がある。平等はアメリカの中心的価値であるが、貧富差は大きい。グローバル市場で紛らわしいのは、一つの文化の対立価値が他の文化に存在し、その逆もある。その一例が、個人の自由と帰属のパラドックスである。個人主義は、アメリカ社会の強力な要素であるが、帰属に対する必要性もまた強い。一つの文化の中で、個人主義と帰属がともに強い価値であるということは、パラドックス的に思える。その説明はこうだ。人々が「自分のやり方で実行」し、「一人で行く」ことを望む個人主義的な社会では、人は帰属の努力をしないと、寂しくなる傾向がある。その逆が日本に見られる。帰属が社会の不可欠な要素である日本では、個人主義的な方法で行動する努力がされる。ワシントンD.C.のアメリカ協会理事協会によれば、1995年、アメリカにはおよそ10万の協会やクラブが存在していた[7]。10人のアメリカ人の内7人が、少なくとも1つのクラブに所属していることになる。日本には、そのような現象はない。フェイスブックのようなソーシャルメディアにより、友人を作ることが簡単になると言われている。しかし、Cacioppoによれば、フェイスブックは孤独感を増大させる。世界の他の地域、例えばアジアやアフリカでは、ソーシャルメディアは、共同体感情を強める[8]。

これらが、筆者が価値パラドックスと呼ぶものの例である。パラドックスとは、矛盾するように思えるが、実際には真実である内容のことである。これらのパラドックスを理解することが、グローバル・コミュニケーション、ブランディングおよび広告のために、文化の影響を理解する上での基礎である。価値パラドックスについては、第3章で

もさらに述べていく。

グローバル － ローカルのパラドックス

　人が考え、知覚する方法は、その人の文化構造に導かれている。人は、自分自身の文化構造から構造の類似点を見る傾向がある。これらの類似点は、疑似類似であることが多い。実際にあるものに基づくのではなく、人が見たいと思うものに基づいている。日本人の個人主義現象を日本人の西洋化の兆候であると見なすのは、このような誤認の一例である。

　グローバル－ローカルのパラドックスは、より多くの人々が、他の国々やその文化について知るほど、自分自身の文化や国のアイデンティティに気づくようになるということだ。ヨーロッパ諸国の統一により、さまざまな国の市民が相互理解を深めていったとき、広告の中のシンボルや訴求は、それぞれの国の独自性を強めるようになった[9]。

　グローバリゼーションの高まりにつれ、人々は次第にローカルの音楽を好むようになっている。21世紀の初め、アメリカで販売された音楽の93％はローカルのアーティストによるものだった。日本では74％、ヨーロッパ全体では50％以上だった[10]。2008年、ほとんどの若者は、好きな歌手はローカルの歌手だと言っている。中国で最も人気のある歌手は、ジェイ・チョウだし、インドではヒメーシュ・レーシャミヤーだ。オーストラリアでは、フォール・アウト・ボーイだし、台湾では、ジョリン・ツァイだ[11]。マーケティング知識は、世界中に拡散しているが、その利用によって、製品やサービスは標準化されるよりも、ローカル化されている[12]。

テクノロジーのパラドックス

　テクノロジーの発達は、ますますグローバル化しているが、テクノロジーの発達が人々をグローバルにし、同じような製品に対する同じようなニーズに向かわせているという主張は正しくない。テクノロジー革新の受け入れ方やテクノロジー製品の利用は多岐に渡る。経済が発達している国々では、パソコンやインターネット利用の普及率の類似性が予想されるが、同じ富裕な国々においても自宅にパソコンを所有する人の割合は、かなり異なっている。アジアでの例を見ると、日本では65％の普及率に対し、韓国では92％であり、ヨーロッパでは、フィンランドが98％なのに対し、イタリアは56％である[13]。オランダとベルギーは、隣国であり、経済的にも似ている。しかし、ベルギー人がインターネットを取り入れるのには、オランダ人よりもはるかに時間がかかった。先進国では、現在ほとんどの人がインターネットにアクセスできるようになっているが、インターネットの利用法はかなり異なっており、この違いはその国の経済状態とは関係していない。例えば利用頻度、インターネットで何をしているか、インターネットにア

クセスする場所などは、国によってさまざまである。経済発達が収束するなかでは、このような違いを説明することができるのは、文化的価値だけである。それこそが、本書のすべてである。

テクノロジー製品の所有や利用に関する統計的分析により、テクノロジーの収束は、人々の価値観や習慣の収束と同じではないということが裏付けられている。むしろ、テクノロジーによって差異は促進され、それと共に富が増大すると行動は収束どころか、大きく分かれていく。人々はこれまで慣れ親しんでいたことを、以前よりも上手に、効率的に行なうために、新しいテクノロジーを受け入れるのである。

メディアのパラドックス

世界的に衛星放送やテレビのチャンネル数が増えていることで、だれもがどのようなテレビ・チャンネルでも受信できるグローバル・ビレッジが創られるはずである。これは理論である。実際には、視聴者の自由など存在しない。メディア企業はますます自国の視聴者がアクセスできるものを決めるようになっている。通常は、国営放送か地方チャンネルと、外国からは大体において公共チャンネルに限ったものというような具合だ。国によってさまざまに異なるテクニックや記号化体系のために、衛星放送ですべてを受信することは、実質上不可能である。ある意味では、テクノロジーが今ほど進んでおらず、放送電波が政府管理となっていた昔の非商業主義なヨーロッパの方が、新テクノロジーのある今よりも、外国からのテレビ番組を受信する自由があった。例えば、オランダの住民は、隣国であるベルギーの民法テレビ・チャンネルにアクセスすることができない。インターネットは、いまだに究極のグローバル・メディアであると見なされているが、実際はすでにローカルなものとなっていて、コンピュータのローカルIPアドレスを即座に認識して、それに従ってコンテンツを変化させている。

1-2. グローバル・マーケティング理論のパラドックス

マーケティングの概念と消費、購買およびコミュニケーションに関する消費者行動理論は、アメリカで始まり、多くの国々の教師がそれを手本として利用するようになった。これらの理論が他の文化に有意義に適応された証拠はあまりない。その結果、マーケティングと広告を学ぶ数多くの学生は、アメリカ消費者に関連したマーケティングと消費者行動理論を学ぶことになったが、これは自国の消費者行動に常に適合するものではない。これによって、パラドックス的な概念が導かれる。

ローカル市場は人、グローバル市場は製品

　グローバル・マーケティングおよび広告においてよく議論されるテーマは、グローバルとローカルである。つまり、標準化された製品から経済的利益を獲得するか、ローカルな消費者のニーズと習慣にあわせて効率性をあげるかということである。パラドックス的な側面は、すべてのマーケターは、市場とは人であると学んでいることだ。これは、ローカル・アプローチと言いかえるべきだろう。しかし、企業がグローバル進出する際は製品主導となる。企業が語るのは製品、ブランド、市場についてであり、人についてではない。グローバルな製品というものは存在するかもしれないが、グローバルな人というものは存在しない。グローバルなブランドは存在するかもしれないが、そのブランドを購入するグローバルなモチベーションというものは存在しない。

　ソニーのウォークマンは、グローバルなニーズを持ったグローバルな消費者が、類似したモチベーションで利用するために開発されたグローバル製品の例としてよく取り上げられる。しかし、これは真実ではない。この製品を利用するモチベーションには、全く異なる2つのものがある。西欧諸国では、他人に邪魔されずに音楽を楽しむというのがモチベーションである。しかし、これはソニー株式会社を森田昭夫と共に創業した井深大が、ウォークマンを発明した動機ではなかった。井深は、他人を邪魔しないで音楽を聴きたかったのである[14]。

　広告主は、苦心して若者文化などのサブカルチャーを理解しようとしている。それは、適切な方法で呼びかけなければ、若者に訴求することができないと知っているからである。ところが、多様な価値体系を持つさまざまな国の文化を背景とした成人女性や成人男性に呼びかけるとなると、突然、標準化されたメッセージで十分だと考えてしまう広告主が少なくない。これはパラドックス的な行動である。

　標準化の決定は、市場や国の文化よりも企業カルチャーに関係している。グローバルな広告主は、市場志向でないことが多い。彼らは一つの標準製品をユニバーサルでグローバルと思われる消費者に販売するための、ユニバーサルなすばらしいアイデアを探し求めている。このことは、標準化の根拠としてコスト削減が最もよくあげられるという事実によって証明される。実際には、真の意味で国境を超える標準アイデアを開発するコストは、非常に高額である。「すばらしいアイデア」に関するコンセンサスを得るためには、さまざまな国のプロダクト・マネージャー、マーケティング・マネージャー、カントリー・マネージャー、広告マネージャー、アカウント・スーパバイザー、アカウント・ディレクター、広告代理店のクリエイティブ・ディレクターなどが一堂に会し、会議を開いたり旅行をしたりしなければならない。それから最後に多くの微調整をして、各地に適応させることが必要となる。吹き替えや、字幕を作成したり、パッケージの写

真を変更したり、文章を翻訳したり、翻案したり、書き直したりしなければならない。グローバルで使用するために作成されたスローガンは翻訳しなければならず、最終的に、翻訳には文化の影響を受ける微妙な意味の変更も含まなければならないだろう。

　異なる国の人々は、異なる言語を話し、それらの言語は、異なる世界観を表している。翻訳では異なる世界観、異なる思考法、異なる知的スタイルを表現することはできない。インターナショナル広告のコンサルタント、Anholtは、こう言っている。「広告コピーを翻訳することは、氷山のてっぺんに色を塗り、他の部分もすべて赤くなるように期待するようなものだ」。広告は言語以上のものである。広告は文化の所産である[15]。

ユニークな個人に焦点をあてる

　購買行動、意思決定、コミュニケーション行動の理論は、一般的に西洋社会の個人を類型化したもので、そこでは、個人はユニークなパーソナリティと定義されている。個人の購買行動に対する集団の影響が社会学的な見地から検討されるとき、西洋社会でそうであるように、個人は暗黙のうちユニークにされる。東洋社会の備えるグループのダイナミクスは無視される。

　西洋の消費者行動理論の基礎である自己とパーソナリティの概念は、アングロサクソンの心理学的研究から引き出されたもので、これには、人は自分の自己概念にあう製品や、自身の理想のセルフイメージを強化する製品を購入するものだという仮説が含まれている。文化は、自己解釈と理想像の認識において、重要な役割を果たしている。その一例が女性の体型である。ファッション業界は、理想の女性の体型は痩せ形であると示す傾向がある。バービー人形の体型は、白人の若者の理想だ。しかし、アメリカ内においてさえ、これが理想と認識される度合いはさまざまに異なる。白人の十代とは異なり、黒人の十代は痩せ形よりはふっくらした体型のほうが、健康的で安産型だと考える[16]。このことについては、第5章でさらに説明する。

　近代的なブランディング理論は、アメリカとイギリスで生まれ、西洋心理学の概念を利用している。ブランド・アイデンティティやブランド・パーソナリティのようなメタファー（metaphor）が、「アイデンティティ」や「パーソナリティ」という言葉がその言語に存在しない国々に使用され、輸出されている。アジアで「ブランド・パーソナリティ」について聞いたら、見当違いの答が返ってくることになるだろう。それでも、多くのグローバル・マーケターは、一貫性を必要としているため、一つの均一なグローバル・ブランド・パーソナリティを表現したがっている。

1-3. グローバリゼーション

　グローバリゼーションの最も広義な定義は、Robertsonによるもので、「世界全体の明確な構造化」である[17]。「グローバリゼーション」という言葉は、資本、テクノロジー、メディアのグローバルな流れ、さらにはグローバリゼーションの力の結果として予想できる人間行動の変化を意味するために、使用されている。世界貿易のレベルは、かつてない程に高く、過去にはなかったほど大幅な種類の商品やサービスが含まれるようになっている。しかし、最大の変化は、金融と資本の流れのレベルである[18]。

　『グローバル・コミュニケーション』は情報、コミュニケーション、コミュニケーション製品、メディア、テクノロジーの世界的規模での流れについて言及するものである。『グローバル』という言葉とは別に、『インターナショナル（国際的）』という言葉があるが、これは厳密に言えば国家間や国家の構成員間のコミュニケーションについてのものである。グローバル・コミュニケーションの効果については、数多くの仮定があるが、実証されているものはほとんどない。グローバル・メディアやグローバル広告は、消費者を一つのグローバル消費者文化の型にはめ込むものだと予想される。インターネットは、究極のグローバリゼーション・ツールと見なされているが、インターネットをその利用において、グローバルであると定義することは危険である。あらゆる種類のソフトウェアがますますローカル化している。ソーシャル・ネットワークのなかには、グローバルなサービスのものもあるが、ほとんどはローカルなコミュニティのなかですでに知り合っている人たちをつなぐのに利用されている。

　マーケティングにおけるグローバリゼーションという言説は、専らアングロサクソンの著者によって使われている。その結果、目に見える例としてあげられるものの多くは、コカコーラ、マクドナルド、スターバックスとなる。特にグローバリゼーションの議論が始まった1980年代には、アメリカのグローバル市場への浸透は非常に積極的で目につくものであったと、Quelchは書いている[19]。その結果、グローバリゼーションとはアメリカ化であると見なす人もいる。

　グローバル・ブランドの成功により、インターナショナル企業ブランドによる世界文化の植民地化が不可避となり、やがてはローカル文化の終焉につながるという予測をする著者もいる。しかし、ローカル文化の中の社会的関係や価値は、グローバリゼーションによって推定される浸食効果に対して、比較的抵抗力があるという証拠もある。韓国における携帯電話の利用と、東アジアにおけるMTVの利用に関するエスノグラフィック研究で、東アジアにおけるグローバル製品やサービスの拡散は、ローカル文化を破壊するどころか、ローカル・コミュニティにおける倫理観を増強し、改革することになっ

たことが明らかとなった[20]。これは、グローバリゼーションのパラドックス的側面として、Giddens[21]がグローバリゼーションを「矛盾、もしくは相反するスタイルで稼働する複雑な一連の過程」と定義した際に指摘している。一方においては、グローバリゼーションはローカル文化を破壊すると予想されるが、他方では、世界各地におけるローカル文化的アイデンティティの復活理由でもある。

1-4. 消費者行動の収束と拡散

　工業化、近代化、富、テクノロジーは、ユニバーサルな価値や消費パターンといったユニバーサルな文明をもたらすはずである[22]。これは、西洋思考の典型的な帰結である。Jones[23]が、「他国の１人当たりの国民所得レベルがアメリカの水準に近づくと、その国でも類似のパターンが出現することが、論理により示されている」と述べているのもその一例である。理性的な消費者という概念は収束理論において重要な役割を果たしている。経済的な収束は、教育が進んだ消費者につながり、理性的な選択行動という結果になると想定される。

　想定されたユニバーサル文明の消費の象徴は、主に西洋人かアメリカ人である。その結果、グローバルな文化の均一性は、『西洋化』、『アメリカ化』、もしくは『文化的帝国主義』などとも呼ばれ、西洋企業がそのグローバル・ブランドにより、西洋的なライフスタイルを世界の他地域の消費者に押し付けることを示唆している。この概念はあたらしいものではなく、特にアメリカ的というわけでもない。1958年にはすでにイタリア人のBakonyi[24]が、文化とコミュニケーションにおける収束（convergence）と拡散（divergence）について書いており、西洋文化の一部が精力的に拡大され、西洋人の情緒的価値観と概念が、地球のはるか彼方にまで届けられ、非西洋的文化コミュニティの共通の宝となったと述べた。しかし、Bakonyiは、非西洋的価値と概念、特にインドと中国の、強大ではあるが、眠っている文化の価値と概念を反対に拡大することを誘発しなければ、この過程は続いていかないという警告もした。これは、実際に21世紀に現実となっており、いまや中国とインドは世界市場で重要な役割を果たすようになっている。

　先進国世界では、各国はほとんどの人が十分に食べられ、新テクノロジーやその他耐久消費財に投資するだけの余剰収入があるという程度に、経済の収束が進んでいる。そのような商品の普及という点では、各国は似ているかもしれないが、それで何をするか、またはそれを購入する動機という点は異なる。テクノロジーは、グローバル消費者が同じように行動するグローバル・ビレッジをもたらすことまではしていない。

　カナダのメディア哲学者、McLuhan[25]は、グローバル・ビレッジという概念を創り

出したが、その際、1都市に適切な規模は、演説する者の声が聞こえる人数であるというプラトンの定義について触れている。グローバル・ビレッジで、McLuhanが言っているのは、当時の新たな電子メディアである電話やテレビにより空間次元が無効になるということである。電子を使うことによって、人々はどこにいても、まるで最小規模の村にいるかのように、1対1の関係を再開することができる。このように、McLuhanは電子メディアを人間の拡張と見なしていた。それは人々の活動を増強するものであって、人々を変えるものではない。もし、人はどこでも同じであるとするならば、グローバル・メディアは、均一に拡張するはずである。人は異なるということを認識すれば、その拡大は差異を強めることになる。McLuhanは、グローバル・ビレッジの概念に、文化的収束は含めなかった。むしろ、独自性とダイバーシティは、電子的な状況下で、かつてないほどに育成されるであろうと、反対のことを言っている。

　これこそまさに、新しいテクノロジーが成し遂げたことである。人々は文化活動の増強に新しいテクノロジーを取り入れてきた。寒冷地では雪のなかで食物を保存していたが、急速冷凍のテクノロジーが一番盛んに取り入れられたのは、寒冷地だった。気候が寒い地域ほど、急速冷凍庫が多い。当初、携帯電話はすでに固定電話のインフラが進んでいる国々で最も速く浸透したが、初期段階を過ぎると、書面によるコミュニケーションよりも、個人間のコミュニケーションが重要とされる文化のなかで最も盛んに普及した。世界銀行は、国際電気通信連合（ITU）[26]からのデータを発表しているが、それによると、100人あたりの携帯電話保有数は、非常に多様であり、イギリスでは93であるのに対し、香港では215である。日本では、遠距離通学する学生は、暇つぶしにマンガを読んでいた。今は任天堂のゲームボーイか携帯電話でゲームをしている[27]。予測に反し、人々はインターネットやその他の新しいテクノロジーを自分たちの現在の活動を強化するために取り入れてきており、主に既存の習慣を強めてきた。話す事が好きな人々のいるところでは、携帯電話はもっと話をすることができるようにするものだし、書く事が好きな人のいるところでは、インターネットは書く事を促進させている。インターネットは人々を変えてはいない。インターネットは収束よりは拡散傾向にある既存習慣を強めている。

　なんであれ、収束が起こっているのは、「マクロレベル」である。例えば、国富や高齢者人口というような、人口統計的な現象である。消費が収束するならば、それもまた主としてマクロレベルでのことで、それは経済発展に続く（皿洗い機やカラーテレビなどの世帯普及など）。収束の経験的証拠は、人口1,000人につき電話、テレビ、または乗用車の数がどれくらいかというようなマクロ・データに基づきがちである。

　一方、ミクロレベルではほとんど収束はないという証拠は増える一方である。アメリカの社会学者、Inkeles[28]によれば、マクロレベルのデータは、ミクロレベルの多様性

を覆い隠してしまうことがよくあるという。マクロレベルの収束は、例えば、国民一人当たりの総所得（GNI、国民一人当たりの総生産［GNP］の新語）の収束は、必ずしも消費者の選択の収束を意味しない。経済的に似ている国々であっても、必ずしも消費行動、メディア利用、入手できるパターンが似ているわけではない。仕事や休暇のための地球規模の移動性が増して、人々の均一化につながっているという議論には裏付けがない。人々は、他文化に頻繁に直面するほどの旅行はしない。たとえすべての人が、海外旅行をするだけのお金を持っていたとしても、そこまでの旅行をする人ばかりではない。2007年、ヨーロッパ25カ国の住民のうち、過去3年間に3回以上外国を旅したのは、27％だけだった(29)。外国の企業や人との接触がある仕事に就いている人は、9％のみであった。毎年、150万人のヨーロッパ人の内、他の欧州連合加盟国内で働く人は、わずか0.4％であり、自分が育った州以外で働くアメリカ人は、2.4％だった。2004年、自分が育った国以外のヨーロッパ内の他国で、生活したり働いたりしていた人の割合はさらに低く0.1％で22万5千人にあたる(30)。2011年、ヨーロッパでは15～35歳の若者のうち44％が他の国では働きたくないとしている。これらの割合は、スウェーデンの20％からイギリスの41％、イタリアの55％までさまざまである(31)。

　世界中をみても、国際テレビ番組を定期的に視聴している人の割合は少ない。CNNやMTVのようなグローバルなテレビ・チャンネルは、グローバル標準チャンネルであると見なされているが、コンテンツや言語はローカル化してきている。しばらくの間、北米の連続ドラマを視聴することが文化的な均一化につながるとか、他文化のテレビ番組を視聴すると基本的価値観が変化する、というような想定がされていたが、これは番組の情報処理の仕方が似ている人々で構成される、均一なメディア・オーディエンスという仮定に基づいたものだった。Liebes and Katzがダラス(32)で、文化間研究を行なった際、この連続ドラマから生じる意味についての質問を行なったところ、いろいろな文化を持つ回答者たちは、制作者が意図したものとは異なる、さまざまな意味を導き出しており、これらの意味は、回答者自身の文化と関連するものだった（第11章参照）。発見された効果が非常に弱いものであったとしても、外国のテレビに触れることが、外国製品の購買を増加させる主因にはなるだろう(33)。

　また若者は、異なる習慣や価値観を受け入れることを促進するほどの旅行はしない。ヨーロッパ内の他国を訪れたヨーロッパの若者のほとんどは、休暇中に訪れている(34)。休暇中の人々は、自分の国内購買行動にあまり関与するような気分ではないので、彼らが見る広告はどんなものであっても関連性は限定されたものとなると、Whiteは付け加えている(35)。

　各国間の消費者行動の差異は、根強いものだ。地球上の人々は、教育が進み、以前より裕福になっており、好みはいろいろに分かれているのが、実際のところである。富が

増えると、人々は自らの文明的アイデンティティに対する関連性もより多く認めるようになる[36]。経済発展が一定レベルで、「ポスト欠如[37]」と筆者が呼ぶ社会では、人々の胃袋が満たされると、ほとんどの人は、適切な住居や車、テレビといった耐久消費財を購入する余裕ができる。人々はより高いレベルの未充足のニーズに到達する。この時こそ、文化的価値が明白になる時で、それが、製品やブランドに対するさまざまな選択となって反映される。このレベルでは、国々は、拡散の傾向にある。増加した所得や、快適な生活を送るために必要な耐久消費財を購入した後に余ったお金で何をするかは、ますます多様化している。例えば、2011年[38]のデジタル・カメラ所有を見てみると、国富が、世界各国による違いの説明となるが、国民一人当たりのGNIが19,000米ドル以上の世界28カ国を比較すると、その影響は弱くなる。このとき、差異を説明する主たる変数は文化である。この現象は、国民一人当たりのGNIという点では最も収束が進んでいるヨーロッパで極めて顕著である。文化的価値において、ヨーロッパはまったく均一ではない。

　ここに、マクロ収束とミクロ拡散の明確な例をいくつか示そう。ヨーロッパ諸国は、人口1,000人あたりの乗用車総数では収束しているが、人口全体への分布や、世帯あたりの所有数、所有者の種類などは拡散している。テレビ所有は、1997年までに収束し、その後、拡散するようになった。一日のテレビ視聴分数に関しては、1991～1993年の間に収束し、1993年以後に拡散した。その後は、差異はずっと残ったままとなっている。ヨーロッパの新聞購読者数も拡散してきた[39]。また、Nowak and Kochkova[40]の調査でヨーロッパ25カ国においては、通信費なども拡散の例であることがわかっている。

　ヨーロッパ以外の地域でも、流れは拡散に向かっている。最初は、富の増加に伴い、生活水準が収束するように思われるが、よく調べてみると、大きな差異があることが明らかになる。ラテンアメリカ各国では、貧富の差が大きいため、富裕層は貧しい同国人よりは、外国の富裕層との共通点が多いが、中間所得層の可処分所得の使い方は、国によって異なる。すべてのラテンアメリカ人は、毎日歯磨き粉とシャンプーを使うが、好みのブランドは多様である。ラテンアメリカ人の25％は、朝食に冷たいシリアルを食べているが、国別の数値は、中央アメリカの48％からサザンコーン[41]（訳注：アルゼンチン、チリ、ウルグアイ、ブラジル南部、場合によりパラグアイからなる地域）の11％までさまざまである。日本はアジア全諸国の中で最も早く、迅速に発展を遂げた国であり、アジアの他の国の発展パターンは、日本のパターンを手本とするだろうと予測されていた。しかし、そうはなっていない。マレーシアやインドネシアの経済は、異なる方法で発展している。2002年に実施された調査によれば、アメリカとヨーロッパの上流階級層の価値観の隔たりは大きくなってきている[42]。

　収束と拡散の次には、多くの場合、各国間の差異が安定したものとなっていく。ベル

ギー人の飲むミネラル・ウォーターの量は、イギリス人の10倍、隣国のオランダ人の6倍である。水道水の質は、ヨーロッパ全土で改善されているが、ミネラル・ウォーターの消費は、一部地域では増加し続けており、その他では以前と変わっていない。その差異は1970年以来、似たままであるか、むしろ大きくなってきている。これらの差異は、国富の差異で説明できるものではなく、文化によってしか説明できない。**図表1.1**は、1970年から2003年までのヨーロッパ各国のミネラル・ウォーター消費量の差異を示す。1970年と1991年のデータは、「私は毎日ミネラル・ウォーターを飲む」という設問に［あてはまる］と回答した人のパーセンテージである。1992年、1997年、2003年のデータは、1人当たりが消費した量をリットルで示しているが、2003年のデータは、ボトル入りの水のものである。

　国が裕福になってくるほど、消費と消費者行動に文化が影響を与えていることが明確になってくる。この現象は、過去数十年の数多くの変化にも反映されており、その1例がローカル音楽やテレビ番組に対する関心の増大である。やがては、MTVやCNNのようなインターナショナル・メディアのほとんどがローカル化されていくという結果に

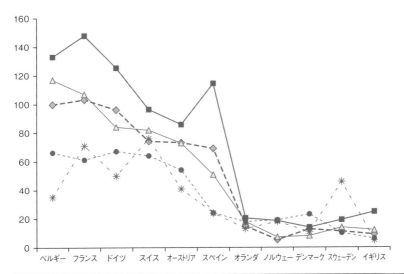

図表1.1　ミネラル・ウォーターの消費　1970〜2003年
出典：リーダーズ・ダイジェスト調査　1970年、1991年；ユニリーバ「フード・フォー・ソート」1992年、1997年；ビバレッジ・マーケティング・コーポレーション2003年（www.beveragemarketing.com）

つながっている。可処分所得が増えれば、人々は、より自分らしさを表現することができるようになり、その表現とは、ある程度、自国の価値体系に基づくものである。富は選択をもたらす。余暇の選択やステータスを表す製品の購入、もしくは自由な時間を慈善活動や自己啓発に充てるという選択ができるようになる[43]。

欧州連合加盟国経済の類似性は、文化的類似性と混同されることが多いが、消費者行動の差異は、ヨーロッパ各地で認識される[44]。欧州連合加盟国は、文化的にはかなり異なっており、この文化的差異が消費者のニーズの違いを生む。文化を理解することは、グローバル企業が自社のグローバル・ブランドに対する戦略タイプを決定する際に、まず行なうべきことである。

1-5. グローバル・マーケティングにおける　　　グローバル ─ ローカルのジレンマ

グローバル・マーケティングにおいて中核となるジレンマは、全営業地域で同一製品（グローバル・ブランド）を販売すべきか、ローカルの違いにあわせて必要な変更を行なうべきか、ということである。グローバル・ブランドは、すべての国に共通な製品ニーズを満たすマス・ブランドになることもできるし、各国共通のニッチ・セグメントをターゲットとしたニッチ・ブランドになることもできる。逆に言うと、グローバル製品は、その広告によってローカルな価値を持たせ、ローカルな意義を加えることもできるのである。グローバル・ブランディングとグローバル広告の両方で、標準化と適応化のどちらかを選択、もしくはコンティンジェンシー（contingency）アプローチと呼ばれる、その中間にある何らかのバリエーションを選ぶかになる。

標準化の究極的な形は、全世界で同一商品を、同一価格で、同一の販売およびプロモーション・プログラムに支えられた同一の流通経路で提供することである。国境を越えたニーズの均一という前提は、標準化の理由として最もよくあげられる。ハーバード大学のLevitt[45]は、1983年の論文、「市場のグローバリゼーション」のなかで、マクドナルド、コカコーラ、レブロン化粧品、ソニーのテレビ、リーバイスのジーンズ製品などを、完全標準化ブランドの成功例としてあげ、世界中どこでも同一のデザインで購入することができると述べている。標準化により、企業は調達、物流管理、製作、マーケティング、さらには管理の専門知識の伝達などにおいて、規模の経済を享受することができ、そのすべてが最終的には低価格に結びつく。また標準化により、グローバルかつ均一な世界的企業イメージや、世界ブランドもしくはグローバル・ブランディングの可能性が生まれるとも言われている。強力なグローバル・ブランドで製品ラインをしぼる

ことで、企業はより大きなマーケティング効果の達成をすることが期待できるかもしれない。Levitt 理論の支持者は、国境を超え、文化、国籍、人種、宗教、道徳、価値、習慣といったものすべての境界線を乗り越える力強い広告を開発すると語っていた。

　それから 20 年以上がたち、多くの企業は標準化アプローチが効果的でないことを学習してきた。ニーズはユニバーサルかもしれないが、態度、動機づけ、ニーズの表し方は多様である。東京の銀座で日本人がコカコーラを飲んだり、マクドナルドを食べたりしているのを見たからといって、日本人の中心的価値観が変化していることにはならない。現時点で、グローバルな標準化という主張は、以下の 2 つの仮説に基づいている。(a) 消費者行動の収束と (b) グローバルに均一なセグメント、もしくは国境を超えて類似のライフスタイルを持つグローバルなコミュニティの存在である。前のセクションでは、消費者行動の収束の証拠はないことを示した。均一な価値、ウォンツ、ニーズを持っている国境を超えたグループの人々の存在も、ますます疑問視されるようになってきている。

1-6. グローバル・コミュニティ

　標準化の前提条件の 1 つは、類似の価値を持つ国境を越えた均一なグローバル・セグメントの存在である。差異よりも、類似点やユニバーサルなマーケティングに焦点をあてることで、インターナショナル・マーケターは、類似のライフスタイルと価値を持つ人々の国境を越えたマーケット・セグメントを探し求めることになった。これを彼らは「グローバル・コミュニティ（global communities）」とか、「グローバル部族（global tribes）」と呼んでいる。デンマークに住む 18 歳は、自国の年上の人たちよりもフランスの 18 歳との共通点が多いとか、銀座でショッピングしている若い日本人女性は、自分の両親よりもマンハッタンをぶらぶらしている若いアメリカ人女性との共通点が多いという仮定である。出張旅行客や 10 代の若者は、このような均一グループの例として、最もよく例証される。多くのアメリカのマーケティング・マネージャーの目には、ヨーロッパの若者市場は均一に映る。これらの若者は同じ映画や、コカコーラ、リーバイスといったグローバル・ブランドで育っており[46]、MTV を観ているからである。これらすべてが共通の規範と価値観を持ったグローバルな 10 代を育成するのに一役買っていると思われている。全世界の若者が、同一の消費習慣を持つという仮定をすることで、そのファッション、音楽の好み、メディアの傾向などが均一化された消費者グループの証拠と見なされている。

　これが、マーケティング業界によって作り出された神話であるということは、次第に明らかになってきている。これは、広告や実務家向けの文献、その他のさまざまなかた

ちの文化的産物によって、マーケターが、観念的に作り出した文化的構造から生み出されたものである[47]。国によって若者が多様であることは、成人の場合と変わらないことを示す価値研究はいくつかある。一般的な証拠は、文化間の価値の差異を研究している異文化心理学者は学生を研究対象として使う傾向があるという事実である。また、アメリカ、日本、ニュージーランド、フランス、ドイツ、デンマークの親と学生に対する研究は、親と学生の双方の価値に文化が強い影響を及ぼしている事を示している。同じ文化の中にいる親と学生の価値は比較的似ており、特に、日本人の学生と親の間の類似性は最大であった[48]。

ストックホルムからセベリアの若者は、同タイプの携帯電話やコンピュータを使うこともあるが、購買した理由はさまざまであろう。広告代理店のユーロRSCGの調査によれば、テクノロジーに対する姿勢は、ヨーロッパの大都市の若者の間で大きな開きがある。例えば、アムステルダムでは、テクノロジーを利用する一番の理由は、娯楽であるという回答が16％だったのに対し、ヘルシンキとロンドンでは9％、ミラノではわずか4％だった[49]。ヨーロッパ各国の若者の余暇活動もさまざまで、ポルトガルの若者の45％は、余暇活動としてテレビを視聴しているのに対し、ドイツの若者は8％だった[50]。

西洋の雑誌は、アジアの10代の行動やファッション、自己表現の仕方が、次第にアメリカやヨーロッパの10代と似通ってきているということを示しているが、この行動は、西洋的価値によって引き起こされたものではない。さらに言えば、アジアの10代文化というのは単一ではない。アジアの10代のライフスタイルの多様性は、膨大なものである[51]。若い日本人や中国人は、一般的に外見は西洋的であるが、金を稼いで消費し、ブランド品で成功を誇示するという意欲に加え、勤勉というような伝統的価値も保っている[52]。ボンベイ、デリー、カルカッタの一般的な10代は、ラコステのシャツを着てナイキのシューズを履いているかもしれないが、その価値は非常にインド的である。親を尊敬し、家族と同居し、宗教施設に入る前にはナイキのシューズを脱ぐ。Bond and King[53]は、香港の中国人のほとんどは、近代化には、テクノロジー、行動、物質的進歩が含まれ、西洋化には、価値観、思考、もしくは西洋の伝統文化が含まれると考えていることが明らかとなっている。回答者の3分の2近くが、香港では文化的な意味合いを持つ事なく近代化が進むと考えていた。半数近くは孝行や師への尊敬のような基本的な中国の道徳的価値観を維持することによって、中国人らしさを保つことはできると主張した。「そもそも、中国で起きていることを、ヨーロッパのモデルを使って分析するべきではない……中国における『クール』な音楽や『ヨーロッパの若者の代わりとなる』ような若者が、欧米の若者と同じであるという兆候はほとんどない」とWang[54]は述べている。

よくある誤解としてどこでも若者の年長者に対する反抗が存在するということが、青年期のユニバーサルな特徴であるということである。ところが、若者が自らのアイデンティティを形成する方法、年長者との関わり方、学校での振る舞い方などは、育てられた価値のため、文化によって大きく異なる。インドの青年の抱える葛藤は、自己創造やアイデンティティの統合などを抱えたアメリカの青年に比べ、ずっと少ない。伝統的なインド社会では、青年はアメリカ文化のように分離した心理的状態ではない[55]。ACニールセンの調査によれば、インドネシアの若者は、次第に伝統的なインドネシア製品を使いたがるようになっており、インドネシアのモデルを使った広告を好み、病気のときには、西洋の薬よりもインドネシアの薬を使う[56]。香港の中国人の間では、若者は年長世代よりも自主性に価値を置くが、10代の早期自主性に対する優先順位は、西洋の同世代に比べ低い[57]。18歳から25歳までの学生が極端かつ急進的な行動をするからといって、日本人の価値観が変化していると考える西洋人は間違っている。この年頃は、日本人にとって全生涯で唯一の自由な年月であるということを認識しなければならない。仕事が始まれば、典型的な日本人の行動に適合していく。また、中国人のパンクも気楽な精神と結びつける事はできない[58]。

　ビジネス関係者、若者、富裕層といったグローバルな均一市場は、主に西洋のマーケティング・マネージャーや広告関係者の考えのなかに存在していると言える。類似のライフスタイルを持つ人々であっても一貫した購買者グループとして行動するわけではない。確かに、各国には若者やヤッピー（若い都会のプロフェッショナル）、裕福な人々、高齢者人口といった経済的、人口統計的な共通項を持つ人々がいる。しかし、これらのグループは文化を超える共通の価値を持っていないので、マーケティング・コミュニケーションに似たような動機や根拠を使うことはできない。このことは、「ヨーロッパのメディアとマーケティング調査（EMS）」で調べられた高級品の所有でも示されている。インターナショナル・メディアを読む人々で構成される高所得のヨーロッパ人ターゲットは、感性豊かでハイテクな高級品のための、均一で国境を越えたターゲットではない。このヨーロッパの高所得グループによる高額な高級品への支出額は、各国で大きく異なる。2007年、過去1年間に高額な腕時計を購入したポルトガル人回答者は、17.2％だったが、フィンランド人では8.5％だった。フランス人回答者の43.4％は、高額なフレグランス（訳注：香水・コロンなど）を購入したが、スウェーデン人回答者ではわずか12.8％だった。

　消費者の意志決定に比べてビジネス関係者は、より理性的な意志決定をすると予想されることから、一般的に「文化の影響を受けないグループ」と見なされているが、ビジネス関係者の意志決定も多くのビジネス習慣同様、文化に縛られている。1999年、ビジネス関係者のサンプルに対し、最も価値ある顧客とビジネスの話をするとき、会社以

外ではどこがよいかという質問がされた。スペイン人の 49％は、レストランかホテルでのランチを選択したが、イタリア人でこの選択をしたのはわずか 8％で、イタリア人は朝食かディナーの会議を好んだ。ドイツ人の好みは、空港か会議場での会議だった。ニューテクノロジーの利用についての質問には、イギリス人経営陣の 94％が e メールを利用していると回答したのに対し、フランス人経営陣の e メール利用率はわずか 53％だった[59]。

1-7. グローバルかローカルか？ 標準化 — 適応化の議論

　過去 50 年の間に、学者達は外国市場の企業の行動を研究して、オペレーションの標準化とローカル環境への適応化との間の選択に影響を与える要因を研究してきた。これらの研究の焦点は、マーケティング・ミックスの個々の要素（主に製品か広告）から、マーケティング・ミックス全体、もしくは企業の事業戦略全体にいたるまでさまざまである[60]。これらの研究の大多数は、アメリカ企業のグローバル戦略を研究しているアメリカ人学者によって実施された。議論は現在も進行中である。一方ではプロセスと製品の標準化により、全マーケットにおいて、マーケティング、製造、研究開発（R＆D）に規模の経済を生み出すことができるという。もう一方では、企業は外国市場の差異を正当に理解し、その手法や提供するものを、消費者のニーズやウォンツにあわせたものに適応させる必要があるという。問題は、最大の経済的見返りをもたらす適応化レベルは、どのあたりにあるのかということだ。

50 年間の議論検証

　マーケティングと広告を標準化したいという希望は、輸出する際に生じる。1966 年、広告を専門とする初期のアメリカ人教授の 1 人である Dunn[61] は、以下のように述べた。

> 　インターナショナル・マーケティング役員が、外国市場に参入する際に、答えなければならない最初の質問の一つは、「この国で当社広告はどれ位使えるだろうか？」ということだ。一方で、アメリカのヘア・スプレーから観光事業に至るまでのすべてが、世界中どこでも同じイラスト、コピー、広告アプローチで販売できるという説がある。しかし他方では、すべての外国市場は異なっており、アメリカ式アプローチを海外に使おうとすれば文化的タブーを始め、さまざまな問題にぶつかるだろうという説もある。

この引用は、自社製品をアメリカの国外で販売する際のアメリカ企業のジレンマを表すものである。効率を求めて標準化するか、効果を求めて適応化するか。Dunn の論文以降の論文は、ほとんどがこの選択に関する製造業者の意見、態度、実施に焦点をあてている。その多くは概念的で、経験的証拠のない仮定に基づいている[62]。標準化の議論は、基本的に販売の議論であってマーケティング哲学に基づいたものではなく、消費者のウォンツ（wants）とニーズ（needs）は考慮されていない。標準化の支持者は、基本的な人間のニーズの普遍性に対する強い信念と、広告の目的は普遍であるという仮定に頼っている。それ故に、広告はどこでも同じであり得るという。この見解は、強力なコンセプトや購買の提案は国境を超えるもので、その実施においてのみ適応の必要があるというものであった。

　標準化戦略の提案で頻繁に引用される研究者には、Elinder[63] と Levitt[64] がいる。Elinder は当時スウェーデン販売協会の理事長で、生活水準の収束と技術手段の改善は広告の標準化を促進させ、全ヨーロッパ諸国に対する同一の広告メッセージの正当性を証明することになると信じていた。Elinder は、単一言語（英語）のテレビの出現、全ヨーロッパ・メディア、旅行の増加などはヨーロッパの消費者が類似の習慣を持つことにつながると信じていた。Elinder の収束の基準は、主として経済的なものであった。Levitt によれば、ニーズと欲求の収束の推進力は、テクノロジーと近代性である。

　　強い力によって、共通点への収束に向かっているが、この力となるものがテクノロジーである。テクノロジーによって、コミュニケーション、運送、旅行はプロレタリア化され、孤立した場所、貧窮した人々が近代性の魅力を熱望するようになってきた。……古代からの宗教や、古くからの考え方を信奉する人々でさえ、近代性を選択している：ビアフラのイボ族がコカコーラを飲み、孤立しているシベリアの人々がデジタル腕時計を欲しがる……世界のニーズと欲求は、決定的に均一化してきている。

　Levitt の主張は、標準化により企業が競争できるベースが、適切な価値になる。つまりデザイン、機能、さらにはファッションに関しても、全世界で同一な製品の価格、品質、信頼性の最も良い組み合わせとなる。Levitt が例としてあげたアメリカの製品やブランドの多くは、当時ユニークなものだった。外国の消費者にとって、これらはアメリカの雰囲気と、ステータス・バリューを持つもので、開発途上国の多くで好まれるタイプの製品やブランドだった。20 年後、競争は激化し、当時の例としてあげられたものは、ほとんどが異なる環境、嗜好、習慣に適応してきた。リーバイスは、消費者がイタリアのディーゼルやスペインのザラのような国産ブランドを求めるようになって、売上が急

落した。コカコーラは、戦略を「ローカルに考え、ローカルに行動する」に変更した。本社集権化された意思決定と標準化マーケティングでは新しいグローバル市場と乖離してしまったからである[65]。

1983年のLevittの主張の正当性を疑う声は次第に多くなっている。後の研究者は、標準化の主張には、経験的証拠が不足していることを指摘している。

> 収束と標準化の個々の事例に基づく支持は豊富にあるが、経験的証拠は不足している……Levittが目の当たりにしたのは、グローバル製品の大幅な増大よりは、グローバル・ブランディングの増大だったのかもしれない。しかし、これも思われていたほど広範囲なものではなかったようである。しばしば指摘される点としては、コカコーラやマクドナルドなど、当初引用されたものが、いまだに引用されている。このリストに加わった新しい名前はほとんどない……Levittは、数少ないブランドの広範囲に普及した事例を、多くのものに普遍的にあてはめられると見誤ったのかもしれない[66]。

1990年代、普遍性に関する主張は、修正された。標準化が適用されるのは、特定セグメントや、パッケージや広告のような特定のマーケティング・ミックス要素だけである[67]。標準化が適切な状況というものが規定された。標準化が可能なのは、あるタイプの消費者、類似セグメント、または新規性、インターナショナル・イメージ、ライフサイクルの段階といったあるタイプの製品属性、または工業用品および一部の消費者製品である[68]。

Agrawal[69]は、インターナショナル広告の議論を、アメリカの実務家と研究者の見地から検証した。Agrawalは、インターナショナル広告に関して、3つの学派分けをした。標準化、適応化、そして状況依存視点(contingency perspective)である。最後のアプローチは、最も効果的な広告戦略は状況により変化するという概念に基づいている。

時間とともに、さまざまな研究が行なわれた。56の研究を含む50年間にわたる広告標準化の調査で、焦点がインターナショナルから地域レベルにシフトしたことがわかる。最も調査対象となっているのは西ヨーロッパ、(中国)アジア、および中東もしくはアラブ世界である。この研究によると、ヨーロッパでは、広告の完全な標準化はまれである。また、広告の標準化のさまざまな測定アプローチの分析をしている。56の研究の内、27はマネージャークラスに対する調査をベースとしており、21は広告分析をベースとしている[70]。これらの研究は、4タイプに区別できる。

1. モデルもしくは概念的枠組みを提示する概念的論文。このような論文は、仮説や過去の調査結果を検証し、またはそれらをカテゴリー化することで、マーケティン

グ・マネージャーがツールとして使える新たな枠組みを作る傾向にある。その例は、Merz らによる論文で、これは西洋のカテゴリー化理論をグローバル消費者文化の議論に適用したものである[71]。
2. マネージャーへの調査。このような論文は、常に現実を示しているわけではない。特に、収束を信奉しているものは、自分の戦略を標準化しがちである[72]。何人かの研究者は、実務家を対象にマーケティングと広告実践を調査する際、マネージャーが実施していると言っていることは、実際に行なわれていることとは異なる傾向があるという現象を指摘している。具体的には、アメリカ本部の役員は、実際の状況よりも標準化が進んでいると信じている。人々が言うことは、必ずしも現実を反映しているわけではない。いわゆる多国籍企業は、多くの役員が考えているほどには、まったく標準化されていない[73]。
3. 環境変数、適応化と標準化の測定、パフォーマンス測定などを含む複合的な研究。これらの研究は、企業の輸出パフォーマンスを最適化する適応化の程度を見つけようとしている[74]。
4. 広告の内容分析。これに該当する論文は、マネージャーの知覚ではなく、実際に行ない、顕示された調査結果を示している。その一例は、化粧品、香水、ファッション分野の高級ブランド広告の内容分析研究で、地域を越えて（ヨーロッパと中東）さまざまな形態の標準化があることが判明している[75]。商品カテゴリーは、重要な適応変数なので、このような研究は、標準化－適応化実践の全体的な印象を得るためには、さまざまな製品カテゴリーで実施されなければならない。

　研究は徐々に収益性に関しての標準化－適応化の効果と、この効果に影響を与える変数の分析に焦点をあてるようになっている。

標準化 ― 適応化の決定に影響を与える変数

　標準化か、適応化かという決定には、数多くの変数が影響する。さまざまな戦略的側面が分析できるが、そのうち、最も使用されると思われるのは以下である：
・製品：これには製品カテゴリーと製品のライフサイクルが含まれる
・企業：その組織内文化、その企業の原産国の文化、輸出への依存
・ビジネス環境：競争、市場の経済発達度、マーケティングのインフラ、法律・政府規制・メディアのインフラなどの環境要素
・消費者：購買力、および地域的嗜好、習性、使用状況（包括的環境変数に含まれることが多い）などの文化的社会的変数

製品カテゴリーと製品のライフサイクル

　標準化のマーケティング・アプローチに従って成功すると思われる製品カテゴリーは、数少ない。例としては、ウィスキーと香水があげられる。これらは、企業の原産国コンセプトを標準化したものが使用できる（パリからの香水）。フランスの香水は、フランスから来るし、スコッチ・ウィスキーはスコットランドから来る。「コスモポリタン」誌のようなグローバル・メディアでは、車、食品、家庭用品などの他の製品に比べ、美容製品に標準化アプローチが使用されることが多い[76]。理論では、テクノロジー製品は、標準化が成功する可能性が最も高いと指摘されている。「リーダーズ・ダイジェスト[77]」の年次調査によれば、多くの国々で同じように高い信頼を得ている、標準化がある程度進んでいるグローバル・ブランドの多くは、テクノロジー分野（ソニー、ノキア、キヤノン、IBM）である。これらのブランドは、一貫して高品質を提供することで強さを保ってきている。

　製品がライフサイクルのどの段階にあるかによって、標準化の可能性が決まる。新製品や新ブランド、そしてこれらの製品のマーケティング・コミュニケーションは、すでに成熟した製品よりも標準化がしやすい（第11章参照）。それでも、単一商品を全世界で販売して、導入時期を過ぎたころに明らかになってくる利用や態度の差異に適応しないと、製造業者は、ある文化ではマス・マーケットを、別の文化ではニッチ・マーケットを見つけるリスクを冒すことになる。製品のライフサイクルのさまざまな段階において、異なる広告アプローチが必要である。異なる市場で確立されたブランドは、異なるブランド・イメージを持っていることがあり、その製品をグローバル・アプローチに移すことが難しくなる。

企業の組織、企業のタイプ、インターナショナル経験、企業文化

　企業の原産国の文化は、そのマネージャーのビジョンに強い影響を与え、マネージャーのビジョンは、標準化の程度に影響する。各国で、マネージャーはさまざまな世界観を持っている。具体的には、アメリカ企業は、人々の価値観に関して普遍主義的哲学を持っており、文化よりは法律や規制に重点を置く。欧州連合に対して、アメリカ企業は一つの結合した市場を予想する。同様に、アメリカ企業は、中央ヨーロッパの元共産圏の国々にも類似性を予想していたが、これらの国々における広告への反応の違いは顕著だった[78]。

　ヨーロッパと日本のマネージャーは、マーケティングと広告は地域の習慣に適応させるべきだと考えるが、北米のマネージャーは標準化の戦略的有利性を信じている。2001年のアメリカ企業役員680人を対象にした調査によると、大部分の企業は、自社ブランド・ネームを標準化するか、相手国の環境的条件に適応させるかを決定する際に、文化

的要因を組み入れることはしないように思われた[79]。2006年にアメリカと日本のマネージャーを対象に、ヨーロッパ各国での標準化について行なった調査では、アメリカ企業のマネージャーは、広告の標準化と統一されたブランド・イメージや訴求をつくる傾向が、日本のマネージャーより強かった。日本の本部は、アメリカの本部よりもローカル化を許す程度が大きかった[80]。

ラテン諸国とアングロサクソン諸国の間には、はっきりした溝がある。ドイツとイギリスのブランド・マネージャーは、自社ブランドのマーケティング・ミックスの標準化を目指す事を、フランスやイタリアのマネージャーよりも頻繁に主張する[81]。1992年、イギリスのインターナショナル広告代理店で働いている幹部の43％は、標準化広告に対して、前向きであった[82]。

企業が輸出に依存する程度は、標準化—適応化の程度に影響を及ぼす。輸出依存が高い企業は、輸出が付随的な収益に過ぎない輸出依存が低い企業よりも積極的な製品の適応化戦略を取る傾向がある。つまり、外国市場の売上に大きく依存する企業は、適応化がよりよい成果につながることを知っている。製品を適応させるコストは、輸出実績が改善されることで取り戻すことができる[83]。これは、なぜそれほど多くのアメリカ企業が標準化するのかの説明となるかもしれない。国内市場が大きいアメリカ企業にとって、輸出はそれほど重要なものではない。輸出をする際には、製品を大きく適応化させることを必要としない、満足させることが簡単な市場を選択する傾向にある。つまり、輸出依存は、製品適応化戦略の重要な先行要因なのかもしれない。設立時から自社製品のかなりの部分をインターナショナル市場で販売することを目指しているいわゆる「ボーン・グローバル企業（born global firm）」は、海外顧客に重点を置き、適応していくように見受けられる[84]。

ビジネス環境

ビジネス環境には、インフラ整備の違いや、競争レベル、法と規制、メディアのインフラなどが含まれる。標準化に関してよく聞く議論は、インターナショナル・メディアの存在である。インターナショナル・メディアの利用可能性と普及が進行したことで、期待は高まったが、国境を越えたテレビの利用が高まっても、国境を越えたキャンペーンが増えるという結果には至っていない。さまざまな文化は、国民の嗜好を反映したさまざまなテレビ番組を要求するので、全地域に通用するテレビ番組の範囲は、スポーツなど、少数の限られたタイプになる[85]。そして、これらの番組でさえ、ローカルの言語となりがちである。本当にインターナショナル消費者向け雑誌は、ごくわずかである。「エル」や「コスモポリタン」のような雑誌は、かつて他の国にオリジナルのフォーマットで「輸出」されていたが、今は販売されているほとんどの国のローカル版に変わって

いる。

消費者

　消費者という要因（環境的要因とも言う）には、消費力と共に、顧客の類似性（ライフスタイル、嗜好、好み）や差異（文化、気候、言語）が含まれる。
　インターナショナル・マーケティングの伝統的な思考法は、主としてマーケット・セグメントの類似性に焦点をあてるものだったが、徐々に重要な要因は差異であることを認識するようになった。マーケターが国ごとの消費者行動の違いを理解するほど、インターナショナル・マーケティングと広告は効果的になっていく[86]。大前研一は、1989年にすでに以下のように述べている。

　　製品戦略ということでは、ボーダレス世界における管理は、平均によって管理するということではない。ユニバーサルな製品の魅力は、見せ掛けの魅力である。嗜好の問題ということになると、特に審美眼的（aesthetic）な好みでは、消費者は、平均的は好まない[87]。

パフォーマンスに対する効果

　標準化に関して最も重要な質問は、それは企業のパフォーマンスに効果があるかというものだが、パフォーマンスに対する効果をテストした研究はほとんどない。効果に関する意見は、均一のブランド・イメージが強いブランドを創ることができるという信条に基づいた傾向がある。Zou and Cavusgil[88]は、パフォーマンスに対する標準化の効果に明白な証拠が欠如していることは、重大な問題であるとしている。効果が立証されなければ、グローバル・マーケティングにおける知識の多くは、疑問視されるからだ。
　徐々に、研究にはパフォーマンスが含まれるようになり結果も変化している。標準化とパフォーマンスの関係は、ターゲット市場によってさまざまである[89]。ヨーロッパ5カ国で運営するアメリカと日本の多国籍企業を対象としたある研究によれば、標準化広告は、欧州連合では効果的であるという[90]。複数の他の研究結果では、適応化がよりよいパフォーマンスに結びついたとなっている。ある研究では、マネージャーが行なう外国市場における提供物の適応化は不十分であり、適応化を進めることでもっと利益をあげることができるのではないかとしている[91]。ブランドのポジショニングを変更したり、もしくは国内ブランドの全面的表現を海外顧客の気持ちにはまるものに適応化させたりすれば、さらにすばらしいパフォーマンスを生む事になるだろう[92]。アメリカ、日本、韓国の製造企業におけるインターナショナル・マーケティングの実際に対する3

カ国研究によれば、製品適応化戦略は、この3カ国すべての輸出実績にプラスの影響を与えていた[93]。

　適応化とパフォーマンスの間にプラスの関係があるとする人々は、市場志向型の行動を優れたパフォーマンスに変える要因として理解する必要性を、研究者が強調していることを指摘する。優れたパフォーマンスとは、製品適応化、マーケティング・プランニング・プロセス、マーケティング活動の管理、製品の差別化についてのインサイト（insight）、さらには効果の高い価格決定、広告、流通戦略などを処理する際のマーケティング能力を意味する[94]。パフォーマンスと適応化の間のポジティブな関係を見ると、標準化はビジネス実際としてはよくないということを示していると思える。

　有名な広告調査企業ミルワード・ブラウンは、長期にわたり広告の効果を研究しているが、文化の境界を超えることのできる広告は、ほとんどないと結論付けている。国境を越えて同じ広告キャンペーンを使用することは、コスト効率がよいかもしれないが、それによって節約した分は、ローカルにエンゲージメントする便益を上回るものではないだろう[95]。

要　約

　グローバル・マーケティング理論の理論的基盤は、消費者の均一性や、さまざまなグローバル化勢力の結果として、均一性に向かう動きに重点を置いている。しかし、これを支える経験的証拠はほとんどない。それどころか、証拠が示すのは、将来は、単一のグローバル・カルチャーにはならないということである。グローバル・マーケティング理論のいくつかの側面は、パラドックス的である。

　グローバル―ローカルのパラダイムは、パラドックスである：人はグローバルに考えることはできない。すべての人は、自身の文化的に特徴付けられた思考パターンに従って考える。人はグローバルに行動することはできるし、それこそが、グローバル企業が行なっていることである。これらの企業がグローバル化するときには、製造、流通をグローバルに行なう。これには多くの戦略的決定が要求される。重要な決定は、グローバル運営を標準化するか、ローカルの要求に適応化するかということである。この決定に関する学究的議論は、過去50年にわたり続いているが、まだ明快な解明はない。適応化とパフォーマンスの関係に関する研究は、適応化がよりよい結果につながることを示しているように思える。本章で説明した研究は、さまざまなマーケティング・ミックス手段に焦点をあてている。次章からは、ブランディングと広告について焦点をあてていく。

　グローバル・マーケティング・コミュニケーションにおいて、企業は一文化のシステムを利用して、他の文化に向けた広告を開発する。グローバルな消費者に届く適切なグ

ローバル言語はない。擬似的な類似性（pseudo-similarities）を見つけ、それが本物でユニバーサルであると考えてしまう者もいる。一文化の誘因を使って、他の文化の人々を動かそうとする企業は多い。我々に必要とされるのは、さまざまな文化の人々を動かすものは何かを理解するための新しい言語と、文化間の相違性と非常にまれな文化間の本当の類似性を見つけて理解するシステムである。手始めとしては、マーケターは、グローバル市場における価値のパラドックスを見抜き、理解するようにしなければならない。本章で示したのはわずかな例にすぎない。次章以下では、マーケティング、ブランディング、コミュニケーションに使用される価値のパラドックスに焦点をあて、効果的なグローバル・ブランドやグローバル広告を開発するために、パラドックスを理解するためのツールも提示していく。

参考文献

（1）Roberts, A. (2001) *Napoleon and Wellington: The battle of Waterloo and the great commanders who fought it.* New York: Simon & Schuster.
（2）Sudermann, H. (1912) *Die Ehre* (Honor/What money cannot buy). Stuttgart und Berlin: J. G. Cotta'sche.
（3）Kjeldgaard, D., & Askegaard, S. (2006) The glocalization of youth culture: The global youth segment as structures of common difference. *Journal of Consumer Research, 33,* 231-247.
（4）Cheon, H. J., Cho, C.-H., & Sutherland, J. (2007) A meta-analysis of studies on the determinants of standardization and localization of international marketing and advertising strategies. *Journal of International Consumer Marketing, 19* (4), 109-145.
（5）Sifry, D. (2006, May 1) State of the blogosphere, April 2006, Part 2: On language and tagging. Retrieved April 29, 2013, from http://www.sifry.com/alerts/archives/000433.html
（6）Okazaki, S. (2005) Searching the web for global brands: How American brands standardize their websites in Europe. *European Journal of Marketing, 39* (1/2), 87-109.
（7）America's strange clubs: Brotherhoods of oddballs. (1995, December 23) *Economist,* p. 63.
（8）Vaszily, B. (2010) "How Facebook makes lonely people even lonelier" Revealed by distinguished University of Chicago professor in interview with Brian Vaszily on IntenseExperiences.com. *PRWeb,* June 5, 2010. Retrieved September 13, 2012, from http://www.prweb.com/releases/loneliness/help/prweb4088414.htm
（9）Snyder, L. B., Willenborg, B., & Watt, J. (1991) Advertising and cross-cultural convergence in Europe, 1953-89. *European Journal of Communication, 6,* 441-468.
（10）Pepper, T. (2004, August 2) Building a bigger star. *Newsweek,* p. 52.
（11）Synovate. (2008) *Young Asians survey. Tapping into the hearts and minds of 8-24 year olds across Asia.*
（12）Baker, M., Sterenberg, G., & Taylor, E. (2003, December) *Managing global brands to meet customer expectations.* Miami, FL: Global Cross-Industry Forum.
（13）*2011 TGI Product Book.* (2011) Retrieved from http://www.wpp.com/wpp/marketing/consum-

erinsights/the-2011-tgi-product-book/
(14) Morita, A., & Reingold, E. M. (1987) *Made in Japan*. Glasgow, Scotland: William Collins.
(15) Anhalt, S. (2000) *Another one bites the grass: Making sense of international advertising*. New York: Wiley, p. 5.
(16) Springer, K., & Samuels, A. (1995, April 24) The body of the beholder. *Newsweek*, pp. 50-51.
(17) Robertson, R. (1990) Mapping the global condition. In M. Featherstone (Ed.), *Global culture: Nationalism, globalization, and modernity* (pp. 15-30). London, UK: Sage.
(18) Giddens, A. (2000) *Runaway world*. New York: Routledge, p. 27.
(19) Quelch, J. (2003, August) The return of the global brand. *Harvard Business Review, 81* (8), 22-23.
(20) Ho-Ying Fu, J., & Chiu, C.-Y. (2007) Local culture's responses to globalization. *Journal of Cross-Cultural Psychology, 38* (5), 636-653.
(21) Giddens, 2000, p. 31.
(22) Huntington, S. P. (1996) *The clash of civilizations and the remaking of world order*. New York: Simon & Schuster, p. 58.
(23) Jones, J. P. (2000) Introduction: The vicissitudes of international advertising. In J.P. Jones (Ed.), *International advertising: Realities and myths* (p. 5). Thousand Oaks, CA: Sage.
(24) Bakonyi, S. (1958) Divergence and convergence in culture and communication. *The Journal of Communication, 8* (1), 24-30.
(25) McLuhan, M. (1964) *Understanding media: The extensions of man*. New York: McGraw-Hill, pp. 225, 268, 276.
(26) International Telecommunications Union (ITU). Data. (2010) Published by the World Bank, Retrieved from http://www.itu.int/en/Pages/default.aspx or http://data.worldbank.org/indicator/IT.CEL.SETS.P2
(27) Belsen, K., & Bremmer, B. (2004) *Hello Kitty: The remarkable story of Sanrio and the billion dollar feline phenomenon*. Hoboken, NJ: Wiley, p. 127.
(28) Inkeles, A. (1998) *One world emerging? Convergence and divergence in industrial societies*. Boulder, CO: Westview, pp. 20-23.
(29) *European cultural values*. (2007) Eurobarometer Report (EBS 278). Retrieved from http://ec.europa.eu/public_opinion/index_en.htm (or See Appendix B)
(30) Theil, S. (2004, November 1) Not made for walking. *Newsweek*, pp. 36-37.
(31) *Youth on the move* (2011) Flash Eurobarometer Report (319). Retrieved from http://ec.europa.eu/public_opinion/index_en.htm (or See Appendix B)
(32) Liebes, T., & Katz, E. (1993) *The export of meaning. Cross-cultural readings of Dallas*. Cambridge, MA: Polity Press.
(33) Elasmar, M. G., & Hunter, J. E.(2003) A meta-analysis of cross-border effect studies. In M. Elasmar (Ed.),*The impact of international television. A paradigm shift*. Mahwah. NJ: Lawrence Erlbaum.
(34) *Young Europeans in 2001*. (2001) Eurobarometer Report (151). (See Appendix B)
(35) White, R. (1998) International advertising: How far can it fly? In J. p. Jones (Ed.), *International advertising*. Thousand Oaks, CA: Sage, p. 34.
(36) Huntington, S. P. (1996) The goals of development In A. Inkeles & M. Sasaki (Eds.), *Comparing nations and cultures*. Englewood Cliffs, NJ: Prentice Hall.
(37) De Mooij, M. (2011) *Consumer behavior and culture: Consequences for global marketing and adver-*

tising (2nd ed.). Thousand Oaks, CA: Sage, p. 7.
(38) *2011 TGI Product Book*, 2011.
(39) An explanation of the calculations can be found in De Mooij (2011), *Consumer behavior and culture: Consequences for global marketing and advertising* (2nd ed.). Thousand Oaks, CA: Sage, pp. 57-88.
(40) Nowak, J., & Kochkova, O. (2011) Income, culture, and household consumption expenditure patterns in the European Union: Convergence or divergence? *Journal of International Consumer Marketing*, 23, 260-275.
(41) Allman, J. (1997, January) Variety is the spice of Latin life. *M&M Europe*, pp. 49-50.
(42) Living with a superpower. (2003, January 4) *Economist*, pp. 18-20.
(43) Madsen, H. (2001) The world in 2001. *Economist*, p. 150.
(44) Viswanathan, N. K., & Dickson, P. R. (2007) The fundamentals of standardizing global marketing strategy. *International Marketing Review*, 24 (1), 46-63.
(45) Levitt, T. (1983) The globalization of markets. *Harvard Business Review*, 83 (3), 92-102.
(46) Berger, P. L. (2002) Introduction: The cultural dynamics of globalization. In P. L. Berger & S. P. Huntington (Eds.), *Many globalizations: Cultural diversity in the contemporary world*. Oxford, UK: Oxford University Press.
(47) Kjeldgaard & Askegaard, 2006.
(48) Rose, G. M. (1997) Cross-cultural values research: Implications for international advertising. In L. R. Kahle & L. Chiagouris (Eds.), *Values, lifestyles, and psychographies*. Mahwah, NJ: Lawrence Erlbaum, p. 395.
(49) Galloni, A. (2002, February) Marketers face divergent tech targets. *Marketing & Media*, p. 26.
(50) *Young Europeans*. (2007) Flash Eurobarometer Report (202) (See Appendix B).
(51) Lau, S. (2001, March) I want my MTV, but in Mandarin, please. *Admap*, 36 (3), 34.
(52) Cooper, P. (1997, October) Western at the weekends. *Admap*, 32, 18-21.
(53) Bond, M. H., & King, A. Y. C. (1985) Coping with the threat of Westernization in Hong Kong. *International Journal of Intercultural Relations*, 9, 351-364.
(54) Wang, J. (2008) *Brand New China. Advertising, media and commercial culture*. Cambridge, MA: Harvard University Press, p. 201.
(55) Roland, A. (1988) *In search of self in India and Japan*. Princeton, NJ: Princeton University Press, p. 236.
(56) ACNielsen Insights. (1998, November) p. 8 [Company newsletter].
(57) Fu & Chiu, 2007.
(58) Wang, 2008.
(59) There was a German, a Belgian, and a Spaniard. (1999, January 23). *Economist*, p. 68.
(60) Dow, D. (2005) Adaptation and performance in foreign markets: Evidence of systematic underadaptation. *Journal of International Business Studies*, 37, 212-226.
(61) Dunn, S. W. (1966, February) The case study approach in cross-cultural research. *Journal of Marketing Research*, 3, 26-31.
(62) Zinkhan, G. M. (1994) International advertising: A research agenda. *Journal of Advertising*, 23, 11-15.
(63) Elinder, E. (1965) How international can European advertising be? *Journal of Marketing*, 29, 7-11.
(64) Levitt, 1983.

（65）Quelch, 2003.
（66）Whitelock, J., & Pimblett, C. (1997) The standardization debate in international marketing. *Journal of Global Marketing, 10* (3), 45-66.
（67）Banerjee, A. (1994) Transnational advertising development and management: An account planning approach and a process framework. *International Journal of Advertising, 13*, 124. See also Domzal, T. J., & Kernan, J. B. (1993) Mirror, mirror: Some postmodern reflections on global advertising. *Journal of Advertising, 22* (4), 1-20.
（68）Snyder, L. B., Willenborg, B., & Watt, J. (1991) Advertising and cross-cultural convergence in Europe, 1953-89. *European Journal of Communication, 6* (4), 441-468.
（69）Agrawal, M. (1995) Review of a 40-year debate in international advertising. *International Marketing Review, 12* (1), 26-48.
（70）Fastoso, F., & Whitelock, J. (2010) Regionalization vs. globalization in advertising research: Insights from five decades of academic study. *Journal of International Management, 16*, 32-42.
（71）Merz, M. A., He, Y., & Alden, D. L. (2008) A categorization approach to analyzing the global consumer culture debate. *International Marketing Review, 25* (2), 166-182.
（72）Okazaki, S., Taylor, C. R., & Doh, J. P. (2007) Market convergence and advertising standardization in the European Union. *Journal of World Business, 42*, 384-400.
（73）Whitelock, J., & Chung, D. (1989) Cross-cultural advertising. An empirical study. *International Journal of Advertising, 8*, 291-310.
（74）Dow, 2005.
（75）Harris, G., & Attour, S. (2003) The international advertising practices of multinational companies: A content analysis study. *European Journal of Marketing, 37* (1/2), 154-168.
（76）Nelson, M. R., & Paek, H.-J. (2007) A content analysis of advertising in a global magazine across seven countries. *International Marketing Review, 24* (1), 64-86.
（77）Reader's Digest Trusted Brands. (2012) Retrieved September 21, 2012, from www.rdtrustedbrands.com
（78）Orth, U. R., Koenig, H. F., & Firbasova, Z. (2007) Cross-national differences in consumer response to the framing of advertising messages. An exploratory comparison from Central Europe. *European Journal of Marketing, 41* (3/4), 327-348.
（79）Alashban, A. A., Hayes, L. A., Zinkhan, G. M., & Balazs, A. L. (2001) International brand-name standardization/adaptation: Antecedents and consequences. *Journal of International Marketing, 10* (3), 22-48.
（80）Taylor, C. R., & Okazaki, S. (2006) Who standardizes advertising more frequently, and why do they do so? A comparison of U.S. and Japanese subsidiaries' advertising practices in the European Union. *Journal of International Marketing, 14* (1), 98-120.
（81）Kapferer, J.-N. (1993) The challenge of European branding: Facing inter-country differences. *Journal of Brand Management, 1* (1).
（82）Cheon et al., 2007.
（83）Calantone, R. J., Kim, D., Schmidt, J. B., & Cavusgil, S. T. (2006) The influence of internal and external firm factors on international product adaptation strategy and export performance: A three-country comparison. *Journal of Business Research, 59*, 176-185.
（84）Knight, G., Madsen, T. K., & Servais, P. (2004) An inquiry into born-global firms in Europe and the USA. *International Marketing Review, 21* (6), 645-665.

(85) Dibb, S., Simkin, L., & Yuen, R. (1994) Pan-European advertising: Think Europe—Act local. *International Journal of Advertising, 13*, 125-135.
(86) Samli, A. C. (1995) *International consumer behavior*. Westport, CT: Quorum Books.
(87) Ohmae, K. (1989, May/June) Managing in a borderless world. *Harvard Business Review, 67* (3), 152-161.
(88) Zou, S., & Cavusgil, S. T. (2002, October) The GMS: A broad conceptualization of global marketing strategy and its effect on firm performance. *Journal of Marketing, 66*, 40-56.
(89) Cheon et al., 2007.
(90) Okazaki, S., Taylor, C. R., & Zou, S. (2006) Advertising standardization's positive impact on the bottom line. *Journal of Advertising, 35* (3), 17-33.
(91) Dow, 2005.
(92) Wong, H. Y., & Merrilees, B. (2007) Multiple roles for branding in international marketing. *International Marketing Review, 24* (4), 384-408.
(93) Calantone et ai., 2006.
(94) Knight et al., 2004.
(95) Hollis, N. (2009, May) Culture clash: Globalization does not imply homogenization. *Millward Brown's POV*. Retrieved from http://www.milwardbrown.com

第2章

グローバル・ブランディング

　マーケティングは、製品主導の産業化時代への反応として、合理的な消費者の観点から考案されたものである。製品カテゴリーは、消費者の知覚や経験という点からではなく問題を解決するであろう製品機能という点から狭く規定されている。

　解決策は、従来型マーケティングからコミュニケーション中心のブランディング・アプローチへと移ってきた。ブランドは、コミュニケーションとエンターテインメントの形となってきている。またマーケティングは、情報技術によって主導されることが増えてきている。それはローカル、グローバルの双方においてであり、画像は即座に全世界で入手可能である[1]。したがって、ブランディングは、グローバル・マーケティング、グローバル広告の本質的な側面である。

　ブランディングの実践は、製品にトレードマークを付けるという意味ではかなり古くからある。もともと、ブランドを付けた商品は、消費者に製品の起源を知らせるもので、製造場所や製造方法に関して保証をし、ブランドの背後には、ブランドを所有する企業体がしっかりと控えていることを証明するものであった。やがて、ブランドは製品やサービスの知覚独自性を作り出して競争相手との差別化をし、顧客の信用、信頼、ロイヤルティという無形価値を構築するものと見なされるようになった。製品に明確なアイデンティティを与えるためには、情緒的（emotional）便益か価値が加えられる。ブランドは、消費者との情緒的なつながりを作りだし、経験を提供し、消費者のコミュニティを創るための基盤としての役割を担うようになる。ブランドはブランドという神話を強化するための語り手であり、手段であると見なされている。

　グローバル交易は、グローバル・ブランドをもたらした。至る所に存在するグローバル・ブランドは、近代生活の特色の一つとなり、グローバル・マーケティングの中心的なテーマの一つでもある。グローバル・ブランドの増加に伴い、ブランドのグローバル

市場進出や、多様な戦略的ブランド・モデルについて、企業にアドバイスする会社の数も増加してきている。ブランドをグローバルにするにあたり、企業が従うべき青写真は一つではないし、グローバル・ブランドの定義でさえ単一ではない。戦略的ブランド・モデルは、ローカルに開発される傾向があり、なんらかの修正無しでグローバルに応用することはできない。情緒的便益、価値、神話（myth）に焦点をあてるほど、ローカル化と文化固有の必要性も大きくなる。

究極のグローバル・ブランドは均一で、均一なグローバル広告が付随している。しかし、企業は、徐々にローカルな消費者の需要に耳を傾けるようになっている。コカコーラは、グローバル・ブランドの究極的な見本として示される傾向にあるが、同社も徐々にローカル化している。

グローバル・ブランディングの文化の結果については、本書全体で検討しているので、本章ではブランディングの理論的背景を検証し、グローバル・ブランド、ブランディング・モデル、ブランディング戦略、グローバル・ブランディングにおけるコミュニケーションの役割のさまざまな側面について検討していく。本書中には、多くのブランディングの一般的専門用語やコンセプトが使用されているので、最初のセクションで、ブランディング全般のいくつかの側面について要約する。

2-1. ブランディング

ほとんどのカテゴリーにおいて、現在の企業は製品で競争するのではなく、製品を増強するブランドで競争している。それは、同じカテゴリー内の他ブランドに対して差別化でき、ポジショニングする。ブランドは、ユニークに思われるように作られたものである。ブランドは信頼である。ブランドは、単なる製品ではない。製品が呼び起こす感情である。それがブランドとは人々がある製品に対して余分に対価を支払う理由である。ブランドは、人々が企業や製品に結びつける独占的な視覚的、情緒的、理性的イメージである。ブランド名を覚えて、そのブランドにポジティブな連想をすることで、製品を選択することが簡単になり、その製品の価値や満足度が向上する。ブランドXのコーラは、目隠しテストでコカコーラに勝つかもしれないが、実際には、より多くの人が他のコーラよりもコカコーラを買う。そして、最も重要なのは、その人たちがコカコーラを買って飲むという体験を楽しんでいるということである。飲み物と結びついた人々、場所、出来事の記憶は、少しだけおいしいコーラの味よりも重要なことがよくある。このブランドに対する情緒的な関係が、ブランドを非常に力強いものにしている。ブランド力は、ブランドが作り出す意味に起因する[2]。それは長い時間をかけて、消費者が感じ、目にし、耳にしたことなど、消費者の体験によって形成される。消費者体験は、コ

ミュニケーションで満たされた世界で増幅されてきており、このような世界ではすべてがブランド化される。消費者は、どこでブランド・メッセージを受け取るかという選択肢を以前より多く持っており、消費者の主導権もますます強くなっている[3]。

　ブランドはビジネスに便益を生み出す無形資産となっている。ブランド・マネジメントによって作られる価値は、競争ブランドが安いときでさえ、そのブランドを購入したいという消費者の購買意欲の結果生まれるキャッシュフローである。消費者がブランドを選択するのは、ブランドのマーケティングによって長い時間をかけて心のなかに作られた信念と絆のためである。これが「コンシューマー・エクイティ（consumer equity）」である。ブランドは消費者の心のなかに資産を作るので、財務的価値を有する。これらの資産とは、情緒的な絆ばかりではなく、ブランド認知、排他性に対する信頼、何らかの価値がある便益の優位性もある[4]。

ブランド・コンセプトとブランディング・モデル

　ブランディングは、理論に根ざしたものではない。ブランドとは何か、またはどうあるべきなのかということについては、ブランド・コンサルタントの数と同じだけのブランディング・モデルや説明があると思える。一方では、ブランドはマーケティング企業とその代理店によって作られた構成概念で、現実世界のスーパーマーケットの棚にある商品にラベルをつけるためのものだと言う。他方では、ブランドとは、消費者の想像の中に存在するアイディアと言う。成功しているブランドは、人のパーソナリティ、イデオロギー、信念体系、ストーリー、アイコン、神話などと見なされている。これらの見方は、消費者の心や社会の中のブランドの機能をコンサルタント、研究者、学者がどのように分析しているかを反映している。

　ブランドを概念化する一つの方法は、ブランドを消費者の心の中の「連想ネットワーク（association network）」、ポジティブとネガティブの連想の知覚地図、象徴言語と見なすことである。連想とは、ブランド名、視覚的イメージ、ユーザー連想、製品属性、便益、価値、さらには使用する場所や場合である。ブランドの価値は、人々の心のマッピングに適合しなければならない。消費者の心の中のブランドがポジティブに知覚されていれば、「マインドシェア」がつくられる。マインドシェアを最も正確に測定するためには、消費者が特定ブランドについてどれくらいの頻度で考えるかということを、そのカテゴリーの全ブランドについて考える時間すべてに対してパーセンテージで表すことになる。マインドシェアは、複数のブランドと出会うことでもたらされる。本章の最後で、連想ネットワークについて、さらに詳細に検討する。ブランドの連想ネットワークの要素を使用する概念ツールは「手段－目的連鎖モデル（means-end chain model）」である[5]。手段・目的連鎖は、製品（属性のまとまりとして定義される）と消費者（価

値の保有者とされる）をつなぐ概念的構造である。製品の属性は、さまざまな結果や製品使用から便益を生み出すものとされ、これが回りまわって消費者の価値を満足させる。このような関係は、ラダリング（はしご昇り）・テクニックを使用することで識別することができる。これは、製品属性、その属性の結果、もしくは便益、消費者の価値の間にある関連性のネットワークを識別することにより、消費者の選択を説明するのに役立つ方法である。手段‐目的連鎖モデルについては、第6章で詳細に検討する。ブランドを連想ネットワークと見なすことは、さまざまな文化の中でブランドに関連した消費者知覚の多様性を理解することになる。手段・目的連鎖モデルは、マーケターがどの属性が、どの異なる具体的な便益もしくは抽象的な便益、またはさまざまな文化の価値と結びつくことができるのかを決定するのに役に立つ。

　ブランド・パーソナリティのモデルは、ブランドを人間のパーソナリティのように定義している。マーケターは、差別化を達成するための方法として、ブランドに人間のパーソナリティのような（真面目、温かみがある、想像力、誠実など）特徴の属性を付ける。ブランドのパーソナリティ特徴は、ブランド自身の代表的な消費者のパーソナリティ特徴を移すことで創られる。さらに、ブランドは、ブランドを創ったマーケターの性格的特徴を帯びることもある[6]。ブランド・パーソナリティは、名前や視覚的な外観などをはじめとするブランドの表現であるブランド・アイデンティティの中心的構成要素である。ブランド・アイデンティティは、マーケターによるインプットであり、消費者が「受け取る」ことを期待するものである。これが、ブランドの独自性、意味、価値となり、そのブランドが市場において、どのようにポジショニングすることを狙っているかということになるだろう。ブランド・イメージとは、消費者がブランドから「受け取った」もので、消費者の心の中のブランドの絵である。これは、ブランドの示すものがユーザー、ノンユーザー、ステーク・ホルダーにどのように解読されているかを反映している。ユーザーにとって、ブランド・イメージはその製品やサービスの実際の体験（情報に基づく印象）と、期待にどの程度応えたかに基づく。ノンユーザーにとっては、ほとんどすべて、印象、態度、信念に基づいている。文化的に均一な市場においては、人は文化的な意味を共有するので、企業によって作り出されるブランド・パーソナリティが消費者に認識される可能性はかなり高い。文化を超える場合は、ブランドのパーソナリティは、企業が計画した通りの形で認識されるとは限らない。文化的な違いは、さまざまな市場の消費者がブランドに与える意味に影響を与えるからである。ブランドに関連づけられる人間的特徴の選択は、マーケティング・マネージャーが行なう。作られたブランド・パーソナリティがマーケティング・マネージャーと似た文化を持つ市場でしか共感されず、またはどのみち人々がパーソナルな特徴とブランドを関連させないという可能性はかなりある。アジアにおいては、ブランド・アイデンティティという言葉は、あまり使

われていないし、一般的に理解されない[7]。ブランドは、実際に生きている芸能人やスポーツ選手などの有名人とリンクされ、その人たちのアイデンティティにリンクされる。また、ブランドにアイデンティティをつける目的は、人々にブランドをユニークであると見なしてもらうためであるが、ユニーク性はアジアの文化にはあまり適合しない概念である（第5章参照）。

　文化的なブランディング・モデルは、Holt が提案した[8]。Holt は、力強いブランドを「象徴的ブランド」または「神話ブランド」と定義した。例としては、マルボロ、ナイキ、コカコーラ、マウンテンデューなどがある。Holt によれば、「神話ブランドは国民文化のテンションに、いかにうまく反応しているかということから価値を引きだしている。反応することにより、文化の推移に適応しなければならない」[9]。コカコーラの有名なキャンペーンがその一例である。「世界に教えたい……」というもので、グローバル広告の始まりの究極的な例としてしばしば使われているのだが、これは世界ではなくアメリカ人をターゲットにしたものだった。神話は米国社会を引き裂いていた激しい人種的テンションを象徴的に癒すことを意図していた。「友達や見知らぬ人と一緒にコークを飲むということは、人種的、政治的、性別的な分断を癒す象徴的な行為である。アメリカ人はそれに応えた。この広告は、まずヨーロッパで放送されたが、反応は芳しくなかった」。ペルーでは、1935 年に発表されたインカ・コーラが、インカ帝国の栄光と関連づけられたユニーク性を持ち、コカコーラよりも象徴的ブランドとなる。アメリカ人にとっては、オレオ・クッキーは、子ども時代の記憶と結びついた象徴的ブランドかもしれないが、そのような思い出を持たない人々の住む他の国では、オレオ・ブランドはそのような象徴にはなれない[10]。Holt の説明に従えば、象徴的ブランドや神話的ブランドは、ほとんどの神話は国民的なものであるため、グローバルにはなりえない。経験、使用歴、ブランド連想、これらはすべて通常は国民的レベルのものである。だから自国で象徴となっているブランドが、他国で象徴的となったとしても、必ずしも同じものの象徴となるとは限らない。グローバル・ブランドは、さまざまな国においてさまざまな歴史を持っている。例えばインド人にとって、ラックス（究極的グローバル・ブランドとしてよく示される）は、1895 年以来、インドの歴史で象徴的ブランドの原型である。中国のブランド、ハイアールは、中国では中国の製造史に特有なストーリーを持っていて、象徴的かもしれない。同社オーナーが欠陥のある冷蔵庫を粉々に壊し、品質を保証することを固く誓ったということがある[11]。しかし、ヨーロッパや米国では、その歴史はない。

　バイラル・ブランディング（viral branding）やトライバル・ブランディング（tribal branding）というモデルは、大衆はブランドのことを話し合うブランド・コミュニティ、もしくはブランド・トライバルの結果として影響力を持っているという考え方に根ざしている。この見解やモデルに従うと、センスのよいリーダーは、それを使用し、それに

ついて話すことでトレンドを先駆け、ブランドの必須の好ましさを作り出す。特にインターネットは、ブランドがウェブサイトを中心に展開する消費者コミュニティを作り出すことができる、という考え方を進めた。このようなコミュニティは特定ブランドに共通の関心を持っている人々のグループで、その神話、価値、儀式、ボキャブラリーとともに、並走してサブカルチャーの流行を作り出す[12]。このモデルは、主導権は消費者にあって、マーケターはすでにブランドへの影響力を持たないことを示唆している。しかしながら、この種のコミュニティは、あまりに拡散的で、企業の戦略に影響を及ぼすことができるような資源の開発はできない。具体的に言うと、グローバル・ブランドの周りにあるブランド・コミュニティの交流は限定的である。一国のブランド・コミュニティは、強力となりうるが、それが自動的に他の国々の純粋なブランド・コミュニティにはつながらない。もっとも、ある国での行為が他の国々で模倣されている例はある。アップルの最初のiPhoneが米国で発表されたとき、アップル・ファンは、店舗前に行列を作った。ポーランドではこのようなことになるとは予測されていなかった。そこで、サービス・プロバイダのオレンジ・ポーランドは、広告目的で国内20店舗の前に役者を雇って、うその行列を作った[13]。この最初のハプニングの後、アップルは、非常に賢くなり、新しいiPhoneのバージョンが発表されるたびにこの行列を公表することで、消費者体験を作り出すようになった。2012年、iPhone5の発表時、世界中の多くの大都市で、人々はアップル・ストアの前に行列を作った。iPhoneはオンラインで事前予約することができるのだから、行列は、iPhoneの需要を表すものではない[14]。他のアップル・ファンと共にたむろする場を設けた、というイベントなのである。

ブランド・エクイティ

　ブランドは、企業資産と見なされ、従来型の有形収益を生み出すものと同様な方法で監査され、管理されるべきとされている。世界で最も有名なブランドは、何百億もの価値があると測定されている。ブランドの査定は、財務分析、ブランド分析、ブランド力スコアを合わせて、ブランドの財務的価値をはかる。ブランド価値、もしくはブランド力を計算する代理店はいくつかあるが、その方法はさまざまである。例えば、インターブランドとミルワード・ブラウン[15]は、ブランド査定方法を開発し、世界的に認められている。その計算には、市場セクターごとの消費者の購買行動、企業の価値の一環として、ブランドが貢献した価値、顧客の心の中のブランドの位置、競合相手に比してのブランドの力などが含まれる。その結果出てきた価値は重要であるが、この価値の背後にあるテーマや力を理解することこそ、本当にブランドのパフォーマンスを推進するものである。効果的なブランド管理とは、これらの力を調整することを意味する[16]。ミルワード・ブラウンは、「グローバル・ブランド・パワー」を計算し、このスコアを「ブ

ランドZトップ100ランキング」リストとして発表している。同社は将来的収益の現在価値を計算し、ブランドがどの程度強く価値を生み出すことができるかを、以下の3つの方法で示している。(1) ブランドによって作り出された総額、(2) 消費者の購買決定に及ぼすブランド・エクイティ（brand equity）の影響、(3) ブランドの将来的成長の可能性。この測定は、世界で最も価値あるブランドは、必ずしもグローバル・ブランドである必要はなく、また企業ブランドや消費者向けブランドである必要もないことを示している。歴史的に消費者と強い関係を構築してきているブランドは、ほとんど「ブランドZトップ100ランキング」に入るのに十分な総合的価値を作り出さない個別的なブランドか、製品ブランドである[17]。

　ブランド・エクイティの基礎は、消費者の心の中のブランドの存在（マインドシェア）であり、購買行動（消費者エクイティ）に対する影響である。その結果、消費者エクイティは、ブランドの財務パフォーマンス（ブランド価値）に影響を与える。消費者エクイティの要素は、ブランド認知、ブランド連想、ブランド・シンボル、知覚品質、ブランド・ロイヤルティである。抽象的なブランド連想に反応する方法は、国によって異なるので、国を越えてブランド・エクイティを測定することは難しい[18]。

　アジアのマネージャーは、ブランドのような無形資産に投資することに懐疑的である。ブランディングがマーケティング・コミュニケーションの一部とみなされ、マーケティング予算中のコストとされることはめずらしくはない[19]。アジア人にとって、ブランド・コンセプトは、あまりに抽象的なのである（第5章、パーソナリティとアイデンティティ参照）。

ブランド・アーキテクチャ

　「ブランド・アーキテクチャ」という言葉は、ブランド・ポートフォリオ戦略の一環として、組織がいかにブランドを構築し名付けるかに使われる言葉である。ブランド・アーキテクチャのシステムの主要3タイプは以下の通りである。

1. コーポレート・ブランディング：企業名が会社の提供する全製品およびサービスに使用される。マザー・ブランドだけが使用され、全製品がこの名前をつける。コーポレート・ブランドの例には、ベネトン（衣料、香水）、三菱（銀行、自動車、家電）、フィリップス（ハイファイ、テレビ、電球、電気カミソリ）、ブラウン（カミソリ、コーヒー・マシーン、キッチン家電）、ソニー（テレビ、オーディオ、ビデオ）、キヤノン（カメラ、コピー機、オフィス機器）と、ハイアール（家電）、ワハハ（食品、飲料）などの大手中国ブランドなどがある。
2. エンドースメント・ブランディング：サブブランドのすべてが、言語もしくは視覚的なエンドースメント（保証）によりコーポレート・ブランドと関連づけられている。

マザー・ブランドは製品ブランドに結びついている。保証されたブランドは、マザー・ブランドの高い評判の恩恵を受け、このため、企業はマザー・ブランドが広告されるときには、関連ブランドすべての販売促進のマーケティング経費を節約することができる。ネスカフェ、マギー、デイリー・クランチのパッケージにあるネスレの名前は、ネスレが品質を保証していることを裏付けている。GMはポンティアック、ビュイック、オールズモビル、キャディラック、シボレーの保証している。ロレアル社は、企業体ロレアルの傘下にあらゆる種類のパーソナルケア製品を持っている。一つのブランド名がいくつかの関連製品に使用されると、これは、「ファミリー・ブランディング」と称される。一つのブランド名が「アンブレラ・ブランド」という役割を果たし、さまざまな製品やブランドが一つの名前の下で販売される。例としては、ニベア（バイヤスドルフ）の石けん、フェイシャル製品、ボディ・ミルク、デオドラント：クノール（ユニリーバ・ベストフーズ）スープ、ソース：サネックス（サラ・リー）のパーソナルケア製品などがある。

3. <u>プロダクト・ブランディング</u>：コーポレート・ブランドが、単に親会社として運営し、各製品もしくはサービスは、そのターゲット市場用に個別のブランドとなる。製品ブランド・アーキテクチャにおいて、企業は多くの製品ブランドをサポートし、各ブランドは個別の名前と表現スタイルを持つが、企業自体は消費者の目には触れない。プロクター＆ギャンブル（P&G）は、多くの人にプロダクト・ブランディングを作ったと考えられており、タイド、パンパース、アイボリー、パンテーンなどの多くの関連性のない消費者ブランドを抱えているという点で、よい例である。プロダクト・ブランディングは、各ブランドが広告され、法的に保護されなければならないので、資源誘因（resource-incentive）戦略である。既存ブランドの大多数が、単一製品ブランドとして展開され、国境内においての製品のポジションを確立する[20]。

企業が既存のブランド名と関連づけたブランド・エクイティを使用して新製品や製品ラインを発表する場合、これは、「ブランド・レバレッジ（brand leveraging）」と呼ばれる。新製品は、ラインの拡張（同カテゴリー内のものの場合、チェリー・コークがその一例）もしくは、ブランドの拡大（拡大が主力ブランドとは異なるカテゴリーの場合、マルボロ衣料がその一例）である。もう一つの用語は、「レンジ・ブランド（range brand）」もしくは「ライン・ブランド（line brand）」である。これは、一群の製品が、一つの名前、一つの約束、もしくはポジショニングのもとに分類されているものである。その目的は、さまざまな他製品の一群のなかで、ある製品に場所を与えることである。レンジ・ブランドの長所は、製品がブランド認識とブランドの意味を共有できることである。例としては、シュウェップス（トニック、ビター・レモン、ソーダ水、ジンジャーエール）、バドワイザー（ライト、ダーク）、メルセデス（C240、

E500、S600）がある。西洋では、ラインやブランドの拡張は、親ブランドの製品クラスや価値にあったものでなければならない（「ブランド拡張適合（brand extension fit）」）。アジア諸国の消費者は、主力ブランドとの関連とはほど遠い拡張にもブランド拡張の適合を認める[21]。もともと、製鋼所であったインドのタタ・ブランドは、現在は鋼鉄、自動車、塩、茶、時計などを象徴している。コーポレート・ブランドが信頼されているので、その傘下にあるさまざまな製品も信頼されている[22]。

大手小売業者が製品に自社名をつけると、これはプライベート・ブランド、ストア・ブランド、もしくは流通業者自社ブランドと呼ばれる。一般的に、消費者は、スーパーマーケットの自社ブランドは、経済的に得であると見なしているが、ヨーロッパ、カナダ、オーストラリアの消費者は、タイや日本の消費者よりもこの説に賛同する傾向が高い。台湾、マレーシア、インドネシア、フィリピンの消費者は、プライベート・ブランドを、「最高」のブランドを買う余裕のない人々が買うものと見なしている[23]。

2-2. グローバル・ブランド

　学術文献では、グローバル・ブランディングは、グローバル・ブランドの展開に関わる複雑な決定全体に適用されるように思われる。グローバル・ブランドの定義は、「複数の地域で入手可能なブランド」から、「全ターゲット市場において同じ戦略を持つブランド」[24]、もしくは「全般的に類似で、本部調整型のマーケティング活動により、複数の国において同じ名前で消費者が見つけることができるブランド」に至るまでさまざまである。これは、グローバル・ブランドは、単に全世界で流通しているものなのか、もしくは「グローバルであること」自体が存在もしくは成功の要素なのかという質問を求めている。

　企業の全体的マーケティング戦略の中では、ブランディング・ポリシーは、大きな課題であることは理解されているが、グローバル・ブランディングやインターナショナル・ブランディングに関する学術的文献はあまりない。インターナショナル・ブランディング分野で作成された研究の大半は、米国の研究機関で働く研究者からのものである（75％）。これに続くのがイギリスで、学術的論文の20％となり、インターナショナル・ブランディング分野では、アングロサクソンの研究機関の調査が圧倒的に多いことを示している[25]。アングロサクソンの文献では、グローバル・ブランドというものは、観念的には、標準の多目的用途に適したブランドで、グローバル・ブランドを展開する論拠としては、コスト削減や均一な消費者の動機など、グローバル・マーケティングとグローバル広告の標準化を支持するものと類似の議論や仮定を使用している。

　グローバル・ブランドを構成する学術的な説明の要約を以下に示す。

グローバル・ブランドとは、世界中ほとんどの国で見ることができるもので、世界中のあらゆる市場において、マーケティング・ミックスはさまざまに異なるものの、同じ戦略的原理、ポジショニング、マーケティングを共有する。すべての国において、相当な市場シェアを持ち（市場を支配し）、それと同等のブランド・ロイヤルティを持つ（ブランド・フランチャイズ）。また、同じブランド名やロゴをつけている。

　この定義に合っているのは、マクドナルドで、2012年、118カ国のおよそ3万3千の配給地点でサービスを提供している。コカコーラは、200カ国以上で販売されている。
　支配的になるためには、グローバル・ブランドは、相当な市場シェアを持ち、世界の重要市場すべてでリーダーシップ・ブランドでなければならない。いくつかのブランド・コンサルタントが、全世界で最もパワフルなブランドの年間リストを作成しており、コカコーラは繰り返し第1位となっている。2011年、コカコーラは、インターブランドのグローバル・ブランドのリストで、最高のブランド価値を持つということでトップとなったが、長年に渡り、ずっとトップであり続けている[26]。
　同じ戦略的原理とマーケティングを共有するということに関して、言及されるブランドのいろいろな面は、通常、正式なブランド・アイデンティティ（ロゴ、シンボル、トレードマーク、ブランド名、色、形）、ポジショニング、マーケティング・ミックス、製品ミックス、流通、広告である。グローバル・ブランドの古典的な例が、完全にグローバルに標準化されていることはまれである。グローバル・ブランドが、すべての要素が標準化されている（全世界的にまったく同一のブランド名、パッケージ、広告）ものと定義されるのであれば、グローバル・ブランドというものは、なくなってしまうかもしれない。コカコーラでさえ、完全に標準化はしていない。
　類似のポジショニングの例は、世界中で高額な高級ブランドである。あるブランドが市場の年齢セグメントに対してのポジショニングをしているのなら、どの市場でも同じようなポジショニングとなるはず。これは、理想であって、常に実施されるわけではない。市場の競争的環境はさまざまなので、ポジショニングを適応させる必要が生じることがある。文化的な習慣もさまざまである。日本では、日本ブランドのハローキティは、小さい少女達だけでなく、大人の女性も惹きつけている。西欧諸国では、これは、子どもだけに向けられたものである。
　ほとんどのグローバル・ブランドにとって、製品ミックスは、ローカル消費者のニーズや競争条件に合わせて変化する。例えば、コカコーラとペプシコーラは、消費者が甘い飲料を好む中東では、自社飲料の甘さを増した。マクドナルドは、自社のテクノロジー、クライアント・サービス、衛生、運営システムに標準仕様を持っているが、製品、コミュ

ニケーションのほとんどなど、それ以外の多くは、ローカル化されている。ロゴと色の組み合わせによって、同社は世界中で認識される。外国市場でマクドナルドが成功した理由の一つは、世界中で強いブランド・イメージと一貫したサービス基準を維持しているということは別にして、広告がほとんどローカルであり、提供する製品がローカルな感じを持っており、レストランのデザインがローカルの好みに適応化していることだろう。そのような製品の例としては、ニュージーランドのキウイ・バーガー、インドのマハラジャ・マック、マレーシアのプロスペリティ（繁栄）・バーガー、日本の照り焼きバーガーとエビフィレオ、オランダのマックロケット、ノルウェーのマックラックス（グリル焼きサーモン・バーガー）、フランスのクロック・マクド（フランスで人気の高い温かいハムとチーズのサンドイッチ、「クロックムッシュ」にちなんだもの）などがある。インドでも、バーガーは中心的製品であるが、同社はマッカルー・ティキ・バーガーやマックスパイシー・パニアなどのさまざまなベジタリアン用メニューも提供している。マクドナルドの広告は、ローカルの習慣やシンボルと結びつくようになってきている。例えばフランスでのマクドナルドの広告は、フランスで最も有名で歴史も長いマンガ、「アステリックスとオベリスク」に関連させたものである。世界中で、消費者はマクドナルドを同じようには利用していない。子どものお誕生日パーティをするために行く場所という国もあるし、典型的なファミリーレストランであるという国もある（インドではファミリーレストランのように広告している）。中国では、マクドナルドはデートに行く場所である。一般的な中国のレストランは、大人数用のテーブルで、カップルが欲しがるようなプライバシーを提供してくれないからだ。2人用のテーブルがあるマクドナルドにはそれがある。台湾では、マクドナルドは家族のディナーやパーティ用にVIPルームを加えた。台湾では、アジアの多くの国がそうであるように、家族は自分たちだけの空間を欲しがるからである[27]。

　マクドナルドは、徐々にローカルの消費者の希望に適応してきた。ヨーロッパでは、固定式のプラスチックの座席をもっと快適な布張りの家具に変更した。マクドナルドのデザイン・スタジオは、フランチャイズ店の所有者が選択できるデザインを11種類開発したので、レストランはローカルの習慣を保つことができる。これが、米国マクドナルドよりも高い売り上げ成長という結果につながった[28]。

　グローバル・ブランドは、一つの名前、もしくはロゴをつけることで、世界中で認識されるが、製品は全く標準化されなくてもよい。クノール・スープとソースがその一例である。ブランド名とロゴがついたパッケージは、世界中のスーパーマーケットで見つけられ、グローバル・ブランドのイメージを与えているが、中身はローカルの好みにあわせている。ハンガリーのグーラッシュ・スープ、シンガポールのチキン・ヌードル・スープなどがその例である。しかし、ロゴとパッケージは世界中で似ていて、どこであっ

ても競合ブランドと見分けることができる。

　ブランドは、いたるところで同じブランド名をつけていなくてもグローバル・ブランドのすべての特徴を持っている可能性がある。ブランド・アイデンティティはグローバルだが、名前やシンボルは国ごとに異なる場合もある。これは、歴史的な理由によることが多い。ユニリーバ・アイスクリームのさまざまなブランド名がその例である。多くは、ユニリーバが買収した企業のもともとの名前であるが、同じロゴを組み合わせることによって、全世界で認識できる。名前はオランダのオラ、ポルトガルのオラ、スペインのフリーゴ、ドイツとロシアのラングネーズ、ハンガリーのエスキモー、ポーランド、ギリシャ、ブルガリアのアルジダ、イタリアのエルドラド、米国のグッド・ヒューモア、イギリス、シンガポール、マレーシアのウォールズ、そしてオーストラリアのストリーツがある。**写真 2.1** にポーランド、ドイツ、オランダ、フィンランド、スペイン、デンマークの例を示す。

　ユニリーバの洗剤ブランドの名前は、米国ではサーフ・アンド・ウィスク、オランダとフランスではオモ、スペインではスキップ、イギリスではパーシル、ポーランドではポレーナである。

　さまざまな国や地域でさまざまな名前を使う理由は、法律的、政治的、歴史的、文化的なものであったり、または言語の違いによるものであったりする。最も重要な理由はおそらく、有名なローカル・ブランド名のために買収した企業のブランド名を維持して、活用するということだろう。企業が他企業を買収するのは、長年に渡ってその企業が投資をし、消費者の心の中に連想ネットワークを構築してきたブランド名のためである。これを変更してしまえば、消費者の心の中にした投資を失うことにもなる。

　ブランディングの文献は、マネージャーはブランディングの決定において一貫していなければならないとしている。グローバル・ブランドの管理をする上で、この一貫性を維持することは、だんだん難しくなってきている。ブランドが新たな文化的状況に持ち込まれると、ブランドの意味は再解釈され、変更される。ブランドは、消費者と情緒的なつながりを作ることができ、それはさまざまな社会的、文化的状況の中で、変化する。消費者は、もともとの市場で意

写真 2.1　ポーランド、ドイツ、オランダ、フィンランド、スペイン、デンマークのアイスクリーム・ロゴ

図したものとは異なる意味をブランドから引き出し、企業をジレンマに陥らせる可能性もある。マネージャーは、もともとの市場の意味から拡散していく可能性のある「ローカル」な意味の発展に対処していかなければならない[29]。文化の影響は強くなっているので、マーケターは、よりローカルな理解に適応する必要があるだろう。グローバル市場調査代理店、ミルワード・ブラウンのHollisは、こう言っている。「グローバル・ブランドの一貫性という方向に行き過ぎてしまった企業は、グローバル化をする準備が整っていなかった可能性がある」[30]。あるブランドを購入する共通の動機が見つかったとしても、異なるコミュニケーション・アプローチが必要な場合がある。グローバル・ブランドの一貫性の成功については、さまざまな研究者がさまざまな説を語っており、それは異なる見地からであることが多い。効果に対する見解は、コンサルタントと研究者の間で異なったものになるかもしれない。その一例は、洗剤ブランドのオモ／パーシルの「汚れはよい」というコンセプトである。この「汚れはよい」というコンセプトは、親が子どもに自由に汚せるようにすれば、子どもの発達によいという考えに基づいている。汚れたら、オモがあるじゃないか。つまり、ここではブランドが提供する究極的な便益は子どもの発達である。会社組織の観点からすれば、これは成功し、一貫した心に響くポジショニングとして説明されてきた。コミュニケーションという点から見ると、このブランドの約束は、一貫性のあるものにはなりえない[31]。アジアで、オモ・ブランドは、「汚れはよい」というメッセージを、イギリスでパーシル・ブランドが行っているのとは異なった方法で伝えている。それは、汚れに対する考え方が異なるからである[32]。

2-3. グローバル・ブランドに対する消費者の知覚

　世界中で販売されグローバル・ブランドの特徴をすべて見せているブランドでも、すべての国の消費者がそのブランドをグローバルだと感じていることにはならない。グローバル・ブランドは、通常、ある一国で始まる。中には、グローバルでありながら、その国を連想させる場合もある。これは、その国のイメージが変化しなければ、便益となりうる。変化する場合は、評価が上がる場合（「粗悪品」から「高品質」になった日本）も下がる場合（原産国の政治活動などで）もブランドのイメージや受け入れに影響を及ぼす場合がある。最も、そのような影響は、長期的な知覚には必ずしも影響しない。2012年、東シナ海の諸島をめぐる中国と日本の間の領有権問題によって日本製品のボイコットが起こり、日本車の売上が大幅に減少したが、だからといって多くの日本ブランドが高品質であるという考え方に重大な影響を与えたかは疑わしい[33]。同様に「アメリカの価値」が一時的にあいまいになったことがある。ポジティブに取る人もいれば、ネガティブに取る人もいた。しかし、アメリカの文化的帝国主義に対する非難にも関わ

らず、アメリカのブランドに対する大規模な反対があった証拠はほとんどない。ほとんどのグローバル消費者は、アメリカとアメリカの価値も含めたアメリカ・ブランドを分けているようだ。主な理由は、多くのブランドは、その「アメリカっぽさ」を超越してしまっているからである(34)。消費者は、コカコーラがアメリカのものであることは知っているが、自分たちの消費スタイルの状況のなかで、このブランドに自分たち自身の価値を付加している。同様に、アメリカのフランス嫌いのエピソードもフランス発祥のブランドに何の影響も及ぼしていない。アメリカ人は、フランスの知識がないかもしれないし、フランスを訪れたいとは思わないかもしれないが、本物のシャネル・バッグを購入する。魅力ある特別な価値を持っているからである(35)。

コンシューマー・エクイティと国のイメージの間には関連性があるが、それは商品のカテゴリーに固有である。例えば自動車は、国のイメージの影響について、テレビよりも敏感である(36)。それは、製品カテゴリーと原産国の組み合わせに関係している。ある国がある特定分野(デザインやテクノロジーなど)で非常に強いと見なされていると、製品と国のポジティブな組み合わせが存在する。それは、製品カテゴリーの重要な特徴でもある(家具、自動車など)。国家イメージの役割は、さまざまなターゲット国で、さまざまな役割を果たす(37)。相当数のグローバル・ブランドにとって、原産国のポジティブなイメージは、ブランド・エクイティに影響を及ぼす(38)。

消費者がグローバルと認めるブランドは数少ないし、グローバル・イメージ(「グローバルネス(globalness)」)の重要さは文化により異なる。成功しているグローバル・ブランドは、ある国々では、ローカルと見なされていることもある。例えば、ドイツ、バイヤスドルフのブランドであるニベアや米国が発祥のコルゲートなどだ。中国市場で、オーレイ・ブランドは、アメリカの伝統とは結びつけられていない(39)。あらゆるタイプのブランドのうち、成功しているグローバル・ブランドは、非常に古いことが多い。あるブランドが何世代にも渡って使用されていると、それは、人々の生活に深く根付くようになる。おそらく、グローバル・ブランドの成功の一部はローカル文化への統合にあるだろう。コカコーラは、1886年から存在しており、今やグローバル・ブランドとなったドイツのニベア・ブランドは1911年から、日本のソース・ブランド、キッコーマンは1917年からである。アディダスは1924年からである。ラックス石けんは、米国では1895年、イギリスでは1899年に発表され、インドでは1929年にデビューした。ココ・シャネルが婦人用帽子の店をオープンしたのは1912年だった。グッチの創立は1921年。ロレックスは1908年創立。ロレアルの始まりは、1907年創立の企業である。シューズ・ブランドのバタは、チェコスロバキア(現在のチェコ共和国)で、1894年に始まり、今や50カ国以上に小売拠点を持っている。コルゲート社は、1806年に始まった。このような伝統あるブランドは、早い時期にインパクトを与え、消費者の記憶に留まり続け

ている。インドではサーフ・アンド・コルゲートのようなブランドが、初めて CM ソングや有名人（spokesperson）を使ったことがいまだに記憶されている[40]。

しばらくの間広告されていないブランドに対してさえ、消費者は記憶力がよい。消費者にいったん知られたブランドは、簡単に消費者の記憶から消えることはない[41]。興味深い例は、ドイツの煙草ブランド、エルンテ 23 である。これは、1980 年代から西ドイツでは非常に弱くなっていた。ところが、ベルリンの壁が崩壊した後、このブランドは旧東ドイツのザクセンで非常に強力になった。人々は、「古き良き日々」を覚えていて、統一後、それが戻ってくると期待された[42]。P&G は、1990 年代に全ヨーロッパでシャンプー・ブランドのパンテーン・プロ V のためにキャンペーンを開始したが、そのときでも、これがスイスのブランドであったことを覚えている人々はいた。多くの強力なブランドは、たとえ世界中で流通していても強い国籍ベースを持っていて、他の国では同じ市場位置には立てない。例えば、ダノンは、フランスでは有名なトップ・ブランドだが、ドイツやイギリスでは挑戦者の立場である。さらに言えば、グローバル・ブランドは、自国ではグローバルなイメージは持っていないことが多い。ハイネケンは、オランダではローカル・ブランドであるが、外国では、一流のインターナショナル・ブランドである。

ローカルの環境は、グローバル・ブランドの知覚と消費者がそのブランドにつける価値に大きな役割を果たす。ベルリンの壁が 1989 年に崩壊したとき、東ヨーロッパの人々が真っ先に欲しがったものは西側のブランドだった。しかし、1995 年にはナショナリズムの高まりの結果として、ローカル・ブランドが戻ってきた。低価格、品質の向上、懐古的な気持ちによって、東ヨーロッパの人々は、「古き良き」ローカル・ブランドに帰ってきた。これは、ゆっくりではあるが、着実な消費者行動のシフトである。短期間では、外国ブランドやグローバル・ブランドにつけられた価値が、強力なアピールをすることがあるかもしれないが、時が流れるにつれて、人々は自身の価値観に戻ってくる。長年にわたり、裕福な中国人は、シャネルやカルティエなどの西洋ブランドを買い続けているが、徐々にポーツ 1961、パッサーバイ、ユエ・サイ化粧品などの国産の高額、高級ファッション・ブランドを買うようになってきている[43]。アジアにおいてマネージャーは、アジアに出現した消費者のトレンドを取り入れた現代的なアジアの象徴を使って、ローカル、もしくは地域的なアピールを持ったブランドを構築している。若いアジア人、特にアジアの女性は、日本や韓国のほうがフランスや米国よりもファッショナブルな国だと考えている[44]。

消費者は、自国発祥の製品だけでなく、同じ地域発祥の製品にも強く選好する傾向がある[45]。リーダーズ・ダイジェストは、2000 年から「信頼されるブランド」という調査[46]を行なっており、いくつかの製品カテゴリーの中から、どのブランドを最も信頼してい

るかを回答者に聞いている。すべての国において、いくつかのグローバル・ブランドは、最も信頼されているものに入っていたが（ノキアは、ヨーロッパでもアジアでも信頼されており、ニベアはヨーロッパで信頼されていた）、いくつかの製品カテゴリーでは、最も信頼されるブランドはローカルで、回答者の自国、もしくは隣接国発祥のものだった。オーストリアとドイツでは、シャンプーのカテゴリーで最も信頼されているのは、オーストリア・ブランドのシュワルツコフである。自動車のブランドとしては、フランスでは、ルノーが最も信頼されているが、ドイツ、スイス、オーストリアでは、フォルクスワーゲンである。また、チェコ共和国では、スコダである。インドで最も信頼されている自動車ブランドは、インドのブランド、マルチである。アジア諸国で最も信頼されているソフト・ドリンクのブランドは、ほとんどローカルなものである。インドでは、インドの企業、パール・アグロが所有するフルーティ、タイではタイの一流フルーツ缶詰、フルーツ・ジュース加工業者のマレー・サンプラー・パブリック社が所有するマレーである。

　人々は、だんだん自分の歴史に根付いたブランドを好むようになっており、それは自国産か、地域産ということになる。イタリアには、イタリアン・レストランなどというものは存在しない。正しくは、トスカーナ、ベニス、サルディニア、ウンブリアの地方料理に焦点を絞ったレストランがある。

　ドイツのビール市場が細分化されているのは、歴史的、文化的な関係によるもので、消費者の嗜好の差によるものではない[47]。中国では、バードやレノボといった国産ブランドがモトローラのようなグローバル・ブランドを攻めている[48]。ペルーでは、インカ・コーラの売上がコカコーラをしのいでいる[49]。

　食品分野の中の12の製品カテゴリーについて、イギリス、ドイツ、フランス、イタリアで行った調査によると、①消費者のローカル・ブランドに対する認知度は、インターナショナル・ブランドよりもはるかに高く、②ローカル・ブランドの品質評価は、インターナショナル・ブランドのものと変わりなく、③信頼度は、ローカル・ブランドが格段に強く、④価値は、ローカル・ブランドのほうが高いと見なされており、⑤ローカル・ブランドのほうがインターナショナル・ブランドよりも「堅実」であると見なされており、⑥インターナショナル・ブランドよりもローカル・ブランドのほうが信用できると考えられている。インターナショナル・ブランドは、使用意図では、高いスコアをつけたが、実際の使用では、ローカル・ブランドのスコアが高かった[50]。ミルワード・ブラウンの「ブランドZ」データベースでは、平均して、ローカル・ブランドは、グローバル・ブランドよりも強いことが示されている。複数の国で流通しているブランドは、消費者との全体的な関係がローカル・ブランドよりも弱い傾向がある。ほとんどのブランドにとって、その強みは、発祥自国市場からのものである。グローバル・ブランドは、調査にあたっ

てまず挙げられるかもしれないが、実際に購入される頻度はそれほどでもない[51]。

2-4. グローバル・ブランド戦略

　グローバル・ブランドは、何通りかに発展する。自社ブランドを国際化するために、企業が使える基本的な6戦略を以下に記す。

1. <u>既存のローカル・ブランドを育成する</u>。国内ブランドをインターナショナル・ブランドに発展させ、ブランド価値やブランド戦略を多くの国へ移していく。もともとローカル・ブランドだったが、グローバルになったものとしては、コカコーラが最高の例である。スカンジナビアで生まれたティモテ・シャンプーもこの例だ。その処方や、自然をベースにしたイメージがアジア人にアピールするようである。
2. <u>グローバル・コンセプト、ローカル適応化</u>。定型手段は一つだが、世界に向けてはローカル価値のあるローカル製品を入れたコンセプトを発展させる。マクドナルドがこの戦略に従っている。
3. <u>新たなグローバル・ブランド、いわゆる「ボーングローバル（born global）」を作る</u>。グローバルなニーズやウォンツを認識し、新製品を開発する。本当の意味でグローバルなニーズやウォンツの成功例はほとんどないので、これは非常にリスクの高い戦略である。テクノロジー・ブランドのなかには、いくつかその例がある。アップル、ノキア、グーグル、ニンテンドー・ゲームボーイなどである。もう一つの例は、スペインの衣料小売業者、ザラで、最初からグローバル進出をし、消費者にいち早くファッション・トレンドを提供している[52]。
4. <u>ローカル・ブランドを買収して国際化する</u>。これはユニリーバ、ダノン、クラフト、ネスレなどの大手加工食品企業が使った戦略である。ほとんどの吸収合併の目的は、ある企業のブランドの所有者となり、まずローカル・ブランドで目標を達成し、それからインターナショナル・ブランド名を加えたり、ローカル・ブランドをインターナショナル・ブランドの製品ラインと統合調整したりすることである。企業がブランドを買収し、ブランド・エクイティを失いたくないときは、買収側本体の名前を組み合わせて、オリジナルのブランド名を保つ。その一例は、さまざまなアイスクリーム・ブランドの名前を使っているユニリーバで、これらは、もともとローカル・ブランドの名前だった。もう一つの例は、アンブレラ・ブランド名、ルー（クラフト）の下の多くのビスケット・ブランド名である。ピムズ（米国）、レコリエ（フランス、およびベルギー、ただし、米国ではリトル・スクールボーイと呼ばれる）、プティ・ブール、ダイジェスティブなどで、これらは、買収された時のもともとの名である。
5. <u>ブランド拡張の開発</u>。ブランド名を他の関連カテゴリーまで拡張させる。ジレットは、

カミソリの他に、シェービング・フォーム、アフターシェーブ、デオドランドを販売している。ロレアルは、1907年にヘアケアで開始したが、そのブランド名を化粧品、スキンケア、紫外線ケア、バス用品、シャワー用品にまで拡張した。ドイツの企業、バイヤスドルフは、1911年、万能クリームのニベアで開始したが、ニベア・ブランドを広範囲なパーソナルケア用品に広げた。1913年以来、クロロックスは、液体漂白剤から家庭用洗剤用品、殺菌タオル、洗濯ケア用品、トイレケア用品に拡張している。ガーバーは、ベビーケア用品ラインをパーソナルケア、食品、飲料、製菓、ヘルスケアへと拡張させた。カルティエは腕時計メーカーだったが、レザー用品、ペン、香水などを含む広範な高級用品市場へとブランドを拡張させた。ブランド拡張のメリットは、グローバルな販促プログラムの便益を受け取ることができることである。グローバルなスポーツ大会やイベントのスポンサーになるための投資は莫大であるので、一つの名前を拡張させたものとして、より多くの製品を抱えようとすることは、魅力的な戦略である。

6. **マルチローカルな戦略の採用。**ローカルで認識されるためにさまざまな国でさまざまな戦略が開発される。社名が品質保証の裏づけとして使用されることはよくある(「ネスレ、オーストラリアの最高」)。

企業のインターナショナル・ブランド・アーキテクチャは、その企業がどのように成長してきたかを反映している。買収によって拡大してきた企業は、本業の成長で拡大してきた企業とは異なるブランド・アーキテクチャを持つ[53]。

グローバル企業のブランド・ポートフォリオ

21世紀が始まったころ、グローバル企業のなかには、グローバルとローカルのブランドがミックスした大きなポートフォリオを抱えてはいるものの、すべてが利益をあげているわけではない企業もあった。ロレアルでは売上高の90%が最大10ブランドのものだった。ネスレでは、一つの大きなブランドが売上高の40%を占めていた。ところが、ユニリーバの5大ブランドの売上高に占める割合はわずか5%だった。売上高の90%は、400のブランドからなるものだった。その結果、ユニリーバのような企業は、多様な複数国籍のポートフォリオを限定した数のグローバル・ブランドに変更し始めた。このプロセスは、「ブランド合理化」と呼ばれる。P&Gは、このプロセスを促進させ、10年間でポートフォリオをこれまでの3分の1の製品バリエーションに減少させた。ブランド数は1,600から400にまで減った。2012年、この400ブランドの内、12ブランドが年間10億ユーロの売上高を生み出した。それらのブランドとは、クノール、リプトン、ビセル、ダブ、アックスなどである。このように大きな企業は、継続的に自社ブランド

のポートフォリオを再構成している。2012年10月、ユニリーバは、それより12年前にベストフード社を買収したときに獲得したブランドである北米のピーナッツバター・ブランド、スキッピーを売却することにした。

ローカル・ブランドを削除することのリスクは、市場に穴があき、新規参入者のチャンスとなるということである。また、このようなブランドの多くは、その強力なローカル・ブランド営業販売権のために、高額で買収されているので、過去の資本投資が無駄になることでもある。

ブランド・ポートフォリオの合理化は、ブランド名を整合させることにつながることがよくある。ブランド名整合の初期の例としては、マラソン・キャンディーバーがスニッカーズとなったことや、トリーツ・アンド・ボニートスがM&M'sに変更されたことがあげられる。家庭用品のシフは、以前はジフ・アンド・ヴィムだった。ブランド名が変更されると、消費者や小売業者が混乱し、無駄に至ることもよくある。

ブランド合理化の対抗手段は、グローバルとローカルのブランドの両方をミックスさせたブランド・ポートフォリオの開発である。この戦略は、コカコーラが行なったもので、同社は世紀が変わったとき、自社戦略を「ローカルに考え、ローカルに行動する」に変更した。コカコーラ社は現在、コーク、ダイエット・コーク、スプライト、ファンタなどの少数の成功したグローバル・ブランドに加え、数多くの成功しているローカル・ブランドを抱えている。Schuiling and Kapferer[54]の主張は、強力なローカル・ブランドと強力なインターナショナル・ブランドのあるブランド・ポートフォリオは、全世界的なベースでは、ほとんどがインターナショナル・ブランディングやグローバル・ブランドのポートフォリオよりもリスク管理において強い立場にあるという。インターナショナル・ブランディングに加えることで、ローカル・ブランドは、企業に戦略的なメリットを提供することができる。また、ローカルな消費者の具体的なニーズに応えることができるので、多くのマーケティング分野で戦略的な柔軟性がはるかに高まる。なるべく多くの消費者を満足させるため、標準化した製品にしなければならないインターナショナル・ブランドとは対照的である。ロレアルは、ローカル・ブランドは得意客を維持する力があることを発見した。米国のメイベリン・ブランドをグローバル化する際、ロレアルは、ダブル・ブランド戦略を取った。これは、メイベリンを親ブランドとして、もう一つ、ローカル・ブランド名をつけ、フランスではジェミー−メイベリン、ドイツではジェイド−メイベリンという例がある。

グローバル・ブランドの開発により、規模の経済を享受する機会は得るが、特定市場の特徴に合わせることでも、利益を生むことができる。国内ブランドを海外顧客に関連性のあるものに適応化させることは、すばらしい業績に貢献することになることがわかっている[55]。

2-5 グローバル・ブランド・コミュニケーション

　グローバル・コミュニケーションは、グローバル・ブランドがグローバル・イメージやブランド体験を構築する上で重要な役割を果たすが、グローバル・ブランドを強くするのは、グローバル・イメージだけではない。製品の性能は、やはり重要である。特に経済のグローバル化が進んだ結果、多くのグローバル・ブランドは、その発祥や製造過程とは切り離され、一つ一つが価値ある象徴となった。時には、付加された価値に重点を置くため、製品の性能がほとんど無視されるようなことになってしまった。マーケターは、これを必要不可欠であると見なしてはいるが、エキサイティングとは思っていない[56]。しかしながら、グローバル・ブランドにプレミアム価格を払ってもよいという意思は低くなってきている。20世紀末、ソニーは、平均的メーカーよりも44％高い価格を自社のDVDプレイヤーにつけた。5年後、ソニーのDVDプレイヤーの値段は、平均よりも16％しか高くなかった[57]。

　消費者とブランドの関係をすばらしいものにする第1歩は、強力な製品体験なので、製品面に新たな焦点をあてることは、必要かもしれない。グローバル・ブランドの品質メッセージは、やはり重要なものだとグローバル消費者は考えている。全世界の消費者を対象とした定量分析によると、44％がグローバル・ブランドを品質とイノベーションのメッセージと捉えている。グローバル・ブランドを好む理由は、通常、他の製品よりも品質や保証がよいからだと消費者は言う。グローバル・ブランドは、非常にダイナミックであると思われていて、常にグレードアップしており、ブランドのオーナーはいつも新製品を考え出す[58]。グローバル・ブランドのマネージャーの中には、製品に対する興味を失っている人がいるかもしれないが、強力なグローバル・ブランドの創立者は、製品のことで頭がいっぱいなスペシャリストであることが多い。化学者、婦人帽子職人、腕時計職人、競技走者などである。これらの、もともとはローカル・ブランドだったものがグローバル・ブランドとして成功したのは、オーナーが新技術やリサーチを使用して、絶え間なく革新的であり続けているからである。ナイキは常に革新的である。ノキアもそうだし、ロレアルも同様である。

　また、流通がうまくいったので、グローバルとなったブランドも多い。ニベアは、テレビ・コマーシャルが存在する以前から世界中で販売されていた。コカコーラの成功の理由は、その調合法と集約的流通である。同社は、瓶詰め業者を管理し、コークはいつでも、どこでも人々が、のどが乾いたときに手に入れることができると広告できるようにした。この製品便益は、ずっとコカコーラ・コンセプトの核である。また、同社の集約的流通システムにより、同社ブランドはどこにいても目に入る。

コカコーラは、常に発展途上市場に一番乗りする企業の一つであり、これらの市場で、強力な地位を築いている。21世紀の初め、ウクライナが西洋企業に解放された直後から、同社はウクライナで最大の投資家であった。

　つまり、一方で、品質、製品性能、流通は、いまだに持続的で強力なグローバル・ブランドを構築するのに重要であり続けているが、他方では、ブランディングは、デジタル・コミュニケーションの新世界におけるコミュニケーション・ツールと見なされてもいて、企業は、徐々に企業ブランドやアンブレラ・ブランドに集中するようになっている。新ブランドを開始し発展させていくコストは非常に莫大なものなので、多くのインターナショナル企業は保証戦略（endorsement strategy）のほうを好む。特に、アジアの企業は企業ブランドの構築に投資することが多く、製品ラインを包括ブランドや企業ブランドの下に拡大している。おそらくその理由は、アジアでは、ブランドの役割が西欧諸国とは異なるからだろう。製品の評価をするとき、企業ブランドのイメージが日本人に与える影響は、アメリカの消費者に与えるものよりも大きい[59]。アジア市場の成長とともに、西洋発祥のグローバル企業は、この戦略を世界的に適応していく傾向にある。

グローバル・コミュニケーションのための文化の重要性

　グローバルに標準化されたコミュニケーションは、統一されたブランド・イメージを作ることができるので、必要だと想定されている[60]。企業は、一貫したブランド・イメージを欲しがっているが、世界中の消費者は、同じブランドを全く異なった風に受け取っている可能性がある。標準化の議論の多くは、広告刺激、メッセージの標準化の問題に関係している。しかし、大事なのは反応である。人々は、広告メッセージを社会的、文化的状況のなかで処理し、反応する。広告代理店、J. ウォルター・トンプソンで33年間の経験を持つBullmore[61]は、以下のように書いている。

　　優れた広告は、それ自体が主張するものだという古くからの言い伝えを信じてはならない。優れた広告がそれ自体主張するのは、その広告が意図した相手にだけである。多くの優れた広告は、あえて、わざと暗号で話したり、秘密の言葉遣いをしたりすることによって、他の人を排除している。それこそが、優れている理由のひとつである。

　製品やブランドが複数の文化に受け入れられたとしても、コミュニケーションは、文化に関連したものでなければならず、それはつまり、中心となるメッセージを翻訳する以上のことである。言語間の違いは、単なる翻訳の問題を遥かに超えるものである。中には翻訳できない概念もある。他の文化には存在していないからである。広告を効果的にするためには、広告に含まれる価値は、消費者の価値と合っていなければならない。

例えば、ケンタッキー・フライド・チキン（KFC）は、中国ではマクドナルドよりも成功してきているが、それは異なるアプローチをしている。マクドナルドは、ファミリー・ライフの幸福という中心的テーマを拡大したが、KFC は、その先を行き、仲の良いファミリー・ライフの表現[62]に加え、京劇のような伝統的な中国的テーマを採用した。

インターネットは、世界中の消費者とコミュニケーションするための新方法を開いた。インターネットは、旧来型の広告よりもさらに、文化的な差異を理解することをマーケターに要求する（第5章、第8章参照）。

各国の広告スタイルはさまざまある。イギリス人はどうして広告のなかにあれほど多くのユーモアを使うのだろう？　比較広告は、アメリカではうまくいくが、日本では受け入れられないのはなぜか？　人々はなぜさまざまなタイプのプロモーションを好むのか？　文化的差異を考慮に入れるということは、すべての広告をローカルにしなければ効果が出ないということではない。製品カテゴリーに関連性のある類似の価値によって国をグループ分けし、各グループに関連性のある価値によってそれぞれのグループ内の消費者にアプローチすることはできる。これについては、第7章、第9章、第10章で詳述する。さまざまな文化の間で、製品属性や便益にどうやって価値を関連づけるのかを理解するための有益なツールは、ブランドを連想ネットワークと見なすことである。これについては、次の節で詳述する。

2-6. 連想ネットワークとしてのブランド

これまでの節は、ブランドとは、名前のついた製品、トレードマーク、もしくは性能の保証以上のものであることを示してきた。ブランドとは、消費者の心のなかの連想ネットワークである。ブランド知識について語るとき、そこには事実以上のものが含まれる。それは、思考、感情、知覚、イメージ、さらには消費者の心の中に結びついている体験である[63]。ブランドを連想ネットワーク（association network）という概念で捉えることは、グローバル・ブランドを発展させる上での広告の役割を理解する上で極めて重大である。広告の結果としての、消費者とブランドとの結びつきをはっきりと示すのがこの概念であるからである。物質社会のものに人々が付ける連想（意味）は、購買や決定プロセスに影響を与える[64]。広告はブランドに意味を付けようとし、これらの意味はターゲットの動機づけやあこがれを踏まえて解釈される。連想ネットワークは、ターゲット・グループによって異なることもあるし、広告主の究極的な目標は、ターゲットの価値やモチベーションにぴったりしたブランドのための強力な連想ネットワークを開発することだろう。消費者の心の中の連想は、ブランドのさまざまな側面と関係する（**図**

表2.1）。

- ブランド名やブランドの視覚的イメージ：パッケージ、ロゴ、ブランドの所有物、その他認識可能な側面
- 名前と結びつけられた製品や製品群（一つの製品はモノブランド、複数の製品、もしくは拡大製品はレンジ・ブランドとなる）
- 製品属性：製品は何か、および製品の特徴、処方は何か
- 便益や結果：購入者やユーザーへの見返り – 製品は購入者に何をしてくれるのか
- 製品を使う場所、出来事、機会、気分
- ユーザー：ユーザー自身、もしくはあこがれているグループ
- 価値：企業、もしくは製品の価値

連想は、人の心の中に構成される。属性や便益はユーザーと結びつき、製品カテゴリーやブランドに対して具体的になることもある。ブランドの本質は、製品もしくはサービス、その属性、便益、価値とユーザーのイメージとの間の連想の強さである。

一つの例は、コカコーラのための単純な連想ネットワーク、もしくは知覚マップ（**図**

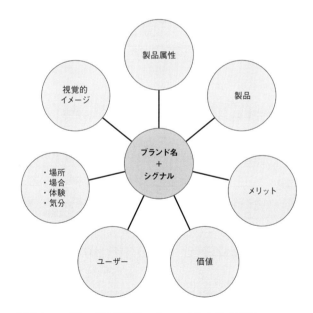

図表2.1 ブランドの連想ネットワークにおける要素
出典：Frazen（1994）『広告効果』ヘンリー・オン・テームズ、オックスフォードシャー　UK: NTC

表2.2）で、これは1995年に筆者が自身の環境で数多くのインタビューを行なって作成したものである。この連想ネットワークは、オランダ人を代表するものではなく、単に一例として提供しているに過ぎない。他の国のコカコーラの連想ネットワークは、かなり異なるものになるだろう。

　このコカコーラについての簡単な試みからわかる重要なことは、連想には、コカコーラ（ダイエットコークでブレイク）とペプシコーラ（マイケル・ジャクソン）の両方の広告の特徴が含まれていることである。これは、過去にコカコーラもペプシコーラも音楽によるマーケティングを使ったことで説明できるだろう。筆者がインタビューした人々にとって、「アメリカの」という属性は、マイケル・ジャクソンとコカコーラの広告の両方に無差別に結びついていた。バージン・コーラや、イスラム・ブランドのメッカ・コーラのような新しいコーラ飲料ブランドは、価格の違いだけではなく、市場の両社の価値が区別できないという点からも、コカコーラとペプシコーラ、両方の地位を簡単に攻めることができるだろう。コカコーラとペプシコーラは、以下のような共通の属性を持っている：ソフト・ドリンク、甘い味、のどの乾きを癒す、コーラ飲料、そして「アメリカの飲料」。

　ブランドやコミュニケーションがあふれている世界では、1ブランドを、その属性や便益で差別化することは非常に難しい。それがうまくいくのは、製品が競合相手のものとはっきり区別できる独自の属性を持っている場合だけだろう。だが、そのような区別的特徴は、長く続かない。あっという間に競合相手にまねされてしまうからである。多

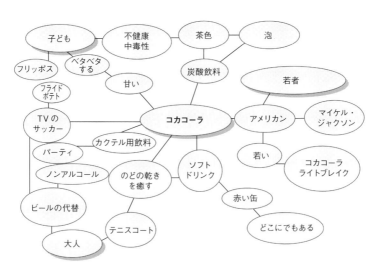

図表 2.2　コカコーラに対する連想

国籍の大企業である少数の強力なグローバル・ブランドだけ（ロレアル、ダブ、コルゲートなど）が、なんとか継続的に革新的な成分や消費者の便益を追求し続けて、そのことを効果的に伝えてきた。

あるブランドが、有意義で独自の便益や価値を連想させるのなら、この独自性は他の地域にも移すことができるだろう。リチャード・ブランソンが所有するイギリスのブランド、バージンは、冒険、反逆、非同調主義など、所有者の性格に結びついたものを連想させる。これらの価値は、ブランソンの会社の全製品に使用されている：航空サービス、レコード、コーラ飲料、ウォッカなどだ。しかしながら、これらの価値は、全世界に有意義というわけではないかもしれない。

もう一つの連想ネットワークの例は、メキシコのビール・ブランドで世界の多くの国に輸出されているコロナ・エキストラのものである。このビールは、首の長い透明のボトルで、スライスしたライムを、ボトルの口に押し込んで飲むという儀式性で、独自性を際立たせている。スペイン人とドイツ人の学生グループが、作成した連想ネットワークが**図表 2.3** に示されている。この連想ネットワークには、属性や便益の他に価値観も含まれている。価値は、はっきりと２つのグループに分かれる。ドイツ人のものは、成

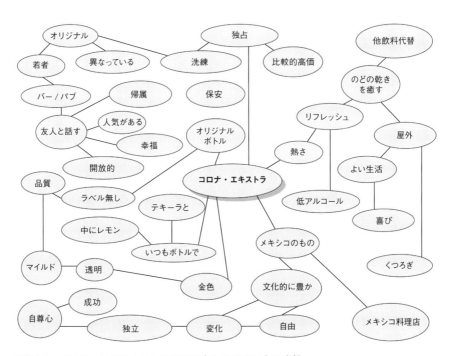

図表 2.3　コロナ・エキストラへのドイツ人とスペイン人の連想

功、自尊心、独立、自由だが、スペイン人のものは、帰属、幸福、洗練だった。第4章、第5章では、これらの価値がドイツとスペインの文化に特有であることを示す。

　広告の目的は、人々の心に強力な連想ネットワークを展開することである。ブランドを差別化するために選ばれた価値は、戦略ブレインの文化的な物の見方に関連しているが、ターゲット・グループの文化的な物の見方にも関連していなければならない。広告を効果的にするのは、広告メッセージの中の価値観と受取手の価値観の一致である。グローバル広告の大きな問題は、広告とターゲット・グループの間の文化的な不一致である。これが、広告テストに含まれることはめったにない。国際的大企業は、継続的に自社広告の効果測定をしようとするが、何が広告を効果的にするのかについての基礎的調査はない。とはいえ、いくつかの経験則はある[65]。広告を効果的にするには以下のようにしなければならない：

- 有意義な連想を作らなければならない
- 関連性があり、有意義でなければならない
- 人々の価値観と結びついていなければならない
- 製品、もしくはブランドが人々の生活に果たす役割を反映しなければならない
- 人々の感情を反映したり、情緒を引き起こしたりしなければならない
- 瞬間的に認識されなければならない

　これらの要素はすべて、広告主とオーディエンス、両方の文化の影響を受ける。効果的な広告は、文化を反映する鏡である。文化を理解することこそが、本書の中心テーマである。コミュニケーションのさまざまな新チャネルが出現したことで、その重要性は高まる一方である。

要　約

　ブランドは、製品に価値を付加する。グローバル・ブランドには、何百億ドルもの価値があると測定されるので、適切なブランド・マネジメントが非常に重要である。グローバル企業は次第に自社製品（実質的に競合製品と見分けがつかないもの）に情緒、象徴、イメージを加え、ブランドの使用に関する要素よりも、これらの付加価値に焦点をあてるようになっている。しかしながら、ローカル・ブランドは、パーソナリティやアイデンティティといった抽象的な要素を加えることで強力になってきているが、これは、強力なグローバル・ブランドを開発するのに、いつも有効とは限らない。異文化間では、消費者はさまざまな価値観とパーソナリティを持っており、あるブランドを使用するこ

とでどんな価値を引き出すのかは、消費者が決定する。ある国のブランド・マネージャーは、他の国の消費者には認識されないアイデンティティを、ブランドに付けることが多い。

多くのブランディング・モデルは、一つの文化の戦略家や研究者が開発したもので、グローバル・ブランドを成長させるのに役立つとは限らない。ブランド戦略家はグローバル・ブランドは一貫して一つのグローバル・アイデンティティで管理すべきだというが、消費者のグローバル・ブランドの見方はさまざまである。さまざまな国の消費者のニーズやウォンツに結びついていないグローバル・ブランドは失敗する。グローバル・コミュニケーションは、グローバル・ブランドの成功を増加させるものではあるが、これらのブランドの多くが強力になったのは、絶え間ないイノベーション、集約的流通、賢明なブランド拡張戦略のおかげである。

効果的な広告は、ターゲットしているオーディエンスの価値観を反映する。これは、旧来型メディア広告だけに関係していることではなく、オンライン広告ではさらにそうである。規模の経済の便益を享受するために、グローバル企業は、ブランドや広告を標準化することを望む。ここで、重要な質問は、一つの標準化広告は、世界中の人々のさまざまな価値観を包含することができるかということである。もし、一つのグローバル世界文化というものがすぐそこで待っていてくれるのなら、この質問は無視できる。グローバル世界文化などというものができそうもないことを理解するためには、文化の概念が理解されなければならない。このことについては次章に述べる。

参考文献

(1) Schmitt, B. (1999) Experiential marketing. *Journal of Marketing Management, 15*, 53-67.
(2) Kay, M. J. (2006) Strong brands and corporate brands. *European Journal of Marketing, 40* (7/8), 742-760.
(3) Keller, K. L. (2009) Building strong brands in a modern marketing communications environment. *Journal of Marketing Communications, 15* (2-3), 139-155.
(4) Kapferer, J. N. (2008) *The new strategic brand management: Creating and sustaining brand equity long term* (4th ed.). London: Kogan Page.
(5) Reynolds, T. J., & Gutman, J. (1988, February-March). Laddering theory, method, analysis, and interpretation. *Journal of Advertising Research*, 29-37.
(6) Foscht, T., Maloles III, C., Swoboda, B., Morschett, D., & Sinha, I. (2008) The impact of culture on brand perceptions: A six-nation study. *Journal of Product and Brand Management, 17* (3), 131-142.
(7) Temporal, P. (2001) *Branding in Asia*. New York: Wiley, p. 31.
(8) Holt, D. B. (2004) *How brands become icons: The principle of cultural branding*. Boston: Harvard Business School.
(9) Holt, 2004, pp. 23-24.
(10) Elliott, S. (2012, February 27) The Oreo turns 100, with a nod to the past. *New York Times*.

(11) Roll, M. (2006) *Haier: An aspiring Chinese global brand*. Retrieved January 4, 2009, from http://www.asianbrandstrategy.com/2006/02/haier-aspiring-chinese-global-brand.asp
(12) Cova, B., & Pace, S. (2006) Brand community of convenience products: New forms of customer empowerment—The case of "my Nutella the community." *European Journal of Marketing, 40* (9/10), 1087-1105.
(13) Item found at http://www.macworld.co.uk/news, August 22, 2008.
(14) Carlson, N., & Kovach, S. (2012, September 21) iPhone 5 lines from around the world. *Business Insider*. Retrieved September 30, 2012 from http://www.businessinsider.com/live-iphone-5-lines-at-apple-stores-around-the-world-2012-9?op=1
(15) For more on the agency, go to http://www.interbrand.com
(16) Interbrand. (2007) *All brands are not created equal: Best global brands 2007*. Retrieved January 4, 2008, from http://www.ourfishbowl.com/images/surveys/Interbrand_BGB_2007.pdf
(17) Hollis, N. (2010) *The global brand*. Houndmills, UK: Palgrave Macmillan.
(18) Hsieh, M.-H. (2004) Measuring global brand equity using cross-national survey data. *Journal of International Marketing 12* (2), 28-57.
(19) Roll, M. (2006) Asian brand strategy. *How Asia builds strong brands*. Trowbridge, UK: Cromwell Press, p. 23.
(20) Macrae, C. (1993) Brand benchmarking applied to global branding processes. *Journal of Brand Management*, 289-302.
(21) Monga, A. B., & Roedder, J. D. (2007, March) Cultural differences in brand extension evaluation: The influence of analytic versus holistic thinking. *Journal of Consumer Research, 33*, 529-536.
(22) Sengupta, J. (2006) *Wraparound: Delivering a great brand experience*. New Delhi: Rupa & Co.
(23) The power of private label. (2005) *The ACNielsen Global Online Consumer Opinion Survey*. For more, see http://www2.acnielsen.com/reports
(24) Van Gelder, S. (2003) *Global brand strategy*. London: Kogan Page.
(25) Whitelock, J., & Fastoso, F. (2007) Understanding international branding: Defining the domain and reviewing the literature. *International Marketing Review, 24* (3), 252-270.
(26) Interbrand, 2007.
(27) Private communication with Roie Yo Chia-Way, Taiwanese student at the master in retail design course at the Willem de Kooning Art Academy in Rotterdam.
(28) Wiggins, J. (2007, March 5) McDonald's has a shake-up of image in Europe. *Los Angeles Times*, p. C-4.
(29) Kay, 2006.
(30) Hollis, N. (2009, May) Culture clash: Globalization does not imply homogenization. *Millward Brown's POV*. Retrieved from http://www.milwardbrown.com
(31) De Swaan Arons, M., & Van den Driest, F. (2010) *The global brand CEO. Building the ultimate marketing machine*. New York: Airstream International.
(32) Hollis, 2010.
(33) Burkitt, L. (2012, September 26) Dispute tests Japanese brands. *The Wall Street Journal European Edition Online*. Retrieved from http://online.wsj.com/article/SB10000872396390444549204578020042284163884.html
(34) Baker, M., Sterenberg, G., & Taylor, E. (2003, December) *Managing global brands to meet consumer expectations*. Brussels: ESOMAR, Global Cross-Industry Forum, Miami.

(35) Amine, L. S. (2008) Country-of-origin, animosity, and consumer response: Marketing implications of anti-Americanism and Francophobia. *International Business Review, 17*, 402-422.
(36) Pappu, R., Quester, P. G., & Cooksey, R. W. (2007) Country image and consumer-based brand equity: Relationships and implications for international marketing. *Journal of International Business Studies, 38*, 726-745.
(37) Lee, C. W., Suh, Y. G., & Moon, B.-J. (2001) Product-country images: The roles of country-of-origin and country-of-target in consumers' prototype product evaluations. *Journal of International Consumer Marketing, 13*, 47-62.
(38) Yasin, N. M., Noor, M. N., & Mohamad, O. (2007) Does image of country-of-origin matter to brand equity? *Journal of Product and Brand Management, 19* (1), 38-48.
(39) Zhang, Y. (2009) *Design for global markets: Balancing unilateral global brands with local cultural values* (Master's thesis submitted to the Division of Research and Advanced Studies of the University of Cincinnati, Ohio). Retrieved from http://en.scientificcommons.org/56315892
(40) Sharma, P. (2012) Advertising effectiveness: "Understanding the value of creativity in advertising," a review study in India. *Online Journal of Communication and Media Technologies, 2* (3). Retrieved from http://www.ojcmt.net/past2.asp?numara=23
(41) Mihailovic, P., & De Chernatony, L. (1995) The era of brand culling – Time for a global rethink? *Journal of Brand Management, 2*, 308-315.
(42) This story is from the German brand consultant Klaus Brandmeyer.
(43) Seno, A. (2007, November 12) Homegrown luxe. *Newsweek*, p. 56.
(44) Cayla, J., & Eckhardt, G. M. (2007) Asian brands without borders: Regional opportunities and challenges. *International Marketing Review, 24* (4), 444-456.
(45) Amine, 2008.
(46) For more, see http://www.rdtrustedbrands.com and http://www.rdasiatrustedbrands.com
(47) Zambuni, R. (1993) Developing brands across borders. *Journal of Brand Management, 1*, 22-29.
(48) Wang, J. (2008) *Brand new China. Advertising, media and commercial culture*. Cambridge, MA: Harvard University Press, p. 113.
(49) Alcalde, M. C. (2009) Between Incas and Indians: Inca Kola and the construction of Peruvian -global modernity. *Journal of Consumer Culture, 9* (1), 31-54.
(50) Schuiling, I., & Kapferer, J. N. (2003) Executive insights: Real differences between local and international brands: Strategic implications for international marketers. *Journal of International Marketing, 12* (4), 97-112.
(51) Hollis, 2010.
(52) Bhardwaj, v., Eickman, M., & Runyan, R. C. (2011) A case study on the internationalization process of a "born-global" fashion retailer. *The International Review of Retail, Distribution and Consumer Research, 21* (3), 293-307.
(53) Douglas, S. P., & Craig, C. S. (2001) Integrating branding strategy across markets: Building international brand architecture. *Journal of Internatiornal Marketing, 9* (2), 97-114.
(54) Schuilmg & Kapferer, 2003.
(55) Wong, H. Y., & Merrilees, B. (2007) Multiple roles for branding in international marketing. *International Marketing Review, 24* (4), 384-408.
(56) Sterenberg, G., & Baker, M. (2005, Autumn) Get real: The return of the product. *Market Leader*, pp. 43-47.

(57) Dholakia, N., & Zwick, D. (2005, May) *Brand as mask* (Working Paper version ,v08, May 9). Kingston: University of Rhode Island, College of Business Administration.
(58) Holt, D., Quelch, J. A., & Taylor, E. L. (2004, September) How global brands compete. *Harvard Business Review*.
(59) Souiden, N., Kassim, N. M., & Hong, H-J. (2006) The effect of corporate branding dimensions on consumers' product evaluation. A cross-cultural analysis. *European Journal of Marketing, 40* (7/8), 825-845.
(60) Taylor, C. R., & Okazaki, S. (2006) Who standardizes advertising more frequently, and why do they do so? A comparison of U.S. and Japanese subsidiaries' advertising practices in the European Union. *Journal of International Marketing, 14* (1), 98-120.
(61) Bullmore, J. (1991) *Behind the scenes in advertising*. Henley-on-Thames, Oxfordshire, UK: NTC, pp. 79-82.
(62) Lu, J. (2010) Multiple modernities and multiple proximities: McDonald's and Kentucky Fried Chicken in Chinese television commercials. *International Communication Gazette, 72* (7), 619-633.
(63) Keller, 2009.
(64) Duckworth, G. (1995, January) New angles on how advertising works. *Admap*, pp. 41-43.
(65) Franzen, G. (1994) *Advertising effectiveness*. Henley-on-Thames, Oxfordshire, UK: NTC.
　（八巻俊雄・嶋村和恵・丸岡吉人訳『広告効果―データと理論からの再検証―』日経広告研究所、1996年）

第 **3** 章

価値と文化

　近代のマーケティングと広告において、価値は、ブランドを競合ブランドに対して差別化とポジショニングするために使用される。価値は、セグメンテーションとポジショニングを決定するための基礎であると言われている。また、価値は、広告や広告中の訴求（appeal）や広告の実施のなかに暗黙的に含まれてもいる。人間の価値観は、国内外で測られ、比較されてきた。人間の価値観に対する包括的で世界的な研究はあるが、マーケティングや広告に適用されるものは、そのほとんどが北米、西欧、アジアを対象としたものである。ラテン・アメリカやアフリカを扱ったものはほとんどない[1]。

　多くの場合、人々に育まれてきた価値は、消費者行動に影響を与えるが、グローバル・ブランドのマネージャーは、世界中の人々のさまざまな価値に対する深い知識を持ってはいない。特に、西洋のマーケティング・マネージャーは、普遍的なものを探す傾向がある。そうすることで、重要な差異を無視してしまう。また、知覚は選択的であるため、人は、自分自身の価値体系に合うものを見がちである。マーケティング・マネージャーも例外ではない。また人は、他の文化の人をステレオタイプにあてはめる傾向もある。

　消費者行動のほとんどの要素は、文化に関連したものであり、マーケターが開発するマーケティング戦略も同じである。消費者とブランドの間に関係を構築するためには、ブランドとブランド・コミュニケーションは、人々の価値観を反映しなくてはならない。ほとんどの人にとって、文化は、抽象的で漠然としたものである。本章と次章の目的は、文化をもっと明確にして、取り組みやすくすることである。本章では、文化を定義し、シンボル、イメージ、言語、思考パターンといったさまざまな文化の具現化に、どのような影響を与えているかを検討する。

3-1. 価値の概念

　Rokeach[2]によると、価値は「特定の行動スタイルや存在の最終的状態が、反対のものよりも好ましいとする持続的な信念」と定義されている。「価値体系」とは、「人が選択肢の中から一つを選択したり、対立を解消したり、また、決定を下したりするのを助けるために学習された原則や規則の体系」である。好ましい選択肢は、清潔であって汚さではない、幸福であって悲しみではない、健康であって病気ではない。人はこのような好みを情緒的に感知することができる。好みは、行動につながる。汚いものを洗うことで清潔に変える。抽象的な形で表現されると、これらの好みは、普遍的であるように思える。しかし、優先順位はさまざまで、価値をどのように表すかもさまざまである。人は皆、清潔になりたいが、その目標に到達するためには、いろいろな方法が使われる。ベルギー人は、隣国のオランダ人の2倍、粉石けんを使う。人は皆、健康になりたいが、健康維持の方法はさまざまである。南ヨーロッパでは、北ヨーロッパよりも抗生物質が利用されている。一つの価値体系の中では、価値は他の価値に対して優先度によって順序付けられる。このために、「価値の優先順位」を価値と同じ意味に使う研究者もなかにはいる。価値の優先順位はさまざまである。例えばアメリカでは、個人の幸福は、優先順位の高い価値であり、憲法で規定さえされているが、東アジアでは、個人的な幸福は、忍耐や調和よりも優先順位が低い。

　価値は、幼いころに、絶対的なものとして教えられている。価値は一般に人々が、自由、平和（少しの平和、少しの自由ではない）など、疑問の余地なく、世界とはどうあるべきかと考えているのかを説明するものである。価値は、人々の選択、信念、態度、行動を導く基準となりうる。価値は、行動よりも安定したものであり、人間の認知体系の中でより中心的位置を占めている[3]。人は自分の価値観には気づかない。それは自動操縦のように、無意識に作動する。

　他の研究者同様、Rokeachも以下のような仮定をした。(a) 1人の人が持つ価値の総数は比較的少なく、(b) どこにおいても全ての人は、程度の差はあれ同じ価値観を持っており、(c) 人間の価値観の先行要因は、文化、社会、制度に端を発する。

　価値は、個人と集団、マクロとミクロのレベルでもはっきり区別できる。マクロ・レベルの価値は、集団の価値、もしくは「文化的価値」と呼ばれ、ミクロ・レベルの価値は、「価値志向」と呼ばれる[4]。価値志向が人々の小グループまたは大グループの行為として表れると、文化的価値となる。

価値は永続的

　価値は、子どもたちが意識的にではなく暗黙的に、それとなく最初に学ぶものの一つである。発達心理学者は、10歳になるまでには、ほとんどの子どもは、基本的な価値体系をしっかりと身に付けていると信じている。しかし、マーケティング研究者は、価値が変化することを定期的に論証しようとしている。通常、彼らが見いだすのは、価値の表現方法の変化であって、それは基本的には文化のシンボルや儀式の変化である。ひょっとすると、彼らは若者やビジネスマンのようなサブカルチャーの構成員の行動に惑わされているのかもしれない。Roland[5]は例として、インド人男性は、仕事をするときには西洋の服を着て、食事中やその他の儀式におけるカースト間の規則を無視しているが、家ではこれらの作法を厳しく守り、伝統的な服を着ていることをあげている。

　国民文化の核心的な価値は、非常に安定しているように思われる。ユーロバロメーター調査のデータによると、1973年から2011年にかけて、ヨーロッパ各国の生活に対する満足度は、全般的にほぼ変化がなかったが、文化間の差異は注目すべきものだった。一貫して、デンマーク、オランダ、イギリスの人々は、イタリア、フランス、ドイツの人々

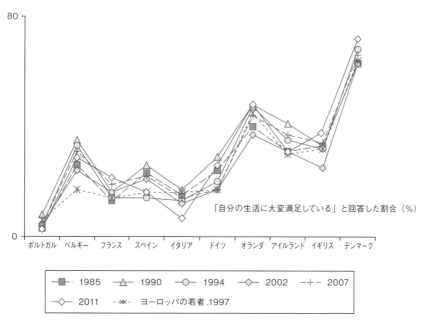

図表 3.1　生活に対する満足度　1985〜2011
出処：ユーロバロメーター（1985〜2011）データ；若いヨーロッパ人（1997）

よりも高い満足度を示しており、この差異は、ずっと同じであった。

図表3.1は、その差異が安定していることを示している。重要な調査結果は、ユーロバロメーターが、ヨーロッパの若者を対象にどの程度自分の生活に満足しているかの調査を行なったときに、同じような差異が15歳から24歳の若者にも見られたことである。この図表が示すように、若者のグラフは、一般の人のグラフと平行している。

価値のパラドックス：望ましいものと望むもの

　価値には二つの相反する側面がある。望ましいものと望むものであり、人々が望まれるべきであると考えるものと実際に望むものの間の相違、もしくは、人々が考える世界のあるべき形に対しての、自分自身に望むものである[6]。望むものと望ましいものは、常に重なり合うとは限らない。望ましいものとは、一般的な社会の規範であり、絶対的な善悪という観点から表現されるものである。望むものとは、人々が欲しいもの、自分自身にとって重要と考えるものである。実際に大半の人が望んでいるのはこちらである。

　パラドックスはもう一つある。言葉と行動のギャップ、人々がするということと、実際に行なうこととのギャップの反映である。「望むもの」を反映した価値は、「望ましいもの」を反映した価値よりも実際の行動に近い。「望ましいもの」や「望むもの」と、実際の行動の間にギャップがあるため、行動は、「望ましいもの」に一致しない可能性があり、「望ましいもの」のための規範は、行動とは完全に切り離されることもある。

　「望むもの」は、選択、すなわち重要で好みのものに関連している。「私」と「あなた」に関係する。「望ましいもの」は、認められたもの、認められないもの、善悪、人がすべきこと、人が同意すべきことに関連している。一般的な人々に関係する（**図表3.2**参照）[7]。

　望ましいものと望むものとの区別は、一見したところ一文化の中にパラドックス的な価値をもたらすように思える。このパラドックスにより、複数の文化は類似的に見えたり、類似の方向に向かっているように見えたりすることがある。これは、文化は似てきていると考えてしまうという意味で、人々を混乱させるようだ。一つの例は、日本人は行動やコミュニケーションにおいて個性に重点を置くことが増えているから、個人主義的になってきているという結論を出すことである。実際には、日本の個人主義は、パフォーマンスや競争力に対するニーズの反映である。価値の二つの側面が、第1章で示されたパラドックスを説明している。

　望ましいものについて質問した価値調査の結果は、望むものについて質問した調査の結果とは異なることが通常である。これについては、第4章、第6章で説明する。さまざまな価値体系と関連パラドックスを理解するためには、まず文化の概念を理解しなければならない。

図表 3.2 「望ましいもの」対「望むもの」

「望ましいもの」	「望むもの」
規範、すべきこと	自分自身に欲しいもの
言葉	行為
認められたもの、認められないもの	選択
善悪	魅力的、好み
人々全般	私のため、あなたのため
イデオロギー	実用主義

出典：Hofstede, G.（2001）「Culture's Consequences」

3-2. 定義された文化

　他の多くの言語でもそうであるが、英語では、「文化」というのは複雑な言葉である。高尚な芸術（クラシック音楽、劇場芸術、絵画、彫刻）を表現するために使われることもあるし、またこれらの形態を大衆芸術や「大衆文化」と対比するために使われることもしばしばである。生物学者がバクテリアを培養するときもカルチャーと言う言葉が使われる。農業はアグリカルチャー、園芸学はホーティカルチャーと言う。広告において、文化的差異というのは、通常文化の表現についてである。

　文化は、グループをまとめる接着剤のようなものである。文化的なパターン、すなわち重要なシンボルの組織化されたシステムがなければ、人々が一緒に暮らしていくのは難しくなるだろう。文化とは、人間のコミュニティ、その中の個人、そして社会的組織を定義するものである。人類学者のGeertz[8]は、文化は行動を支配する一連の制御メカニズム、すなわち、計画、処方箋、規則、指示（コンピュータ技師が「プログラム」と呼ぶもの）と見なしている。人々は、自身の行動を指図するために文化の制御メカニズムに依存している。これにそって、Hofstede[9]は文化を、「一つの環境における人々の集合的精神プログラミング」と定義した。「文化は、個人の特徴ではない。同じ教育や生活体験によって条件付けられた数多くの人を包含する」と定義している。

　個人は、文化の産物である。その社会文化的環境に条件付けられ、特定の作法で行動する。文化には過去に「効果のあった」ものが含まれている。特定の地理的地域内に同じ歴史的期間暮らし、特定言語を話す人々の間に見つけられる共通の信念、態度、規範、役割、価値が含まれる。これらの主観的文化の共通要素は、一般的に次の世代へと受け継がれていく。言語、時間、場所が文化を定義する一助となる[10]。文化とは、個人にとっての記憶が社会的になったものである。

Geertz[11]は、人間の本質として、文化と無関係であるということはあり得ないとしている。文化との交流なくして、また上述の重大なシンボルの体系によって与えられる指導なくしては、人の中枢神経系は行動を指示することができないだろう。人は不完全で未完成な生き物であり、文化を通じて、完全になる、または完成する。異文化心理学者のRolandが、インド、日本、アメリカで行なった精神分析的な研究結果は、Geertzの主張に沿ったものである。Roland[12]の精神分析的研究によって、人が実際に成長させていくパーソナリティの種類、それが社会のなかでいかに機能し、コミュニケーションするか、また、世界における、その生き方や経験がどんなものかということ、また、個性化の理想と実際は、圧倒的にその人が属している文化や社会に依存していることが明らかとなっている。

われわれの考え方、価値観、行動、情緒などは、文化的な産物である。人は、歴史的に作成された意味体系である文化的パターンの指導下にある。広告は、これらの広範な意味体系を反映している。人々の考え方、何が人々を動かすか、お互いにどのように共感しあっているのか、どのように生活し、食べ、くつろぎ、楽しんでいるのかを反映しているのである。

文化は、インターナショナル広告に関するいくつかの学術論文で記されているように、主として環境的要素で、単に消費者の周囲にあるものと見なされるべきではない[13]。文化的価値は、人々の外側にあるのではなく、心の中にあるのであって、アイデンティティの一部である。文化的価値は安定しているので、部分的に生物学的な要素を持っているものもあるのではないかと疑問を持つ学者も出てきているほどである[14]。グループ・レベルのパーソナリティの差異を36カ国で比較したAllik and McCrae[15]の調査結果に見られるように、生物学と、少なくとも一部の文化的特徴との結びつきに関する議論は、ますます強くなっている。これについては、第5章も参照のこと。

基本的に、二つの考え方がある。人の行動、知覚等は、遺伝子で決まっているのか、それとも特定社会で学んだことによって決定されるのか、俗な言い方でいうなら、人を動かすのは氏か育ちか？生物学と文化との間のつながりを確認した最近の調査分野は、文化的神経科学で、これは、MRI技術を使って文化的影響と思考プロセスについて、これまでにないインサイト（insight）を与えた。文化的神経科学者は、文化、脳、遺伝子の相互的構成を調査し、「人間の文化」が、神経活性化パターン[16]の中でいかに表れるかを発見した。調査結果は、文化と神経プロセスの相互関係を指摘している。文化的な慣行は神経系の制約に適応し、脳は文化的な慣行に適応する。文化的な環境を学び、そこに身を置くことは神経活性化パターンに影響することになり、文化はその知覚者に文化的にチューニングした知覚プロセスを授け、文化的世界の舵取りがうまくできるようになる。これは、知覚的な結果と脳活動の両方で現れることである。心と文化は、互

いに構成要素となり、持続的な相互作用を行なう[17]。文化的神経科学は、例えば、数字を使ったタスクの実施や、前後関係や背景情報の知覚に関する北米人と東アジア人の差異を説明することができる[18]。アメリカ人が、自分は正直かどうかを考えるとき、その脳活動は、自分ではない他の人が正直かどうかを考えるときとは非常に異なっているようである。中国人男性が自分は正直かどうかを評価するとき、その脳活動は、自分の母親が正直かどうかを考えるときとほとんど一緒のようである[19]。これは、第5章で検討する独立と相互依存自我の違いに関係している。

文化のレベル

「文化」という言葉は、民族グループ、国民グループ、もしくは、さまざまなレベルの社会の中のグループに適用されるだろう。つまり、国、年齢層、職業、社会的階級などである。個人の文化的プログラミングは、その人が帰属するグループやカテゴリー次第である。文化的プログラミングの特定のレベルに属する文化の表現はさまざまである。食習慣は国によって異なるだろうし、衣服の習慣は、職業によって、また、男女の役割は国と社会階級の両方によって異なるだろう。文化について検討するときは、文化のレベルについて具体的であることが重要である。国民文化なのか、企業文化なのか、年齢文化なのかをはっきりさせて、混乱を生み出さないようにするのである。あるレベルに当てはまることが、他のレベルにも適用できるとは限らない。

類似の価値を共有する文化的グループは、均一性の程度もばらばらな、さまざまなレベルで存在する。このレベルを説明したのが、**図表3.3**である。最も大きなグループは、世界であり、共有されるのは人間である。人間は話すことができる。しかし、話す言語やどのように自分自身を表現するかは、さまざまである。大陸は、第2レベルと見なすことができる。いくつかの大陸、もしくは大陸の大部分で見つけられる共有価値は、他の大陸の共有価値とは異なるが、これらの大陸の中でも大きな差異はある。例えば、アジアとヨーロッパを比較すると、アジア人の共通価値のなかには、ヨーロッパ人の共通価値とは非常に異なるものがあり、多くのアフリカ諸国は、ヨーロッパ人の価値とは異なる価値を共有している。

次のレベルは、国家である。さまざまな大陸の、国家文化の価値は、極めて多様になる。一つの国は、人類学的な意味において、必ずしも一文化、一社会と同義ではない。一つの国（もしくは国民国家）は、政治的に統一された人々である。そこには、実際しばしばあることだが、人類学的にいえば、複数の文化や社会が含まれている場合もある。非常に古い国民国家もあれば、最近できた国もある。例えば、多くの文化グループで構成されている元植民地諸国などである。

国によっては、地域の王や大公によって別々に統治されていた歴史を持つさまざまな

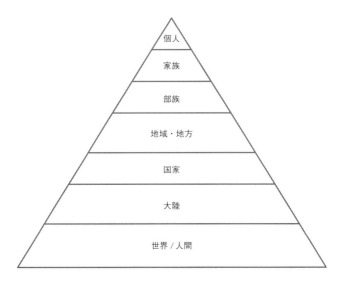

図表3.3　文化のレベル

地域や地方もある。例えば、スペインやドイツは、価値に関して、かなり多様である。南アメリカやアフリカのような大陸では特に、国家は外国勢力によって建設されてきたので、国境が文化グループの線引きとはなっていない。このような地域では、部族や氏族が国境をまたいでいることがあり、国家的価値について話すことはできないが、大陸全土の一部地域は、他の地域よりも文化価値を共有することはある。そこで、部族、氏族、もしくはもう少し規模の小さい村、バリオ（訳注：アメリカのスペイン語を話す人の居住区）のヒスパニック現象などが、第5レベルに入る。

　第6レベルは、家族で、西洋社会の核家族でも、アフリカやアジアの、個人が家族に統合された包括的な家族でもありうる。これは、西洋の個人が独立して独自である個人主義的社会とは真逆のものである。

　多くの人は、同時にさまざまなグループに帰属しているので、自分自身の中に複数層になった精神的プログラムを持っており、文化のさまざまな層に対応していく[20]。人は、国民文化の一部でもあるし、地域的、言語的、民族的、宗教的な所属もある。特定の社会的階級、職業、組織に帰属することもできる。また、特定の性別や性的指向、男性、女性、異性愛、同性愛などに生まれつく。

普遍的文化

　人は同じではないが、一部の西洋のマーケティング、広告の専門家は、人は同じであると認識する傾向がある。特に、西洋のブランド・マネージャーは、ブランドをパーソ

ナリティやアイデンティティを表す抽象的な言葉で特徴付けることに慣れているので、消費者の普遍性を純粋に確信している。価値と幸福、愛情、悲しみといった感情は普遍的と考えられているが、普遍的特質は、常に抽象的な言葉で形成されている。何が人々を幸福にするか、どのように愛情を表現するかということは、個人によって変わるだけではなく、文化によって変わることの方が多い。抽象的な形で、より多くの価値が形成されるほど、ますます普遍的であるように思われる。しかし、マーケティングと広告においては、価値と動機を具体的な形で表現しなければならない。すると、ほとんどの普遍性は、消滅することになる。

　ところが、インターナショナル・マーケティングの教科書は、Murdock の普遍的文化リスト[21]や全ての文化に存在する行動スタイルなどに言及して、普遍的文化を探すことを有益な方向性であるということを主張しがちである。普遍性の例は、身体装飾品、清潔、訓練、料理、食のタブーなどである。確かに、基本的な普遍的ニーズは、食べることである。しかし、それはただ食べるのではない。特定の食品を特定の方法で料理することへの嗜好があり、その摂取は、厳格なテーブルマナーに従って行なわれる[22]。健康であることも普遍的なニーズである。しかし、健康維持のために、どのような行動をとるかは、さまざまだ。例えば、南ヨーロッパでは医薬品の使用が多いが、北ヨーロッパでは健康に対してより積極的にアプローチして、エクササイズや運動をすることが多い。

　話す能力は、普遍的であるが、それは会話ではなく、適切な声のトーンで、適切な社会的状況において、適切な言葉やフレーズを発することである。また、恋愛も普遍的な概念ではない。アメリカでは、友情や癒しの愛情もこれに含まれるが、ロシア人は、恋愛を非現実的で、一時的なものと見なしている[23]。宗教は、普遍的文化と見なされるかもしれないが、一神への信仰か多神への信仰か、神との関係性、礼拝の儀式などは、すべて文化の一部であり、一文化内で進化した人工的所産物を規定する。なぜヨーロッパの大聖堂は、モスクやヒンズー教寺院、またはアメリカの教会と異なる構造だろうか？それは、異なる宗教的実践をしているからである。神性の概念は、西洋の概念である。Benedict[24]は、日本文化研究の古典となった著書のなかで、第二次世界大戦後、日本がいかに近代的価値を取り入れていったかを説明しているが、その中の神聖絶対君主という概念は、アメリカ人の目を通しての知覚であり、日本人には合わなかった。自らの神性を否認するように提案された日本の天皇の反応は、もともと持っていないものを捨て去るというのは、きまりの悪いことであろうということだったと言われている。宗教は、価値を作るためのものであると考えられているが、実際には、単に価値を維持し保存するだけである。

選択的知覚

　知覚は、個々人が外的環境からの刺激を選択し、体系化し、評価して自身に有意義な体験を与えるためのプロセスである[25]。選択的知覚（selective perception）とは、人々が自身の環境の中の特定のことに焦点をあて、他を除外することである。この現象は、「グローバル文化」の出現の議論に役に立つ。通常、論文に付随する例や図解は、コカコーラやマクドナルドのような数少ない有力なグローバル・ブランドである。選択的知覚により、討論参加者はこれらの例を見て、数多くのローカル・ブランドを見なくなる。

　選択的知覚現象は、コミュニケーションの供給と消費の食い違いが大きくなってコミュニケーションのオーバーロードを起こしている時代においては、広告に強い影響を与える。消費者は、自分たちの注意を引く物に関して、ますます選択的になっている。文化は、この選択プロセスを強化する。二つの国民グループが、世界を全く同じように見ることはない。矯正手術によって視力を得た盲目成人に対する医学研究は、人は「見ることの規則」を教えられなければならないということを示している。この見ることの規則は、普遍的な原則ではないが、自然環境、社会環境によって形成され、人に何を、いかに見るべきかの両方を教えるものである[26]。人が見るものは、成長の過程で見るように訓練されたり、学んだりしたものの作用である。知覚パターンは、学習され、文化的に決定される。人は自分の見たいものを見るし、理解できないものは見ない。自分の経験や、これまでの学習に一致しないからである。人は知覚するだろうと予期しているものを知覚する。自分の文化的な案内図に従って、ものを知覚する[27]。予期していたものとは異なるものが現れると混乱し、誤った結論を出す場合もある。晩の8時に来るはずであった客が9時に到着したとき、この客を礼儀正しいと結論付ける人もいれば、失礼だと結論付ける人もいる。また、夕食時に招待されないにもかかわらずやってくる人は、その人のおもてなしの知覚（perception of hospitality）により、食べ物をいただけると期待するかもしれない。対応の一つは、何であろうと、そこにあるものを分け合うというものである。また、困惑して、その訪問者が帰るまで夕食を待つという対応もある。肯定するときに頭を縦にふる人もいるが、かなりの数の国では、これは否定を意味することがある。人は、自身の心の中にある文化的な枠組みから、ものを予期して見る。人は自分自身の文化に捉われているのである。消費者は、自分自身の文化的自動操縦に従っており、そしてまたクリエイティブ・ディレクターもまた、広告を作り出すときにそうしているのである。ソーシャル・メディアやウェブサイトのデザイナーも同様である。この現象により、自分自身の文化に対しては、効果的なコミュニケーションが作成できるが、他文化では有意義な価値を含む効果的な広告アイデアを作ろうとする能力には限界がある。そこに含まれる価値が受け手の文化と一致していない広告は、あま

り気づかれないし、誤解されることもあり、そのため、効果も弱くなる。

ステレオタイプ化

　ステレオタイプ化（stereotyping）とは、人々を思考によってカテゴリー分けすることである。ステレオタイプは、機能的にもなりうるし、機能障害にもなりうる。ステレオタイプ化は、期待を導く自然のプロセスであると受け入れれば、機能的である。しかし、個人を単にグループの一部とだけ見て、誤った判断を下すのに使われれば、機能障害である。機能的なステレオタイプの一例は、ドイツ人は、時間に正確であるということで、これは正しい。平均して、ドイツ人は、他の多くの人々よりも時間に正確である。確かに、イタリア人やスペイン人は、異なる時間の概念を持っている。スペイン人にとって、ドイツ文化のこの特質を知っていることは、自身の行動を適応させることができるということである。ドイツ人が夕食は8時だと言ったら、それは8時であって、スペインでのように9時や10時ではない。機能障害なステレオタイプの例は、イギリス人がフランス人は不潔で、性欲が強すぎ、滑稽なほど自分の文化に夢中であると言い、フランス人は、イギリス人は薄情で教養がなく、偽善者ぶっていて信頼できないと言うのがそうだ[28]。確かに、フランス人から見ると、イギリス人は、あまり打ち解けない感じがするし、ドイツ人から見ると、イタリア人は支離滅裂だし、イギリス人にとっては、ドイツ人は柔軟性に欠ける。

　文化は総体的なものであることを認識することが重要である。ステレオタイプは、見る者の文化の目にある。ステレオタイプは、社会的に獲得された知識であり、社会的グループによって異なる。文化は安定しているので、ステレオタイプは、かなり昔の文学にも見ることができる。一例が、ダッチ（オランダの）という言葉が英語に取り込まれたいきさつだ。「ダッチで行く（割り勘にする）」、「ダッチ・トリート（割り勘）」、「ダッチ・アンクル（ケチな奴、歯に衣着せない人）」などは、英国人が観察したオランダ人の特徴を反映した表現である。だが、ドイツ語やフランス語には、オランダ人に関する似た表現は生まれていない。

　広告は、効果的なステレオタイプを使用するかどうかにかかっている。それは注意を引きつけ、一瞬にして認知されなければならないからである。広告は現実を簡略化し、それゆえにステレオタイプを使用する。広告メッセージは、一般的に短く、オーディエンスがすぐに何についてのメッセージなのかを認識しなければ、意味がない。文化は干渉する。他の文化の人々を知覚したり表現したりする際、人は自分自身の文化の観点から行なう。さまざまな文化には、その文化のさまざまなステレオタイプがある。ステレオタイプ化されたフランス人の特徴とは何か？ドイツ人は、フランス人は機知に富んでいると考えている。イギリス人は、フランス人はユーモアがなく、短気だと思っている。

写真 3.1 フォルクスワーゲン、スペイン

オランダ人は、フランス人はあまり真面目ではないと考えている。スペイン人は、フランス人は薄情でよそよそしいと考えている。フィンランド人は、フランス人はロマンティックだが、浅薄であると考えている。アメリカ人は、フランス人は感じがよく、知的だが、もったいぶっていると考えている。アジア人は、フランス人は慎重さに欠けると考えている[29]。

この例から、インターナショナル広告に国民に関する強力なステレオタイプを使うことは、特に危険であることが明らかである。クリエイティブ・ディレクターのステレオタイプ化された知覚は、その人自身の国以外のオーディエンスのステレオタイプ化された知覚とは異なる場合がある。ヨーロッパのいくつかの文化では、共有されるステレオタイプも、いくつかある。ドイツ人のユーモアのセンスは、他の人には分からないというものがその例である。フォルクスワーゲンのスペインでの広告（**写真 3.1** 参照）は、このステレオタイプと結びつけて、このように言っている。「みんな、これを見てニッコリするでしょう。やっと、ドイツ人のユーモアが理解されました」。

3-3. 文化の表れ

Hofstede[30]は、文化の表れを4区分した。シンボル（symbol）、儀式（ritual）、ヒーロー（hero）、価値（value）である。**図表 3.4** にタマネギの層として描いてあるものがそれで、シンボルが一番外側で、価値が文化の表れの最深部にあり、ヒーローと儀式がその中間に来る。

シンボルとは、言葉、ジェスチャー、絵、もしくは文化を共有する人たちだけが認識できる特定の意味を持つものである。1言語の言葉や、特定の種類の専門用語は、このカテゴリーに入る。また、服装、髪型、旗、ステータス・シンボル、ブランドもこのカテゴリーである。新たなシンボルは、簡単に作ることができ、古いものは、すぐに消えていく。一つの文化的グループからのシンボルは、定期的に他のグループにまねされる。これが、**図表 3.4** でシンボルが外側、最も表面的な層に示されている理由である。コカコーラ、ナイキ、グーグルは、グローバル・シンボルとなったブランドの例である。最も、これらがアメリカ人に引き起こす連想は、中国人に引き起こすものとは、異なって

第 3 章　価値と文化　073

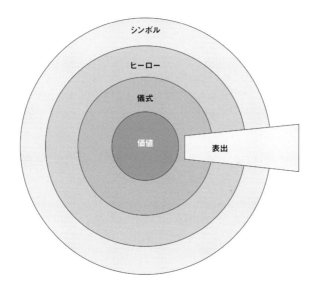

図表 3.4　文化のタマネギ層

いる場合がある。

　ヒーローとは、生死、現実、想像を問わず、社会において高く賞賛される特性を持つ人物で、そのために、行動の手本となる人である。アメリカにおけるバットマンやチャーリー・ブラウン、日本におけるハローキティ、フランスのアステリックスのように、ファンタジーやマンガの登場人物であっても、文化的ヒーローの役割を果たすことができる。テレビ時代においては、かつてよりも、ヒーローを選択する際に、外見が重要になってきている。ファンタジーのヒーローは、グローバルに知られることができるようになっているが、そのヒーローが活躍する物語は、ローカルであることがよくある。アステリックスは、ドナルド・ダックのようにはふるまわない。

　儀式は、一文化のなかで社会的に不可欠であると考えられている集団的な活動である。儀式は、自分たちのために実行される。例としては、挨拶の仕方、他者への敬意の表し方、社会的、宗教的な儀式などがある。ビジネスや政治の会議は、合理的な理由のために開催されたと思われるが、儀式的な目的が主であることもしばしばである。例えば、指導者に自分たちのことを主張させるためであったりする。スポーツ・イベントは、選手と観客の両方にとっての儀式である。アメリカン・フットボール周辺の儀式は、ヨーロッパのフットボール周辺のものとは、非常に異なっている。特に、チアリーダーという現象は、ヨーロッパには存在しない。

　図表 3.4 のシンボル、ヒーロー、儀式は、「文化の表出」という言葉に含まれる。こ

れらは、外側の観察者に見えるものである。しかし、その文化的意味は目に見えない。それは、文化の内側にいる者が、これらの表現をどのように解釈するかというところにある。ブランドは、儀式の一部であり、広告は、儀式を作る手助けをする。製造業者は、自社製品の周辺に儀式をつくり、これを利用して、競合製品との差別化をはかる。ビール・ブランドのコロナ・エキストラは、ライム一切れをボトルの口に押し込んで直接ボトルから飲むという儀式性で、他製品との違いを際立たせている。広告は、製品やブランドの周辺の儀式を示しており、人々がどのように行動し、交流するか、どのような服装をするか、言語、食習慣、どんな外観の家に住んでいるかを反映するものである。これらの要素は、「私たちはここでどのようなやり方をしているか」を表わす文化の表現、もしくは所産である。

　文化の中心には価値がある。価値は、本章の前節で定義された。研究者は人々に対し、選択肢の中から好みのものを提示するように頼むことで、価値を説明しようとしている。価値を研究する際に難しいことの一つは、人々の言うことの解釈である。前述したように、問題の一つは、望ましいものと望むものの区別である。もう一つの問題は言語である。価値を表す言葉は、抽象的な意味を持つので、価値は簡単に翻訳できない。これらの言葉は、価値のラベルとみなされるべきである。一つの言葉は、ある文化では一つの価値のラベルとしての働きをするかもしれないが、他の文化では異なる価値のラベルになる。これが、広告コピーを考えだされた言語以外に翻訳するときの難しさの説明となる。この問題は、第6章でもさらに検討していく。

　いわゆるグローバル文化とは、文化、シンボル、収束しつつある食習慣、グローバル・ヒーローの表現についてのことである。ファースト・フード、とくにビッグ・マックやピザは、グローバルの儀式となった。しかし、人々の価値観は、まだグローバルにはなっていない。文化によって異なり、これは、われわれが生きている間には変わりそうもない。しかし、この価値観の安定性を広告関係者はよく理解していない。彼らは、表層的なトレンドを価値の変化と勘違いする傾向にある。

　多国籍大企業は、共通の実務内容で企業文化を形成する傾向がある。服装、会議、コミュニケーションの仕方、プレゼンテーションの仕方、これらすべてが、多くの国民文化に重なる。これは、全世界的な従業員グループを団結させ、企業にアイデンティティを与えるのに有益である。

　国民的、歴史的に定義された文化は、そこに属している者に強い感情的な含意を持つ。この含意がアイデンティティを決める。つまり、文化的特徴を共有する、すなわち「記憶」、「歴史」の共有が人々の主観的な感情や価値観を決めるのである。グローバル、もしくは世界主義的な文化は、このような共通アイデンティティについて言及することができない。国民文化とは異なり、グローバル文化は、基本的に「記憶のない」ものである。

視覚的な記号やシンボル、イメージ、音楽を別にして、直接見ることはできないが文化の影響を受けているその他のものとしては、知的スタイルや言語がある。これらについては、次節で検討していく。

3-4. 記号、シンボル、ボディ・ランゲージ

学術分野としての記号論の創始者の1人であるPierce[31]は、記号の基本的3タイプとしてアイコン（icon）、インデックス（index）、シンボル（symbol）と区別した。「アイコン」は、対象との類似性を持っている。「インデックス」は、対象と直接的な実存的関係のある記号である。煙は火のインデックスである。「シンボル」は、対象との関係が慣習、合意、もしくは規則の問題となる記号である。言葉や数字はシンボルで、赤十字もそうだ。グローバル化は、アイコン使用の増加につながった。空港、駅、その他、国際的な旅行者がよく訪れる場所は、アイコンを使う。アイコンは言語と結びついてはいないからである。アイコンは、情報処理をより速くする助けにもなっている。他の例は、報告書やプレゼンテーションの中の棒グラフや円グラフのような図形の使用である。アイコン、インデックス、シンボルは、広告に使用される基本的記号手段の一部である。言語コード、記号、シンボル、ジェスチャーは、すべて文化の儀式であり、文化的グループを規定するものである。文化は認識、解読、記号およびシンボルの製作をする能力を共有するものなので、文化もまた、記号論的習慣の組み合わせである。記号論的習慣の差異が、文化の輪郭を描くことになる。

「記号論」とは、記号とシンボルの研究であるが、広告理論の不可欠な部分として、多くの国に存在する。ただし、利用されているのは一部の国が多い（フランス、東ヨーロッパ）。他の文化よりも、広告にシンボルを多用する文化もある。これは、書くことと言語に関係している。日本人やその他の漢字を使用するアジア人は、シンボルを把握し、使用することに大変長けていると思われる。日本人学生と日本語以外の学習環境にいると、西洋の学生に比して、日本人は言語よりも、特に母語ではない言語よりも、絵やシンボルに対しての方が心地よく感じる傾向があることがわかる。

記号やシンボルは、パッケージ、色、文字、記号で構成される人の記憶の中の連想ネットワークの重要な部分である。色は、特に強い文化的意味を持つことができる。西洋社会では、黒は喪の色である。中国では、白が喪を象徴する。金は、中国人にとって、強烈な象徴的意味を持つが、黒と組み合わせることはしない。文化によっては、象徴的言語は、口頭言語よりもはるかに重要なことがある。アジアでは、数字は西洋の文化には知られていない重要性がある。数字は、とりわけ意味を持つ。例えば、アジアには555という煙草ブランドがある。**写真3.2**は、カンボジアのこのブランドを示したもの

写真 3.2　煙草ブランド 555、カンボジア

写真 3.3　ペプシ、ハンガリー

写真 3.4　グレンフィデック、アメリカ

である。中国では、8 という数字が縁起の良い数字である。2008 年のオリンピック中国大会は、2008 年 8 月 8 日（8.8.8）に開始された。ジェスチャーも重要な文化的記号である。一つの文化でよい意味を持つジェスチャーが、他の文化の人たちを困惑させることもある。ロシアで「友情」を意味するジェスチャーは、アメリカでは「勝利」を意味する。ドイツ人は、気の利いたアイデアを認めると、眉を上げる。同じことをイギリスやオランダですると、懐疑的な合図となる。**写真 3.3** にある、ペプシの屋外広告にあるハンガリー人のジェスチャーは、西ヨーロッパ諸国だけでなく、ハンガリーに近いブルガリアでも卑猥だと思われる。アメリカの OK サインは、フランスやハンガリーでは「ゼロ」、日本では「金」を意味する。親指を立てるジェスチャーは、世界各地でパイロットが使っているが、中にはこれを受け入れない国もある。V サインは、手のひらと指が外側を向いていれば、イギリス人には「ビクトリー（勝利）」を意味するが、手のひらと指が内側を向いていると、「くたばれ」という意味になる。

　グレンフィデックの広告（**写真 3.4**）のように、足を机の上に置くことは、アメリカでは、くつろいでいることや「金曜日の感じ」を表している場合があるが、靴や足の裏を見せることは、世界の他の地域では侮辱的なことが多く、特にアジアやアラブ世界ではそうである。他人に舌を見せることは、ヨーロッパでは侮辱の合図だが、子ども達にとっては、他の子どもに対する挑戦の印である。アジアでは、子どもであっても無礼である。ニュージーランドのマオリ族にとっては、深い尊敬の印である。

　旅慣れた人なら誰でも分かっているように、間違いをおかすことは簡単である。一つ

の文化で礼儀正しいとされることが、他の文化では卑猥だとされたりする。こちらでは、友好的なことが、あちらでは、敵対的であったりする。ジェスチャーの意味の包括的ガイドは、Morris[32]が作成した。Morris は、ジェスチャーによる合図の伝達は、圧倒的に男性が行なうという注をつけた。国によっては、あまりに男性独占なので、女性の研究者は、現地の男性がこのことを話しださないうちに調査をやめなければならないほどだった。

アイコンタクトは、さまざまな文化の人々にとって、非常に異なるコミュニケーションかもしれない。西洋では、直接的なアイコンタクトは、大胆さを表し、これはよいことだと見なされているが、東アジア諸国では、直接的なアイコンタクトは、人を居心地悪くさせたり、無作法であると見なされたりすることさえある。2007年、ナイキがアメリカ・プロバスケットボール協会（NBA）のスター選手を使ってグローバル・キャンペーンを行なったとき、選手達は試合中ではなく、視線は見る者にまっすぐ向けられていたが、中国人にとっては、威嚇的だと見なされた。上海では、グローバル広告に続いて、もっと文化的に適切なキャンペーンが作成された。有名な中国人陸上選手をフィーチャーしたもので、この選手の視線は、人々ではなく、ゴールに向けられていて、スポーツをすることで、大衆に壮観な光景を与えていた[33]。

近接学は、人間が空間を文化的人工物[34]として利用することの研究であるが、人が他の人たちに近づきたい、または触れたいと思う程度について扱っている。ボディ・ランゲージの一側面であり、文化の表れである。南ヨーロッパの誰かが、通りを歩いているときに、北ヨーロッパ人と腕を組もうとすると、北ヨーロッパ人は、どうしていいのか分からないかもしれない。公の場で触れ合うことは、ヨーロッパで普遍なことではない。北ヨーロッパ人は、他の人の近くにいることを好まない。エレベーター内の人々の行動を観察すると、混んでいたエレベーターがすいてくると、フランス人は、そのままの場所にいるが、イギリス人は、お互いすぐに他の人との距離を取るようにする。

人類学者の Hall[35]は、詳細に、さまざまな文化における近接学の差異を研究した。アメリカでは、会話をしている二、三人の人の周りには、他の人と分ける見えない境界があることが一般に受け入れられている。距離があるだけで、区分けがされ、プライバシーが与えられる。プライバシーを妨げられずに、他の人たちと同じ部屋にいることはできる。公共の場でさえも、誰かが立っていたり座っていたりすると、その人の周りには小さなプライバシー・バルーンの領域があり、これを侵してはならないと見なされている。このゾーンに入り、留まる者は、侵入者である。ドイツ人にとっては、どんなに離れていても、同じ部屋に他の人たちがいるときには、このゾーンの中にいるなどということはあり得ない。アメリカ人が一人になりたいときは、部屋に入りドアを閉める。イギリス人は、他者も認めるある一定のバリアを内在している。地中海沿岸諸国の空間

使用は、混雑している電車、バス、歩道、カフェなどに見ることができる。これらの文化は、感覚的な関与が非常に高いことで特徴付けられており、食べ方、娯楽方法、カフェに一緒にいる集団などに表されている。自分を孤立させるということは、他者への侮辱と見なされている。アングロサクソンは、一人になりたいとき、自分の部屋に行きドアを閉める傾向にあるが、スペイン人は、これをしない。スペインでホームステイをして学んでいるアメリカ人学生は、自分がドアを閉めて自室に一人でいるたびに、ホスト・ファミリーが心配するので、混乱するようになる。

　もう一つの例は、教授と学生の関係の仕方である。スペイン人教授と学生は、教室外でも付き合いがある。バーに行ったり、ダンスをしたり、触れ合ったりする。これは、アメリカでは、不適切であると見なされ、異性学生との間に交流が行なわれると、教授はセクシャル・ハラスメントで訴えられることさえある。アラブ人とアメリカ人、またはヨーロッパ人の違いは、さらに大きい。アラブ人は、閉鎖空間を好まない。イスラム教徒は、男性と女性の間の空間に関してとりわけ厳しい規則を持っている。広告の中で、女性と男性が一緒にいるのが許されている場合があるとするならば、その距離を注意深く観察しなければならない。

　アメリカの家庭は、家族を区分化するので、子どもは、別々の生活を送るように育つ。これは、メディア行動に影響を与える。アメリカ人は、スペイン人のようにテレビを集団で見ることに慣れていない。

　文化を比較する際には、文化によって使用される記号やシンボル、そしてそれらがどのように認識されているかを学ぶことが重要である。

3-5. イメージと音楽

　イメージ、もしくは画像やシンボルの使用、もしくは意味を伝える方法としてのメタファー（metaphor 隠喩的表現）は、画像の慣習に基づいている。画像の知覚や絵画の創出は、文化間で大きな差異がある。絵画や画像に表れるスタイルや視点の選定は、オーディエンスの心の中の文化的学習とともに、写真家やクリエイティブ・ディレクターの文化的学習に基づいている。オーディエンス（消費者）は、自分たちが学んだ画像スキルを使って、反応する。このことに関しては、第5章でさらに検討する。

　西洋人は、画像の解釈を時間の流れの過程、つまり視覚的レイアウトの機能としての一連の情報処理と考える傾向がある。しかし、すべての文化が順次的な思考パターンを持っているわけではない。時間の概念はさまざまであり、見る方向もさまざまだ（左から右か、右から左か）。シンボルや、言語表現、静と動に対する好みは、非常に多様で、アート・ディレクターは、視覚に基づいたインターナショナル・キャンペーンを制作す

る際には慎重に考えなければならない。ところが、視覚的なものは、言語的なものよりもよく伝わるということは、今でもよく耳にする。画像も言語と同様に、他の文化の画像的言語に翻訳されなければならない。

特に、メタファーは、文化的な所産である。LG の広告（**写真 3.5**）とインフォネットの広告（**写真 3.6**）は、ともにニューズウィーク誌に掲載されたものだが、ユニバーサルには理解されないメタファーを示している。韓国の LG の広告は、砂漠にいる魚を示しており、デジタル・テクノロジーが、不可能を可能に変えることを隠喩的に示している。多くのアジア諸国では、魚は幸運や繁栄のシンボルでもあるが、ほとんどの西洋社会ではこれは理解されない。インフォネットのグローバル広告は、グリム兄弟が書いたドイツ発祥の童話に言及しているが、世界中のすべての国でよく理解されることはないかもしれない。

音楽は、文化のもう一つの側面である。多くの種類の音楽（クラシック音楽、ジャズ、ポップ・ミュージック）がよく伝わるということは、証明されているが、文化は独特のリズムを持つ傾向がある。民衆の音楽は、その生活と切り離すことはできないし、歌は、そのアイデンティティの重要な部分を示すものである。音楽は、リズム的総意のようなもので、文化の中心の総意である。技術的には、人間の同調性に関しては、あまり分かっていないが、リズムは、同調性の基本である。文化の中心と同調することは、しないよりも効果的なことは間違いない(36)。言語にもリズムがある。文法や慣用句によって外国語を話すことをよく学んだ人は、その外国語の音楽性やリズムを学ばなければ理解してもらえないことを知っている。

写真 3.5　LG、インターナショナル

写真 3.6　インフォネット、インターナショナル

3-6. 思考パターンと知的スタイル

　論理的思考には、唯一の方法というものはない。直線状の客観化した論理は、西洋哲学と科学の一部であるが、より内省的な仏教哲学などの他の文化の論理とは異なる。デジタル思考と意思決定は、北米のコミュニケーション体系の特徴である。日本人は、よりアナログ的で体験型の推論に傾きがちである。北米人は、構造的で、分析的であって、中国の陰陽、ヨーロッパの弁証法（意見の相違をなくすことを目指すプロセス）、もしくは、細部を見る前に全体的な状況の感覚を認識することを始めとする日本の総体的なパターン認識のアプローチなどのダイナミクスに欠ける。北米人のアプローチは、意思決定を促進させるため、極論に向かう場合は機能する。ヨーロッパ大陸の文化では、観念的で理論的な議論を発生させる分析をすることに重きが置かれる。議論を裏付ける方法もまた、文化によってさまざまである。事実に信頼を置く傾向もあれば、イデオロギーやドグマを信じる傾向もあるし、伝統や感情を重んじる傾向もある。論理は冷たいので、日本人にとって、「キモチ（kimochi）」や「感情（feeling）」は、正しいものでなければならない。サウジアラビア人は、直感的なアプローチをし、主として経験主義的論法に基づいた説得を避けると思われる。フランス人は、哲学を持っている。アメリカ人は、データと仮説の証拠を欲しがる。Usunier[37]は、知的スタイルを4区分した。「ガリア的（gallic）」（フランス人）、「チュートン的（teuonic）」（ドイツ人）、「サクソン的（saxonic）」（イギリス人、アメリカ人）そして「日本的（japanese）」（日本人）である。サクソン人は、事実と証拠を探すことを好む。チュートンとガリア・スタイルは、理論的な議論をその思考プロセスの中心に置く傾向がある。データや事実は、述べられたことの実証というよりは、説明するためにある。チュートン・スタイルには推論や演繹に対する嗜好が含まれる。ガリア・スタイルには、それほど演繹は含まれない。どちらかというと、美学的に完全な方法で、言葉や発話の説得の力を使用する方向に向かっている。日本的知的スタイルは、より謙遜かつグローバルで暫定的なアプローチを好む。思考と知識は、一時的な状態にあると見なされ、明確に断定的な発言をすることを避ける。

　アメリカ人は、ほとんどすべてのものを分類する。二重性は、分類化の一方法であるが、暗黙的、明示的にアメリカ文化の一部である。具象に対して抽象、現在に対して過去、新に対して旧、過去に対して未来、調和に対して衝突、内部志向に対して外部志向などである[38]。日本人の思考は、論理的ではなく、直感的である[39]。極性のある思考は日本人になじまない。

　人々の学習方法は、その考え方や反応に影響する。西洋の学習方法は、大体において批判的思考法と分析に基づいている。アジアの学習体系は、どちらかというと記憶する

ことに基づいている。証拠を集め、考察する方法、視点の提示法、結論の導き方はさまざまで、文化によって教え方もさまざまである。特に、アメリカでは、意見を裏付ける事実がないと、その意見は、論理的、有効とは認められない。アメリカには、このことを表す表現がある。例えば、「直接ポイントに触れる（単刀直入に言う）」とか、「結局ポイントは何だ？」で使われる「ポイント」である。書き手や話し手は、「自分のポイントをはっきり」させることになっている。つまり、自分が伝えたいと思っている考えや情報を、明示的に言ったり書いたりすることを求められる。このポイントと結びついた直接さは、中国語や日本語にはないものである[40]。知的スタイルにおけるこのような多くの差異は、異文化心理学者によって発見され、文化的神経科学者によって確認されている[41]。

3-7. 言語

　言語と文化の関係を見るには二つの方法がある。言語が文化に影響を与えるとするのか、言語は文化の表現だとするのかである。Sapir and Whorfは、言語の構造は知覚とカテゴリー化に重大な影響を及ぼすという仮説をたてた[42]。Whorfは、人々の世界観は、その人の話す言語の構造や特徴に左右されるということを意味する。著しく異なる文法の使用者は、その文法に導かれて、類似の行動に対し異なるタイプの観察をし、異なる評価に向かう。この観点によると、言語は出来事を説明する道具というだけではなく、それ自体が出来事を形成する。さまざまな言語を使う観察者たちは、同じ状況下にあっても異なる事実を推測する。または、類似の事実をさまざまな方法で、アレンジする。

　別の観点は、言語は文化を反映するという。このアプローチによって認識されるのは、人間にとって普遍的であるのは話すという能力だけだということである。どの言語を話すかということは、その人が育っている文化の一部である。Holtgraves and Kashima[43]は、言語は、文化を反映し強化すると主張する。言語の使用は、模倣され、この模倣が言語的習慣となる。言語的習慣が言語的コミュニティのなかで広く、長期間に渡って実施されると、その使用者の社会的認識処理（記号化処理、蓄積、他の人間に関連した知識の取り出し）に影響を与えると見なされる。そして、習慣の問題として、人は自分の好きな言語的習慣に従事する。特定の場合の言語使用は、文化的志向性を反映し、徐々にこのような方法で文化を言語的に表す方法は言語的習慣となり、最終的には、言語の一部となる。

　このように、言語は、アイデンティティも与えるかもしれないが、これは、元植民地だった国々においては、言語の基本的な側面である。多くの国が元植民地であるアフリカでは、言語は、リンガ・フランカ（共通語）となった。部族の言葉は、グループ・ア

イデンティティ、伝統的な方法に対する忠誠という意味と結びつく。リンガ・フランカは、世界でうまくやっていくための実利的な道具であるが、連帯の絆は与えない[44]。

　言語によっていかに文化が変化するかを示す例は、たくさん見つけることができる。西洋の言語は単語を音節や文字に分解できるが、アジアの言語は連想的意味によって内容を表しており、それが最も顕著なのは、中国語、日本語、韓国語の象形文字である。絵や特徴が単語と結びついている[45]。説明的言語の例としては、タイ語がある。タイ語では、抽象的な西洋の言葉をより具体的な言葉で表現する。例えば、冷蔵庫は、スーイェンであるが、これは冷たい箱という意味である。また、ハートブレイク（傷心）は、ジェイ・ルーイというが、これは心が飛んでいくという意味である。パーク・ワーンは、直訳すると甘い口という意味だが、きれいごとを言うという意味になる[46]。

　他の例には、代名詞を落とす、形容詞を動詞に対立するものとして使う、もしくは、文脈上の修飾語句として使うなどがある。代名詞を落とす（代名詞を動詞のなかに含める）言語的習慣は、たいてい、集団的文化の習慣で、広範な文化的パターンの具体例である。もう一つの例は、人間を説明するときに形容詞や動詞を使う。動詞は、文脈的情報を保有しており、説明された人物を社会的な文脈に関連づける。例えば、社会的な対象物、自分自身や他者を説明するときに、韓国語を話す人は動詞を使うが、英語を話す人は形容詞を使う。間接的に話すと、直接的に話すよりも、コンテクストに対して比較的大きな注意が必要となる。東アジアのコンテクストに当てはめた言語習慣は、個人が社会的文脈に埋め込まれているという見解を反映している。

　文化の表現は、メタファーの使用によく表れる。「彼はチーム・プレイヤーだ」、「彼は私を壁に押し付ける（怒らせる）」、「野球場の見積もり（大雑把な概算）」、「スイート・スポット」などは、すべてアメリカ英語のアメリカ野球に由来するものだが、イギリス英語には、クリケットに関連した表現がたくさんある。メタファーに使用される要素は、さまざまである。例えばエジプトでは、太陽は残酷とみなされているので、若い娘が「僕のサンシャイン」と表現されることはないが、月の光と比較されることはあるかもしれない[47]。英語で「ムーンライティング」と言えば、夜に行なう副業のことである。

　一つのものに対して、ある言語が他の言語よりもたくさんの言葉を持つ理由の説明となるのは、文化的な環境である。言語のなかには、氷や雨のさまざまな状態について、他の言語よりも多くの言葉をもつものがある。ノルウェー語は、歴史的海洋国家であることを反映して、「自分に有利になる風」をたった一語、「バー」で言うことができる。また、他の言語には存在しない言葉がある言語もある。現在のマロー（訳注：ペポカボチャ）の古語である英語のピス（pith）は、オレンジやその他かんきつ類の皮の下にある白い部分を意味する。これは、イギリス人のマーマーレード文化に関係しているように思われる。ある文化に特有の言葉は、何か独自のものを表現している場合、そのまま

他の言語に移行する。例えば、マネージメント、コンピュータ、アパルトヘイト、マチズモ（スペイン語の男らしさ）、ペレストロイカ、ゲイシャ、サウナ、マフィア、カミカゼなどがある[48]。これらの言葉は、一文化に特有の価値を反映することがよくある。他文化の言葉には簡単に翻訳できないし、もともと、他の文化から借りたものであることもある。英語には、独自に「いとこ」や「甥」を表す言葉がなかった。これらは、フランス語(cousin and neveu)から借りてきたものだった。人が一族を表現する方法は、その人が一族をどう考えているかに密接に関係している。大家族においては、父親と父親の兄弟が、ともに「父」と呼ばれることがある。ハンガリー語では、妹(hug)と姉(nover)の区別がある。ロシア語には4種類の義理の兄弟を表す言葉がある。インドネシア語では、ベサンとは、「互いに結婚している子ども達の親」を意味する[49]。罵倒の言葉もさまざまである。ドイツ語、スペイン語、イタリア語、ギリシャ語で最も使われる罵倒の言葉は知的能力の欠如に関係したものだが、フランス人、イギリス人、アメリカ人、オランダ人は性的な意味を含んだ言葉を使う。ノルウェー人は、「悪魔」を使う[50]。

　スペイン語とオランダ語では、指小辞をよく使う。両言語とも、指小辞の使用は、肯定的な意味を表すが、指大辞を使うと、否定的な意味になる。

　英語は、アングロサクソンが行動と時間を取り扱う方法を反映している。このような言葉は「ダウン・トゥー・アース（堅実な）」、「フィードバック」、「デッドライン（締め切り）」など豊富にある。英語の「アップセット」は、イギリス人が自分を抑制しながら自分の感情に対処する方法を表している。「アップセット」は、ほとんどの他言語に翻訳することができない。英語の「シェアリング」の概念には、他のヨーロッパ言語に翻訳されたときに含まれる以上の価値が含まれている。英語の「シェアリング」には、「寛大さ」、「参加する」、「仲間を気遣う」、「自分のことだけに関心があるのではない」、「肯定的なことをコミュニケーションする」というような意味合いが含まれる。「どれ位よい人か」や「達成」を示すことを含んでいる。

　オランダ語とスカンジナビア語には、「一体感」を表す言葉があるが、これには、「一緒にいる」というだけでは表せないもっと多くの意味があり、これはアングロサクソンの世界には存在しない。デンマーク語ではヒュッゲリグになるが、ヒュッゲに時という単語や食物という単語を組み合わせた言葉もある[51]。これは、少人数のグループで一緒にいるときに、非常に個人的で親密な方法で自分の感じ方や哲学を共有するということである。オランダ在住のイギリス人が、意見を求められたら身を震わせて、「それはあまりにも立ち入りすぎだ」と言うだろう。この概念では、4人以上のディナー・パーティが好まれるということになるが、イギリス人やアメリカ人にとっては、そんな少人数ではディナー・パーティとは見なされない。オランダ人やスカンジナビア人にとって、この概念は、コーヒー、お菓子、飲み物といったこのような会合中に使用される製品の広

告中に非常に効果的に使用される。

　ドイツ語の例は、「ラインハイト」である。これは「純潔」よりも幅広い意味を持つ言葉である。もう一つの例は「エギービッヒ」で、品質と効率をもたらすという意味か、同じ金でもっとたくさんという意味である。スペイン語の「プラセール」は、訳語の「快楽」よりもっと多くの意味がある。食べることの喜び、面白さ、社交行事の共有、柔らかさ、暖かさ、豊かな暮らし、充足感、満足感をも含んでいる。一部の言葉は、他の文化には存在しない一文化の人間関係を表している。

　フランスの「サヴォワール・フェール（専門知識）」や「サヴォワール・ヴィーヴル（エチケット）」の観念には、フランス文化に特有の数多くの価値が含まれているので、厳密に翻訳することはできない。日本語で言うときの「コンピュータ・グラフィック」には、写真、図面、イラスト、スケッチが含まれるが、グラフは含まれない。もう一つの例は、「アニメーション」の日本語で、日本語では、コミックかカートゥーンの意味として翻訳される[52]。日本では、「ハート（心）」は、暖かさと結びついており、必ずしも「愛」ではない。「愛」は、西洋社会と同じようには表現されないからである。社会的環境と切り離されたパーソナリティの概念は、日本人には異質のため、日本語にはアイデンティティやパーソナリティの適切な同義語はない。日本語は、ブランドという言葉を英語から借用している。西洋のブランドというコンセプトは、独自性と信憑性を基礎としているが、このような価値は日本には一般的ではないからである。

　ガーナ人の哲学者、Wiredu[53]は、以前にはその言語に存在しなかった新しい概念や考え方を受け入れる人間の潜在能力を、人間の卓越した、普遍的な能力であると見なしている。人間は、他の言語で表現された概念や問題を、たとえそれが、自分の母国語では翻訳できないものであっても、理解したり受け入れたりすることができる。しかしながら、翻訳できないものを翻訳するときには、慎重でなければならない。Wireduは重大な結末を招く可能性のある翻訳の困難さの例をいくつか挙げている。特に、「精神」、「人物」、「魂」、「精気」、「真実」、「事実」、「自由意志」などの概念や、「自然」と「超自然」のような対比を英語からアカン語（ガーナのアカン族の言葉）に翻訳すると、概念的な問題のために、誤解される可能性がある。「虚偽」ではないという意味での「真実」は、アカン語には同義語がない。関連する言葉は、「ノクワレ」で「正直」だが、文字通りの意味は「一つの口でいる」である。「精神」が直接翻訳されることはまれで、精神に対するアカンの理解は、能力や機能よりであるからである。いくつかのアカン語で識別することができるが、正確な意味を言い尽くしているものはない。

　翻訳できない概念というのは、特有文化に属する者にとっては、非常に意味が大きいことが多いので、広告コピーの効果的な要素となる。それは、集団記憶を呼び覚ます。このことにより、文化的な意味が大きい概念となっている言葉を、インターナショナル・

キャンペーンに使用すると、今度はあまりにも曖昧になってしまうということがわかってくる。キットカット・チョコレートバーのヨーロッパ向けキャンペーンは、一休みという概念に基づいたものだった。「テイク・ア・ブレイク、テイク・ア・キットカット（一休みしよう、キットカットを食べよう）」というものだ。一休みというのは、イギリス人の慣習である。朝の11時に紅茶を飲んで一休みするので、働いている人は、紅茶を飲むときにキットカットをおやつとして食べる。このため、キットカットは、イギリスでは、「イレブンジーズ（11時のおやつ）」と呼ばれている。しかし、このようなタイプの休憩は、ヨーロッパの他の国には存在していなかったので、一休みの概念を他の国々に向けてさまざまに翻訳しなければならなかった。大陸のヨーロッパ諸国の人には、イギリス人と同じような一休みの記憶はない。言語というのは、多くのインターナショナル広告主が認識しているよりも、はるかに重要なものである。バイリンガル、トリリンガル（3カ国語を自由に話せる）の人たちの間では、文化的価値を伝達するコピーを翻訳することは難しいということは常識である。1カ国語しか話さない人々は、一般的にこのことを理解しない。翻訳が必要な場合、とくに、調査目的で必要な場合に、一番よいのは、質問を翻訳したものを元の言語に翻訳し直して、少なくとも質問が同じ意味になっているかを確認することである。それでも、言葉に含まれている価値は、翻訳できないし、概念的な同義語を見つけることはできないことが多い。

英語は、世界で最も話されている第2言語であるが、堪能さは、実にさまざまであり、ほとんどの人が英語を理解できると思われる国においても、その英語知識は、えてして表面的なものでしかないことを、広告主は理解していなければならない。ドイツ人で英語のスローガン「Be Inspired」（ジーメンス）や、「Impossible Is Nothing」（アディダス）を理解するひとはほとんどいないだろう[54]。確かに、口語的なイギリスやアメリカの表現は、理解しにくい。コンピュータ・アソシエイツ（CA）インターナショナル社の広告（**写真3.7**）は、「Schmortal」という言葉を使っているが、これは英語を話すヨーロッパ人に理解されなかった。しかし、この広告は、ビジネス・ウィーク誌のヨーロッパ版に掲載された。

英語は、象徴的な理由で広告に利用されることがよくある。例えば、ブランドに近代性やインターナショナル性というイメージをつけるためである。さまざまな言語は、さまざまな象徴的意味を伝えることができる。例えば、フランス語は、美やエレガンスを象徴し、ドイツ語は、信頼性や技術性を反映する。しかし、人はローカルの言語の広告の方をよく覚えている傾向がある[55]。

写真3.7 CAインターナショナル

3-8. 文化の比較

　文化の研究は、文化の独自な側面を強調する者と、比較可能な側面を強調する者との論争によって特徴付けることができる。文化を比較する際に問題となるのは、「エスノセントリズム（ethnocentrism）」である。自分自身の文化は、まるで自動操縦のように働くので、人は皆、多かれ少なかれ自身の文化に捉われており、他文化を知覚して分類するように、自分自身の文化価値のパターンを除外することは難しい。より極端な意味では、エスノセントリズムとは、自国の人々は他の国の人々よりも優れており、知性、能力が高く信頼できると感じる傾向であると指している。通常、エスノセントリズムは、偏見というよりは、外国文化に対する経験や知識が欠如することに起因する[56]。

　基本的に比較文化には、二つのアプローチがある。イーミック（emic）な視点かエティック（etic）な視点かである。エティックとは、文化一般的なこと、イーミックとは、一つ、もしくは複数の文化に特有なことを対象とする。説明変数としての文化の有用性は、文化の概念を「開こうとする」能力次第である。これをするためには、エティックなアプローチが使用されなければならないし、文化的価値は、説明可能な側面に沿って並べられなければならない。そうすれば、これらの側面に沿った文化の位置の差異を行動パターン、規範、態度、パーソナリティといった変数の相違を説明するのに利用することができる。この本では、エティックなアプローチを採用している。文化的価値を測定し、比較する方法については、第6章でさらに検討していく。

国家の比較：同質性と異質性

　本書では、国家、国民文化を比較している。この考察のポイントは、国境による文化グループの概要説明である。最も、国境内においても、本章前半ですでに述べたように、多様性は高い（「文化のレベル」の節）。しかし、多くの国は、歴史的に統一体の発展されたもので、通常は主要な一言語、マス・メディア、国家教育体系、製品やサービスの全国市場というものを共有している[57]。国家政府によって収集された国家統計が入手可能であるため、企業は、一般的に人口統計や国民総所得（GNI）に関して、国家を比較することになる。国家レベルの文化データは、この比較に価値を加えることになる。

　価値ということに関しては、国家間の差異は国内の差異よりもはるかに大きいが、なかには、他よりも同質性が強い国家もある。異文化心理学者のSchwartz[58]は、国内のサンプル間の文化的距離を、7カ国のサンプル間の文化的距離と比較することによって国家内の文化的単一性を測定した。異国間のサンプルの文化的距離は、ほとんどの場合、同国内のサンプル間の距離よりも大きかった。国家間の距離は、187の比較中、183で

大きかった。国家間の文化的距離を背景にして見たとき、国家内の文化的価値方向性の類似性は、注目に値するものであることがわかる。例えば、若者と高齢者のサブカルチャーの比較は、その人たちの国家スコアに類似のものとなった。

国家レベルと国内地域レベルの両方の価値に関するデータを出している「ワールド・バリューズ・サーベイ（世界の価値調査）」のデータを二次分析した Minkov and Hofstede[59] によれば、東アジアと東南アジア、サハラ以南のアフリカ、ラテン・アメリカ、アングロサクソン世界の 28 カ国の中の 299 国内地域は、国境に沿って密集しているが、圧倒的に基本的な文化的価値を基本としており、国境を超えた混合的なものは比較的まれであったという。これは、マレーシア、インドネシア、メキシコ、グァテマラのような言語と伝統を共有している国々においても同様であった。

国家間の差異は、国内の差異よりもかなり大きいとはいえ、国内の差異も認識せざるを得ないものであり、特に、ブラジル、中国、インド、インドネシア、アメリカのような国土の広い国において、地理的、気候的、経済的、言語的、また、民族的な境界線によって地域が分かれるところでは、顕著であった。

非常に異質的な国家というと、アメリカになる。アメリカでは、白人アメリカ人の人口が減少していて、他のグループ、特にヒスパニック系アメリカ人が増加している。アメリカ国勢調査局によれば、2010 年、白人アメリカ人の人口に占める割合は 72.4％ であったが、この白人人口の一部は、ヒスパニック系の血統であった。アフリカ系アメリカ人は、人口の 12.6％、ヒスパニック系アメリカ人は 16.3％ であった[60]。異文化心理学者達は、これらのグループの価値の差異を測定する傾向にあるが、これらについての考察は、本書の範囲ではない[61]。

混合人口の広い国というもう一つの例が、ブラジルである。他のラテン・アメリカ諸国同様、ブラジルの人口は、原住民、ヒスパニック、アフリカ系、そして非ヒスパニック系移民の混合の結果となっている。ブラジルでは、アフリカの影響が多様な要素を構成しているが、単独のアフリカ起源のみに基づいたものではなく、多くのアフリカ系の人々からのものである。包括的なアフリカ起源というものは認識されるが、特定国家や特定の人種の影響を認めることはできない[62]。

移民一世やその子孫の価値観の差異は、これらのグループが集中している地域に見ることができる。Hofstede ら[63] の研究によれば、北東のアフリカ系ブラジル人地域ではアフリカの価値観の反映が他よりも強く、先住民人口が多い北部では先住民の価値観が強く反映されているという。

アジア地域では、非常に長い歴史を持つ国もあり、他よりも同質的であることが多い。それ以外の国は、非常に大きく、国土の狭い国々よりも異質的であることが予想される。Singh[64] によれば、インドの地域文化は、文化的価値という点では、かなり異なると言う。

例えば、西ベンガルやパンジャブに比べると西インドのグジャラート州は、はるかに階級的であり、権力の分配は、不平等である。タミル・ナードゥ州では集団主義的であるが、西ベンガルの人々は比較的個人主義的である。

サハラ以南のアフリカは、地理的に広大で、文化的に多様な地域である。35カ国以上から成り、各国がその国境内に平均およそ10の文化的にはっきりと異なるコミュニティを抱えている[65]。タンザニアだけでも121の民族グループがある。最も、言語や文化的な差異はあるものの、ほとんどのアフリカ人の住む社会では、拡大家族、一族、村、部族が重要構造となる[66]。

また、ヨーロッパは、国民的価値という点では、同質的地域ではなく、国家内の異質性も多様である。なかには、他よりも明らかに同質的な国もある。異文化コンサルタントのArne Maasは、「欧州社会調査」[67]（**図表3.5**）の地域データを使用して、21の価値質問を一国の全州の人々に答えてもらい、そのクラスター分析により文化的結合の測定を計算した。質問は、友人や家族を持つことの重要性、平等の重要性、働くことや裕福であることの重要性など、価値選択を測定するものだった。これらは、国の総合的な価値体系を代表するものではないが、その多様性により国の統一度がある程度示される。この19カ国に行なった統一度測定結果は、ノルウェーの1.4からスペインの14.9までと幅広く、これら19カ国のなかでは、ノルウェーが最も同質的であり、スペインが最も異種的であった。19カ国を含む全地域のスコアは27だった。

北ヨーロッパ諸国は、明らかに文化的に統一されている。これらの国の測定値の範囲は、ノルウェーの1.4からスウェーデンの2.4までである。デンマークだけは、統一度が少なく、5.3だった。イギリスは、中間的に思える7.0という数値であるが、北アイルランドを分析から除くと、劇的に変化し、7.0から1.6となる。同じような変化は、スイス（統一度=7.2）でも起こる。スイスのイタリア側であるティチーノ州を除くと、数値は2.6にまで下がる。スペインは、測定対象国のなかで、文化的統一が最も少なかった。スコアは14.9で、全19カ国内で最高である。これは、少なくとも異なる言語と歴史を持つ3地域（カスティリヤ、カタルニャ、バスク）を抱える国としては、そう不思議なものではない。また、ギリシャもあまり統一はされていない（12.2）。最も、ギリシャ内の地域は、他のギリシャ地域との共通項を他国よりは持っていた。これは、ギリシャ文化は、他のヨーロッパ文化とはかなり異なることを意味している。

文化的にあまり統一的でない3番目の国は、ドイツである（8.5）。元西ドイツ側が特に差異が大きく（13.7）、旧東ドイツは、かなり統一的（4.3）であることは、興味深い。南ドイツ地域の一部は、他のドイツ地域よりもオーストリアやスイスとの密着度が高い。また、ハンブルグは他のドイツ地域とはかなり異なっている。**図表3.5**に19カ国の測定値を示す。

国には異質性があるので、企業は製品や広告をテストするとき、特に異質性の高い国においては、どの地域をテスト市場として選択するのか慎重にならなければならない。インターナショナル調査では、テスト市場として同質性や異質性があまりに高い国を使うことは危険である。

異質性が他国からの大規模な移民によって引き起こされたものの場合、これらの移民は一緒に生活し、滞在国内で別文化を維持することがある。また、原住民と交わっていく場合もある。前者の例は、アメリカのヒスパニックやヨーロッパ諸国へのトルコやモロッコからの移民や、イギリスのよって植民地化された国々である。これらの例では、もともと住んでいた人たちと溶け合っていくことはない。後者の例は、ラテン・アメリカ諸国の数カ国で、長期的な植民地開拓者と後から入ってきた移民が、原住民と融合し、いわゆる混合文化を形成している。しかし、ラテン・アメリカのさまざまな国の国家レベルの文化的価値測定結果は、植民地化の影響力による価値よりも、先住民の古代文明の価値の影響の方が大きいことを示す傾向がある[68]。

アフリカとラテン・アメリカは、共に植民地化されていたが、人口の融合は、ラテン・アメリカの特色となっている。ほとんどのアフリカ諸国では、植民地開拓者は先住民とは融合しなかった。その説明の一つとしては、アフリカ人と植民地開拓者の文化的距離がある可能性がある。そのほとんどが北ヨーロッパからで、文化的距離は、スペイン人とポルトガル人の間や、先住民と南米およびメソアメリカ（訳注：メキシコ中部からホンジュラス、ニカラグアなど、先住民文化が栄えた地域）の間のものより大きかった。

同質性の程度は、人々の持つ国家自負感とは関係しない。「ワールド・バリューズ・サーベイ」は、人々がどの程度、自国を誇りに思っているかを測定している。これは、文化によりかなり異なる。国家自負感は、文化的に異質な南アフリカで強く、人口の74.9％が自国に誇りを持っていると回答した。一方、文化的に同質な日本では、わず

図表 3.5　19 カ国の統一度測定

1	ノルウェー	1.4	11	オーストリア	5.7
2	フィンランド	1.9	12	オランダ	5.7
3	スウェーデン	2.4	13	イギリス	7.0
4	ハンガリー	2.9	14	スイス	7.2
5	スロバニア	3.0	15	イスラエル	7.5
6	ベルギー	3.6	16	ポルトガル	8.3
7	アイルランド	3.6	17	ドイツ	8.5
8	ポーランド	4.5	18	ギリシャ	12.2
9	チェコ共和国	5.0	19	スペイン	14.9
10	デンマーク	5.3	20	19 カ国全て	27.0

か 22.8 % だけだった。

要　約

　　価値は、人々の考え方と行動の仕方を決定する。ほとんどの人は、自分の価値観に気づいていないが、価値観は自動的に稼働している。価値にはパラドックス的な側面がある。文化的価値とは、例えば、国家などの人間集団が共有する価値である。インターナショナル・マーケティングおよび広告の関係者は、このような国民文化の価値を理解しなければならない。なぜなら、それが消費者の行動、ブランド・イメージ、さらにはさまざまな国で広告が作られ、知覚される方法に影響するからである。文化的普遍性は、抽象的な言葉で説明されたときだけ存在するものである。自分自身のものとは異なる文化の人々に対応するとき、ステレオタイプ化や選択的知覚は人々の行動を適切に理解する妨げとなることがある。言語は文化の反映であるので、一文化の人々にとって意味のある言葉や概念のなかには、他の文化の言葉には翻訳できないものもある。

　　広告の手腕は、ターゲット・オーディエンスに必ず理解されるシンボルや広告特性を開発することである。インターナショナル広告の中で使われる、このような象徴やシンボルは通常一文化に由来しており、他文化の人たちによって同じように解読されることはできない。文化の概念と文化の差異の結果を理解することで、マーケティングと広告の関係者は、口頭か、視覚的なものかに関わらず、一つのメッセージでは一つのグローバル・オーディエンスには絶対に届かないことを認識することができる。なぜなら、同一の価値を持った唯一のグローバル文化などは存在しないからである。全世界には、実にさまざまな価値がある。問題は、われわれがその差異を認識し、言葉にすることができるようにしなければならないということである。第 4 章では、この多様性を理解するためのモデルを説明する。

参考文献

（ 1 ）Okazaki, S., & Mueller, B. (2007) Cross-cultural advertising research: Where we have been and where we need to go. *International Marketing Review, 24* (5), 499-518.
（ 2 ）Rokeach, M. (1973) *The nature of human values.* New York: Free Press, p. 5.
（ 3 ）Herche, J. (1994) *Measuring social values: A multi-item adaptation to the list of values* (MSI Report Summary, Report No. 94-101). Cambridge, MA: Marketing Science Institute.
（ 4 ）Jagodzinski, W. (2004) Methodological problems of value research. In H. Vinken, J. Soeters, & P. Ester (Eds.), *Comparing cultures: Dimensions of culture in a comparative perspective* (p. 105). Leiden/Boston: Brill.

(5) Roland, A. (1988) *In search of self in India and Japan.* Princeton, NJ: Princeton University Press, p. 94.
(6) Hofstede, G. (2001) *Culture's consequences* (2nd ed.). Thousand Oaks, CA: Sage, pp. 6-7.
(7) Hofstede, 2001.
(8) Geertz, C. (1973) *The interpretation of cultures.* New York: Basic Books, p. 44.
(9) Hofstede, G., Hofstede, G. J., & Minkov, M. (2010) *Cultures and organizations: Software of the mind* (3rd ed.) New York: McGraw-Hill, p. 5.
(10) Triandis, H. (1995) *Individualism and collectivism.* Boulder, CO: Westview Press.
(11) Geertz, 1973, p. 49.
(12) Roland, A. (1988)*In search of self in India and Japan.* Princeton, NJ: Princeton University Press, p. 324.
(13) Cheon, H. J., Cho, C.-H., & Sutherland, J. (2007) A meta-analysis of studies on the determinants of standardization and localization of international marketing and advertising strategies. *Journal of International Consumer Marketing, 19* (4), 109-147.
(14) Minkov, M. (2007) *What makes us different and similar.* Sofia, Bulgaria: Klasika I Stil, p. 7.
(15) Allik, J., & McCrae, R. R. (2004) Towards a geography of personality traits: Patterns of profiles across 36 cultures. *Journal of Cross-Cultural Psychology, 35* (1), 13-28.
(16) Martinez Mateo, M., Cabanis, M., Cruz de Echeverria Loebell, N., & Krach, S. (2012) Concerns about cultural neurosciences: A critical analysis. *Neuroscience and Biobehavioral Reviews, 36,* 152-161.
(17) Freeman, J. B., Rule, N. O., & Ambady, N. (2009) The cultural neuroscience of person perception. *Progress in Brain Research, 178,* 191-201.
(18) Ambady, N., & Bharucha, J. (2009) Culture and the brain. *Current Directions in Psychological Science, 18* (6), 342-345.
(19) Azar, B. (2010) Your brain on culture. *American Psychological Association Science Watch, 41* (10), 1-3. Retrieved October 4, 2012, from http://www.apa.org/monitor/2010/11/neuroscience.aspx
(20) Hofstede et al., 2010.
(21) Murdock, G. P. (1945) The common denominator of culture. In R. Linton (Ed.), *The science of man in the world crisis.* New York: Columbia University Press.
(22) Geertz, 1973, p. 53.
(23) De Munck, V. C., Korotayev, A., De Munck, J., & Khaltourina. D. (2011). Cross-cultural analysis of models of romantic love among U.S. residents, Russians, and Lithuanians. *Cross- Cultural Research, 45* (2), 128-154.
(24) Benedict, R. (1974) *The chrysanthemum and the sword: Patterns of Japanese culture.* Rutland, VT: Charles E. Tuttle, p. 301. (Original work published 1946)
(25) Adler, N. J. (1991) *International dimensions of organizational behavior* (2nd ed.). Belmont. CA: Wadsworth, p. 63.
(26) Scott, L. (1994) Images in advertising: The need for a theory of visual rhetoric. *Journal of Consumer Research, 21,* 260.
(27) Adler, 1991.
(28) Platt, P. (1989, January) An entente cordiale mired in stereotypes. *International Management,* p. 50.
(29) Usunier, J. C. (1993) *International marketing: A cultural approach.* Englewood Cliffs, NJ: Prentice

Hall.
(30) This draws on Hofstede et al., 2010, pp. 7-10. Used with permission.
(31) Pierce, C. S. (1990) Collected papers [1931-1958]. In J. Fiske (Ed.), *Introduction to communication studies* (2nd ed., pp. 47-48). New York: Routledge.
(32) Morris. D. (1994) *Bodytalk: A world guide to gestures*. London: Jonathan Cape.
(33) Wakefield, C. S. (2010) Nike's Shanghai advertising dialectic: A case study. *China Media Research, 6* (1), 68-85.
(34) Hall. E. T. (1984) *The dance of life*. Garden City, NY: Doubleday/Anchor, p. 7.
(35) Hall. E. T. (1969) *The hidden dimension*. Garden City, NY: Doubleday/Anchor, pp. 131-157.
(36) Hall, 1984, pp. 190-191.
(37) Usunier, 1993, p. 71.
(38) Hall, 1984, p. 135.
(39) Doi, T. (1973) *The anatomy of dependence*. Tokyo: Kodansha International.
(40) Althen, G. (1988) *American ways*. Yarmouth, ME: Intercultural Press, pp. 30-31.
(41) Freeman et al., 2009.
(42) As cited in Usunier, 1993, p. 99.
(43) Holtgraves, T. M., & Kashima, Y. (2008) Language, meaning and social cognition. *Personality and Social Cognition Review, 12* (1), 73-94.
(44) Greenberg. J. H. (1965) Urbanism, migration, and language. In Kuper, H. (Ed.), *Urbanization and migration in West Africa* (pp. 50-59). Berkeley: University of California Press.
(45) Schütte, H. and Ciarlante, D. (1998) *Consumer behavior in Asia*. New York: New York University Press.
(46) Kipping, N. (2007) *Intercultural marketing communication for global consumers?* Diplomarbeit im Studiengang Werbung und Marktkommunikation durchgeführt an der Hochschule der Medien, FH Stuttgart.
(47) Hofstede, G., personal communication, 1996.
(48) Hofstede et al., 2010, p. 389.
(49) Burger, P. (1996, June) Gaten in de taal. *Onze Taal*, p. 293.
(50) Van Oudenhoven, J. P., & De Raad, B. (2008) Eikels en trutten over de grens. (Abusive behavior across eleven countries). *Onze Taal, 77* (9), 228-231.
(51) Burger, 1996.
(52) Miracle, G. E., Bang, H. K., & Chang, K. Y. (1992, March 20) *Achieving reliable and valid cross-cultural research results* (Working paper). Panel of Cross-Cultural Research Design, National Conference of the American Academy of Advertising, San Antonio, TX.
(53) Wiredu, K. (1996) *Cultural universals and particulars: An African perspective*. Bloomington: Indiana University Press.
(54) Paulick, J. (2007, November 16) *Impossible is nothing, except understanding ads in English*. Deutsche Welle. Retrieved from http://www.dw-world.de/dw/article
(55) Hornikx, J., Van Meurs, F., & De Boer, A. (2010) English or a local language in advertising? The appreciation of easy and difficult slogans in the Netherlands. *Journal of Business Communication, 47* (2), 169-188.
(56) Miracle, G. E. (1982) Applying cross-cultural research findings to advertising practice and research. In A. D. Fletcher (Ed.), *Proceedings of the 1982 Conference of the American Academy of*

Advertising. (Contact Robert King, AAA Executive Secretary, School of Business, University of Richmond, Richmond, VA 23173)
(57) Hofstede et al., 2010, p. 21.
(58) Schwartz, S. H. (2004) Mapping and interpreting cultural differences. In H. Vinken, J. Soeters, & P. Ester (Eds.), *Comparing cultures: Dimensions of culture in a comparative perspective*. Leiden, Netherlands: Brill.
(59) Minkov, M., & Hofstede, G. (2011) Is national culture a meaningful concept? Cultural values delineate homogeneous national clusters of in-country regions. *Cross-Cultural Research, 20* (10), 1-27.
(60) Humes, K. R., Jones, N. A. & Ramirez, R. R. (2011, March). Overview of Race and Hispanic origin: 2010. Retrieved April 30, 2013, from http://www.census.gov/prod/cen2010/briefs/c2010br-02.pdf
(61) The *International Journal of Cross-Cultural Psychology* regularly publishes such studies.
(62) Prandi, R. (2004) Afro-Brazilian identity and memory. *Diogenes, 51* (1), 35-43.
(63) Hofstede, G., Garibaldi de Hilal, A., Malvezzi, S., Tanure, B., & Vinken, H. (2010b) Comparing regional cultures within a country: Lessons from Brazil. *Journal of Cross-Cultural Psychology, 41* (3), 336-352.
(64) Singh, D. (2007) *Cross cultural comparison of buying behavior in India* (unpublished doctoral dissertation). Submitted to University Business School, Panjab University, Chandigarh.
(65) Mpofu, E. (2002, June-September) The cultural ecology of psychology in sub-Saharan Africa. *Cross-Cultural Psychology Bulletin*, 15-23.
(66) Darou, W. G., Bernier, P., & Ruano, C. (2003, March-June) Sow's African personality and psychopathology model. *Cross-Cultural Psychology Bulletin*, 30-35.
(67) 別表B参照。対象23カ国は、オーストリア、ベルギー、チェコ、デンマーク、フィンランド、フランス、ドイツ、ギリシャ、ハンガリー、アイルランド、イスラエル、イタリア、ルクセンブルグ、オランダ、ノルウェー、ポーランド、ポルトガル、スロベニア、スペイン、スウェーデン、スイス、トルコ、イギリス。同調査は、価値質問に対する回答を示すものであり、参加国のさまざまな州、地域に区分することができる。
(68) ITIMアメリカの異文化専門家、サルバドール・アブドとの私的会話。

第4章

文化の次元

　インターナショナル化をする際、企業は受け入れ国の市場が自国の市場とどの程度異なっているのかをいよいよ知りたがるようになる。インターナショナル・マーケティングとインターナショナル広告に従事している人たちは、文化的差異の影響を理解したいと。消費者もマーケティング関係者も、インターナショナル・マーケティングやインターナショナル・コミュニケーションで「何かが合っていない」ときや、「何かがおかしい」ときは、よく分かる。しかし、他文化の人々になぜ「何か」が合わないのかを理解してもらうためには、言葉にしなければならない。そうすれば、説明し、説得することができる。数カ国での体験や語学能力だけでは十分ではない。われわれはグローバル・マーケティングのために、文化の差異を測定して実証する必要がある。

　経営のさまざまな側面に役立つよう、文化の影響をきちんと理解するための文化分類の構成概念が発展してきたのは、わずかこの25年のことである。その内のいくつかはマーケティングに、特に消費者行動とコミュニケーションの差異を理解するために適用することができる。これらは、文化をはっきり述べるために役立つ。文化的差異を理解し、分類するためのシステムが必要である。このシステムがなければ、他文化からの押し付けられたブランドのポジショニングや、押し付けられた広告コンセプトに対しての異議、簡単に自分たちが開発したものではないという理由で採用しないことになりかねない。文化的差異は、測定され、実証されなければならない。本章では、文化の分類とさまざまなモデルについて検討していく。

4-1. 文化の分類

　文化の差異は、いろいろな方法で調査し、類型化し、分類し、比較することができる。

その一つの方法は、社会が作り上げた制度を見ることである。もう一つは、行動を観察し、比較することである。3番目は、最も一般的なアプローチで、質問紙を使い、何を考えているのかを人々に聞くことである。これらの調査は、信念や価値を測定する。そうやって、文化は「記述的特性」に従って説明ができたり、「価値カテゴリー」や国民文化の「次元」に分類したりできる。

記述的特性の例は、Gannon らの研究である。Gannon ら[1]は文化を、その社会の構成員が、決定的に重要とまでは言わないまでも、非常に重要だと見なしているメタファー（metaphor）を見極めることで文化を説明している。Gannon らは、大体において文化の表現に焦点をあてた。すなわち、宗教、家族構成、少人数の集団行動、大衆行動、余暇、興味、挨拶行動、ユーモア、言語、ボディ・ランゲージ、スポーツ、教育システム、食物と摂食行動、社会階級構造などである。また、以下のたとえに従って、16文化の説明を行なった：伝統的イギリスの家、イタリアのオペラ、ドイツのシンフォニー、フランスのワイン、スウェーデンの「スティルガ（山小屋）」、ロシアのバレエ、ベルギーのレース、スペインの闘牛、アイルランドの会話、トルコのコーヒーハウス、イスラエルのキブツとモシャブ、ナイジェリアの市場、日本の庭園、インドのシバ神の踊り、アメリカのフットボール、中国の仏壇。これらのメタファーは、文化の表現への優れたインサイト（insight）を提供しているが、文化を分析し比較したり、文化間の消費者行動を理解したりするのには、あまり実用的ではない。

インターナショナル経営コンサルタントである Harris and Moran[2]によって記述された各国を見分ける文化的な特徴は、自意識と空間、コミュニケーションと言語、食物と摂食習慣、時間意識、価値と規範、信念と態度、労働習慣と実践である。これらの特徴は、観察に基づいており、そのうちの多くは、大規模な調査から生じた次元的モデルのなかに見つけることができる。

表示による文化の大規模な比較は、特有性があまりにも多様であるため、不可能である。これが現在、近代の国家間にある文化的差異が測定され、人間社会の普遍的問題への異なった回答を表現する一連の次元に沿って順序付けられていた理由である。文化的次元の機能は、統計学的関係に基づいて、社会の中の数多くの現象をグループ化することである。各次元は尺度を形成し、各国はこれらの尺度上のスコアを持つので、一つの次元に対する各国のスコアは一本の線上の点として描くことができる。二つの次元の場合、図形やマップの点となる。現象や人々の行動、または態度の異文化間の多様性を説明するために次元を使うときは、相関分析を使用する。二つの測定単位（変数と呼ぶ）が、共に変化するときは、相関されていると言われ、「相関係数」（ここでは、ピアソンの相関係数を使う）は、関係性の強さを表す。相関関係が完全ならば、係数の値は1.0とする。もし値がゼロなら、二つの測定単位は、全く無関係である。二つの測定単位が互いの正

反対であるならば、係数はマイナスとなる[3]。ゼロから十分に離れていれば、相関関係は有意であると言われている。有意な相関関係は、変数間の関係を示している。それは因果関係である場合もあるが、必ずしもそうであるとは限らない。文化を有意に順序付ける次元は、経験的に証明でき、程度の差はあるものの独立でなければならない。

社会を順序付けるために使用される最も一般的な次元は、経済発展や近代性の度合い、つまり、社会を伝統的なものから近代的なものへと整えていく度合いである。アメリカの政治学者で、「ワールド・バリューズ・サーベイ」の指揮をとったInglehart[4]が使用した二つの次元の一つは、この社会の順序付けに従っている。Inglehartは世界の価値を二つの大きなカテゴリーに分けている。最初は、「伝統的」対「世俗的合理的」であり、二つ目は、「生存」から「幸福」まで、「生活の質」の属性を考察している。「幸福」にはいわゆるポスト唯物論的な価値も含まれている。Inglehartの二つの次元は、全く関連性がなく、つまり独立している。

より複雑なモデルが、徐々に開発されてきている。ほとんどはすべての社会に共通で、集団や個人の機能に影響を及ぼす基本的な問題のパターンを規定している。統計的に独立しているという意味では、実際の次元はほとんどない。このようなカテゴリーは、「価値志向」とか「価値カテゴリー」と呼ぶ方がよい。

基本的な共通問題が存在するという考えは、新しくはない。Inkeles and Levinson[5]による初期分析は、世界的に共通の基本問題の条件として、以下の問題をあげた：(a) 権力との関係、(b) 自我同一性を含む自己、(c) 主なるコンフリクトのジレンマとそれへの対処。これらの基本的問題は、その後の多くの研究でも発見されている。アメリカ人の人類学者Kluckhohn and Strodtbeck[6]は、アメリカ南西部の小コミュニティ調査をもとに、以下の5つの価値志向を提案した：(a) 人間性（善／悪）の知覚、(b) 人間と環境との関係（征服‐支配）、(c) 時間志向（過去‐現在）、(d) 環境に対する志向性（存在と行為）、(e) 人間関係に対する志向性（階層的‐個人主義的）。人間と環境（自然）との関係に関する文化間の差異は、今でもどちらかというと、ユニークであると見なされているので、本章の第1節は多様な自然志向について説明していく。

この5つの価値志向は、後続の研究でも認識されている。例えば、Trompenaars[7]は、これらの志向を各国に適用し、仕事関連の価値の7カテゴリーを提示した。これらは、普遍主義‐個別主義、成就‐帰属、個人主義‐集団主義、情緒的‐中立的、特定的‐拡散的、時間志向性、自然志向性である。Trompenaarsの文化の概念は、人間集団が問題を解決する方法と定義されている。Trompenaarsのデータベースは、イギリスの心理学者、Smith[8]によって分析されたが、このデータではわずか二つの独立的次元だけで、この次元は基本的にはHofstedeの個人主義次元の多様な相関関係が測定された。Trompenaarsの次元は統計的に独立したものではなく、国のスコアは付けなかった。

Smith の調査結果は、消費データの分析には使用できずマーケティングには有益ではない。

Fiske[9]は、文化の中、および異文化間で起こる社交性の4つの基本的な形を提案した：(1) 共同分配、(2) 権威の序列、(3) 平等の整合、(4) 市場の価格決定である。Fiske の理論は、5つの文化を対象にしたエスノグラフィック的なフィールドワークと実験的研究で裏付けられた。権威の序列と平等の整合は、Schwartz と Hofstede などのような他の研究者による分類にも見られる形態に似ているが、このモデルはより詳細を検討していく。人類学者の Hall[10]は、文化の型をコンテクスト（context）、空間、時間、情報の流れによって区別した。特に、コンテクストという概念は文化間のコミュニケーション行動や広告を理解するために有益である。また Hall は、国別スコアは作成しなかったが、コンテクスト志向は、Hofstede の次元の一つである個人主義‐集団主義と関連している。コンテクストと時間志向については、本章の別の節で詳しく検討する。

いくつかの次元的モデルが国別スコアを提供しており、これは、独立的変数として文化間の人間行動の分析に使用することができる。Minkov[11]は、このような27モデルを説明し、分析している。本章では、三つの主要大規模モデルについて説明する。Hofstede によるもの、Schwartz によるもの、そしてプロジェクト GLOBE である。

オランダの Geert Hofstede[12]は、1973年に初めて国民文化の5つの独立的次元を開発した。Hofstede の5つの次元は、「権力格差（power distance）」、「個人主義／集団主義（individualism/collectivism）」、「男性らしさ／女性らしさ（masculinity/femininity）」、「不確実性回避（uncertainty avoidance）」、「長期志向／短期志向（long-/short-term）」である。後に、「耽溺／抑制（indulgence/restraint）」という第6の次元が加えられた。イスラエルの心理学者、Schwartz[13]は、7つの価値タイプを開発した。「埋め込み」対「自主的知性」と「自主的感情」、「階級制」対「平等主義」、「支配」対「調和」である。比較のために、これら7つの価値型は、三つの次元として見なすことができる。一つの次元は、一極に埋め込みを置き、反対側の一極に自主性（知性と感情）を置く。次の次元は、両極に階級制と平等主義を置いており、3番目の次元は、両極に支配と調和を置く。最も新しい大規模次元モデルは、ウォートン・スクール・オブ・マネジメントの House と共同研究者によって開発、開始された GLOBE[14]で、リーダーシップと社会的文化の国際比較のプロジェクトである。House らが探し求めたのは、Hofstede のものに似た次元で、これらの次元に関連した質問集を作成した。これは、9つの文化的次元となり、House らはこれに Hofstede の次元と似たラベルを使用したが、同じではない。ラベルは、「不確実性回避」、「権力格差」、2タイプの「集団主義」、「ジェンダー平等主義」、「自己主張」、「将来方針」、「実行志向」、「人道志向」である。Hofstede の次元は、実験に基づいたものであり、つまり、先行理論なしで大規模なデータベースか

らの結果を得るものであったが、GLOBE の研究者は、まず、既存の概念に基づいて、理論を開発した。

既存データベースの分析は、有益な分類をもたらした。ワールド・バリュー・サーベイの中の項目の、国の意味を因子分析することで、Minkov[15]は、三つの次元を定義した。「排他主義」対「普遍主義」、これは Hofstede の個人主義－集団主義と呼ばれる次元に類似のものだ。あとは「記念主義」対「柔軟な謙虚さ」と「耽溺」対「抑制」である。後者は、Hofstede のデータベースに6番目の次元として加えられた。また、前者は、Hofstede によって新たな長期志向／短期志向次元へと発展した。Minkov[16]は、後に「近視眼的」対「慎重」と名付けた次元を追加したが、後にこれを「耽溺」対「抑制」、さらには「産業」対「耽溺」と改名していった。

この3大モデルの内、いくつかの次元は概念的に重なっているが、各モデルには、それぞれ他のモデルには現れないか、他のモデルの次元では一部にすぎない、具体的な文化的価値を測定する次元がある。例えば、Hofstede の権力格差の次元、GLOBE の権力格差の次元、そして Schwartz の階級制対平等主義の測定する文化的価値は類似している。また、Hofstede の個人主義－集団主義の次元と GLOBE の排他的集団主義、Schwartz の埋め込み対、自主的知性と自主的感情も同様である。いくつかの次元は、本章でもう少し詳しく検討していくが、他のものは、消費者行動とコミュニケーションの差異を理解するのにそれほど貢献するわけではないので、言及するにとどめる[17]。

行動の差異を理解するのに次元モデルを利用するときは、次元の基礎に、価値の質問紙に示された質問があることを理解していなければならない。質問の内容と形式の両方とも、調査結果と、それをグローバル・マーケティングおよび広告に適用する可能性に影響を及ぼす。このことについては、第6章でさらに検討する。

3大次元モデルを説明する前に、いくつかの記述的分類について検討する。これは、消費者と高コンテクスト対低コンテクスト、時間志向における差異、自然との関係などのコミュニケーション行動を理解するのに有益である。

4-2. 高コンテクストと低コンテクストの文化

Hall[18]は、コミュニケーション・システムにおけるコンテクストの程度によって、文化を区別している。高コンテクスト（high-context）のコミュニケーションでは、情報のほとんどはコンテクストの一部や人の内に秘められており、はっきりと表現されることは極めて少ない。低コンテクスト（low-context）・メッセージの情報は、はっきりとした表現で伝達される。一般的に高コンテクストのコミュニケーションは経済的で、迅速で、効率的である。しかし、プログラミングに時間を割かなければならない。もし、

このプログラミングが行なわれなければ、コミュニケーションは不完全となる。観察者にとって、未知の高コンテクスト文化は、全く不可解である。観察者が知らないシンボルが、非常に重要な役割を果たすからである。このように、高コンテクストのコミュニケーションは、外部の者には、手の届かないものであると定義することもできる。低コンテクストの文化は、明確な言語メッセージが特徴である。効果的な言語コミュニケーションは、直接的で、曖昧でないことであると期待される。低コンテクスト文化は、言葉に対して高価値と積極姿勢を見せている。西洋世界は、修辞学（rhetoric）については長い伝統、つまり、言語メッセージの伝達に中心的な重要性を置くという伝統を持っている[19]。広告における論証と修辞学が、より多く見受けられるのは低コンテクスト文化である。一方、高コンテクスト文化における広告は、象徴主義、もしくは間接的な言語表現によって特徴付けられる。コンテクストの重要な結論は、単語や文章および絵は、どのようなコンテクストに埋め込まれているかによって、異なる意味を持つということである。

　Hofstedeは、文化における集団主義と高コンテクストには相関関係があると提案した。集団主義文化では、集団内の構成員間で比較的容易に情報が流れていき、個人主義文化よりも明示的コミュニケーションの必要性が低い。

　文化は、コンテクストに関しては変動的である。アジア文化のほとんどは、高コンテクストであり、西洋文化のほとんどは、低コンテクストである。高コンテクストの極にあるのが日本と中国であり、低コンテクスト文化の極にあるのがドイツ、スイス、アメリカである。

4-3. 時間の次元

　時間は、時計が示す以上のものである。さまざまな文化は、多様な時間の概念を持っている。西洋の広告主は、インターナショナル広告に効率性の象徴として時計を使う傾向がある。しかし、異なる時間感覚を持つ人たちのいる文化では、時計が効率性の象徴として認識されるわけではない。時間は、文化、社会、個人的生活の中核となるシステムである。各文化は、独自の時間枠を持っている。文化の表現としての時間に関するHall[20]の重要な研究は、行動と言語の差異に対する説明を提示している。Hallは、さまざまな時間の種類を識別した。生理学的時間（明るい－暗い／昼－夜、暑い－寒い／夏－冬）、個人的時間（時間がどのように経験されているか）、同期時間（各文化には固有の拍がある）。Hallは、アメリカインディアンの居住地に滞在中に、彼らの時間への対応がアングロサクソンのアメリカ人のものと、いかに異なっているかを発見し、自身の理論を展開した。時間概念の差異は、行動の大きな違いを説明してくれる。消費者行動

に関連した、以下に示す時間のいくつかの側面のついては、次節で要約する。終結；過去、現在、未来志向；直線状時間対円状時間；モノクロニック対ポリクロニック（訳注：モノクロニックは直線的時間の概念であり、ポリクロニックは多面的時間の概念である）；原因と結果。

終結

アメリカ人は、心理学者が「終結」と呼ぶものを達成するために突き動かされている。終結とは、仕事は完成されなければ、それは「無駄」であると知覚されるという意味である。Hall がホピ族（南西部のアメリカインディアン）の村落の特徴と見たのは、未完成の家々がどんどん増えていることだった。同じことは、トルコ、南ヨーロッパ、その他の集団的文化にも見られる。これらの場所では追加の部屋は、家族に必要が生じたときに、ようやく建築されるのである。アメリカの小説や映画は、常に問題に対する解決を含む「ハッピーエンド」で終わるが、このような結末は、日本の小説ではめったにない。

過去、現在、未来に対する時間志向

北米人は、未来志向の傾向がある。時間の範囲は短期であっても、未来は現在の行動のガイドである。古いものは簡単に捨て去られ、新しいものが受け入れられる。考え、傾向、流行の管理から結婚相手にいたるまで、ほとんどのものは使い捨てできる。「古さ」でさえ新しいものとして扱われる。ヨーロッパ人の多くは、過去志向である。歴史を守り、過去の伝統を継続することがよいと信じている[21]。日本は、非常に長期的な未来時間の範囲を持っており、中国人も同様であるが、中国人は過去を霊感（inspiration）と見ている。中国人は、祖先に対する尊敬の念や、未来の世代に対する長期的な責任も含め、過去と未来の両方を人生の全体像のなかに組み合わせる傾向があるが、文化的歴史への敬意は低い。アフリカ人の時間は、相次ぐ出来事の体験によって構成されていると言われる。未来の出来事は、まだ起こっていないので、未来は、あまり意味がない[22]。時間の側面として、また未来への言及としての運命は、インディアンの不思議な呪術宇宙世界の一部であるが、西洋社会では、これを迷信や無知と見なしてきた[23]。

時間は線形性と循環性

時間は、連続的出来事の直線と見なすこともできるし、循環的、反復的で過去、現在、未来は共通に持つもの、すなわち季節やリズムによって圧縮されたものであると見なすこともできる。後者の時間志向は、アジアの文化と結びついており、前者は、西洋の時間志向である。直線状の時間概念では、人は時間を、区分化され予定に支配されたものと見ることになる。アメリカ人は、開始、転機、クライマックス、終末というような、

明確な構造による直線状の時間概念を持っている。時間は測定器として、また期限や目標を設定することで、人間の行動を管理する手段として利用されている。時間は物体のように、具体的なものであり、節約したり、消費したり、見つけたり、なくしたり、浪費したりすることが可能である。夏や冬のような時間的な用語は、名詞であり、物体のように扱われる。アメリカン・インディアンにとって、夏は、暑いという状態である。この言葉は副詞として使用され、時間との関連はなく、感覚と関連している。

日本では、時間は循環性があり、季節の特別な意味と関連している。日本人の時間思考は、今日、明日、明後日という観点からではない。季節が自動的な上昇スパイラルを形成し、すべてが自動的に戻ってくる。日本において「古い価値に戻る」ということは、後退ではなく、前進を意味する。つまり、進歩のために過去に優れていたものを利用して、上昇スパイラルによって進歩するということである。

モノクロニックとポリクロニック時間

Hall[24]は、人々がどのように時間に対処するかということも、モノクロニック（M-タイム）とポリクロニック（P-タイム）文化に区分して検討した。モノクロニック文化の人々は、一度に一つのことをする傾向があり、きちんと秩序だっており、仕事をするときは、一つの作業を終えてから違う作業をするような方法で行なう。一方、ポリクロニックな人々は、同時にたくさんのことをする傾向がある。仕事をするときは、個別に順番に行なうというやり方ではない。時間は、広大で終わりのない海のようなもので、あらゆる方向に広がっている。ドイツ人の時間への対処は、より厳格で区分された方法である。しかし、スペイン人、アラブ人、パキスタン人、南米人のように同時に多くのことをする人々にとっては、時間を守ることは、よいことではあるが、慌ただしい日中には、決して絶対不可欠であるわけではない。モノクロニック文化では、インターネットに使う時間は、テレビ視聴時間などの他の活動を削って作られる。ポリクロニック文化では、人々は一度に両方を行なう。

異なる時間文化の二人が出会うと、互いに気分を害しがちであるが、それは時間に関する期待が異なっているからである。特に、ポリクロニック文化で、人々が会議中に中断をすることは、モノクロニック文化の人にとっては、非常に気に障ることである。最も、M-タイム文化のすべてが同じではない。日本では、仕事では、きっちりと M-タイムであるが、プライベートな時間は P-タイムである。

原因と結果

時間は、原因と結果の概念とも関連しており、これは一連の出来事を説明するのに使用される。原因-結果のパラダイムは、特に北米の意思決定文化に表れる。物事は、た

だ起こるのではない。何かが起こすのである。出来事を象徴的、神秘的に説明しても受け入れられない。結果や効果に先行する具体的で測定可能な原因が好まれる。一方、中国人には原因と結果は続いて起こるとは限らない。同時に起こることもしばしばある。一つの出来事は、もう一つの同時に起こっている関連のない出来事によって説明することもできる[25]。アメリカ式の意思決定はあまりにもシンプルな原因と結果モデルのために、部分的最適化になることがよくある。日本人は複合的な結果を及ぼす多数の原因を考慮した全体論的な（holistic）因果モデルを使用する[26]。

4-4. 人間と自然との関係

　人間と自然の関係には基本的に三つの型がある。「自然支配」（人間は自然を征服するもの）、「自然との調和」（人間は自然と調和して生きるもの）、「自然への服従」（人は、自然に支配されるもの）である[27]。
　西洋社会では、人間は自然とは分離したものと見なされる。特に、北米では自然との関係は、征服して、管理すべきものとなっている。自然と物理的な環境は、人間の利便性のために管理でき、またそうすべきである。ほとんどの北米人にとって、「山を動かす」という表現は、不可能を象徴するメタファーではなく、過去の経験に基づいた楽観的な挑戦である。アメリカ文化の物の見方は、自分の前に立ちはだかる障害物を乗り越えるのは、その人の責任であるという。
　自然との調和志向は、人間の生活と、自然、超自然との間に区別をつけないもので、それぞれが互いの延長であるというものである。日本人の自然に対する認識は交流、交換といったもので、繊細な親密さによって特徴付けられる。西洋人は、アジアの自然への尊崇の念を、自然界の調和の中で生きることに関わる神との関係として説明する傾向がある。日本の精神分析医、土居健郎[28]は、日本では創造主としての神は不在であり、人間は自然の中にどっぷりと浸かるようにすることで安らぎを求めているとしている。多くのアフリカ文化のような他の文化では、人は自然に支配されており、超自然的な力が主要な役割を果たしていると考えている。この自然への服従には、自然を制御するためにできることなど何もないという信念が含まれている。

4-5. 主要な三大の次元モデル

　三つの主要な世界的な次元モデルは、一部重なるところもあるが、その目的、サンプリング、使用された質問の形式などはさまざまである。共通しているのは、多様な国、もしくは地域のサンプルから取り出した個人の回答を集めていることである。主として、

共有された価値、共有された信念、もしくは共有された誘導源という観点からの文化の特徴付けに重点が置かれている[29]。また、仕事や組織における人間行動のいろいろな要素を測定するという点でも、共通している。これらのモデルは、どれも消費者行動の差異を説明するために開発されたものではない。しかし、一部は製品の所有、購買、コミュニケーション、メディア行動の文化間の差異を理解するのに役立てることができる。本章では、この3大モデルの類似点と相違点を要約する。

Hofstedeモデル[30]の目的は、全レベルの従業員の仕事に対するモチベーションが、国籍によってどのように異なるかを理解することだった。Schwartzは心理学者として、いろいろな文化によって異なる個人の基礎をなす価値を探し、そこから社会の差異をつくる文化的価値の理論を展開させた[31]。GLOBEの主唱者であるHouse[32]は、リーダーシップのスタイルの有効性に関心を持っていた。Houseは、カリスマ的なリーダーの行動は、普遍的に受け入れられ、効果的なのかを見つけたいと考えていた。三つのモデルに使用されたサンプルは、異なっている。Hofstedeは、仕事関連の行動における差異を理解するため、66カ国に存在する一つのグローバル企業内で、7つの職業カテゴリーに分けた従業員の同等クラスのグループを使った。一つのグローバル企業内でこの調査をすることで、Hofstedeは、企業文化の影響を取り除いたのである。Schwartzは、54カ国の学生と教師を使った。GLOBEは、62社会の食品加工、金融サービス、通信接続サービス業界の951のローカル組織の中間管理職を調査した。

使用された質問の形式は、さまざまなパターンに従っている。Hofstedeは、回答者に対し、行動の嗜好をたずねた。Schwartzは、社会的問題に関連した人々の生活における行動指針を、回答者にたずねた[33]。また、GLOBEの研究者は、回答者が生活し、働いている社会や組織に対する認識を、イデオロギー的な抽出という観点で測定した。社会に関しては、現況と理想型だが、これらを「実際」と「価値」と呼んでいる。これらは「望むもの」と「望ましいもの」を表している。GLOBEの研究者が「価値」と呼んでいるものは、実際には「規範」であり、他の人々がどのように行動すべきだと述べているかである。望むものと望ましいものは、対立していることがしばしばであり、GLOBEの9次元のうち、7つで文化的価値と実際は負の相関関係があった[34]。内集団集団主義とジェンダー平等主義だけが、正の相関関係を持っているが、おそらくこれはこの二つの次元の質問が他の次元のものよりも人々の日常生活に密接に関連しているためである。GLOBEとSchwartzの両方とも、質問の中で回答者の住む社会に言及しているが、Hofstedeは個人的な嗜好についての質問をしている。第6章で、質問のさまざまな形式の効果について、詳細に述べていく。

次節では、3大モデルの次元を、重なる次元ごとにまとめて説明していく。GLOBEの次元を説明もしくは使用する際は、価値ではなく、実際について言及する。価値は、

消費者行動との関係を混乱させることになるためである。次元は、消費者行動と、特定のコミュニケーション行動にとっての重要性の順に説明される。

個人主義と集団主義

　異なるモデルのいくつかの次元は、個人主義的か集団主義的と見なされる価値を含んでいる。これは、コミュニケーションの差異を理解するために最も重要な次元である。Schwartz では個人主義 - 集団主義のいくつかの側面を測定する自主性 - 埋め込みの次元として、さまざまな価値を測定し、GLOBE では、内集団集団主義の次元が一極に集団主義を置き、もう一方の極に個人主義を置いて集団主義を測定しているが、これらを包括する用語として、ここでは、Hofstede が言うところの個人主義 - 集団主義を使用する。さまざまな次元が類似の価値を測定しているが、全く同じではない。さまざまな集団主義と個人主義のパターンがあり、すべての個人主義文化や集団主義文化は、同じではない。データベースに関連したいろいろなコミュニケーションとの相関関係は、GLOBE の内集団集団主義の次元的尺度が、コミュニケーション行動に関しての最も強力な説明を提示していることを示している。さまざまな次元が共通して持っているものは自己の定義の相違、個人的嗜好に対する義務と責任の重視、理性に対する関係性の優先と他者の要求の考慮である[35]。

　Hofstede[36]は、個人主義 - 集団主義の中心的特徴として以下を指摘した。個人主義文化では、人々は、自分自身と肉親だけの面倒を見るが、集団主義文化では、人々は、ロイヤルティと引き換えに面倒を見てくれる内集団に属する。個人主義文化では、アイデンティティは、個人の中にあり、他者との差別化を欲する。集団主義文化では、アイデンティティは、自分の属する社会的ネットワークに基礎を置く。個人主義文化においては、人々は「自分」を意識し、個人的な考え方を表現する。人々は、多様性や冒険に優先度をつける。私的自由は、個人が自己の考えや独立的な知的指針を追求することを奨励する。明確な言語的コミュニケーションが多い。集団主義文化では、人々は「われわれ」を意識し、そのアイデンティティは社会的システムを基礎としている。内集団の構成員との調和と、メンツを失わないようにすることが重要であり、その結果として間接的なコミュニケーションを好む。

　個人主義の根源は、イギリスにある。13 世紀まで遡る初期のイギリス社会では、子どもは男の子も女の子も、7 歳から 9 歳で祖父母のいる大家族の中では育たず、他人の家に奉公に出された[37]。

　世界の人口の 70 ％から 80 ％は、多かれ少なかれ、集団主義的である。アングロサクソンの社会は、個人主義的であり、ヨーロッパの北方の国々もそうであるが、南や東の国々は、どちらかというと集団主義的である。イタリアでは、Hofstede のデータは北

部で収集されたが、北部の人々は個人主義的であった。その他の調査[38]では、イタリア人は、全体として、集団主義的であることを示唆している。その度合いは多様で異なるが、アジア全体、アフリカ、ラテン・アメリカは、集団主義的である。

　個人主義文化は、普遍的な文化であるが、集団主義文化は、個別的である。個人主義文化の人々は、すべての人が共有すべき普遍的価値があると信じる傾向がある。一方、集団主義文化の人々は、さまざまな集団がさまざまな価値を持っていることを受け入れる。ほとんどの北米人は、個人主義的であるので、民主主義、特に北米の民主主義は理想的に、すべての人に共有されるべきであると信じている。集団主義文化の人々は、そのような見解は、理解し難いと思う[39]。Hall[40]は、以下のように観察した。「アメリカ人は、ほとんどの人たちよりも、他者を自分のイメージに作り上げる必要性に支配されていると思われる」。これは特にアメリカのマーケティングと広告の哲学に反映されている。マイアミのThompson社でイーストマン・コダックのラテン・アメリカ地域アカウント・ディレクターであるMartinezの述べたことはこの傾向を反映している。「十代の若者は、どこでも十代の若者で、彼らは、アメリカの十代のまねをする傾向にあることが分かってきています」[41]。日本人、中国人、そしてその他のアジアの人々は、自分たちは非常にユニークであると感じているので、西洋人が自分たちの価値や行動を採用することもないし、想像もできない。

　アメリカは、世界で最も個人主義的な文化の一つである。しかし、かなりの数となる少数民族を抱える社会でもあり、少数民族はほとんど個人主義‐集団主義に関しては異なる。さまざまな異文化心理学者が、アフリカ系、アジア系、ヒスパニック系といったアメリカの大規模な少数民族の文化的志向性の差異を検証してきた。その結果、これらのグループは、ヨーロッパ系アメリカ人よりも集団主義的であるということが分かっているが、アフリカ系アメリカ人は、他のグループよりも個人主義的であった。このことを、社会の中で他のグループとは異なる位置にいた元奴隷であった人たちにとっては、個人主義的になることが生き残るための方法であったからだと説明する研究者もいる。しかし、複数の調査を通じ、個人主義を測定するための主な基準は自尊心の程度であり、これは、アフリカ系アメリカ人の間で高いことが示された[42]。高い自尊心は、個人主義文化だけに特有の特徴ではなく、短期志向の側面でもある。

　異文化心理学者の中には、垂直的個人主義（VI）と水平的個人主義（HI）の区別、また、垂直的集団主義（VC）と水平的集団主義（HC）の区別をして、個人主義‐集団主義の次元を洗練しようとしてきた[43]。これらの区別は、個人主義の次元と権力格差の配置の中に見つけられる価値を反映したものである。ここでは、水平的個人主義が低権力格差とともに個人主義の配置となっており、垂直的個人主義は高権力格差と配置される。垂直的集団主義は、高権力と組み合わされ、水平的集団主義は、低権力格差と組み合わ

されている。垂直的個人主義は達成価値も含んでいるが、水平的個人主義にはより平等主義的価値が含まれ、達成感の欲求は比較的低い。例えば、アメリカ人は、個人主義的で達成志向であるが、デンマーク人はやはり個人主義的ではあるものの成功や達成に対する志向は低く、社会正義や平等に対する志向が強い[44]。

個人主義文化における販売プロセスでは、企業は速く結論を出したがるが、集団主義文化では、まず、当事者間の関係と信頼を構築することが必要である。この差異は、広告のさまざまな役割にも反映される（第7章参照）。集団主義文化では、企業ブランドは製品ブランドよりも好まれる。企業と消費者との間の方が、（抽象的な）ブランドと消費者との間よりもよい関係を構築できる。集団主義文化では、人々は、抽象的なブランドよりも具体的な製品特徴に関心を持つ。個人主義者は、ブランドをユニークな人間のパーソナリティであると見る傾向がある。極端に個人主義的なアメリカでは、子どもの名前さえもロレアル、シボレー、アルマーニなど、有名ブランドにちなんで付けられることがある。

個人主義／集団主義は、私的な領域と公的な領域における行動の差異の説明にもなる。個人主義文化では、人は家庭や私有の庭で友人をもてなすが、集団主義者は、バー、喫茶店、レストランなどの公的な場所で友人と会う傾向にある。喫茶店の数は、個人主義と負の相関関係にある。集団主義文化では、私有の庭を持つことは比較的少ない。ヨーロッパ内では、個人主義と私有庭園の所有の間に正の相関関係がある。南ヨーロッパで

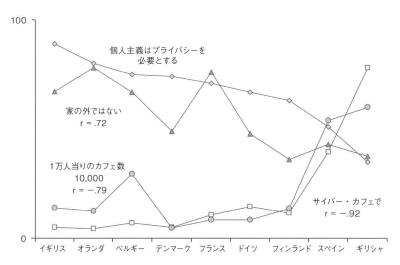

図表4.1　ヨーロッパにおけるインターネット・アクセス地点（家の中か外か）
出典：Hofstede（2010）（別表A参照）；ユーロスタット（2001）（別表B参照）のデータより。1万人あたりの喫茶店数は、ホトレックのデータ（1997）より。

は、一家族の家の建築が増えてきているが、これらの家の多くには、共有の庭園があり、これは、イギリスやオランダのような個人主義文化では考えられない。ヨーロッパ各地の集団主義文化では、人は映画館や劇場、フェスティバルなどの公的領域での活動に参加することが多い[45]。

インターネットが開始されたとき、どこでどのようにアクセスするかは、この私的‐公的領域の区別に関連して変化していた。**図表 4.1** は、個人主義文化、集団主義文化において、人がどのような場所でインターネットにアクセスしているかを示したものである。集団主義文化においては、人は街角からバーや喫茶店など、公的領域であらゆる活動をすることに慣れており、それは、1 万人あたりの喫茶店の数にも反映している。このような習慣があるため、人々は、サイバー・カフェでインターネットにアクセスすることにも抵抗がないが、個人主義文化では、人は自宅以外でインターネットにアクセスすることを好まない。

個人主義は、世界的に拡大している。それは富と結びついているからだが、まだ相対概念でしかない。日本社会が個人主義化しているというかもしれないが、それは日本人の価値観がアメリカ人の価値観に近くなるということではない。相対的差異は残るだろう。

権力格差

年配者と権力や依存と独立を持つ人々の関係性に関連した価値は、権力格差（power distance）と呼ばれる。この次元には Hofstede、GLOBE と、Schwartz の階級制対平等主義も含まれる。これらの次元は重なっているが、全く同じではない。

権力格差は、権力のあまりない社会の構成員が、不平等に配分されている権力を受け入れたり、予期したりしている度合いを測定するものである。社会における権力の少ない構成員と権力の多い構成員の両方の価値を反映する。これは、人々が権力を受容し、与える方法に影響する。権力格差の大きい文化（権力格差指標のスコアが高いものや階級制尺度でスコアが高いもの）においては、社会的階級の中で誰もが自分の正当な立場を持っており、その結果、権力の受容と付与は自然に起こる。階級的な役割配分を当然と見なし、それぞれの役割に課された義務や規則を遵守する。日本人にとって、階級を認識する行動は、呼吸をするのと同じ位に自然なことである。これは「すべてあるべき場所にある」ことを意味する。権力格差の小さい（スコアが低い）文化では、権利と機会の平等性に重点が置かれる。権力格差の高い文化では、親と子、上司と部下、教授と学生、さらには政府と市民の間に強い依存関係がある。権力格差が低い文化では、子どもは幼い頃から独立するように育てられる。アメリカ人は、他者に依存するようになることを避けるし、他者にもそうしてほしくない。例外の可能性は肉親が依存してくることである。権力格差の低い文化においても独立は重要な価値であるが、依存と服従は権

力格差の高い文化の特徴である。Kincaid[46]は、アジアのコミュニケーション理論を著したが、権力格差を以下のように系統立てた。「各個人は、世界の仕組みの中に特定の場所を持っており、それは、階級的な定義によるものである。高い地位にいる者は、常により多くの権力を持っており、これは、物事の自然な仕組みとして当然だと受け取られている」。

一般的に、アジア、ラテン・アメリカ、アフリカ諸国の権力格差のスコアは高く、アングロサクソン社会のほとんどと、北ヨーロッパのスコアは低い。Schwartzの階級制の尺度計は、Hofstedeの権力格差に関連しているが、国別スコアに関しては若干の違いがある。例えば、ギリシャ、イタリア、ポルトガルでのHofstedeの権力格差尺度のスコアは高かったが、Schwartzの階級制尺度では比較的低く、このことから、両者が測定した価値は、全く同じではないことが示唆されていると思われる。

権力格差の高い文化では人の社会的地位は明確でなければならず、そうすることで、他者は適切な敬意を表すことができる。グローバル・ブランドは、この目的に役立つ。ヨーロッパ大陸では、高い権力格差の文化の中で、そのような社会的地位の価値を持つ贅沢なアルコール飲料がある。ヨーロッパ大陸では、権力格差とスコッチ・ウィスキーの消費には、相関関係が有意である。

権力格差の高い文化において、外見は重要であり人々の身だしなみはよい。特に、街に出かけるときには、社会的階級における自己の位置が、身につけている服や靴、立ち居振る舞い、化粧によって決定される。権力格差が低い文化においては、人々はあまり外見を気にせず、公的な場でも私的な場で着ているようなものを着用する。社長も短パンでジョギングをし、映画スターもジーンズにTシャツを着る。ニールセンの調査によれば、ブラジル人の87％と、ポルトガル人の79％は、いつでも洗練されて見えるようにするとしているが、ノルウェー人の76％、ニュージーランド人の69％は、洗練されて見えるような努力はしない[47]。

適切な場所というコンセプトは、権力格差の高い文化では、「ナンバーワン」のブランドであることが重要なことを示唆している。早く市場に参入し、ナンバーワンと見なされたブランドは、権力格差の低い文化においてよりも、簡単にその地位に留まることができる。権力格差の低い文化では、挑戦者は「一層努力する」熱意があるので好意をもたれる。

権力格差の低い文化では、両親が子どもと平等な立場で一緒に遊ぶが、権力格差の高い文化では、子どもは、子ども同士で遊ぶことが多く、大人と子どもは違う世界に生きている。これは、デンマークのレゴ（ブロック玩具）が、フランスではデンマークほど売れなかったことの説明になる。レゴのコンセプトは、両親と子どもが一緒に何かを作るというものに基づいている。権力格差の程度は、教育レベルが上がるにつれて下がる

傾向にある。その結果、世界中の教育が改善されると権力格差が下がる方向に行くことが予測されるが、国ごとの相対的な違いは変化しないと思われる。

　時事問題や政治に関して自分自身に情報をもたらす程度の差は、Hofstede の権力格差の次元によって、一番よく説明される。この次元によって、コミュニケーション行動と購買決定のための情報収集や、新聞を読んだり、テレビのニュースを見たりする情報収集の差異を説明できることが、さまざまな情報源で示されている。この次元は、インターネットと携帯電話の利用の差異も説明する。

　高権力格差と集団主義には、類似の価値も含まれる。この二つには、他者の期待に応えるように努力するという意味での依存の価値も含まれる[48]。しかし、権力格差と個人主義／集団主義は、共に富とも関連している。一人当たりの国民総所得の高さは、低権力格差と個人主義と相関関係がある。そこで、この次元をコミュニケーション行動、もしくはメディア利用の差異を理解するために使用すると、富の調整をしなければならなくなる。その一つの例は、新聞の購読である。これは、権力格差が低く、個人主義的な文化では高くなる。しかし世界的に、より強力な説明要因は富である。一般的に富に関して大きく変動する世界各国のサンプルでは、その差異を説明する変数は個人主義であるが、西ヨーロッパのように、富という点では類似の国々のサンプルでは、差異を説明できるのは権力格差となる（文化とメディアに関しては、第8章を参照）。

長期志向／短期志向

　長期志向（long-term）と短期志向（short-term）の差異は、Hofstede の長期志向対短期志向の次元と、GLOBE で未来志向とされた類似次元によって測定されるが、後者は明確性が弱く、さまざまな他の次元の混合要素を含んでいる。これは、内集団集団主義と負の相関関係にあり、そのため、個人主義的価値を含んでいる。その結果、Hofstede の次元とは異なる関係となっている。社会的レベルでは読解能力や新聞読者数など、Hofstede の次元と類似の関係性を発見しているが、自己強化など個人的価値についての情報は少ない。

　Hofstede の短期志向に含まれるものは、国家威信、伝統、倹約の低さ、自尊心、自己強化、宗教、寛大さ、寛容さなどである。長期志向に含まれるものは、長期的思考、倹約、忍耐、実用主義である。長期志向の文化では、親は子どもに対して、短期志向文化よりも寛大となる。短期志向文化では、人々は信心深い傾向にあり、自分たちの問題を解決してくれる神への強い信仰が見られることが多い。これは、長期志向文化の自立と対極にあると見なすことができる[49]。ほとんどの東アジア諸国の、この第5次元のスコアは高い。アングロサクソン社会、ラテン・アメリカ、アフリカのスコアは低いが、ヨーロッパのスコアはかなりの多様性を示す（**別表 A** 参照）。

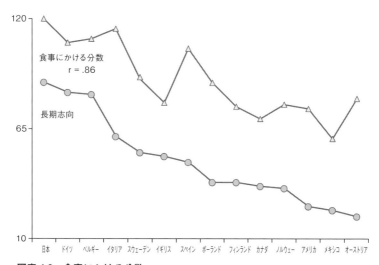

図表4.2　食事にかける分数
出典：Hofstede 他（2010）（**別表 A** 参照）；OECD（2009）図表で見る社会（**別表 B** 参照）

　時間をどう知覚するかが行動に反映されるという例は食事に費やす時間に現れており、**図表4.2** に示すように、これはこの次元と相関関係にある。
　コミュニケーション行動に関して、Hofstede の長期志向、短期志向の次元は、集団主義文化内の区別をしている。短期志向の文化は、より口承文化的であるが、長期志向文化は、より識字的である。長期志向文化は識字と読解能力のスコアが高く[50]書面情報への信頼が高いが、短期志向文化ではテレビ、友人、家族からのコミュニケーションに依存することが多い。フェイスブックは、短期志向文化で最も人気が高い。これは、フェイスブックが日本のミクシィのような、長期志向文化のいくつかのソーシャル・メディアよりも自己強化を刺激することが理由である。この点に関しては、第 8 章でさらに説明する。長期志向、短期志向は、あらゆる種類のインターネットのアプリケーションの採用や、メディア利用に関する親と子の関係も説明するものとなる。短期志向文化においては、親はインターネット利用に関して子どもを指導するが、長期志向文化では、あまりしない。この次元は、Hofstede の耽溺対抑制の次元とわずかではあるが、負の相関関係にある。短期志向文化は、耽溺に優先度を置く傾向にあり、長期志向文化は、比較的抑制的である。しなければならない任務、仕事の先送り、もしくは回避は、短期の快楽的活動に従事する傾向と関連しており、短期志向の一側面である。GLOBE の未来志向次元では、コミュニケーション行動における差異の理解に対する説明が、あまり明確ではない。
　この指標の測定でしばしばパラドックス的であると受け取られるのは、伝統に対する

強い敬意と、西洋社会の大部分にある短期志向の組み合わせである。一方、高齢者への敬意や祖先への崇拝は、アジアの価値体系の強力な要素である。これは、望ましいもの対望むものを反映している。伝統は重要なことだが、望むものは革新的なことである。特に中国における実用主義は、伝統に対する敬意を否定する傾向がある。その一例が、10 年にわたった文化大革命で、このとき貴重な文化遺産が破壊された。しかし、このような錯乱状態が起こったのは、これが初めてではない。文化大革命の扇動者、毛沢東は、紀元前 220 年に中国を統一した初代皇帝、始皇帝に触発された[51]。始皇帝は、すべての書籍を破壊し、463 人の哲学者を生き埋めにし、中国人の集合記憶から儒教思想を取り除こうとした。しかし、これは無駄に終わった。11 年後に始皇帝が亡くなると、記憶されていた儒教やその他哲学者の教典が再び発行された[52]。しかし、中国における外国の習慣を受容する上での実用主義には限界がある。それらは、「中国の国家的コンテクスト」に適合しなければならない。中国に適用できる優れた考えは、推進されなければならず、堕落しているものや適用出来ない考えは、捨て去られなければならない。

自己主張と男性 – 女性の役割

　自己主張の程度、人々の平均的パフォーマンス志向、ジェンダーの平等や役割の区別などの男性と女性の関係に関する社会的差異を測定する次元はいくつかある。Hofstede の男性らしさ（masculinity）– 女性らしさ（femininity）の次元は、複雑な次元で、自己主張もしくは達成志向に対する生活の質や、役割区別の程度に対する男性と女性の重なる役割などを測定する。GLOBE は、Hofstede の男性らしさ – 女性らしさの次元のいくつかの側面を異なった次元によって測定している。自己主張の次元は自己主張の程度を測定し、ジェンダー平等主義はジェンダーの平等性を測定する。Schwartz の支配／調和の次元の支配の極も、男性らしさと概念的に重なる部分がある[53]。両方とも、自己主張と野心を強調している。しかし、調和の極は、Hofstede の女性らしさの極とは同じではない。

　男性らしさ、もしくは自己主張の次元で高いスコアとなった有力な社会的価値は、達成と成功である。女性らしさや自己主張の低さの次元で高いスコアとなった有力な社会的価値は、他者の世話と生活の質である。男性らしさで、自己主張の強い社会においては、地位は成功を示すために重要であり、勝者となることは肯定的なことである。大きく、速いことは美しい。このスコアが低い社会は、人間志向であり、小さいことが美しい。合意を得るために努力する傾向がある。生活の質は、競争よりも重要である。地位は、成功を示すためにそれほど重要ではない。

　Hofstede の男性らしさ – 女性らしさの次元は、役割の区別の程度の多様さに関して、他の次元よりも詳しい説明となる。女性らしさ社会では小、男性らしさ社会では大であ

る。女性らしさの文化では、男性は典型的な女性の仕事をしても、「女々しい」とは見られない。男性らしさの文化では、男性も女性もタフとなることができる。女性らしさの文化では、男性も女性も優しくなれる。これがこの次元の本質である。これにより、洗濯、育児、料理、買い物などの家事労働の差異、さらには、男女両方のパートタイム労働における差異が説明できる。ヨーロッパでは、女性らしさの文化においては女性が雇用労働に費やす時間が多く、男性らしさの文化では女性は家事活動に費やす時間が多い[54]。ラテン・アメリカの男性らしさの文化では、男性は「本物の男」でなければならない。例えば、ラテン・アメリカの7カ国を対象にした調査では、「本物の男は泣かない」ということに同意する割合は、男性らしさと相関関係にあった[55]。しかし、男性らしさの概念と「マチズモ」のような言葉を混同すべきではない。大衆文化におけるマチズモ、または、男っぽさというものは、しばしば優越主義、攻撃性、過度の男性らしさにつながるが、尊厳、名誉、責任、他者への敬意ある扱いというような性質をも表すことがある[56]。

　GLOBEの「ジェンダー平等主義」の次元は、男性優位に対する女性の平等な機会を測定する。スコアが高くなると、女性にも男性にも同じ機会があることを示す。スコアが低いと、男性優位が高いことを示す。しかし、これは、社会や、家族生活、家庭内における具体的な男性−女性の役割が存在することよりは、教育や職場における平等の機会に関するものである。高等教育機関への入学や、成人識字率における男性−女性の割合は、ジェンダー平等主義と正の相関関係にあるが、国会の女性の割合は、Hofstedeの男性らしさの次元と負の相関関係にあり、ジェンダー平等主義とは何の関係もない。国会の女性の割合は、どちらかというと社会における役割の問題であり、女性の機会だけではなく、男性の問題でもある。例えば、男性は進んで女性に投票するだろうか。

　GLOBEの「自己主張」の次元は、組織もしくは社会の中の個人が、社会的関係において、自己主張的、支配的、攻撃的であるかの程度を反映する。これは、Hofstedeの男性らしさと相関関係が有意である。自己主張的な社会では、男性らしさの文化のように支配的であると見なされる。アメリカは、自己主張的文化の一つの例である。競争は、人間性の根本的な側面であると見なされ、人々は食うか食われるかの世の中に生きている。しかし、自己主張の次元の他の項目は、他次元の一部でもある。例えば、Hartog[57]は自己主張を、自分のウォンツを他者に曖昧でない言葉で知ってもらうことという直接的コミュニケーション・スタイルと結びつけた。これは低コンテクスト・コミュニケーションを示している。低コンテクストのアジアの社会は競争的でないという特徴的な仮定は、この場合、当てはまらない。日本の競争のスコアは、この次元では低いが、やはり競争の程度を測定しているHofstedeの男性らしさの次元では高いのである。

　もう一つのGLOBEの次元、「パフォーマンス志向」には、文化のハードな側面とソ

フトな側面と関連した価値が含まれているが、不可解な要素も含まれている。Javidan[58]は、これをプロテスタントのカルバン主義の労働倫理と結びつけ、これを教育と学習に価値をおき、結果を強調し、率先性があり、明確で直接的なコミュニケーションを好む高パフォーマンス志向文化の特徴と要約している。このスコアが低い社会では、社会的関係や家族関係、ロイヤルティ、伝統、年功序列などに価値を置き、微妙で間接的な言葉を使うが、これは高コンテクスト・コミュニケーションを示している。日本と韓国は、高パフォーマンス倫理のある文化で、この次元では中間から高いスコアとなっているが、人々のコミュニケーションは、間違いなく直接的ではない。

パフォーマンス志向は、勝利ということに関して訴求する広告における差異の説明には役立つことがあるが、決定的な調査結果はほとんど何も発表されていない。Hofstedeの次元も、自己主張を測定するが、成功を示すことになる製品の差別化や所有の測定的役割における消費者行動への関心が強い。これは、権力格差と共に、地位の必要性における差異を説明するものとなる。

女性らしさの文化の中心的価値は、謙遜であって、見栄ではない。だから、卓越するものは、それを見せないようにしなければならない。スカンジナビアの国の中には、このことを、ヤンテの掟（jante's law）として説明するところがある。これは、今でもスウェーデンやスカンジナビアの道徳律をかなり正確に表現している 10 の規則である。ヤンテの掟は、19 世紀のダノ・ノルウェー語（訳注：デンマーク語の影響を強く受けたノルウェー語）の作家、Sandemose の小説「逃亡者が自己の足跡を横切る」に由来する[59]。

- 自分が特別だと思うなかれ
- 自分が人よりも善良だと思うなかれ
- 自分が人よりも賢いと思うなかれ
- 自分が人よりも優れていると思うなかれ
- 自分が人よりも知っていると思うなかれ
- 自分が人よりも重要であると思うなかれ
- 自分が何かに秀でていると思うなかれ
- 他人を笑うなかれ
- 他人から気にかけてもらえると思うなかれ
- 他人に何かを教えられると思うなかれ

ヤンテの掟の主要部は、ねたみである。社会の決まりを破れば、その独自性や、行き過ぎた富の誇示のために、隣人から軽蔑されることになる。女性らしさの文化の人々

写真 4.1　タイレノール、アメリカ

の、群衆の中で目立ちたくないという気持ちは、アメリカでは人事関係の効果的な手段となっている「今月の優秀社員」プログラムを嫌うことにも反映される。アメリカのタイレノール（鎮痛剤）のテレビ・コマーシャルは、これを製品の効果を実証するために使用していた。「カロリーナは、たった今、11回目の「今月の優秀社員」に選ばれたことを聞いたところです。彼女は1日も病欠をしなかったからです」（**写真 4.1**）。

　マーケティング目的として、この次元で最重要な側面は、役割の区別、または買い物や購買決定における重複である。女性らしさの文化では、男性が家庭用の買い物をすることが多い。男性らしさの低い文化では買い物活動に時間を費やす人の割合 52 ％の分散で説明できる(60)。また、パートタイムで働く男性の数も男性らしさの文化よりも多い。これは、育児を男女が共有したいと思うからである。ヨーロッパ各地の男性らしさの文化では、「大学教育は、どちらかというと男の子のためにある」ということに同意する人が女性らしさの文化よりも多かった(61)。

　広告は適切な男女の役割を反映しないと、うまく行かない。フランスのダノンのテレビ・コマーシャルは、おじいさんが孫息子を学校に連れて行くところを写し出した。同じコマーシャルがポーランドで使われたが、うまく行かなかった。両国とも祖父母が重要であり、両国とも権力格差でのスコアは高かったが、フランスは女性らしさで、ポーランドは男性らしさで高スコアだった。ポーランドでは、孫を学校に送っていくとしたらおばあさんで、おじいさんではない。

　日本は、強い役割区分がある。非常に男性らしさの社会である。これが集団主義と組み合わさることで、男女の関わり方法も説明できる。結婚において、男女の間には、西洋の恋愛関係のようなものは存在しない。「あなたはそこにいて、一緒に存在し、互いを当然のものと思う」文字通り、互いが空気のような存在なのである。日本の元総理大臣、橋本龍太郎の妻、橋本久美子は、夫との関係について以下のように語ったという。「夫が、大名であるかのように、ほとんど夫に譲って、なんでも夫の望むようにします」(62)。

　アメリカの研究者は、男性らしさの次元の使用に躊躇すると思われる。おそらく、そ

のラベル名のためだろう。男性らしさ／女性らしさは、政治的に正しくない言葉遣いであるという誤解を受ける可能性がある。

　Hofstedeが、この次元に名前を付けたときには、政治的な正しさを求める動きはなかった。この問題は、「各国のジェンダー」や「強さ対優しさ」というような言葉を使えば解決できるだろう。

不確実性の回避

　HofstedeとGLOBEの両者とも不確実性回避（uncertainty avoidance）という言葉を次元に使っているが、二つはかなり異なっており、反対の関係性を持っている。Hofstede[63]は、「人が不確実さや曖昧さによって脅威を感じ、このような状況を回避しようとする程度」と定義している。曖昧さを気にしない人もいる一方、不確実性や曖昧さを嫌い、規則を作ったり、行動を規定したりして対処しようとする人もいる。不確実性回避の強い（この指標のスコアが高い）文化では、生活を構築するための規則や形式への必要性があり、専門家への信用がある。結果よりも、物事がどのように動くかの過程に対する興味の方が大きい。不確実性回避の高い文化の人々は、不安のレベルが高く、対立や競争は脅威である。また、高い不確実性回避は、狭量、低い信頼、柔軟性の欠如、独断主義になっていく。不確実性回避の弱い（スコアが低い）文化は、規則はできるだけ少なくすべきであると感じている。この文化の人々は、過程志向というよりは、結果志向である。万能型の人や常識を信じ、儀式的行動は比較的少ない。対立や競争は、脅威ではない。不確実性回避によって、例えばインターネットやパソコン所有などのイノベーションの採用の差異が説明される。また、旅行、外国語を話すこと、外国人との接触などの差異も説明される。

　GLOBEの不確実性回避次元の名前と定義は、Hofstedeの次元と類似の側面であるように思われるが、Hofstedeの不確実性回避とはかなり異なる。どちらかというと、集団主義の変形であり、内集団の高い重要性と、外集団に対する関心が比較的欠如していることを指摘している[64]。集団の構成員が、日々の生活の中で、その状況に対処するための秩序正しさ、一貫性、体制、正式な手続き、法律を求める程度として定義されている[65]。これは、曖昧さ、不安、ストレスを回避するのとは全く同じではなく、これらに対しては、秩序正しさや法律以外のあらゆる種類の対処メカニズムがその処理にあたるであろう。GLOBEのこの次元に対する国別スコアは、Hofstedeのスコアと負の相関関係にあり、その他の変数とは対立する相関関係となっている。例えば、一般的な生活上の満足や幸福の測定は、Hofstedeの不確実性回避の次元と負の相関関係にあり、GLOBEの次元とは正の相関関係にある。読解力は、Hofstedeの次元とは、負の相関関係にある傾向だが、GLOBEの次元とは正の相関関係の傾向にある。コンピュータの頻

繁な使用は、Hofstedeの次元の低スコア文化に、より多く見られるが、GLOBEの次元でスコアの低かった文化では、少なかった[66]。この混乱の理由として可能性があるのは、二つの異なる概念を含んだ複雑な質問の利用である。例えば、不確実性回避の測定のために、GLOBEは以下の質問をしている。「この社会で、たとえ実験とイノベーションを犠牲にしても、秩序正しさと一貫性は、重視されている」。これではまるで、イノベーションは、秩序正しいやり方では可能でないようだ。このGLOBEの次元は、消費者行動の差異を理解するためには、あまり有益でない。

　Hofstedeの不確実性回避尺度でスコアの高かった文化の専門家は、自身を専門家と呼ぶことができるように専門分野の学位を持つ本当の専門家でなければならない。これは、アメリカのようにスコアの低かった国々とは異なる。スコアの低い国では、だれも専門家は何かとか、何を知っていなければならないとか言わないので、だれでも専門家になれる。アメリカ人は、専門家年鑑に数百米ドルを払えば、自分の名前を載せることができる[67]。食品や飲料のような製品利用の差異は、純度に対するさまざまなニーズを反映する。このニーズは、不確実性回避の高い文化の方が、低い文化よりも強い。その例が、ミネラル・ウォーターと洗剤である。ヨーロッパでは、富が増加し、水道水の質が改善されるにつれ、ミネラル・ウォーターの消費と不確実性回避の相関関係が、徐々に大きくなってきている。**図表4.3**は、世界15カ国のミネラル・ウォーターの消費と不確実性回避の相関関係を示したものである。不確実性回避の高い文化では、ミネ

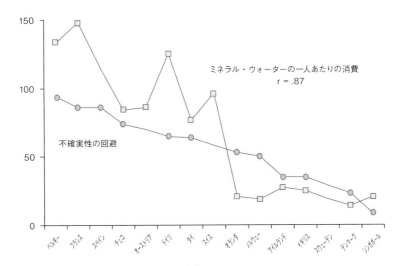

図表4.3　ミネラル・ウォーターの消費
出典：Hofstede（2010）のデータ（別表A参照）；飲料マーケティング・コーポレーション（2003）

写真4.2　スペインのアクアレル、フランスのヴォルヴィック、イタリアのアレグラ

ラル・ウォーターも、よく自然を背景にしたブランドを示すことで象徴される純粋の属性によって広告される傾向がある。**写真4.2**は、スペイン、フランス、イタリアのミネラル・ウォーターのブランドのテレビ画像である。

　不確実性回避の高い文化は、食品や飲料の純粋に重点を置き、医薬の使用が多いなど、健康に関して消極的であるが、不確実性回避の低い文化では、フィットネスやスポーツに重点を置く、より能動的な態度である。スポーツをまったくしないという人の割合は、不確実性回避の高さと相関関係にある[68]。過去1年間に抗生物質を使った人の割合も、不確実性回避の高さと相関関係にある[69]。

　不確実性回避の強い文化は、現実を体系化する必要性を感じるが、その方法はさまざまである。他の次元との配置構成で、現実がどのように体系化されているかの差異が出てくる。個人主義と組み合わされると、規則は明示的となり書面となる。集団主義と組み合わされると、規則は、黙示的となり、伝統に根ざす。低い権力格差と組み合わされると、規則は内在化し、規則を受け入れ、規則に従う。高い権力格差と組み合わされると、規則は外在化するので、人は必ずしも規則に従わない。ドイツ人とフランス人は、どちらも不確実性回避の強い文化であり、規則を好む。しかし、ドイツ人は自己を体系化するために規則を使うが、フランス人は、他者を体系化するために使う。フランス文化では、現実は概念化によって構築される。この差異が、ドイツ人の思考モデルとは全く異なるフランス人の概念的、もしくは「大いなる理想」の傾向の説明となる。芸術家のクリストが、パリのポン・ヌフ橋を梱包することを提案したとき、フランス人は同意するのに時間がかからなかった。ベルリンのライヒスターク（帝国議会議事堂）を梱包することを提案したときには、ドイツ人が「はい」というまでには、何年もかかった。

　不確実性回避は、容姿の重要性にも影響する。権力格差で説明したように、高権力格差の文化では、容姿はメンツを保つために重要であるが、これは不確実性回避で変化する。スコアの高い日本人は、いかに身なりがきちんとしているかを非常に気にし、衣服で人を判断するが、スコアの低い中国人には、そういうことはない。また、日本では儀式やものごとをきちんとしたやり方で行なうこと、また人の社会的地位が重要であるが、

中国人にとっては、メンツは比較的、人の経済的手腕と関連している[70]。

その他の次元

　Hofstede、GLOBE、Schwartzのモデルに含まれているが、消費者行動の差異の説明には、これまでのところ、あまり貢献していないその他の次元は、「耽溺対抑制」（Minkov、Hofstede）、「支配対調和」（Schwartz）、「人間志向」（GLOBE）である。

　耽溺対抑制の次元は、Minkov[71]によって開発され、Hofstedeのモデルの第6次元として加えられた。耽溺には人々が体験する幸福度、自分自身の生活に対する管理、余暇の重要性が含まれる。抑制は、Minkov[72]が後に「産業」と名付けた極で、勤勉や倹約のような価値が含まれる。多くのラテン・アメリカ諸国は、この次元で高スコアとなっている。低スコアは、元ソビエト連邦諸国に見られた。耽溺対抑制の低さには、「本当に必要なときにだけ何かを購入する」も含まれる。また、「女性の最優先事項は、家族であるべき」という信条のような伝統的価値も含まれる。耽溺対抑制の高さには、極上のものに支払いを惜しまないとか、最新のガジェット（道具、装置）への熱中が含まれる。例えば、2012年、ヨーロッパの裕福な人々の間では、iPadの所有がこの耽溺対抑制と正の相関関係にあった[73]。この次元は、Hofstedeの長期志向と負の相関関係にあり、Schwartzの平等主義の次元とは正の相関関係にある。異文化間の消費者行動に差異があることに対する説明は、はっきりしたものではないが、本書では各国のスコアを含めた。これが、研究者がこの次元をもっと行使するきっかけになると思われる。

　Schwartzの支配－調和の次元は、人的資源と自然資源の取り扱いについてのものである。調和の文化は、社会的、自然的世界に適合することを強調し、変更、命令、搾取よりは、評価し受け入れようとするが、支配的文化では、自然環境、社会環境を支配し、命令し、変更するために、積極的な自己主張を奨励する。消費関連の変数との相関関係は、まだ啓発的な結果を生み出してはいない。

　GLOBEの人間志向の次元は、個人が他者に対して公正で、利他的で、友好的で、寛大で、思いやりがあり、親切であることを、組織や社会がどの程度奨励するかであると定義される[74]。このスコアが低い文化では、自己の利益や、快楽、自己の喜びの方が重要である。この次元は、個人主義－集団主義や長期志向－短期志向などの複数の他次元がミックスしたものである。タイトルは実際に他の現象との相関関係で発見されたものよりもさまざまな価値志向を示唆しているため、不可解な次元である。例えば、人間志向は、人種差別の程度や、死刑への志向と相関関係にある[75]。

　すべての次元が、消費者行動、マーケティング、広告における差異を理解するのに同じように貢献するわけではない。ここで提示した分析は、数多くの大規模データベースを、3大モデルの次元を使用して相関分析と回帰分析をした比較に基づいた。この結果

は、Hofstedeの個人主義 - 集団主義の結果と類似であるが、GLOBEの内集団集団主義だけが、明確な説明になっていることを示した。このため、本書ではマーケティングと広告関連の差異を理解するのに最も実用的であり、有益であると思えるHofstedeの次元を引き続き使用する。

4-6. 次元の配置構造

本章で説明した文化的次元は、具体例を一般化するために使用することができる。各国は、特徴の数によって説明が可能だ。例として、アメリカ、オランダ、日本の3カ国についてこれを行なってみよう。

アメリカ

アメリカの文化的次元は、以下のようになる：M-タイム文化、直線状時間のパターン、低コンテクスト、権力格差は平均以下、高い個人主義、高い男性らしさ、比較的弱い不確実性回避、短期志向。

アメリカは、以下のような文化的特徴を示す：

- 短期志向。これはアメリカ人の生活の全ての側面に影響する。すなわち、最終結果、未来よりは現在の成功、極度に短期のスケジュール
- 変化、「新しく」、「よりよいもの」に対する強迫観念
- デビット・カードよりは、クレジット・カードの文化
- 直線状志向：時間は相互関係を考えずに区分する
- 誇大的、説得的コミュニケーション、言葉遣い
- 教育は、他者と効果的に競争できるようにすることが出来る場合に限り評価
- 私的意見の表現
- 機会の平等
- 独立
- プライバシー、普遍的志向、エスノセントリズムの必要性
- 勝利、権力、成功、地位の重要性
- ユーモア、革新的、創造力
- 人は自然を征服しなければならない
- 余暇の重要性
- 教育は学生に「批判的である」ことを教え、考えるようにしむける。学生は、「どのように？」ではなく、「なぜ？」と質問する

オランダ

オランダ（およびスカンジナビア諸国）の文化的次元は以下のようになる：

M-タイム文化、直線状時間の概念、低コンテクスト、低い権力格差、高い個人主義、低い男性らしさ、比較的弱い不確実性回避、比較的長期志向。

オランダは、以下のような文化的特徴を示す：

- どちらかというと、長期志向の思考
- クレジット・カードよりは、デビット・カードの文化
- 伝統的：過去への敬意
- 直線状志向、説得的
- 時間は相互関係を考えずに区分する
- プライバシーの必要性
- 平等は、自由と配慮におけるほどその機会は多くない
- 独立
- 普遍的思考、説教師
- 勝利は承認するが、その誇示は承認しない；地位は重要でない
- 役割の差異は小さい
- 合意を求め、ねたみ深い
- 倹約、忍耐
- 勝利よりは思いやりが理想
- 基本的能力を超えた教育は、仕事を得るため
- 余暇は重要

日本

日本の文化的次元は以下のようになる：P-タイム文化、円状時間の概念、高コンテクスト、権力格差は平均より高い、集団主義、男性らしさ、強い不確実性回避、長期志向。

日本は、以下のような文化的特徴を示す：

- 全ての日本人に対し、自分の居場所を知り、隣人と同じように行動し、家族に恥をかかせず、社会的調和を乱さないような圧力
- 依存
- 私的意見は発言しない
- 地位は、権力と成功を示すために重要であるが、群衆の中で目立つことは避ける：「出る杭は打たれる」
- 長期志向の考え方

- 現金、もしくはデビット・カードの文化でクレジット・カード文化ではない
- 倹約、忍耐
- 役割の差異は大きい
- 教育は、学生に批判的になることを教えることを基礎としない：「考える」の意味は、異なった理解をされる。日本文化においては、「他者と共有できる答を見つけること」というような意味である。学生は「何故？」ではなく、「どのように？」と質問する
- 教育は本質的価値を持っており、純粋に労働市場という観点から測定できるものではない
- 「新しい」は、共同体の必要として受け入れられるが、基本的に日本人は変化を好まない
- 清潔、純粋に対する強迫観念
- 自然を征服するというよりは、自然と調和
- 余暇よりも義務が重要

要 約

　文化の分類は、異文化間の消費者行動の差異を理解し、マーケティングと広告戦略を国ごとに差別化していくために必要である。次元による文化分類は、建設的な方法であることが証明されている。文化の差異や類似点が表面化されラベル付けの役に立つ。

　大きな分類は、文化がどの程度のコンテクスト化をしているかで、これは文化が使用するコミュニケーションの型に反映される。高コンテクストと低コンテクストのコミュニケーション文化の違いは、例えばなぜ、日本とアメリカの広告スタイルがこれほど違うのか、なぜ日本人は間接的な言語コミュニケーションや象徴主義の方を、アメリカ人が使う直接的で自己主張的なコミュニケーション・アプローチをよりも好むのかを理解するのに役立つ。

　この数十年間、いくつかの文化分類が開発され、それらは、本章で詳しく検討された。新しい次元モデルが導入されると、研究者は、高い期待を抱きがちだが、特定モデルを使用する前に、具体的な目的に適しているかという点からの分析をすべきである。

　Hofstedeのモデルは、消費関連の価値に関しての文化比較で最も有益であることが証明されている。その結果、このモデルは異文化間のマーケティングと広告に使用される多様な価値と動機を説明することができ、グローバル・マーケティングと広告戦略を開発したい企業にとっては、特に有益であろう。さらに、このモデルは多文化間における消費者行動のさまざまな側面の差異を説明する一助となる。これらについては、第5

章で述べていく。

参考文献

(1) Gannon. M. J. (1994) *Understanding global cultures.* Thousand Oaks, CA: Sage.
(2) Harris. P. R., & Moran, R. T. (1987) *Managing cultural differences.* Houston. TX: Gulf, pp. 190-195.
(3) Hofstede G.、Hofstede G. J.、および Minkov M.（2010 年）著「多文化世界―違いを学び未来への道を探る 原書第 3 版（*Cultures and organizations: Software of the mind*（3rd ed.））」ニューヨーク、マグロウヒル社刊、翻訳版は有斐閣。この書籍全体で、*p＜.05; **p＜.01; and ***p＜.005 により有意レベルが示されている。回帰分析が使用される際は、重回帰分析が段階的に実施される。決定係数もしくは R^2 は、説明される分散の割合の指標である。本書の複数章にある図中の例は、二次データと一つ以上の次元の間の有意な相関関係についてである。通常、明確な提示のために、すべての国は含まれない。図に示されている国以外に利用可能な国がある場合は、関連する相関関係係数とともに本来の国数が巻末の注に含まれる。
(4) Inglehart, R., Basanez, M., & Moreno, A. (1998) *Human values and beliefs.* Ann Arbor: University of Michigan Press. Data files are downloadable at http://www.worldvalues survey.com
(5) In Inkeles, A., & Levinson, D. (1997) *National character.* New Brunswick, NJ: Transaction. pp. 45-50.
(6) Kluckhohn, C. (1952) Values and value-orientations in the theory of action. In T. Parsons & E. A. Shils (Eds.), *Toward a general theory of action.* Cambridge, MA: Harvard University Press; Kluckhohn, F., & Strodtbeck, F. (1961) *Variations in value orientations.* Evanston, IL: Row, Peterson.
(7) Trompenaars, F. (1993) *Riding the waves of culture: Understanding cultural diversity in business.* London: Nicholas Brealy.
(8) Smith. P. B., Dugan, S., & Trompenaars, F. (1996) National culture and the values of organizational employees: A dimensional analysis across 43 nations. *Journal of Cross-Cultural Psychology 27,* 231-264.
(9) Fiske, A. P. (1992) The 4 elementary forms of sociality: Framework for a unified theory of social relations. *Psychological Review, 99,* 689-723.
(10) Hall, E. (1984) *Beyond culture.* New York: Doubleday; Hall, E. (1994) *The dance of life.* New York; Doubleday, pp. 85-128.
(11) Minkov, M. (2013) *Cross-cultural analysis: The science and art of comparing the World's modern societies and their cultures.* Thousand Oaks, CA: Sage.
(12) Hofstede, G. (2001) *Culture's consequences* (2nd ed.). Thousand Oaks, CA: Sage; Hofstede et al., 2010.
(13) Schwartz, S. H., & Bilsky, W. (1987) Toward a universal psychological structure of human values. *Journal of Personality and Social Psychology, 53,* 550-562; Schwartz, S. H., & Bilsky, W. (1990) Toward a theory of the universal content and structure of values: Extensions and cross-cultural replications. *Journal of Personality and Social Psychology, 58,* 878-891; Schwartz, S. H. (1994) Beyond individualism/collectivism. In U. Kim, H. C. Triandis, et al. (Eds.), *Individualism and collectivism: Theory, method, and applications: Vol. 18. Cross-cultural research and methodology.* Thousand Oaks, CA: Sage, pp. 85-119.
(14) House, R. J., Hanges, P. J., Javidan, M., Dorfman, P. W., & Gupta, V. (2004) *Culture, leadership,*

and organizations: The GLOBE study of 62 societies. Thousand Oaks, CA: Sage.
(15) Minkov, M. (2007) *What makes us different and similar.* Sofia, Bulgaria: Klasika I Stil.
(16) Minkov, M. (2011) *Cultural differences in a globalizing world.* Bingley, UK: Emerald.
(17) 本書の著者は、消費者行動、コミュニケーション行動およびメディア利用の文化に基づく差異を理解する目的のために、3大モデルの全次元を使用している数多くの大規模データベースの相関分析と回帰分析によって、モデルを比較した。三つの次元については、45カ国の国スコアが利用可能であった。Hofstedeの次元については、スコアは、Hofstede、Hofstede、Minkov（2010）によって発表されており、本書でも別表Aで示している。GLOBEのスコアは、House他（2004）による著書で入手できる。また、Schwarzは、個人的に自身のモデルのための最新スコアを提供してくれた。これらの国スコアは、公表されてはいない。二つの重要なSchwarzの次元、自主的知性と自主的感情は、基本的に一つの次元であると思われ、非常に類似した結果を示し、後には自主的知性のデータのみが使用されたが、Schwarzは二つの平均スコアを使用する方がよいと提案している。GLOBEモデルに関しては、価値データは、あまりにも現実とかけ離れているため、実践だけを使用した。制度的集団主義の次元の実践は、排他的集団主義とは対照的に、なんら意味のある結果を示さなかったので、排他的集団主義だけを使用した。
(18) Hall, 1994, pp. 85-128.
(19) Ferraro, G. P. (1994) *The cultural dimension of international business.* Englewood Cliffs, NJ: Prentice Hall, pp. 50-51.
(20) Hall, 1984, pp. 16-27, 32-34.
(21) Adler, N. J. (1991) *International dimensions of organizational behavior.* Belmont, CA: Wadsworth, pp. 30-31.
(22) Ferraro, 1994, p. 94.
(23) Roland, A. (1988) *In search of self in India and Japan.* Princeton, NJ: Princeton University Press, p. 302.
(24) Hall, 1984, pp. 17-24.
(25) De Mooij, M. (1994) *Advertising worldwide.* London: Prentice Hall International, pp. 135-136.
(26) これは、イシカワの因果関係アプローチ、もしくはOakland, J. S.（1989）の特性要因図の中によって示されている。「トータル・クォリティ・マネージメント（第2版）Total quality management (2nd ed.)」、オックスフォード、イギリス。
(27) Kluckhohn & Strodtbeck, 1961.
(28) Doi, T. (1985) *The anatomy of self.* Tokyo: Kodansha International, pp. 147-148.
(29) Smith, P. (2006) When elephants fight, the grass gets trampled: The GLOBE and Hofstede projects. *Journal of International Business Studies, 37,* 915-912.
(30) Hofstede, 2001; Hofstede et al., 2010.
(31) Schwartz, S. H. (2011) Studying values: Personal adventure, future directions. *Journal of Cross-Cultural Psychology, 42* (2), 307-319.
(32) House et al., 2004.
(33) Schwartz, S. H. (2004) Mapping and interpreting cultural differences. In H. Vinken, J. Soeters, & P. Ester (Eds.), *Comparing cultures: Dimensions of culture in a comparative perspective.* Leiden, Netherlands: Brill.
(34) Javidan, M., House, R. J., Dorfman, P. W., Hanges, P. J., & Sully de Luque, M. (2006) Conceptualizing and measuring cultures and their consequences: A comparative review of GLOBE's and Hofstede's approaches. *Journal of International Business Studies, 37,* 897-914.

(35) Gelfand, M. J., Bhawuk, D. P. S., Nishi, L. H., & Bechtold, D. J. (Eds.). (2004) Individualism and collectivism. In House, R. J., Hanges, P. J., Javidan, M., Dorfman, P. W., & Gupta, V. (2004) *Culture, leadership, and organizations. The GLOBE study of 62 societies*. Thousand Oaks, CA: Sage. pp. 437-512.
(36) Hofstede, 2001.
(37) Macfarlane, A. (1978) *The origins of English individualism*. Cambridge, MA: Blackwell, pp. 146, 174.
(38) ドイツ系アメリカ人の経営教育者 Hoppe は、政治的エリート、および制度的エリートの人口に関する IBM 調査を反復し、イタリアは IBM スコアの結果よりも、ずっと集団主義的であることを発見した。Hoppe の調査では、フィンランドに関しても違いが見つかっており、フィンランドは、IBM スコアが示すよりも個人主義的である可能性がある。イタリアの個人主義もしくは集団主義のレベルに関して矛盾する情報は、おそらくイタリアが二文化依存であると言う事実によるものであろう：北部は個人主義的であるが、イタリアのそれ以外の地域は集団主義的である。Hofstede の IBM データは、主に北部で収集されたので、Hofstede の発見では強い個人主義となっている。消費とメディア行動のデータは国平均をベースとしており、これは個人主義か集団主義に関連しているが、イタリアは、スペインと類似のスコアである。しかし、スペインの方がずっと集団主義的である。
(39) Adler, 1991, p. 47.
(40) Hall, 1984, p. 86.
(41) Malkin, E. (1994, October 17) X-ers. *Advertising Age International*, 1-15.
(42) Coon, H. M., & Kemmelmeier, M. (2001) Cultural orientations in the United States. *Journal of Cross-Cultural Psychology, 32*, 348-364.
(43) Shavitt, S., Lalwani, A. K., Zhang, J., & Torelli, C. J. (2006) The horizontal/vertical distinction in cross-cultural consumer research. *Journal of Consumer Psychology, 16* (4), 325-356; Triandis, H. C. (1995) *Individualism and collectivism*. Boulder, CO: Westview Press, pp. 44-47.
(44) Nelson, M. R., & Shavitt, S. (2002) Horizontal and vertical individualism and achievement values. *Journal of Cross-Cultural Psychology, 33*, 439-458.
(45) See Appendix B Data Sources, European Media and Marketing Surveys (EMS) 2012.
(46) Kincaid, D. L. (1987) Communication East and West: Points of departure. In D. L. Kincaid (Ed.), *Communication theory: Eastern and Western perspectives* (pp. 331-340). San Diego, CA: Academic Press.
(47) Nielsen (2007, March) *Health, beauty and personal grooming, a global Nielsen consumer report*. Retrieved from http://pt.nielsen.com/documents/0705_PersonalGrooming.pdf
(48) See Appendix B Data Sources, World Values Survey, 2005.
(49) Minkov, M., & Hofstede, G. (2012) Hofstede's fifth dimension: New evidence from the World Values Survey. *Journal of Cross-Cultural Psychology, 43* (1), 3-14.
(50) See Appendix B Data Sources, OECD Programme for International Student Assessment (PISA) study (2009) *OECD Society at a Glance*. Unesco Institute for Statistics.
(51) Suyin, H. (1994) *Eldest son*. London: Jonathan Cape, p. 392.
(52) Ross, J. (1990) *The origin of Chinese people*. Petaling Jaya, Malaysia: Pelanduk (M) Sdn. Bhd. (Original work published 1916)
(53) Schwartz, 2004.
(54) *Harmonised European Time Use Survey, 2007*. European Commission, Eurostat report. See http://epp.eurostat.ec.europa.eu/portal/page/portal/eurostat/home

(55) Soong, R. (2003, December 23) Argentina, Brazil, Chile, Colombia, Ecuador, Mexico and Peru. Message posted to TGI Latina (www.zonalatina.com/Zldata332.htm).
(56) Davis, R. E., Resnicow, K., & Couper, M. P. (2011) Survey response styles, acculturation, and culture among a sample of Mexican American adults. *Journal of Cross-Cultural Psychology, 42* (7), 1219-1236.
(57) Den Hartog, D. N. (2004) Assertiveness. In R. J. House, P. J. Hanges, M. Javidan, P. W. Dorfman, & V. Gupta (Eds.), *Culture, leadership, and organizations: The GLOBE study of 62 societies* (pp. 395-436). Thousand Oaks, CA: Sage.
(58) Javidan, M. (2004) Performance orientation. In R. J. House, P. J. Hanges, M. Javidan, P. W Dorfman, & V. Gupta (Eds.), *Culture, leadership, and organizations: The GLOBE study of 62 societies* (pp. 239-276). Thousand Oaks, CA: Sage.
(59) Sandemose, A. 1938 En flygtling krydser sit spor [A fugitive crosses his own track]. Copenhagen: Gyldendals Bogklub. [Danish translation. Originally published in Norwegian, 1933.] English translation provided by Donald Nekman, personal communication.
(60) 「ヨーロッパ人はどのように時間を使うか―2002 (*How Europeans spend their time* -2002)」ユーロスタット・データ、1998〜2002年。ヨーロッパ9カ国。ショッピング活動に時間を費やす男性の割合―1日当たりの割合は、男らしさと相関関係がある。$r = -.72^{**}$. $R^2 = .52$。
(61) 「ソーシャル・バリューズ、科学とテクノロジー (*Social values, science, and technology*)」(2005年6月)。ユーロバロメータ特別リポート (EBS 225)。27カ国に対して、$r = .60^{***}$、また男らしさは、分散の36％を説明。選別された富裕16カ国に対しては $r = .72^{***}$ で、男らしさは、分散の52％を説明。
(62) Perspectives. (1996, April 22) *Newsweek,* p. 7.
(63) Hofstede, 2001.
(64) Minkov, M. and Blagoev, V. (2011) What do project GLOBE's cultural dimensions reflect? An empirical perspective. *Asia Pacific Business Review,* 1-17.
(65) Sully de Luque, M., & Javidan, M. (2004) Uncertainty avoidance. In R. J. House, P. J. Hanges, M. Javidan, P. W. Dorfman, & V. Gupta (Eds.), *Culture, leadership, and organizations: The GLOBE study of 62 societies* (pp. 602-653). Thousand Oaks, CA: Sage.
(66) See Appendix B Data Sources. World Values Survey.
(67) Samuelson, R. J. (1995, June 5) A nation of experts: If you think you're one, well, maybe you are. *Newsweek,* p. 33.
(68) 「欧州連合の市民とスポーツ (*Citizens of the European Union and sport*)」(2004)。ユーロバロメータ特別リポート。21カ国に対して、$r = .68^{***}$、不確実性回避は、分散の47％を説明。
(69) 「抗生物質 (*Antibiotics*)」(2003)。ユーロバロメータ特別リポート (EBS 183.3)、ヨーロッパ。14カ国に対して、不確実性回避指標：$r = .57^{**}$、PDI: $r = .62^{**}$。
(70) Suedo, K. (2004) Differences in the perception of face. In F. E. Jandt (Ed.), *Intercultural communication* (pp. 293-301). Thousand Oaks, CA: Sage.
(71) Minkov, 2007.
(72) Minkov, 2011.
(73) See Appendix B Data Sources, European Media and Marketing Survey (EMS) 2012.
(74) Kabasakal, H., & Bodur, M. (2004). In R. J. House, P. J. Hanges, M. Javidan, P. W. Dorfman, & V. Gupta (Eds.), *Culture, leadership, and organizations: The GLOBE study of 62 societies* (pp. 564-601). Thousand Oaks, CA: Sage.
(75) Minkov & Blagoev, 2011.

第5章

文化と消費者行動

　人がどのように行動するか、また、何に動かされるかということは、ほとんどが文化の問題である。消費者行動理論は、西洋の心理学と社会学に根ざしており、世界の他地域における消費者の行動の仕方を理解するのに適用できるとは限らない。西洋の心理学の多くは、アジアでは意味が無いこともある[1]。多文化間における人々の持つ自己に対する概念はさまざまであり、これが購買動機に影響を与える。パーソナリティ（personality）やアイデンティティ（identity）のような概念は、西洋の概念であり、個人の特性をブランドに付けるということも西洋的なものである。情緒や、それをどのように表現するかということは、文化に関連している。人々が情報をどのように処理するか、どのように決定を下すかの差異、また、革新的であるかどうかといった、これらの側面はすべて文化と関連している。グローバル・マーケティング、ブランディング、広告などを効果的に行なうためには、これらの差異を知り、理解しなければならない。本章では、消費者行動理論の概観を示し、文化の影響を指摘していく。

5-1. 消費者行動

　「消費者行動」は、人々が製品、サービス、アイデア、もしくはニーズと欲望を満足させる体験の選択、購買、使用、もしくは処分をする際に関わるプロセスの研究と定義[2]することができる。この定義においては、消費者行動は、購買の前、最中、後に消費者に影響を及ぼす事柄を含むプロセスと見なされる。人間行動のさまざまな構成要素は、このプロセスに含まれる。これらは、「人々とは何か」（私とは誰か）、自己とパーソナリティというように要約することができ、人々の属性と特徴（私はどのような人間か）、どのように感じるか、どのように考え、学ぶか、何をするか、によって定義される。感

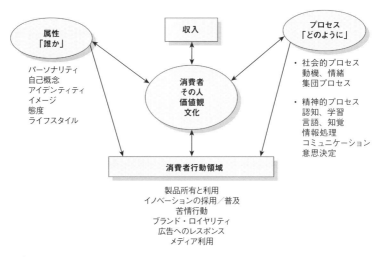

図表 5.1　異文化の消費者行動フレームワーク
出典：Manrai, L. A., & A. K. Manrai（1996）より。

じ、思考、行いに対する社会科学の表現は、「情緒（affect）」、「認知（cognition）」、「行動（behavior）」となる。

図表 5.1[3]に示したモデルは、「消費者の属性とプロセス」に関しての人の文化的構成要素と、「消費者行動領域」に関しての行動の文化的構成要素の構成を示したものである。まずは収入があるかないか。収入がなければ、消費は全くないかほとんどないので、収入は別の枠に入っている。人の属性はその人が何であるかに関連し、プロセスは何が誰をどのように動かすかに関連している。中心の質問は、「私は誰？」であり、人がどのような言葉で自分自身と他者を表現するか、つまりパーソナリティの特徴とアイデンティティである。「誰」に関連しているものは、態度とライフスタイルである。これらは、人の中心部であるからである。人がどのように思考し、理解し、何に動かされるのか、つまり「私」のいろいろな側面がどのように行動に映っていくかということが、プロセスのなかに見られる。

5-2. 消費者の属性

　西洋のマーケティングの一つの側面は、製品の属性、便益、もしくはそれを使用するユーザーを他者と区別する価値に焦点を当てる。もう一つの側面は、実際の自己と理想の自己との区別である。人々は自己概念と親和性のある（自分により近い）もの、また

はより「理想の自己」のイメージを強調する製品を購入する。その意味で、われわれの自己概念は、心の中にある。自分はどんなタイプの人間で、どのようになりたいかというイメージである。理想の自己について、よく言われる原動力は、自負心、自尊心、自己実現である。パーソナリティ、アイデンティティ、イメージという意味での自己の概念、理想の自己は、アメリカと北西ヨーロッパの心理学的研究から派生したものである。消費者行動の教科書に示されているこれら、またその他の心理学的モデルは、個人主義的な世界観から派生している。そして徐々に、その他のモデルもその他のグループによって開発されてきている[4]。本節と次節では、そのようなさまざまな世界観を示す。

自己の概念

消費者心理学で使われる自己の概念は、個人主義に根ざしている。これには、人に関する以下のような考えが含まれる。人というのは、独特の属性、性質、またはプロセスを持った自立した存在である。これらの内的属性もしくはプロセスの配置が行動を引き起こす。人々の属性やプロセスは、すべての状況で一貫して行動によって表されるが、この一貫性は良とされる。状況によって変化する行動は、偽善的、病的とみなされる。

自己の集団主義的モデルにおいては、人は基本的に相互依存している。自己は、他者や周りの社会的背景と切り離すことはできない。この自己概念は、アジア、南アメリカ、ロシア、中東、アフリカ、南ヨーロッパに特徴的である。人間性の相互依存という見方には、人に関して以下のような考えが含まれる。人というのは、周囲を取り囲む社会的関係の一部である相互依存した存在である。行動は、人が相互依存している他者への反応の結果であり、行動は、関係性に端を発する。個人の行動は、状況的である。一つの状況から次の状況、一つの時点から次の時点へと移るたびに変化する。この社会状況に影響されやすいのは、良とされる[5]。集団主義文化における相互依存自己の次には、家族[6]自己という言葉が使用される。これは、「私たち」という自己であり、さまざまな状況に関係を示す。これには私的な自己と公的な自己が含まれる。私的な自己は、その人の属する内集団の他者との相互依存を操作する。そこには他者への共感、受容性などの情緒的なつながりがある。外集団との関係における社交辞令（social etiquette）は、公的な自己によってさまざまな人間関係の状況のなかで維持される。

個人主義文化では、若者は家族以外のさまざまな社会的集団の中で自立して機能できるように、アイデンティティを発達させなければならない。これがうまくできないと、アイデンティティ・クライシスを起こすことにもなる。集団主義文化では、若者の発達は、複雑な階層の家族的関係性のなかで、依存を尊ぶ必要性に基づいている。集団の理想は、互いのようになることで、互いに異なることではない[7]。

中国の子どもが初めて話す言葉は、人に関連したものであるが、アメリカの子どもが

最初に話す言葉は物に関するものである[8]。日本では、気持ちよいということは、友好的に感じるというように、対人関係に関連することが多いが、アメリカでは、気持ちよいというのは、優越感を覚えるとか、プライドを感じるなど、対人関係の距離に関連することの方が頻繁である。イギリスでは、幸福を感じることは自立心とポジティブな関連があるが、ギリシャでは、良い気分と自立心とはネガティブな関連がある[9]。

個人主義者にとって、行動の規範は、自立、自己主張、自己実現、さらには高度な言語的自己表現である。集団主義文化の構成員は、自己を属する集団の一部と実感している。その結果、集団主義文化の構成員にとって、自尊心というものは、もし概念として使われた場合でも、個人とは結びつかず、他者との関係と結びつく。自己は、一連の抽象的で、ユニークな特徴としては定義されず、社会的、個人的関係性のネットワークによって定義される。日本では、「自分を尊重する」とは、自分自身をいつでも慎重な人として示すことを意味し、英語で言うところの、意識的に立派な行動基準を取るというような意味はない。インドでは、「私たち」という自己尊重は、内なる敬意や尊敬が自分だけではなく、祖父母を含めた大家族の「私たち」周辺、特にコミュニティ（ジャティ）や人が属する他集団でも同様に経験されることを意味する[10]。これらは、内集団や、インナー・サークルと呼ばれ、外集団やアウター・サークルの反対である。

富裕化が進む集団主義文化では、消費習慣のなかに、消費者が個人の自由のような、西洋の個人主義的価値を取り入れていることを示唆しているものがあるように見えることがあるが、これは誤解を招く可能性がある。近代中国では、勧められれば若い消費者は自分の好みを自由に表現することに魅力を感じるかもしれないが、そのような個人の自由は、それが個人的なものにとどまり、集団的な道徳規準に反さず、共同の利害を脅かさない場合に限って容認される[11]。

個人主義の次に自己概念の変化を説明するものは、男性らしさである。家族の価値を含め、関係性志向は、集団主義文化に特有のものだが、個人主義文化であっても女性らしさの文化にも見られる[12]。女性らしさの文化では、謙遜と関係性が重要な特徴であり、男性らしさの文化では、自己高揚が自尊心につながり、これが、心理学的健康の有効なバロメーターである。個人主義と男性らしさの文化（アングロサクソンの文化）、が配置されている文化では、自己高揚または、自尊心の高揚は、最も目立っている。これは、**写真 5.1** のディスカバー・カードのテレビ・コマーシャルにも見ることができる。クリスマスの飾りを購入するためにこのカードが使用される。この人物が何を買っても、隣人はもっとたくさん持っている。彼は、自分の方が少ないことが我慢できない。そこで、ついに自宅すべてをイルミネーションで飾る。このカードでそれを買ったのである。

男性らしさの影響は、「ヨーロビアン・ソーシャル・サーベイ」[13]の質問にも見ることができる。西ヨーロッパ、東ヨーロッパ諸国の回答者に対し、他者からの尊敬を得る

写真 5.1　ディスカバー・カード、アメリカ

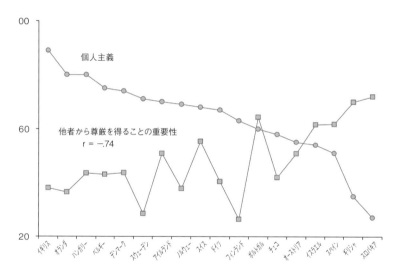

図表 5.2　他者から尊敬を得ることの重要性
出典：Hofstede（2010）より（別表 A 参照）；「ヨーロビアン・ソーシャル・サーベイ」（2002/2003）（別表 B 参照）。

ことの重要性についてマークを付けるようにした。集団主義は、分散の 47 ％、男性らしさはさらに 13 ％にのぼる。他者からの尊敬と集団主義の関係は、**図表 5.2** に示しているが、これもスウェーデン、ノルウェー、フィンランドのような女性らしさの文化のスコアは、アイルランド、スイス、ポーランドのような男性らしさの文化よりも低いことを示している。

　自己高揚と自尊心は、多くの消費活動がこの双方を増強することから、マーケティン

グと広告の本質的要素である。人が自分自身を提示する方法はさまざまなので、この概念はソーシャル・メディアを機能させるときの差異を理解するためにも重要である。他者や社会との関連における自己の認識は、自尊心と関連している。しかし、自尊心にたどり着くのは、これだけではないことが分かっている。北米人にとって自己高揚は自尊心につながるが、東アジアの文化では自己改善につながる。自己高揚もしくは前向きな自己関連情報に対する一般的な感受性は、ヨーロッパ系アメリカ人[14]にとっては能力を確認するものである。東アジアでは、自尊心はメンツを保つことに結びついており、これは自身の役割に適した行動に合うことを示す。自己改善のモチベーションがメンツを保つことを助長する[15]。

　儒教の影響を受けたアジア社会の基本的なニーズの一つは、他者から尊敬されることである。尊敬は、社会的な優越を示す。適切なブランドを所有することは、優位性を確立することである。Luによれば、ブランドは、この点においてさまざまな機能を持つ。「フェラーリやポルシェを所有することは、所有者の富を明確に誇示することであるが、ロールスロイスやベントレーの所有は、富の誇示だけではなく、権力や社会的地位を示唆する」[16]。

　しばらくの間、自己高揚と自尊心は、個人主義文化の典型的な現象であると思われていた。目立ったり、他者よりも優位に立とうとしたりすることで、自尊心を維持し強化する傾向は、個人主義と関連していると想定されていたからである[17]。しかし、個人主義文化の中でも自己高揚の差異は、かなり存在ある。これらの差異は、文化の男性らしさによっても説明ができるが、長期／短期志向の次元でよりよく説明できる。例えば、アメリカ人は、ドイツ人よりも自己高揚に大きな重要性を置くが、どちらも男性らしさのスコアは高い。ところが、長期／短期志向ではスコアが大きく異なる。ドイツ人は高く、アメリカ人は中程度である[18]。プライドや自尊心を感じることは、アメリカのような短期志向文化に強いが、ラテン・アメリカやアフリカ文化ではさらに強く、アフリカ社会では、いわゆる自賛の歌を歌うことが知られている。自尊心の高揚パフォーマンスや見せびらかしのような自己高揚は、北米人の自己の総合的側面である。アメリカ人社会学者のGoffman[19]は、自己の構築を「アングロ－アメリカン社会におけるパフォーマンスをどのようにアレンジするか」という観点から見た。自己高揚の差異は個人主義文化、集団主義文化の両方にわたってかなり大きい。

　自己開示における差異も関連している。ソーシャル・ネットワークのようないくつかのインターネット手法は、対面の状況よりも自分自身についていろいろなことを開示することを誘発するようだが、これも文化によってさまざまである。西洋では、インターネットは自己開示にとって理想的な状況を提供しており、人々は、実際に対面している状況では表現しないと思われる、言語による感情表現を発露させる傾向にある。一方、東ア

ジア人にとって自己開示は否定的な意味合いがある。パートナーが自分自身についてあまりにも多くを公開すると、もう一方はこれを不適切、もしくは彼(彼女)は無能力なんだととるかもしれない[20]。このことに関しては、第7章と第8章でさらに検討する。

自己の文化的側面を理解することで、マーケターは、西洋の自己概念を他の文化に広めるときには慎重になるべきである。例えば、自尊心、自己確信、自己一貫性、自己実現、認識、表出、支配、独立、達成へのニーズなどの個人を動かすものがある。

パーソナリティ

広義のパーソナリティとは、人が「内部属性(特質、能力、動機、価値など)の独自な配置から成る独立した自己充足型の自立した存在である。そして、主にこれら内部属性の結果、行動する」と定義される個人主義文化において、人としてあるべき姿を現している[21]。このパーソナリティは独自で、さまざまな状況にわたって一貫している。すなわち、人はさまざまな状況でも、その人柄にあった一貫した行動をすると仮定されている。パーソナリティは通常、自主性や社会性のような特徴という観点から説明される。社会的環境から切り離された自立した存在としてのパーソナリティのこの概念には、個人主義文化の独立自我の特徴が含まれている。集団主義文化においては、人々の理想的特徴は、社会的役割によって異なる。行動は、さまざまな状況の要素によって、さらに強い影響を受ける[22]。東アジアの考え方では、はっきりした人と状況の区別をつけず、人と状況の間の境目のない、より総体的なイメージが人である。東洋人は、パーソナリティの特質は状況的影響によって絶え間なく形成されると信じている[23]。南アフリカのンングニ(ngani)諸語の話者のなかでは、パーソナリティは状況と関係性の背景によって変化する。また、ンングニ諸語には特質を表す言葉は少なく、社会性もしくは反社会的行動に言及する個人に関する表現は、西洋のパーソナリティの特質に見られるものよりも数が多い。西洋の概念の本質であるパーソナリティに一貫性がないという事実は、パーソナリティという概念が普遍的ではないということを示唆している[24]。

パーソナリティの特性

自分自身と他者を抽象的な特徴という観点から描写する西洋の習慣は、個人特性の特色を示すシステムの発展につながっていった。このような特性の例は、「神経質(nervous)」、「熱狂(enthusiastic)」、「独創的(original)」などである。英語には特性を描写する形容詞は数多くあるが、西洋社会で見受けられる主な特性集団は、数少ない。最もよく使用される特性のセットは、5因子モデルと呼ばれ、最新版は、HofstedeとMcCrae[25]により「改訂NEOパーソナリティ調査表(NEO-PI-R)」と名付けられている。このモデルは、神経症的傾向(N)、外向性(E)、体験に対する開放性(O)、同調性(A)、

誠実性(C)の5つの因子で構成されている。各因子は、六つの具体的な特性や様相によって定義される。例えば、誠実性は、能力、秩序、忠実、達成する努力、自制心、慎重で表現される。これらの5因子は、さまざまな多くの文化で見ることができているが、文化によってウエートは変化する。文化との関係性は、Hofstedeの文化変数を、36文化における5因子の個人レベルスコアの文化レベル平均と相互比較することで見つかっている。5因子はすべて一つ以上の文化的次元と関連していた。例えば、神経症の傾向は、強い不確実性回避と男性らしさの高い文化でスコアが高い。外向性スコアは、義務や安全よりも自主性と多様性が評価される個人主義文化で高い。

　同じ質問一式を使用した調査では、さまざまな文化で5因子構造が類似の結果となっているが、これらだけが既存の人間性の理解であることを意味してはいない。単に英語の質問一式が翻訳されたとき、類似の5次元的構造になるということを示しているだけである[26]。他にもまだ発見されていないパーソナリティの理解があると思われる。また、異なる因子は、さまざまな様相に関して変化する可能性もある。例えば、開放性は、中国文化のパーソナリティ特性群の目立った次元としてはあまり使用されない。これは、開放性は、伝統的中国文化では奨励されないことから理解できる。中国文化で「開放的」な人の測定をするためには、対人関係における寛容さや社会的感受性の方が関連性が高く適切である[27]。

　西洋の個人主義者は、特性をその人の一部であると見なすので固定したものと見なす。東アジアの集団主義者は、特性は状況によって変化するものだと見なすので、変更可能であると見なす。個人主義者が、自身や他者について描写するときは、個人的自己の要素を客観的で抽象的な言葉で、状況とは関係なく使用する（私は親切だ、彼女はすてきだ）。集団主義文化の人々は、集団的自己の要素を使うか、また状況のなかでの人々の行動を描写することが多い傾向にある（私の家族は、私が親切だと思っている。なぜなら家族にケーキを持ってきてくれる）[28]。

　個人主義文化では、心理学的特性と行動の間の一貫性が強調されているため、パーソナリティの特性は、行動を予測するために使用される。集団主義者は、状況的な手がかりに高い価値を置くので、行動予測をするためのパーソナリティの特性の実用性は、個人主義文化ほどは高くないだろう[29]。

アイデンティティとイメージ

　「アイデンティティ」は、人が自分自身について持っている見解、その人特有の性質、その人の身体、その人が重要と考える価値と定義される。「イメージ」は、他者が人をどのように見て、判断するかである[30]。パーソナリティに関するアイデンティティの定義は、独立した個人主義的自己についての言及である。

ほとんどの西洋文化では、人は自身と他者のアイデンティティを、パーソナリティ特性、および年齢、職業など、その他の個人的特徴に基づいて評価する[31]。集団主義文化では、人はそうすることに慣れていない。他者との調和的関係を維持できる能力という点から自分自身の評価を行なう。人のアイデンティティは、集団である。家族、近隣地域、学校、または働いている会社などである。

　西洋の消費者行動理論は、個人は自分の「本当の」アイデンティティの一部を形成するパーソナリティ特性に満足できるとしている。そうでなければ、好ましいイメージへと変化することを望むであろうというのである。これは精神分析学者が「理想自己」と名付けたものを反映するアイデンティティを作り出した。これら二つのアイデンティティの側面が互いに遠く離れている場合は通常そのギャップを少なくしようとする努力がされるが、個人主義文化では、物質の所有がその目的のために使える。個人主義文化では、ブランドは、理想的、独自的アイデンティティに貢献することができるが、集団主義文化では、ブランドは、社会における地位を誇示するための社会的地位のニーズに役立つ。

　西洋の心理学では、身体はアイデンティティの一部と見なされる。身体の尊重は、自尊心に関連しており、身体的に魅力的な人には、より望ましい特徴があると考える。何が身体的魅力を構成するのかに関する調査のほとんどは、西洋社会で行なわれた。しかし、アメリカにおけるそのほとんどは、女性の身体的魅力が厳密な選択基準で判断されるため、自己批判につながる傾向がある。典型的なアメリカ人女性は、自分の身体に対する不満を人生の早期から口にし始め、成年になるまで続ける。望ましい外見は、より大きな自尊心につながるというのが一般的な見解である。日本では、成功を内的なものよりも外的なものに起因すると考えるので、尊重の源として身体に重点を置くことは少ない[32]。儒教哲学は、自尊心と幸福の発達に、外的容貌は社会的役割の成功よりも重要でないとしている[33]。何が魅力的だと考えられるかは、さまざまだ。例えば、日本人は大きな目と小さな口とあごを魅力的だとするが、韓国人は、大きな目、小さくて高い鼻、小さくて薄い顔を好む[34]。西洋では肥満は眉をしかめられるが、アフリカの一部地域では、男性の富、女性の受胎能力のシンボルとして認識されている[35]。

　西洋人の世界観から、ユニリーバは、自社のパーソナル・ケア・ブランド、ダブの世界的な「本当の美のためのキャンペーン」を展開し、普通の女性を出して本当の美は、内面にだけ見つけることができるとした。つまり、すべての女性が美しく感じる価値があるということである。このメッセージは、本当の美は、ファッション・モデルだけによって表現されるものではない。ユニリーバは、さまざまな国で身体的な魅力に関する女性の自己描写と意見の調査を発表した[36]。自分を魅力的だと思う女性の割合は、個人主義、低権力格差、低不確実性回避と相関関係にある。低不確実性回避は、分散の

写真 5.2　ダブ・プロエイジ印刷広告（オランダ）およびインターナショナル・テレビ広告の画像

78％にのぼる。これは、人々が自己に終始していることの多い西洋社会の構造である。メディアや広告は、もっと日常的な女性を示すべきだという意見は、同じ構造と相関があり、低不確実性回避が分散の53％にのぼる。高権力格差と高不確実性回避の文化では、身体的に魅力的な女性は、男性からの評価が高いというのが女性の意見である。高権力格差は、分散の75％にのぼる。これらの文化では、自己は他者との関係のなかで考えられる。これにより、女性の美と女性の魅力の重要性に対する意見は、文化によって変化し、特に東西間で大きいということが示されている。また、西洋では年を取ることは、女性の魅力を減少させることであるが、これもダブがダブ・プロエイジ・ブランドのための広告で使用したもう一つのテーマだった。これは、アジアのほとんどでは、問題ではない[37]。ダブ・プロエイジのキャンペーンは、50歳以上のヌードの女性を起用し、美に年齢制限はないというメッセージをつけた。**写真 5.2** はプロエイジのキャンペーン写真である。オランダの広告は、「自分自身を知り、自分の肌を知ろう。あなたの肌を輝かせよう」と書いてあり、白髪まじりの女性のヌード写真がついている。他の2枚の写真は、インターナショナル・テレビ広告である。アメリカでは、このテレビ広告は、裸体が多いという点で、連邦通信委員会の規制に沿ったものではなかったので、放送を禁止された。

マーケティングにおけるパーソナリティとアイデンティティ

　西洋のマーケティング実際と理論では、アイデンティティとパーソナリティは、ブランドのポジションを明確にするために使用される。ブランドにパーソナリティを加えるという西洋の方法の基礎には、いわゆる自己とブランド一致がある。これは消費者の中にある傾向で、自己イメージと一致するブランドを使用し、自分の自己概念を創り上げ、コミュニケーションする。しかし、自己とブランド一致の効果は、集団主義文化よりも

個人主義文化での方がはっきりしており、これは自己一貫性についての異文化間の差異に関連している⁽³⁸⁾。

　ブランド・パーソナリティやブランド・アイデンティティという概念は、個人主義文化からのメタファーでもあり、集団主義文化ではあまり理解されないし、有効性も低い。「アイデンティティ」や「パーソナリティ」という概念に対する言葉は、中国語や日本語には存在すらしない。英語の「アイデンティティ」に対する日本語の翻訳は、「私が私であると自覚すること」である。しかし、その意味は、この自己の自覚は、他者との関係に基づいているという示唆にある。カタカナ（日本語の言語体系のなかで、外国の言葉に使用される）のアイデンティティが使用されるが、言葉を使用するといっても、必ずしも概念的に同等であるというわけではない。

　個人主義文化においてさえ、一つの文化で平均的な人々に認識されたり、魅力的であったりするブランド・パーソナリティが、他の個人主義文化の平均的な人々に認識されたり、魅力的であったりするとは限らない。ブランドは時間をかけてパーソナリティを獲得し、それは、そのブランドが展開している市場の状況から発生するところが大きい。この事情は、対象とする他の市場では同様に繰り返されないこともある一連の独特性から構成される⁽³⁹⁾。

　人間のパーソナリティ特性の構成が文化に関連しているのなら、ブランドのパーソナリティの構成も文化に関連しているだろう。Jennifer Aaker⁽⁴⁰⁾は、ブランド・パーソナリティの次元を定義するために、いろいろな文化を対象に、いくつかの調査を行なった。アーカーは、アメリカにおいて5つのブランド・パーソナリティ因子を見つけ、「誠実」、「刺激」、「能力」、「洗練」、「たくましさ」とラベル付けした。最初の三つは、人間のパーソナリティの要素、「同調性」、「外向性」、「誠実性」と似ている。日本とスペインの類似調査は、追加的であるが、国特有の因子を導きだした。日本とスペインでは「平和さ」、そして、スペインではスペイン特有の次元があり、これを「情熱」とラベル付けした。韓国でナイキ、ソニー、リーバイス、アディダス、フォルクスワーゲン、BMWなどの有名グローバル・ブランドのブランド・パーソナリティ調査をした結果⁽⁴¹⁾、二つの韓国特有のブランド・パーソナリティが発見された。最初のものは「受動的な感じのよさ」で、これには簡単、滑らか、家族志向、陽気、感傷的などが含まれる。二つ目は、「優勢」とラベル付けされたが、これには厳格、重い、知性、大胆といった特性が含まれる。これらの調査結果は、たとえ、一貫性を望む企業が、特定のパーソナリティ特性をグローバル・ブランドに関連づけたとしても、多様な文化の消費者は、それらのブランドにさまざまなパーソナリティを付けるということを示唆している。これらは消費者から適していると見なされた特性であるが、企業が望むものとはかなり異なることもある。異文化間のブランド価値研究⁽⁴²⁾によれば、「友好的」というブランドの特徴は、不確実性回

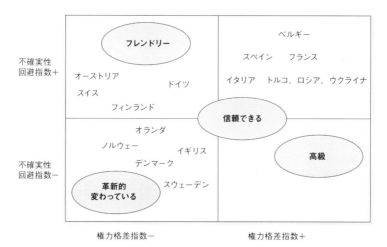

図表 5.3　強力なグローバル・ブランドにあるとするブランド・パーソナリティ特性
出典：Hofstede（2010）からのデータ（別表 A 参照）；クロカス調査。

避が高く、権力格差の低い文化に備わることが最も多い。権力格差の低い（また、個人主義的な）文化では、友情は、第4章の個人主義−集団主義で説明したように、友人を作るために努力しなければならないので、やはり重要であると見なされている。友人の重要さに関する二つの調査結果は、権力格差との相関関係を示している[43]。「名声のある」は、権力格差の高い文化のグローバル・ブランドに備わる特徴で、「信頼できる」は、不確実性回避の高い文化で強力なブランドに備わることが最も多い。権力格差が低く、不確実性回避が低い文化では、「革新的」や「特別な」を、これらのブランドにつけた。つまり、消費者は、自分たち自身のパーソナリティの嗜好をグローバル・ブランドに投影しているのである。**図表 5.3** は、強力なグローバル・ブランドに付けられたさまざまなブランド特性のマップである。

　ブランド・パーソナリティ概念の一般的な解釈は、個人主義文化の構成員よりも集団主義文化の構成員の関連性が低い。人が状況を外れて抽象的な言葉で自分自身を表現することに慣れていないと、ブランドに対してもそうできる可能性は低くなる。集団主義文化では、人々が他者との関連のなかで自分自身を描写する傾向があるのなら、自分たちが手本とする実在の人物とブランドを関連づけるほうを好むこともある。これは、日本人がブランドを抽象的なパーソナリティ特性ではなく、有名人と結びつけることの説明にもなるだろう。

　クリエイティブ・チームにとっては、クライアントに人気のあるタレントを中心にキャンペーンを構築したものを提示する方が、抽象的なクリエイティブ・コンセプトについ

て語るよりも、提案キャンペーンの説明が簡単である。一般的に、集団主義と広告への有名人の使用には有意な相関関係がある[44]。

　コンテクストと状況が非常に重要な集団主義文化の構成員にとって、ブランド・コンセプトは、あまりにも抽象的で、個人主義文化の構成員のような方法で語ることはできない。2002年に行なわれた「リーダーズ・ダイジェスト、信頼されるブランド調査」は、ヨーロッパ18カ国の人々に、知らないブランドを購入することの可能性についてたずねている[45]。「聞いたことはあるが、まだ買ってみたことはないブランドの購入を考慮することは非常に／かなり高い」という設問への回答は、個人主義と有意的な相関関係があった（$r = .82^{***}$）。コンテクストから外れたブランドの関連性は、個人主義文化の構成員よりも集団主義文化の構成員に対して低かった。コンテクストと状況が重要な場所では、人々は、さまざまな状況によってブランド選択を簡単に調整することもある。Hessler[46]は、自身の著書、「疾走中国 変わりゆく都市と農村（原題：*Country Driving*）」の中で、主人公の一人が、街や田舎での使用にあわせて、さまざまな煙草のブランドを、どのように運んでいるかを描いている。

　ブランドは、個人主義文化と集団主義文化では異なった機能をする。個人主義文化ではブランドは独自のパーソナリティとなるが、集団主義文化では企業への信頼を生み出す。アメリカ企業は独自の特徴を持つ製品ブランドを開発しているが、日本企業は一般的に企業ブランドに重点を置く。要するに、これは企業に対する消費者の信頼を喚起し、同社の製品を購入するように説得するということである。日本と韓国の企業は、アメリカやドイツの企業よりも、テレビ広告で企業のアイデンティティ・ロゴを頻繁に示す[47]。中国では、有名ブランドに対する第一の連想は、信頼である[48]。

　ブランド・コンセプトの重要性は、個人主義文化では、ブランドは一貫性のある特徴を持ち、独自ではっきり区別できるものでなければならないが、集団主義文化ではブランドはより大きな全体の一部、つまり信頼される企業の製品と見なされる。

態度

　西洋の消費者行動学者は「態度」を、（自分自身を含めた）人々、物、広告、または問題の永続的、もしくは全体的な評価であるとしている[49]。態度は、感情的、認識的な要素を持つ。感情的要素には、ものに反応して経験する感情や情緒が含まれる[50]。両方とも行動に関連している。西洋のブランディング理論では、ブランドに対する態度の認識的、感情的、行動的要素は、ブランド信念、ブランド評価、購買意図として訳される。これら3要素の関係は、「まるで、消費者がいつでも一つの要素から次の要素へとステップを踏んでいくかのように、効果の階層」として知られている。

　西洋の定義では、態度は、人の環境を組織し構築する役に立ち、人の基準枠の一貫性

を提供する。個人主義者は、自分の態度、感情、行動の間に一貫性を求める[51]。態度と行動の間の一貫性に対して求めているのは、一定の状況下（個人主義文化の）では、消費者の行動は、製品、サービス、ブランドに対する態度から予測が可能であるということを示唆しており、購買予測はポジティブな態度から導かれる。しかし、集団主義文化においては、人々は自身の社会的アイデンティティ機能を全うする態度を作り、態度と将来の行動の間に一貫した関係性は存在しない。これは反対の関係性のこともある。行動（製品使用）がまずあって、態度を明らかにする。集団主義文化では、個人主義文化よりも、共有体験がブランド態度にポジティブな影響を与える[52]。

広告の効果を評価するために、広告に対する態度が測定される傾向にあり、その情報が購買意図の兆候として使用される。これは、個人主義文化では論理的なやり方であるが、集団主義文化では同じ様には機能しない。

態度と行動の関係性を測定する最も広く知られているモデルは、フィッシュバインの行動意図モデルで、推論行為の理論としても紹介される。フィッシュバインは、人の行動意図は、態度に関する要素、もしくは個人的な要素と、規範的要素もしくは社会的要素によって決定されると仮定した。個人の要素、もしくは行為に対する態度は行動の個人的判断に向かい、規範的要素もしくは社会的要素は、他者からの期待など行動に対する社会的圧力に向かう[53]。西洋では、「社会的圧力」と呼ぶものが、個人主義者に及ぼす影響は比較的弱い。個人主義者は、自分自身のパーソナリティ的な態度が購買決定に影響を及ぼすとするからである[54]。個人主義的な社会規範は、「メンツ」を持たないので、集団主義文化とは異なる負荷がある。メンツは、集団主義者が社会的地位に従って行動する動機となる。自分の社会的地位に対する期待に反して行動すると、その人の道徳的統合性に影を落とす[55]。このように、集団主義文化では、規範とは人の地位の基準に沿うことであるが、フィッシュバイン・モデルの社会的規範要素は、他者の意見の知覚を測定する。

態度と意図は、人が感じ、知るもので、言葉にするものから派生する。意図とは、さまざまな文化で相違が大きく、多くの場合貧弱な予測因子である。意図は測定されなければならないが、反応スタイルにおける差異によって、購買意図と実際の購買との関係が異なる原因になる場合がある。例えば、イタリアで新製品を試した人の55％が、絶対にその商品を購入すると言ったら、その商品はおそらく失敗するだろう。もし、日本で5％が絶対に購入すると言ったら、その商品は成功する見込みがある。人々が運命や実権者のような、表現した意図の実現にいつでも干渉してくる外部のコントロール不可能な要因に慣れていたら、行動に変容しないポジティブな意図を容易に表現することになる。この差異は、サーベイ研究のセマンティック・スケール（訳注：正反対の形容詞からなる複数の評価尺度を用いて対象の評価を行なう尺度）に対する人々の答え方に反

図表5.4 環境に優しい製品の購買意図と実際の購買の関係性

国	環境に優しい製品を購入する用意がある（％）	環境に優しい製品を購入した（％）	差異
ギリシャ	88	13	75
ポルトガル	75	7	68
ポーランド	77	13	64
ドイツ	76	18	58
オーストリア	81	33	48
スウェーデン	88	42	46
デンマーク	86	41	45

出典：ユーロバロメーター（2008）。ヨーロッパ市民の環境に対する態度

映されている（第6章参照）。

　個人主義文化の求めている一貫性は、購買意図を販売予測の判断材料として測定することにつながってきた。しかし、意図と実際の行動の間にはギャップがあり、このギャップは文化によって異なる。ヨーロッパでは、この差異は、不確実性回避と関連している。つまり、不確実性回避の国別スコアが高いほど、ギャップも大きくなる。**図表5.4**は、環境に対する態度のユーロバロメーター調査からの一部データを使って、これを示している。

　さまざまな文化によって、特定製品、製品カテゴリー、もしくは消費習慣に対する人々の態度は異なる。その例となるのは、食品の安全性、健康、全般的な消費に対する態度、または、物質主義の程度である[56]。ブランド選択に強い影響力を持つ国レベルでの態度は、消費者エスノセントリズム、または消費者敵対心で、これらがブランド選択に影響を及ぼす。消費者は、製品やブランドの原産国に敏感である。ブランドの原産国、もしくは外国の響きのあるブランド名は、消費者の知覚に影響する[57]。特定の国に対してポジティブな態度を持っていたり、ネガティブな態度を持っていたりする消費者は、当該国に関連した広告に好意的、もしくは否定的な反応を見せる[58]。外国製品に対する態度は、原産国によって変化する。例えば、日本は技術的に最先端であり魅力的な価格であると判断され、ドイツは信頼できる頑丈な製品の本拠地である。フランスとイタリアは、スタイル、デザイン、洗練で優位性を共有している[59]。

　消費者が自国の製品やブランドを他国の製品やブランドよりも好むとき、これは消費者エスノセントリズムと呼ばれる。一般的に、先進国では、自国製品に対する嗜好が開発途上国よりも強い[60]。消費者エスノセントリズムは、長期志向次元で測定できる愛国の誇りの程度に関連している。ラテン・アメリカでは全体的に愛国の誇りが強く、67％が、「自分の国で製造された製品を買うほうが好きだ」という意見に賛成している[61]。

消費者エスノセントリズムは、すべての外国からの製品よりも自国製品を好むということであるが、消費者敵対心は、軍事的、政治的、経済的要因を理由として、特定の国の製品購買を嫌がることである。したがって、消費者エスノセントリズムが低い人でも、特定の国の過去の（もしくは現在の）軍事的、政治的、経済的行為に対する罰として、その国の製品を買い控えることがある。このような消費者敵対心の例としては、1931年から1945年の日本の占領時代の残忍な扱いを原因とした中国、南京の日本製品に対する敵対心や、南太平洋でのフランスの核実験を原因としたオーストラリアのフランス製品に対する敵対心がある。元植民地諸国では、消費者敵対心は、元植民地支配をしていた国々に向けられることがある。敵対心が、対象国からの製品の知覚品質に影響することは見られないが、製品の購買意欲には確実に影響する[62]。

ライフスタイル

「ライフスタイル」は、共有された価値、または消費パターンに反映される嗜好という観点で説明される。個人的特徴は、独自なライフスタイルを作っていくための原材料であると見なされる。経済的な意味では、人のライフスタイルは、人がどのように収入を配分するかということであるが、ライフスタイルは、実際の行動を説明する（が、理想ではない）心理的構図であると見なされることの方が多い[63]。

ライフスタイルは有効な国内基準と見なされるかもしれないが、実際はライフスタイルは、国特有のものであるから、異なる文化のセグメント定義にはあまり有効ではない。まだ誰も国をまたがる議論を裏付ける経験的基礎を生み出していないので、ライフスタイルの類似性は文化的差異よりも強い。その一方、徐々に文化はライフスタイルに優先する証拠が見つかっている。文化を超えて一定グループの人たちが、特定製品の所有をしていることが分かったとしても、これらの製品を購入する動機は非常に多様であり、インターナショナル広告を作成するためには、これらのライフスタイル・グループは、有効ではない。

5-3. 社会的プロセス

社会的プロセスは、消費者行動の「どのように」を扱うもので、動機、ニーズ、原動力、情緒、グループ・プロセスを含む。すべては行動を誘導するプロセスである。情緒の中には、内面的なものもあるが、多くは社会的環境との相互作用の結果である。

ニーズ

消費は、機能的ニーズ、もしくは社会的ニーズにより動かされ得る。衣類は、機能的

なニーズを満足させる。ファッションは、社会的ニーズを満足させる。自動車は、機能的ニーズを満足させることもあるが、自動車の種類によっては、社会的ニーズを満足させることもできる。多くのグローバル・ブランドは普遍的に思えるが、文化によって、いろいろな理由で購入されている。一つの文化では機能的ニーズのものが、他の文化では社会的ニーズとなることもある。自転車は、輸送手段として必要な多くの中国人にとって機能的ニーズであるが、社交やフィットネス用に使用するほとんどのアメリカ人にとっては、社会的ニーズである。

特定製品の属性に対する感度の差異と購入動機の多様さは、製品カテゴリーによって異なる内在的な文化的価値によって説明することができる。例えば、高い不確実性回避の文化では、ミネラル・ウォーターに対する全体的ニーズは純粋であるが、これは不確実性回避の低い文化では重要でない。アルコール飲料は、男性らしさの文化では地位的価値を持つが、女性らしさの文化ではそうではない。また、ウィスキーの消費は、権力格差の高い文化では社会的地位に関連している。自動車に関しては、ニーズは安全、地位、デザイン、環境への優しさの間で多様になるが、これらはすべてさまざまな文化的価値に関連している。

マズロー[64]は、人間の欲求を重要性の段階別に分類した：生理的欲求、安全欲求、社会的欲求、尊厳の欲求、自己実現の欲求である。マズローの欲求段階の概念は、人の行動は欲求を満たすために行なわれ、個人がどの欲求を満たすかの選択に直面したときには、他の欲求に優先する何か欲求があるという仮定に基づいている。生理的欲求は、安心、安全、集団加入、もしくは尊厳欲求に優先する。ピラミッドの最上位は、自己実現である。**図表 5.5** は、マズローの段階を描いたものである。

マズローの欲求段階は一般的に普遍的なモデルとして提示されるが、異文化との関連

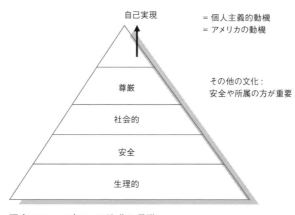

図表 5.5　マズローの欲求の段階

性が疑問視されるようになっている。非生理的な目標には、普遍的な順序があるというマズローの仮説を裏付ける証拠はほとんどない。普遍的な人間のパターンは、生理的欲求は上層階の欲求に優先するというものであろうが、生理的欲求の順序付けは文化によって異なる。

自己実現は、非常に個人主義的でアメリカ的である。集団主義文化においては、実現されるものは自己ではなく、内集団の（その構成員個人のではなく）利益や名誉である。集団主義文化においては、所属と安全は一つに収束する。自分を集団から目立たせることは非常に危険である。安心や安全は、不確実性回避が強い場所では、他の欲求に優先する可能性が高い。所属は、女性らしさの文化では尊厳に優先するが、男性らしさの文化では尊厳が所属より上位にくる[65]。

動機づけ

「動機づけ」は、生命体を特定の方法に行動させるようにする生命体の内部状態と定義することができる。「動因（drive）」とは、個人を動かし、特定の目標に向かって努力する原動力である。個人の中のウォンツ、ニーズ、動因の混合物である動機づけの調査は、行動理解のために最重要であると見られている。動機づけの調査は、人の行動の根本的な「なぜ」を見つけ出そうとして、態度、信念、動機、その他の購買決定に影響を及ぼす圧力を特定しようという試みた。1950年代、Dichter and Freudinaのような研究者達がフロイト派精神分析的概念を使って、無意識の動機づけを基礎に行動を説明した。動機づけ理論は、特に、フロイトの不安の概念に基づいている。

多くの教科書に引用されているフロイトの自己に関連している概念は文化的に決定される。イド（訳注：無意識的な本能的衝動の源泉）、自我、超自我の概念を展開させる際、フロイトは、まさにオーストリア-ハンガリー文化の産物だった。オーストリアとハンガリーは権力格差のスコアが非常に低く、不確実性回避のスコアが高い。強い不確実性回避は、親が子どもを育てる際に人生は脅威的で危険だというメッセージを持って育てることを暗示している。そのため、子どもは、脅威に備える仕組みを作らなければならない。大きな権力格差と組み合わされると、この態度は子どもに問題を引き起こすことにはならない。親が子どものために仕組みを作ってくれるからである。ところが、権力格差が小さいということは、子どもが幼いうちから独立し、自分自身で現実を組み立てなければならないことを暗示する。これがフラストレーションにつながる。フロイトの超自我は、イドのコントロールをすることになっており、こうして親の役割をするのである。内的な不確実性吸収の装置としての役割を果たす[66]。一つの結論は、フロイトの理論が真実、もしくは有効であるならば、オーストリア人とハンガリー人、および次元の配置が類似のその他文化において、最も有効であるだろう。イギリス、スカンジナ

ビアのような不確実性回避の弱い文化、またはフランスやアジア文化のような権力格差の大きな文化では、あまり有効ではないだろう。

　ブランディングや広告に特に重要な異文化の動機の差異は、地位ニーズにおける差異である。中国語から英語に入った社会的地位に関連する表現は、「メンツ」である。これは、権力格差の高い集団主義文化の特徴である。一般的に、「メンツ（顔）」は、人（およびその人の家族）にとってその人の頭部の前面部分として不可欠な、社会的環境との適切な関係を表現する。社会的役割は人々のアイデンティティを形成し、望ましいイメージを構成しており、社会的役割を全うすることを期待されるほど、それに応えられなかったときにメンツをつぶしたと感じる度合いは大きくなる[67]。その他の集団主義文化にも言語的に相当するものがある。例えば、ギリシャ語では、フィロティモス（philotimos）である。メンツは、その人の社会的地位にふさわしくない行動を、その人自身か、その人の身近の人々が行なった場合に失われる[68]。メンツを支えることは、社会的に困惑するような自体を避けるということである。社会的な困惑とは、例えば、ある人が性的な商品を購入するところを他者から見られたときなどに起こる。インドでは、社会的困惑の回避は、体臭防止剤や洗剤のようないくつかの製品カテゴリーのための訴求として広告に使用している。例えば、清潔な衣服を着ていないために教師に罰をうけるというようなものである[69]。

購買動機

　人々の動機の相違を理解することは、異なる市場でブランド・ポジショニングをするために重要である。動機はブランド・ロイヤルティ、ブランド選好、ブランド・イメージ、そして高級ブランドの重要性の基礎となる。**図表 5.6** の図形は、個人主義、集団主義と男性らしさ、女性らしさの配置の違いで高級ブランドに対する動機がどう変わるかをマッピングしたものである。

　集団主義文化は、図右側の二つの欄で、この二つは、ともに権力格差が高い。人々は、同調性の必要があり、高級ブランドは、社会的地位を適用する。ロシア人は、集団主義的で権力格差が非常に高く、非常に地位に敏感である。男性らしさの低さと組み合わされると、調和と関係性志向が広まり、高級ブランドは、主に社会的機能を果たす。男性らしさの高さと組み合わされると、地位的ニーズは、その人が重要な社会階級に属していることを示すための集団アイデンティティを高めるために強化される。高級商品の消費は、メンツを保ち、高めるための行動と見なされる[70]。2004 年、ルイ・ヴィトンとディオールを所有するモエ・ヘネシー・ルイ・ヴィトン SA（LVMH）の総収益の 29 ％と、コニャック・メーカー、レミー・マルタンの収益の 58 ％はアジアに集中していた[71]。中国では、地位の訴求も非常によく広告に使用されている[72]。実際、メンツの概念に

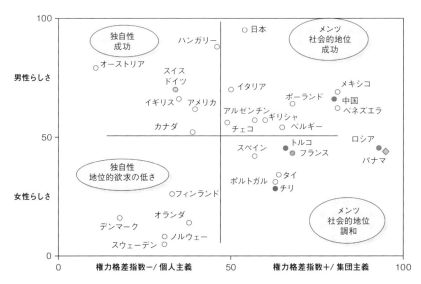

図表 5.6　高級ブランドに対する動機
出典：Hofstede（2010）からのデータ（別表 A 参照）。

関連した中国の消費現象は二つある：贈り物文化と「メンツ」の消費である。ある製品やブランドは、主に贈り物として購入され、その他のものは、社会的地位を誇示する役割を果たす。贈り物をすることは、社会的地位を与えることでもあるので、贈り物は、自分自身の消費用に購入される同じ製品よりも高品質であったり高価格であったりすることが多い。Wang は、一つの例として、秋祭のために購入される月餅の贈り物状態を示して、こう言っている。「上等な月餅を購入する人は、それを食べず、上等な月餅を食べる人は、それを購入しない」[73]。社会的地位や成功を示すための高級ブランドに対するニーズは、男性らしさと集団主義／権力格差が共に高い右上の欄で最も強い。また、この次元の配置のスコアが最も高い文化のヨーロッパでは、人々は自分がいかに成功しているかを他者に認めてもらうことを楽しむ傾向にある[74]。

　メンツの概念は、個人主義的な左側の欄に示された文化には適用されない。高い男性らしさと組み合わされると、高級ブランドはユニークな自己を強化する一助となる。個人主義的で男性らしさの低い文化では、人々の地位ニーズは低い。人々はユニークでありたいが、目立つ必要はなく、成功を誇示するための高級ブランドは必要とせず、一定のユニークさを示したいだけである。例外は、高権力格差と個人主義が組合わさった、フランスやベルギーなどの数カ国で、これらの国では社会地位動機は適用される。

　何人かの学者が、広告を分析して消費動機のリストを作成した。Pollay[75]の広告における価値リストは、北米人の購買動機の初期一覧表である。いくつかの動機は、すべて

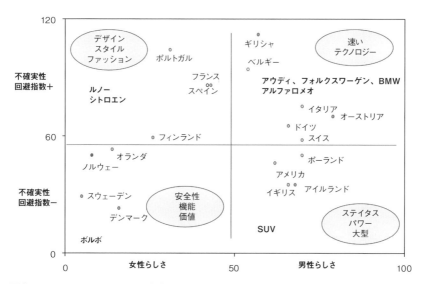

図表 5.7 ヨーロッパにおける自動車購入の動機
出典：Hofstede（2010）からのデータ（別表 A 参照）。

の文化に存在するが、重要度はさまざまである。なかには、カテゴリー特有の動機もある（例：食品や飲料の純粋）。その他のカテゴリーでは、動機は文化によって大きく変化する可能性がある。その一例が、自動車を購入する動機の文化による多様性である。

図表 5.7 は、Hofstede の二つの次元、男性らしさと不確実性回避に従った文化群による自動車購入の動機を示したものである。動機としてあげられているのは、車のデザインと、成功している自動車ブランドの広告主によって使用されている訴求である。

左下の欄は、男性らしさの低さと不確実性回避の弱さの配置を示している。この文化群の人々は、自分の家族を保護する安全性と、金額に見合う価値を受け取ることに対する選好がある。安全性（弱者保護）と車の機能的側面は、テクノロジーやデザインよりも重要である。スウェーデンの自動車ブランド、ボルボは、安全性を主張することで有名である。女性らしさの文化では、人々は自分の車のモーターにはあまり関心がない。複数調査のデータにより、男性らしさの文化の人々に比べ、この文化の人たちは、自分の車のエンジンの出力を知ってさえいないということが分かっている。右下の欄は、男性らしさと弱い不確実性回避の配置の文化群である。この文化群の人々は、自分の成功を示す地位欲求を持つので、大きくパワフルなエンジンの付いた自動車を好む。頑丈なSUV タイプに最も魅かれるのは、この文化群の人々である。右上の欄は、男性らしさで強い不確実性回避の配置の文化群である。この文化群の人々は攻撃的なドライバーで、急速な加速ができる車を好む。リスクを嫌うということは、安全性の動機につながると

解釈できるので、これはパラドックス的である。しかし、そうではない。強い不確実性回避文化の人々は、ストレスを溜め込んでいるが、そのストレスから解放されたいとも思っているというのが、その説明である。速く、攻撃的な運転は、感情的な安全弁の役割を果たしている。不確実性回避はリスク回避と同じではないことがこれによって示されている。しかし、自動車は、テクノロジー的にも進んだもので、デザイン性もよく、しっかりテストされていなければならない。この文化群では、アウディやBMWのようなドイツのブランド、イタリアのアルファロメオなどが好まれている。フォルクスワーゲンは、「テクノロジーで有利なスタート」を謳い文句としており、これはテクノロジー動機を反映したものである。左上の欄は、低男性らしさと強不確実性回避の組み合わせであるが、「スポーツタイプ」のドライビングへのニーズが見て取れる。素早い加速だが、あまり攻撃的ではない。これは、デザイン（ただし、アート／ファッションの領域が強い）、享楽、喜びに対する嗜好と結びつく。このようなところでは、ルノーやシトロエンのようなスタイリッシュなブランドが発生し、好まれる。

情緒

　情緒（emotion）は、認知と生理機能の相互作用を伴うプロセスとして説明される傾向がある。感情は、体験、表情、生理的反応などのさまざまな構成要素などが緊密に結びついて成立している。情緒は、学習された感情的反応である。情緒の概念、定義、理解、意味は、文化によって異なる。しかし、西洋の情緒心理学者達は、多くの情緒は普遍的であると主張してきている。

　普遍的で基本的な情緒に有利になる根拠の一つは、ほとんどの言語が、中心的な情緒をラベル付ける単語の限定的なセットを保有しており、数少ない共通して起こる情緒に言及している。英語におけるそのような言葉の例は、怒り、恐れ、悲しみ、喜びである。しかし、これらは他の言語では異なる意味を持つこともある。一つの言語内で情緒を表す単語は、他の言語に同意義語がないことが多い。その一例は、ドイツ語の「シャデンフロイド」で、これは他人の不運を喜ぶという意味だが、英語には存在しない言葉である。もう一つの例は、韓国の概念「*dapdaphada*」と「*uulhada*」で、これには悲しみ、孤独感などの要素が含まれているが、英語にもドイツ語にも同意義語は存在しない。いくつかの文化には、このような言葉が存在し、他の文化には存在しないという事実は、文化によって情緒がさまざまな役割を演じていることを示している。「情緒」という言葉自体でさえ、さまざまな状態について言及している。アメリカ英語では、情緒は、内的状態についての言及であるが、他の文化では、情緒は、人々と出来事の間の関係性について言及する[76]。

　普遍性についてのもう一つの主張は、表情の認識調査に基づいている。問題は、表情

を情緒の存在の指標として取ることが理に適っているかどうかである。なぜなら、一部の社会では、表情無しに情緒が起こることがあり、また情緒無しに表情だけが表れる社会もあるためである[77]。表情を見ると、観察者はその状況についての結論を引き出すことができるが、ある特定の表情が必ずしもある特定の情緒と関係があるとは限らない。例えば、笑顔は通常、幸福の表現であると見なされる。しかし、友人に会うと笑顔になることがあるが、だからといって、その人が幸福であることを示唆していることにはならない。その人は、実際は悲しかったり、寂しかったりすることもある。

　文化によって、人々は顔の表情をさまざまに評価する。他者の情緒を解釈するとき、日本人は、目に焦点を置くが、アメリカ人は、口の方に焦点を置く。この違いは、定型化された顔のアイコンが、なぜ日本と、アメリカでは異なって見えるかということの説明になることもある。インターネットのメールで、アメリカ人は、口の方向が変化する顔文字を使う。例　:) と :(.日本の顔文字は、目の方向が変化し、口の方向は変化しないこともある。例：^_^ と ;_;[78]。

　心理学者の Mesquita and Frijda[79] は異文化におけるさまざまな情緒要素を検討し、情緒の複数要素(ただしすべてではない)は、文化に関連していると結論付けた。例えば、個人主義的な自己の間では、怒り、フラストレーション、プライドなどの「自我焦点（ego focused）」な情緒が、集団主義的な自己の間よりも際立っており、一方、後者の間では、共感、恥、対人共感などの「他者焦点（other focused）」な情緒が際立っている。

　情緒の強さと意味はさまざまであり、文化的に定義される。例えば、情緒は階級的で、高権力格差で、集団主義文化の方が抑制される[80]。個人主義文化では、個人の情緒やその自由な表現が、集団主義文化よりも重要となる。32 カ国の情緒表現を比較した調査では、全体的な感情表現度と個人主義の有意な相関関係が示され、特に幸福と驚きの表現で顕著だった[81]。東アジアの集団主義者は、前向きな情緒だけを見せようとし、否定的な情緒は抑制する傾向にある。おそらく、情緒-認知の研究においてはという限定付きではあるが、これが、中国人が恐れや嫌悪の表現を特定する能力があまりないことの理由であろう[82]。不確実性回避の弱い文化の人々は、不確実性回避の強い文化の人々よりも情緒を見せない傾向にある。イギリス人の「唇を引き締めた状態（情緒を出さない）」は、その例となるだろう。また、中国の若年成人の音声的な情緒表現は、イタリアの若年成年のものよりも抑制的である[83]。

　同じ表現も文化が異なると違う意味になることがある。西洋社会の子どもは、舌を突き出して侮辱を表現する。中国人の間では、同じジェスチャーが驚きを意味する。笑顔は、喜びだけでなく困惑を表現することがある。アジア人は、不快の表現を抑えるため、礼儀正しい情緒表現として西洋人が笑顔と知覚するような表情をすることがある。個人的な体験として、本書の著者は、中国人やインドネシア人が困惑を隠すために微笑んだ

り、ときには声を出して笑うことさえあることをよく見てきた。このような笑顔は、あきらかに幸福を表しているのではない。

広告における情緒

　グローバル（標準化された）広告の概念は、広告代理店のサーチ＆サーチが、幸福や愛という基本的情緒が普遍であるという仮定を基にして1980年代始めに導入したのが最初である。これが、ブランドに関連した幸福そうな人々を示すパリティ広告につながっていった。人々が情緒を表現する方法は、文化によって非常に異なるので、グローバル広告で情緒を使用するのは望ましくない。さまざまなブランド・ポジションを視覚化するためにいわゆるムードボード（訳注：言葉では伝えにくいイメージを共有するために画像などを使ったラフスケッチのようなもの）に依存する人々は、異文化では、気分を表現するために同じビジュアルを使用できないことを分かってきている。国際広告代理店、BBDOは、同社がブランドのポジションをするために使用していた「写真仕分け」メソッド用として、「気分」を表現し、認識してもらうために、アメリカで制作された顔の表情の写真をヨーロッパに移植しようとしたが、できなかった経験をした。アメリカの俳優が特定の気分を表現した方法は、ヨーロッパの人々には認識されなかったのである。同じことは、ヨーロッパ内でもある。ヨーロッパ全体用に「一組の写真」を作成することはできなかった。

グループ・プロセス

　西洋の消費者行動理論は、行動と意思決定に影響を及ぼす可能性のある公的（団体）と非公式グループ（家族や友人）を区別する。消費者行動に影響を与えるものとして区別されているもう一つのグループが、準拠集団である。

　西洋の個人主義的前提は、人々はグループの構成員を選択できるということである。個人が自分のアイデンティティに合う、もしくはそれを強化する他の人々、グループ、団体を選択する。集団主義文化では内集団、もしくは内部集団の構成員であることは、アイデンティティの一部である。彼らは選ばれたのではない。存在自体の一部なのである。個人主義文化では個人的活動である購入プロセスに影響を与える他者はほとんどいないが、日本の主婦は意思決定に影響力を持つ平均8人の主婦のグループに問い合わせをする[84]。このことは、集団主義文化におけるネットワーク・マーケティング成功の説明になる。

　消費者の意思決定において、グループ構成員が他構成員たち（特に家族間）に依存する程度は、集団主義と権力格差によって異なる。中国とアメリカの広告の比較内容分析では、中国の広告のほうはアメリカの広告よりも、個人的選択よりもグループの総意と

家族の選好に従うことが頻繁にあることが示されている[85]。個人主義文化の人が友人や家族が意思決定に影響したと話すとき、そのプロセスは集団主義文化の内集団の影響と同じではない。ヨーロッパの集団主義文化の人々は、家族や友人に比較のために相談する[86]が、これは、内集団のなかでよく起こる個人間コミュニケーションの一部であり、このプロセスを意思決定への影響とか、積極的な情報収集プロセスとは見なさない傾向にある（情報処理の節も参照）。集団主義文化の家族間の相互依存は強いが、仲間の方が購入やメディア行動には影響力を持つ。メディア行動や特定製品、または特定ブランドの所有は、グループとしてのアイデンティティを付加するからである。日本の社会学者は、ヴィトンのバッグを所有することで平凡な若い女性達は、他のヴィトン所有者達に親近感を覚えることができ、「仲間はずれにされた」と感じなくなると述べている[87]。Singh[88]よれば、インドでも若者は、家族よりも仲間から影響を受ける方が大きいと言う。仲間と一致するということは、家族の影響よりも重要なのかもしれない。

　女性らしさの文化では、男性らしさの文化よりも、結婚相手が購入プロセスにおいて強い役割を果たす。この差異がいかに強く広告に影響するかの一例が、ルノー・メガーヌ（自動車）のテレビ・コマーシャルである。このコマーシャルでは、妻を新しいルノー・メガーヌで驚かせたいと思っている男性が描かれており、同時にブレーキ停止距離の短さも描写されている。この男性は、彼が自分の家と思う家の前で車を止め、「ダーリン、僕ルノー・メガーヌを買ったよ」と叫ぶ。しかし、彼が入っていったのは隣人の（似たような）家だった。この男性は、新車の停止距離の短さに慣れていなかったからだ。このベルギーでのコマーシャルの台詞は、同じ言語ではあるものの（ベルギーの一部とオランダは同じ言語を共有する）、オランダでは大幅に変更された。男性らしさのベルギーでは、明らかに夫は妻に相談すること無く自動車を購入することができるが、女性らしさの強いオランダではこれはできない。

　準拠集団は、一般的に個人の評価、憧れ、行動に関連した現実もしくは想像の個人またはグループと定義される[89]。「準拠集団グループ」と「憧れグループ」は、社会的手がかりを提供する外部的影響を説明するために、かなり漫然と使用される傾向がある。個人主義文化では、核家族の中の個人に対し仲間が与える影響の度合いは私的な製品やブランドよりも公的なものの方に対して強いが、拡張家族の中の個人にはこれは当てはまらない。核家族においては肉親の数や個人にとっての家族の重要性は限定的なものであるのに対し、拡張家族においては個人の意思決定に影響を与えられる家族の人数が多いことがその理由である。

公的空間と私的空間

　私的空間における行動は、公的空間における行動とは異なることがある。個人主義文

化の構成員は集団主義文化の構成員よりもプライバシーに対するニーズが大きく、これはビールのようないくつかの製品カテゴリーの使用に対して密接な関わりを持つだけでなく、テレビを見るのは家庭でなのか公共空間でなのかとか、携帯電話の使用などのメディア利用にも関係してくる。集団主義者は公的空間での付き合いが多いが、個人主義者は家庭で付き合う方が多い。ヨーロッパのより集団主義的諸国では、人々はカフェやバーに行くことが頻繁で、インターネットへのアクセスもサイバー・カフェで行なうことが多い。家庭と仕事をミックスさせることも個人主義に関連している。個人主義文化では、人々は、仕事を家に持ち帰ることもあるが、集団主義文化では、これは普通の行動ではない。第8章では、これが個人主義文化と集団主義文化におけるパソコンやインターネットの普及にどのように影響しているかを見ていく。携帯電話利用に上記の差異がどのように影響しているかの一例は、スペインに見ることができる。スペインでは、利用者は1台の携帯電話で2回線を持つオプションがある。一つは私用、もう一つは、仕事用というようにして、公的と私的領域の区別をはっきりさせるのである[90]。

オピニオン・リーダー

　西洋の意思決定理論では、一般的に特定製品カテゴリーにおいて、特定の人々の口コミによるコミュニケーションが意思決定プロセスに影響を及ぼすと仮定されている。オピニオン・リーダーは、製品情報の強力で非公式な供給源である。彼らは技術的能力や社会的近づきやすさによってその地位を獲得している。ロール・モデルとしての役割を果たし、イノベーションの普及プロセスに重要な役割を果たす。オピニオン・リーダーシップの概念は、基本的にアメリカの概念であり、Rogers[91]のイノベーション普及理論から派生した。これは、アメリカ全体に新しい農業技術が普及する速度とパターンの調査の結果である。

　オピニオン・リーダーの役割は文化によって異なる。技術的能力のある人々や総合的に有能な人々は、不確実性回避の強い文化で好まれることが多い。男性らしさの文化は成功に高い敬意を払う。権力格差の高い文化では、権力者はオピニオン・リーダーとして重要な役割を担うことがある。

　重要な差異は、オピニオン・リーダーが情報を取得する方法にある。理論によると、個人主義文化ではマス・メディアから情報を得るが、集団主義文化ではソーシャル・ネットワークから情報を獲得する。

5-4. 精神的プロセス

　人々がどのように見るか、何を見て、何を見ないのか、どのように考えるのか、言語

は思考をどのように構築するか、どのように学ぶか、そして、人々がどのようにコミュニケーションするのかというのが、精神のプロセスである。これらのプロセスは、心理学では認知プロセスと呼ばれるもので、行動のいくつかの「どのように」の理解を論じる。「認知」という言葉は、環境を理解しどの振る舞いが適切であるかを決定することに関係している主要な内的心理的プロセスを包含する。精神的プロセスには、学習と記憶、思考と推理、刺激と出来事の理解と解釈、注意、知覚、カテゴリー化が含まれる。これらのうち、いくつかについては次節で検討する。

学習、記憶、言語、知覚

　ほとんどの人間の行動は、学習される。人は行動して学ぶ。「学習」とは、経験から生じる個人の行動の変化である。文化的価値も学習によって獲得される。これは半無意識のプロセスで、「社会化」と呼ばれる。社会化は、社会の中の若者が価値、概念、実践、さらにその社会での役割を学習するプロセスである。若者の社会化における主要参加者である家族は自分たちがこの学習プロセスにあるということを意識的には見ていないが、教育者などの他者はこの目的を意図的に行なう。

　記憶には、情報を獲得し後で取り出すために保存するなどの役割がある。学習と記憶は、人生における多くの活動に多大な実用的重大性を持っている。文化も記憶に影響する。人々にとって自分の文化的知識と一致する物語は思い出すのが比較的簡単だという証拠がある[92]。

　人が獲得した情報は、その記憶のなかに納められるために<u>体系化される</u>必要がある。人間の記憶は「スキーマ（schema）」という、人間が対象物、出来事、人々、または現象に対して持っている知識構造に従って編成される。獲得した情報を記憶に納めるためには、既存スキーマに従ってコード化されなければならない。活動に関係するスキーマは「スクリプト」と呼ばれる。個人主義文化の独立自我は状況の独立したスキーマを形成するが、集団主義文化の相互依存自我は状況に依存したスキーマを形成する[93]。したがって、東アジア人は情報が提供された状況の観点から記憶をしがちであるが、西洋人はさまざまな要素を個別に記憶する。

　言語構造（文法、書記体系など）は、知覚や記憶などの基本的な消費者プロセスをもたらす。インド-ヨーロッパ語とアジア言語の筆記などにおける構造的差異は、思考の表現に影響を及ぼすようであり、これが次には記憶に影響を及ぼすと思われる。中国語を母語とする人は視覚的な表現に頼ることが多いが、英語の話者は基本的に音韻的表現（言語音）に頼っている。英語では、ブランド名をコード化し記憶を楽にするために最も使われるのは言語音である。単語を明確に繰り返すことで、消費者にブランド名をコード化させ、再生することができる。その一例は、イギリスのキヤノンの広告の「If any-

写真 5.3 キヤノン、インターナショナル

one can, Canon can（誰かにできるなら、キヤノンにもできる）」というコピーであり、より最近の例では**写真5.3**に示したインターナショナル広告に使用された「You can, Canon」である。

　自身が音と発音に重点を置くため、西洋の企業は、自社ブランド名を視覚よりは発音を重要視して他文化に適用させる傾向がある。ところが、中国人消費者は視覚的記憶に接触された時の方が情報を再生する傾向にあり、そのブランド名を書き記すことができるときにブランドを再生する傾向にある[94]。中国では書くことを強制するような視覚的に際立ったブランド名や習字、ロゴ・デザインの方が効果的であるが、英語を母語とする人にはブランド名の音質を活用してジングル（jingle）や擬音的な名前（対象物が作る音と似た音感の名前）にした方がよい。

カテゴリー化

　人々が他の人々や物をどのようにカテゴリー化しているかということは、個人主義-集団主義で変わる。集団主義者は物との関係性に注意を払うが、個人主義者は規則や特性に従って物をカテゴリー化する。中国の子どもは関係性を共有する物をグループ化するが、カナダの子どもはカテゴリー・タイプを共有するものをグループ化する[95]。アフリカ人にいくつかの物、例えば、道具、食品、衣類などを仕分けするように頼むと、ジャガイモの横にナイフを置く。ナイフはジャガイモを剝くのに必要だからというのだ[96]。この差異は、個人主義者の分析的思考対集団主義者の包括的思考に関連している。この差異はブランド戦略へのインプリケーションがある。アメリカの消費者は、異なる製品カテゴリーへのブランド拡張を親ブランドに適合しないと見なす。ブランド拡張は「適合」していなければならず、この適合は製品の種類に類似であるということを基礎に判定される。集団主義者は、親ブランドを全体的な評判や企業への信頼という観点から見なす。そこで集団主義者は、親ブランドとの関連が薄い製品カテゴリーへの拡張も高度のブランド拡張として見なす[97]。個人主義文化の企業は製品カテゴリーに適合する製品ラインやブランド拡張を慎重に選定するが、集団主義文化の企業は自社ブランドをさまざまな方向へと進展させる。ヨーロッパのブランド、ニベアは、ラインの拡張をパーソナル・ケア製品に限定し、すべてを一貫して中心ブランドの価値である「価格に対しての純粋と価値」に結びつけている。日本の化粧品会社、資生堂は自社ブランドを食品カテゴリーにまで拡張させてきている。資生堂が扱う全体的カテゴリーは、「美容

で、化粧品も美容食品も、このカテゴリーに適合するようにみえる。美容食品の例は、輝く目のためのお菓子、頭髪をふさふさにする飴などがある[98]。サルバドーレ・ダリがデザインした黄色と赤のロゴが特徴的なスペインのブランド、チュッパ・チャプスには、棒付きキャンディーからサングラス、衣料、靴、文具まで、多くのさまざまな製品がある[99]。

　これに関連しているのが分類詞である。分類詞は、数表示（1,2,3 等）もしくは限定詞（*a, the, that, this*）に関連して使用される測定基準で、形状、大きさ、厚さ、長さなどの物に共通する物理的特徴、および物に備わっている「柔軟性」や「把持可能性」のようなその他の知覚的もしくは概念的特性について言及する。分類詞は与えられた対象物を大分類に区分し、対象物の階級を説明する。このため、分類詞は、階級内で特定の例を説明する形容詞とは異なっている。形容詞は「これはどのような種類の物か？」という質問に答えるが、分類詞は「これは、どのような物の構成要素なのか？」という質問に答える。分類詞の使用はインド−ヨーロッパ語には見られないが、中国語、日本語、韓国語、タイ語、また、ナバホ語、ユカタン−マヤ語などの多くの言語に見られる。分類詞の体系は、プラスの影響もマイナスの影響ももたらす可能性があるので慎重に活用されなければならない。例えば、管状でぶ厚いものに対する分類詞は、口紅に対するプラスの予測になるが、長くて薄いものに対する分類詞は量が少なく、あまり長持ちしないというようなマイナスの予測になることがある。既存製品が修正され形を変更されると、つじつまが合わなくなることがある。電話（枠に取り付けられているもの）に使用されていた分類詞は、携帯電話には使用できなくなる[100]。

場への依存性

　さまざまな地域の調査で、個人主義文化と集団主義文化の構成員は、対象物を単独で独立した存在（場からの独立：field independent）と見なすか、状況と関連した中で現れる存在（場への依存：field dependent）と見なすかについて異なっていることが分かっている。「場への依存」の人々は、物理的、社会的環境の特徴によって知覚に影響を受ける。「場からの独立」の人々は、対象物をその環境とは切り離して知覚する[101]。

　場の情報量は、古典的な西洋の芸術では制限されている。画家は、規定の光景内で規定の遠近法で現実的に観察される範囲で、場の情報を盛り込む。対照的に、東アジア人は、場の情報を強調するさまざまな方法を用いる。中国人は、パノラマのような景色を描写するために、巻物形式を作り出し、近くにも遠くにもある山並み全体の連なりを盛り込むことができるようにした。日本の風景画に使用される鳥瞰図も、場の情報を示すスタイルである。画家の観点は、描写される対象物よりも高いところにある。

　西洋の肖像画では、人物を際立たせることが目的である。このため、モデルが空間の

写真 5.4　中国のフルーテッラのパッケージ
出典：Visser・E（2009）パッケージング・デザイン：文化的サイン。バルセロナ：インデックス・ブック、s.l.

大部分を占める。東アジアの肖像画技法では、状況を犠牲にして個人を強調することは考えられない。このため、モデルのサイズは、比較的小さく、まるでモデルが重要な背景の中に埋め込まれているかのようになる。集団を描いたものの分析も似たような結果になる。東アジアの群像絵画は水平線が高く、西洋絵画よりもモデル達が小さく描かれる。西洋人に比べて写真を撮るとき東アジア人は、ズーム機能を使い、モデルを小さく、背景を大きくする傾向がある[102]。場への依存の人々は、送り手が意図したよりも多くのメッセージを見がちである。**写真 5.4** は、この現象がどのようにデザインに適用されたかを示す。フルーテッラというお菓子のパッケージ・デザインは、もともと背景のないところに怪獣を描いたものである。しかし、これは中国では受け入れ難いので、例外的に背景が加えられた[103]。

創造的プロセス

「芸術的創造性（artistic creativity）」とは、芸術のあらゆる側面だけではなくデザインと広告において発揮される創造性にも言及している。人、もしくは製品が創造的であると判断される程度は、その人、もしくは製品がどこの出身かに影響されることもある。西洋の創造性の概念は主としてイノベーションに関するものだが、東洋の創造性の概念は伝統を覆すというよりは、伝統を再利用したり再解釈したりするなどよりダイナミックなものである[104]。創造性の二つの側面は、「創造的表現」（すなわち、創造的作品の制作）と「創造的作品の判断」である。いくつかの調査は、判断についての測定をしているが、創造性の制作の差異を測定する異文化間調査の数は限られている。一般的な調査結果は、外集団の創造作品よりも内集団の創造作品の方が高く評価されることが多い[105]。

　西洋では、創造的プロセスは異なる考え方に基づいているという前提をする。もしこれが創造性の核心であるならば、集団主義文化における整合へのニーズは、創造的プロセスを妨げることになるが、そのような経験的証拠はない。とはいえ、さまざまな文化のなかで創造性がどのように育まれるかという点では、ある程度のバリエーションがある。不確実性回避の高い国々では、組織的な規範、規則、手続きによる作業よりも個人として創造することを好むし、権力格差の高い国々では、創造的な個人が行動を起こす前に、権威のある人々からの支援を獲得することを好む。不確実性回避と権力格差の低

い個人主義文化では、創造性は組織的制限の外で一番生き延びることができる。権力格差の高さは、個人が他者に挑戦することを制限することを意味し、逸脱した考えは抑圧される傾向にある。したがって、一つの文化における創造性の概念や定義は、軽卒かつ無批判に他文化における創造性の評価や判断に適用されるべきではない。

コントロール所在

行動に対する他者の影響を説明する重要な精神現象が、Rotter が発表したコントロール所在（locus of control）である[106]。内的コントロール所在とは、自分の行動の結果が、自分自身の行動または個人的特性によるものと予想することである。一方、外的コントロールとは、チャンス、運、運命の働き、強力な他者の支配、または単に予測できないものの結果と予想することである[107]。この差異が示すものは、文化レベルで見ると、人々が、よりよい人生の条件（「シビック・コンピテンス（市民能力）」とも言う）のために社会的行為をとる傾向が強い文化もあれば、政府や当局などの体制に依存する傾向が強い文化もある。西洋の考えでは、コントロール所在は個人の中にあり、行動は個人自身の活動の働きであり、決定理論に深く植え付けられているとする。しかし、集団主義文化では、他者が自分について、自分のために決定を下す可能性があることに人々が慣れている場所では、外的コントロール所在が作用し、これは権力の保持者が最終的な決定を下す高権力格差によって増強される。特に、高権力格差、集団主義、強い不確実性回避が組み合わされると、外的コントロール所在と結びつくようである。その一例は、ヨーロッパ 12 カ国で、グローバル化は、どのようにコントロールされるべきかという質問に対する人々の回答にある[108]。権力格差のスコアが高い国ほど、グローバル化をコントロールするために政府による規制をもっと増やすべきであると回答した人の割合が高くなった。「私に起こることへの影響はほとんどない」という選択肢を選んだ人の割合は、高権力格差（$r = .55^{***}$）、低個人主義（$r = -.54^{***}$）、強不確実性回避（$r = .54^{***}$）と有意な相関関係があった[109]。**図表 5.8** では、内的、外的コントロール所在によって各国をマッピングしている。

内的コントロール所在は、行動意図モデルと意思決定理論の基本的前提の一部であるために、差異を理解することが大切である。購入意図は、新製品のコンセプトをテストするとき重要なパフォーマンス指標の一つであると見なされる。外的コントロール所在の文化では、人々は、内的に突き動かされた消費者よりも購入意図を表明する傾向が強い。運命や権力者がいつでも表明した意図の実現に介入してくることに慣れてしまうと、これが日常生活の一部となり購入意図の表明方法に反映される。内的に動かされる文化よりも行動予測が少なくなる。そのため、調査結果にも影響するのだが、このことは、第 6 章でさらに詳細を検討する。

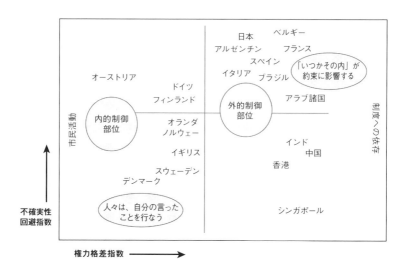

図表 5.8　権力格差と不確実性回避：コントロール所在
出典：Hofstede（2010）からのデータ（別表 A 参照）。

情報処理

「情報処理」理論は、人がどのように情報を獲得し、体系化し、利用して、選択行動に役立てるかを分析するための心理学的アプローチである。その根底にある前提は、人は問題を解決し、理性的な選択をしたがっていることである。この前提は、西洋社会で、徐々に異議を唱えられるようになり、西洋文化ではない消費者にはさらに一般化できない。情報処理に影響を与える文化に関連した概念はいくつかある。情報をどのように獲得するかは、個人主義によって最も変化する。集団主義文化では、人は黙示的、個人間コミュニケーションを通じて情報を獲得することが多く、購買決定の基礎を感覚や企業への信頼に置くことが多いが、個人主義文化では人は積極的にメディアや友人から情報を獲得し、購買に備える。

　カテゴリー化の差異と、やはり個人主義-集団主義で変化する場への依存は、人の情報処理の仕方に影響を与える。個人が環境の中で情報に対応する方法は、知識体系の差異という結果にもなる。場への依存する人は、場からの独立の人とは異なった形で情報の保存をし、そのため、記憶のなかの情報にアクセスする方法も異なってくる。これは、製品やブランドに関する情報処理にも適用される。人が記憶に保存するものや記憶から回収するものが異なってくるので、ブランド連想やブランド・イメージの測定に影響を与える。西洋のブランド・イメージ概念は、いわゆる消費者がブランドについて持っているかもしれないグローバルな信念であるが、これは特定製品や特定カテゴリーに付い

ての考えよりも比較的あいまいである。相互依存する東洋人は、具体的な情報に重点を置きがちである。東洋人も抽象的な信念は持っているが、具体的情報は記憶のなかでアクセスしやすい。どうやら、ブランド連想はどの文化でも同じようにアクセスできるが、同じ情報をどう利用するかはさまざまである。例えば、もしソニーに対する信念をたずねられたら、東洋人は、ソニーという名前はソニー TV のように具体的な情報を思い起こさせ、ソニー・ブランドの全体的なイメージはあまり引き出せないかもしれないが、西洋人は抽象的な特質を引き出すことがある[110]。これは、好みの広告タイプにも影響する。場から独立型の人は、同じブランド・レベルの信念をブランドのさまざまな製品に結びつけがちであるが、場への依存型の人は、各製品に特有の信念を保存し、取り出す傾向がある。異なる処理タイプは焦点をあてられる情報のタイプやいろいろな情報に付される重要性に影響を及ぼし、それが、記憶のなかでどのように情報が保存され体系化されるかに影響する。最終的に、この差異はブランド連想に基づくブランド・エクイティに影響を与える（第11章参照）[111]。

このような処理方式の差異は、人が情報を利用して購買決定をする方法や程度にも影響を及ぼす。低権力格差で、個人主義文化では、人はメディアや友人を通して積極的に情報を獲得するが、集団主義的、高権力格差の文化では、人はより黙示的、個人間コミュニケーションを通じて情報を獲得し、感覚や信頼を基に決定をする。集団主義文化では、頻繁な社会的相互作用によって人々の間の自動的なコミュニケーションの流れが起こり、その結果、無意識に知識を得ることになる。情報は空気のようなもので、そこにあるが、あえて探し求めたりしない。これは、中国では、集団内の接触率が高いことから、消費者は口コミへの信頼度が高いと Cho らによって確認されている[112]。

ユーロバロメーター[113]は、自分をどの程度よく情報を与えられた消費者だと見なしているかを尋ねている。「満足な情報を与えられている」と回答した割合は、低権力格差、低不確実性回避、個人主義と相関関係にあった。個人主義は分散の61％を説明している。初期ユーロバロメーター調査である1976年調査[114]では、当時の欧州共同体の8カ国で、食品の買い物に関して、消費者は充分な情報を与えられているかがたずねられた。これにポジティブな回答割合も、低権力格差と低不確実性回避とに相関関係があった。その他の調査の多くが、この関係性を確認すると示す。消費者エンパワーメント（主権）に関するユーロバロメーター調査[115]では、商品を選択し、購入する際に自分たちを情報が与えられた消費者であると見なす人と個人主義の間には、有意な相関関係があることが確認された（$r = .65^{***}$）。反対に、十分な情報を与えられていないと感じている人の度合いは、集団主義と相関関係があった。科学技術に関するユーロバロメーター調査[116]はさまざまな科学的事柄についての知識レベルをたずねているが、ここでは個人主義と科学、文化、芸術、政治、スポーツ・ニュースに関してあまり情報を得ていないと感じ

る回答者の割合に負の相関関係があった。

　このデータは、文化によって情報に対するニーズと情報の知覚がいかに異なるかを示しており、これは、実際に入手可能な情報とは関連性がない。より集団主義的な南ヨーロッパの回答者は、客観的には情報が不足していることはないとはいえ、終始一貫して個人主義的な北ヨーロッパの回答者よりも情報を与えられていないと感じて、情報に対する大きなニーズを示している。スポーツ・ニュースについて十分に情報を受けていると感じているイギリス人の割合は、スペイン人のおよそ3倍になる[117]。しかし、スペインのテレビでのスポーツ・ニュースの量は、イギリスのテレビのおよそ5倍にものぼるのである[118]。

　一般的に、ほとんどの獲得された情報は、すでに記憶のなかにあるスキーマに体系化されることを認識すべきである。広告を処理するとき、広告の中に提示されたほとんどの情報は、既存スキーマに適合する習性がある。よく活性化したスキーマにとって関連性があり重要な情報だけが選択される。つまり、残りは失われる。情報処理のプロセスでは、うまくいかないことが多くある。まず、その人自身の文化的根底は、他文化的視点からの刺激を知覚することを妨げることがある。第2に、意味の解釈は、意図通りではないこともある。第3に、評価と意思決定のプロセスは、さまざまに変化することがある。

意思決定

　意思決定理論における基本的前提は、決定は、「起こる」ものではなく、誰かが「下す」ものだということである。これは西洋の見解である。日本人は、意思決定をして出来事を管理しようとするよりは、出来事が何らかの必要な行為を形成していく方を好む傾向にある[119]。これを別にしても、意思決定のさまざまな側面は、例えば、情報に対する欲求や誰が決定に影響を与えるかなど、文化によって変化する。

　情報に対するニーズと、望む情報のタイプは異なる。集団主義文化の購入者は個人主義文化の購入者に比べあまり情報を求めないし、意識的にすることも少ない。強い不確実性回避は、より多く詳細な情報に対するニーズにつながる。クラブメッドは、「日本人旅行客は、旅行プランの中に計り知れないほどの詳細を強く望むことを学んだ。そのため、日本人旅行客が訪れるビレッジのパンフレットやアクティビティ・スケジュールとともに、クラブメッドは、離発着空港のトイレや税関、その他施設の場所を示したマップを送付している」[120]。日本人は、中国人や北米人よりも意思決定プロセスにおいて、徹底的である。しかし、決定を助けるための検討におけるこの徹底さが、優柔不断を招く傾向にある。これは、日本ではポジティブに評価されるが、アメリカではネガティブに評価される[121]。

西洋の考え方は、たくさんの選択肢から選ぶ方が、最適な選択をする機会が多いということである。しかし、これは一般化できない。自己表現ニーズと独自性の理想によって、個人主義者は集団主義者よりも選択肢が多いことに大きな価値を見いだしている。

　ほとんどの西洋の「消費者意思決定」モデルの根底にある考え方は、すべての消費者は、理性的な買い物やブランド、価格、品質に関して意識するなど、何らかの基本的意思決定スタイルや形式で買い物をしているということである。さまざまな文化の消費者の意思決定形式を説明できる普遍的な道具を探し求めることは、問題が多いと思われる。

　意思決定における消費者の志向性に焦点をあてたアプローチは、Sproles and Kendall[122]による消費者特性アプローチである。Sproles and Kendall は、消費者の意思決定形式を測定する道具を作成したが、これはパーソナリティ特性概念に似たもので、消費者スタイル調査表（CSI）と呼ばれる。CSI は、以下の消費者意思決定の 8 つの精神的特徴を設定する。(1) 完璧主義、もしくは高品質意識、(2) ブランド意識、(3) 新規流行意識、(4) 気晴らし的、快楽主義の買い物意識、(5) 価格意識と買い得の買い物意識、(6) 衝動性、(7) ブランド、店舗、消費者情報の選択をめぐる混乱、(8) 消費に対する習慣性、ブランド・ロイヤル志向。

　このアプローチは、さまざまな文化に適用され、異なる結果を出してきている。例えば、韓国人の間[123]では、ブランド意識と完璧主義が最も多く見受けられ、価格意識と値段相応のものは、ギリシャとインドでは見つからなかった[124]。

　<u>ビジネス、もしくは産業の意思決定プロセス</u>では、意思決定部門の構成員の数が多様であり、個人構成員の重要性もさまざまである。また、意思決定部門の構成員の振る舞いも異なること。これは、国のマネジメント・スタイルや文化に関連している。イギリスでは、専門家の専門知識は、高く評価されない。決定は、中間管理職の会議、話し合い、勤務時間外の連絡で出来上がる非公式の総意によって下される傾向がある。経営トップは、通常、業者と日常的に接触することを拒否する。これは、高レベルの委任のためであり、権力格差の小さい文化の特徴である。フランスでは、中間管理職や専門職管理職は相談をされることはあるが、最終的には代表取締役社長が許可を与えなければならない。オランダでは、ビジネス関係はもっとリラックスしており、堅苦しくない。イタリアでは、ビジネスは比較的多くの時間や資源をかけて業界関係の問題処理にあたらなければならない。成功するマネージャーは、柔軟性があり即座に何かできなければならない。権限は、特定の職名の持ち主というよりは信頼できる個人に渡されるため、適切な意思決定者を見つけることは簡単ではない。個人間の接触は、非常に重要である。スペインの典型的な企業は、大胆でカリスマ的なワンマン型事業家のような強力なリーダーを持ちがちである。ミドル・マネジメントがアプローチから締め出されないようにするためには良い個人的関係が必要であり、重要なことはすべて最終承認を得るために

「上に送る」ことをしなければならない。

　高権力格差の文化では、上司が決定を下し、上司以下のレベルで影響力のある人の役割は低権力格差の文化よりも目立たない。低権力格差文化では、秘書がオフィス備品等、仕事に関連する決定に重要な影響力を持つ。意思決定プロセスは、男性らしさの度合いによっても異なる。女性らしさの文化では合意に達することは重要で、関係者すべてが自分の意見を言うことを許されなければならないが、男性らしさの文化では果断であることは美徳であり、意思決定プロセスはより便宜的になる。

　意思決定における他者の影響を見つけることは、簡単ではない。文化は人が意思決定に関与していると考える程度に影響を及ぼすが、これは実際の意思決定の力とは異なることがある。低権力格差の文化では平等主義の価値により、高権力格差の文化よりも、企業の購買に関する意思決定に自分が関与していると考える人が多い。デンマークでは、秘書はその上司が購入する製品に関する情報を収集するのを助け、これを意思決定に関与していると見なすが、フランスでは秘書が同じような仕事をしても、すべての決定を下すのは明らかに上司であるため、おそらくこれを意思決定への関与とは見なさないだろう[125]。ユーロバロメーター調査では、低権力格差は、「私の仕事は、決定に参加できる」という項目に強く賛成をした回答者の分散は50％にあたる[126]。

5-5. 消費者行動領域

　「行動」は、直接観察することができ、他者が測定できる消費者の物理的な行為である。精神活動と区別するために、顕在行動とも呼ばれる。店舗まで出かけることや製品を利用したり所持したりすることには行動が伴われる。動機づけ、情緒、認知、感情といったすべてのプロセスは、行動に含まれるが、製品獲得、所有、利用、買い物と購入行動、苦情行動、ブランド・ロイヤルティ、イノベーションの採用など、多様な消費者行動領域を通じてさまざまに作用する。

製品獲得、所有、利用

　製品所有と利用に関しては国によってかなりの差異があり、その多くは、文化によって説明できる。人々の価値は、製品所有に直接、間接の影響を与える。製品には、物理的な特徴（属性）があり、それは機能的もしくは心理社会的な帰結、もしくは便益を持つ。製品所有もしくは利用は、消費者の（望む）価値も示すことができる。自動車は、移動手段だけではなく、その所有者に関する何かをも物語る。各製品カテゴリーには独自の文化的関係性がある。本節では、そのような例をいくつかあげるが、高級品購入の動機は、第9章で検討するため、ここでは扱わない[127]。

「食品消費」は、気候、歴史、経済、文化といった要因によって変化する。食品には文化的意味がある。集団主義文化では、食品の象徴的機能は個人主義文化よりもかなり強いし、食品のバラエティは重要である。食品は、どんな予期せぬお客が来ても大丈夫なように準備しておかなければならない。不確実性回避の高い文化では、純粋が多くの食品や飲料製品の重要な属性となる。第4章で、ミネラル・ウォーターの消費の例を紹介した。不確実性回避とミネラル・ウォーター消費の間の関係性は、ずっと一貫している。過去30年間に、水道水の質は、ヨーロッパの至る所で改善されてきているが、国による差異は、1970年から変わりないか大きくなっている場合さえある。1970年以来、高い不確実性回避がヨーロッパのミネラル・ウォーター消費のさまざまなデータの分散が44％から53％であることの説明になる（第1章のグラフ参照）。

「衣類と靴」への支出が家計支出に占める割合は、集団主義的で、不確実性回避の強い文化で高い。集団主義文化では、メンツの問題から、人々は街に出かけるときには身だしなみをよくしたいと感じる。身だしなみをよくしないと不確実性回避の高い文化では、恐ろしい世界に直面する。権力格差が大きい文化では、人は、その場にふさわしい服装をし、高価なブリーフ・ケースや靴などの高級な付属品に多くのお金を使う[128]。

「家電製品」の多くは、楽しみや刺激に対する個人主義的なニーズに役立つ。世界的に、テレビの所有（1,000人あたりの数）は、個人主義と結びついている。テレビ視聴の頻度と視聴される番組は、文化に関連している（第8章参照）。社会的生活におけるテレビの役割は多様である。権力格差の高い文化では、最新モデルを所有することは富の象徴かもしれない。アジアでは、テレビは社会的ニーズにも対応しており、その重要な応用はカラオケである。

「パソコンの所有」は富の問題であるが、所有の差異の重要な説明となるのは、不確実性回避であり、これは一般的にイノベーションを使用する分散の説明となる。コンピュータを所有する世帯の割合に関する世界的データは、国民総所得と相関関係にあるが、裕福な国々では不確実性回避も分散の説明となる[129]。集団主義文化の人々はコンピュータを共有することもあるため、コンピュータの所有実態から、コンピュータの使用状況について的確に読みとることは出来ない。同様に、世界的な「世帯におけるインターネット」は富と個人主義に関連しており、裕福な国々で低不確実性回避に関連している。コンピュータとインターネットを人々がどのように使用しているかの変化は、第8章で検討する。

最近まで、国民一人あたりの国民総所得は、1,000人あたりの自動車所有数および自動車使用の分散のおおよそを説明していたが、2009年、全世界78カ国で、分散の57％を説明するのは個人主義である。さらに、国民一人あたりの国民総所得は、高不確実性回避と合わせて、付加的な16％を説明する[130]。この関係性は、**図表5.9**に示さ

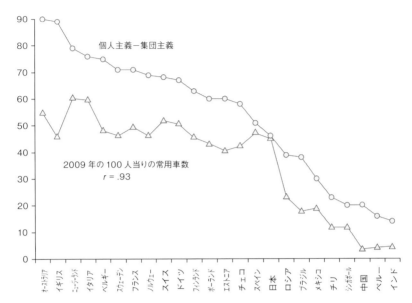

図表 5.9　1,000 人あたりの乗用車数
出典：Hofstede（2010）（別表 A 参照）および 2009 年世界開発指標からのデータ（別表 B 参照）

れている。

　家電製品のような耐久消費財の多くにとって、通常、国富の差異が所有の分散を説明する。しかし、しばらくすると、このような製品の所有に関しては収束をみせ、主に使用の差異が文化によって表れる。もう一つの現象は、ある時点で、収束は拡散に変わる。その一例が国富で収束をみせたヨーロッパにおけるテレビの所有である。テレビの所有についても収束をしたが、それは 1997 年までで、その後は**図表 5.10** に示すように拡散を始めた。

　国富は世界的な余暇支出の分散の説明になり、文化は先進国世界における差異の説明になる。ヨーロッパでは、余暇支出が最も高いのは、低権力格差、低不確実性回避の個人主義文化である。支出が多いのは、スウェーデンとイギリスで、低いのは、スペインとポルトガルである。後者の文化では、自由時間は、家族や親戚と過ごすのに対し、前者の国々では、有料の組織化された余暇活動をして過ごすことが多いというのが、その理由である。余暇製品やサービスに対する支出を説明する低不確実性回避の要素は、不安の低さ、革新性、身体の健康の文化である。関連する個人主義的価値は、楽しみ、刺激、娯楽、冒険であるので、旅行、テーマパーク、スポーツなどの「楽しみ」のための製品販売やサービスは、個人主義文化の方が集団主義文化よりも高くなる傾向がある。

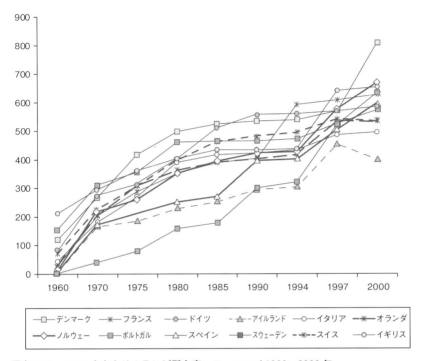

図表 5.10　1,000 人あたりのテレビ所有率、ヨーロッパ 1960〜2000 年
出典：国連統計年鑑、および世界銀行開発指標（別表 B 参照）。

　一方、ヨーロッパの集団主義的で、権力格差の高い文化においては、人々は劇場、美術館、映画館などによく出かける[131]。
　また、「金融商品」も文化によって異なる。例えば、生命保険は、集団主義文化よりも個人主義文化の方が多く販売される。個人主義文化では、人が早死にした場合、その扶養家族を他の家族が面倒を見てくれるとは期待できない。その他の関係性は、低権力格差と低男性らしさである。女性的な文化では、人は情緒で扶養家族のニーズにも敏感である。権力格差の高い文化では、人は目上の人を頼りにし、自分たちの面倒をみてくれると考える[132]。不確実性回避との関連性はなく、不確実性回避はリスク回避とは同じではないということが確認できる。

買い物と購買行動

　買い物と購買行動が関係するのは、買い物活動、買い物目的、誰が誰と買い物するのか、買い物の頻度、買い手と売り手の関係性、小売選好などである。従来型の小売の選

択肢に加え、今はインターネットがあり、これにより買い手と売り手の関係性には新たな側面が加えられた。

　購買に加える買い物活動と目的は、探索、製品供給についての学習、バーゲン狙い、価格交渉、お金の費消、気晴らし、退屈の回避、自己満足などであろう。自己満足は、集団主義文化の相互依存自己にとっての動機にはなりそうもない。探索と価格交渉は、集団主義文化に普及している活動である。値切り交渉が蔓延していることは、中国人の買い物行動の重要な側面である。探索には、店舗、価格の比較、触れたり、匂いを嗅いでみたりするなど、製品の入念な調査が含まれる。個人主義的で短期志向の文化では、時間の節約と利便性がより重要となる。詳細な探索には時間がかかり、より重要な活動のための時間が奪われるからである[133]。中国の伝統的な価値観（長期志向に関連する）は、倹約、勤勉、価格意識を重視しているので、中国では、お金を節約し、細部にもこだわる買い物客であることは、社会的に望ましいことである[134]。集団主義文化では、公的な消費財と私的な消費財の買い物には重大な差異がある。個人的な物に対しては、公的な物よりも価格に敏感である。人の地位に敏感な集団主義的で、権力格差の高い文化の構成員にとっては、公的な消費財、特に贈答品に対しては、価格よりも社会的規範の方が重要である。そのような物にお金を使うことは、社会的価値となり、家族や友人に対する誠心を示すことになる。個人主義者は、集団主義者よりも「面白い」状況を求める傾向にあるため、面白い買い物は、典型的な個人主義的行動である。例えば、個人主義的なアメリカ人は、個人主義指標スコアが23と低いチリ人よりも気晴らし的で情報を求める買い物客である。アメリカ人はショッピングモールに、ぶらぶらと眺めるために出かけるが、チリ人は、購入計画を立てて、特定のものを購入するために出かける[135]。

　「気晴らしに」という言葉は、買い物をレジャー活動とする意味もあるが、集団主義文化では、買い物活動の中には大人、若者の両方にとって社会的活動となるものもあり、これは、個人主義的意味での気晴らしと全く同じではない。日本のディスカウント小売チェーンのドンキホーテは、2002年、営業時間の延長を決めたが、これはデートに出かけた若者達が夜遅くに同店を訪れていたからである[136]。インドでは、都会の核家族の女性にとって買い物はレジャー活動となってきた。彼女達はさまざまな小売店を訪れ、価格を比較し、価格交渉をするのが大好きである[137]。マレーシアでは、ショッピングモールは、映画、ボーリング、アイススケート、その他のインドア娯楽といったあらゆる種類の娯楽を提供しているため、ショッピングモールに行くことがレジャー活動となっている[138]。

　探索と購入プロセスの両方において、買い手と売り手の社会的関係性は、個人主義文化と集団主義文化で異なる。集団主義文化では、買い手は売り手との関係性を求め、内集団の構成員の関与も個人主義文化より大きい。内集団の構成員が重要であるといって

も、それは人々がいつも内集団の構成員と一緒に買い物に出かけるということではない。十代の若者は、何らかの目的のため、レジャー活動として買い物をするとき、グループで買い物をすることもあるが、中国人は、小さなコミュニティや大家族に後で噂がたったり、メンツがつぶれないように、匿名で買い物をする方を好む。中国人は、混雑した場所を好む。中国の「renao」という概念は、生き生きとにぎやかな喧噪を意味し、独りぼっちでいるというネガティブの状態の反対であるが、これが市場などの混雑してうるさい買い物場所の説明になる[139]。これらの異なる買い物の習慣を知っておくことで、高くつく過ちを防ぐことができる。マテルは上海に、鮮やかなピンクの6階建てで3千万ドルするバービーの独立型フラッグシップ・ストアを建築したが、わずか2年後に閉鎖しなければならなくなった[140]。

生活状態は、誰が日常の買い物をするかというような、買い物習慣に影響を及ぼす。アメリカやイギリス、またはフランスでも人々は週に一度大型店舗に行って、大量購入をする。日本の主婦は、友人達が集まる、近くにあるなじみのある近所のスーパーマーケットに行くことを日課のようにしている。一つの理由は、社会的な影響である。もう一つは、日本の家庭では冷蔵庫や保存場所が限られていることである[141]。多くの女性がフルタイムで働く国では、女性がパートタイムか専業主婦である国々とは買い物の習慣が異なる。男性らしさ−女性らしさの次元は、第4章で説明したように、男性−女性の買い物の差異を説明する。

購買行動におけるその他の差異は、計画購買と衝動購買である。衝動購買は製品を購入する意図はないのに買ってしまうことである。また、ある製品を購入する意図は持っていても、どのブランドを購入するかは買い物に行った先で決めるということもある。完璧に計画された購買とは、購入する製品とブランドの両方が計画されている場合である。衝動購買は、刺激だけではなく、スリル、娯楽、興奮を求めることと関連しており、これは個人主義と低不確実性回避と関連している。西洋とアジア5カ国の衝動購入行動の比較[142]は、自己、個人のニーズ、欲求に対する個人主義的強調が、衝動購入行動を後押ししていることを示している。相互依存、情緒抑制、節度を強調する集団主義的な自己観念は、衝動購入行動を思いとどまらせがちである。また、高権力格差文化は衝動購入傾向が少ないことを示すことが多く、逆に低権力格差文化では衝動購入行動が多く見られる[143]。

物理的な小売環境(従来型の店舗型小売と呼ばれるもの)の次に、いわゆるオフラインという通販、テレビ・ショッピング、ネット・ショッピングなどの家庭外のショッピングや購入のためのさまざまな手段がある。多くの国で買い物はネット購買に取って代わられてきているが、その選好は文化によって異なる(第8章参照)。

苦情行動

　消費者の苦情行動（complaining behavior）は、3カテゴリーに分類されることができる。(a) 苦情に関係する関係者に直接言葉で訴える、(b) 否定的な口コミ、もしくはブランド・スイッチング、(c) 法的措置[144]。自己の概念が多様化する中、さまざまな文化の消費者も、これら3タイプの反応について多様性を見せる。調和のニーズから、集団主義的な消費者は、比較的ロイヤルティが高く、購入後に問題があっても直接電話をかけるなどで苦情を訴えることはあまりないが、内集団の構成員に否定的な口コミは行なう。オーストラリア人に比べ、中国人は、欠陥製品に対して正式に苦情を申し立てることは少ないという証拠がある[145]。集団主義者がその製品にそっぽを向いた場合、その人たちを再び顧客として取り戻すことは特に難しい[146]。

　アメリカ文化の一側面は、法的措置を頻繁にとることがある。これは個人主義と男性らしさの配置に関係しており、これにより人々は、人生を最大限に充実させたいと思うようになる。これは、アメリカで訴訟が非常に多いことの説明である。また、消費者が法的措置を取ることも多い。何年にもわたり、タバコ業界は、タバコを吸う人の健康を害しているとして訴えられてきている。2002年、アメリカで、肥満している人たちは、自分たちが太る責任があるとして、ファースト・フード・チェーン相手の告訴まで始めた。

ブランド・ロイヤルティ

　順応と調和のニーズにより、集団主義者は比較的ブランド・ロイヤルティがある。内集団によく知られている製品の購買は、それに対する集団の承認に関しての不確実性を減少させる点で役に立つことになる[147]。集団の構成員のブランドとは異なるブランドを選択したり、ブランドを変更することは、その人を集団から浮き上がらせることになる。人気のある、もしくは人気があると知覚されるブランドを選択することが好まれる。これは、不確実性回避によって強められる。新製品や新ブランドを試すことは変化に対する意欲を伴うものであり、それは多様性を求める動機を満足させることにもなる[148]。多様性探索や刺激は、個人主義文化の要素である。

　高権力格差は、現状、パワー・ブランド、市場シェアの最も高いブランドへの敬意を暗示する。アジアでは、大きな市場シェアを取るブランドは、「ブランド世界」の王様であり、アジアの消費者は暗黙のうちにそれらのブランドを信頼している[149]。これが、コカコーラ、ネスカフェ、サンミゲルといったブランドが数多いアジア諸国で高い市場シェアを持ち、維持している理由である。「大手」であることは、自動的に信頼を得ることになる。この信頼が調和や順応のニーズと組み合わされ、高いブランド・ロイヤル

ティを導く。その結果、これらの市場への新規参入者が市場シェアを獲得することは難しくなる。

ブランドの信頼性は、集団主義で不確実性回避の高い文化におけるブランド・ロイヤルティの重要な動機である[150]。個人主義的で権力格差の低い文化に比べ、東アジア文化の消費者にとって企業の評判は、顧客ロイヤルティに貢献する[151]。人々が知っているブランドは、知られていないブランドよりも好まれ、これは、高級ブランドではさらにそうなる。Lu によれば、「北京の消費者は、知られていない高級ブランドに出会った場合、かなり保守的である。自社ブランドを伝え、ターゲット顧客に効果的にアプローチするためには、時間と強力なマーケティング・キャンペーンが必要である」[152]。

イノベーションの普及

消費者の革新性（innovativeness）の度合いは、新製品を試す傾向に影響する。革新性は、曖昧で基準を逸脱した概念への許容度と関連しているので、不確実性回避の弱い文化の構成員は、不確実性回避の強い文化の構成員よりも革新的である。不確実性回避と消費者の革新性の関係性は、複数の調査で示されており[153]、新製品は、裕福な国々で好調な出発をみせる[154]。

革新性が、文化のなかでどのように作用するかは、他次元との配置による。権力格差と個人主義は、文化における革新性に別々の影響を与える。権力格差が小さく個人主義的な文化では、革新性は個人の中に内在化されるが、権力格差が大きく集団主義文化では、外面化する。後者では、革新性の度合いは、権力者と集団過程による。中国人は不確実性回避の弱い文化であり、遠い過去においては、一時期、非常に革新的であったことが証明されているが、中国の権力者は、革新性を刺激してこなかった。中国人は、千年以上後になるまで西洋では発見されたり、認められたりしなかった数々の処理過程や道具を発見した。そのような発明の例としては、自然のままの鉄から鋼鉄を作る処理方法（2000 年前）、天然ガスの深層掘削（1900 年前）、一輪車（1300 年前）などがある。中国人は、血液の循環も初めて発見した（1800 年前）[155]。中国では、発明の誘因となるものは、大君主や皇帝への尽力であり、個人的な野心ではなかった。

Rogers[156]は、新製品受容の程度に従って、（アメリカの）消費者を 5 つのカテゴリーに分けた。この採用者の 5 カテゴリーは、**図表 5.11** に示すような正規分布曲線を描くことが多い。5 カテゴリーは、「イノベーター（革新者）」、「アーリー・アドプター（初期採用者）」、「アーリー・マジョリティ（初期多数派）」、「レイト・マジョリティ（後期多数派）」、「ラガード（遅れている人）」と呼ばれる。イノベーターは、（アメリカ）社会の 2.5 ％であり、リスクを取ることを厭わない大胆な人たちと説明される。アーリー・アドプター（13.5 ％）は、イノベーターがすでに取り上げた新しい概念を受け入れる人

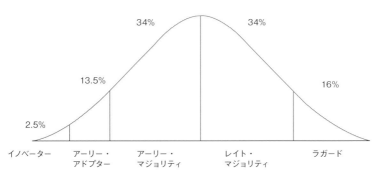

図表 5.11　イノベーションの採用、アメリカ

図表 5.12　革新の普及と文化

	イノベーター (％)	アーリー・マジョリティ (％)	レイト・マジョリティ (％)	ラガード (％)
アメリカ	16.0	34.0	34.0	16.0
イギリス	23.8	43.4	26.4	6.4
フランス	15.1	25.5	35.6	23.8
ドイツ	16.8	26.1	34.2	22.9
スペイン	8.9	34.1	43.9	13.1
イタリア	13.4	30.8	41.0	14.8
相関係数				
個人主義	.75*		-.74*	
不確実性回避	-.83*		.83*	

出典：Steenkamp, E.M.（2002 年 11 月 17 日）グローバル消費者。ティルバーグ大学において発表。オランダ、ティルバーグ大学、「消費者と消費者向けパッケージ新商品の試用可能性の市場推進力」に基づく。

たちで、役割モデルとなる。アーリー・マジョリティ（34 ％）は、冒険をしない人たちで、購買行動においては比較的慎重である。レイト・マジョリティ（34 ％）は、新しい概念には懐疑的で用心深い。ラガード（16 ％）は、非常に伝統的である。

　これらの割合と採用過程の期間は、文化によって異なる。より革新的な文化では、革新性の低い文化よりもアーリー・アドプターの割合が大きくなる。集団主義は、もう一つの役割を果たす。アジアでは、新製品を試す初めての人となって社会的リスクを取る用意のある消費者はほとんどいない[157]。しかし、他者が試したと考えると、受容が速く広まる。特に日本では、受容後は新製品の普及は急速である。一方、変化は高く評価されないので、新しい概念や製品の採用には時間がかかる。とはいえ、適合へのニーズ

があるため、集団の一構成員が先導するやいなや、あっという間に採用は進む。新しいものは危険であり、それは各個人別に関わるものであるために、個人主義的で不確実性回避の強い文化では、採用のプロセスには時間がかかる。

Steenkamp[158]は、ヨーロッパ 5 カ国におけるパッケージ商品の採用カテゴリーの割合を計算した（**図表 5.12**）。これは、239 の新しい消費者向けパッケージ商品が新発売後 52 週間の間に最初に購入された状況とタイミングを世帯ごとに見たデータである。文化変数との相関関係は、不確実性回避と個人主義との間の関係性を確認した。

ヨーロッパ 5 カ国およびアメリカにおけるイノベーターのカテゴリーは、低不確実性回避と個人主義と相関関係があり、レイト・マジョリティは、高不確実性回避と集団主義と相関関係がある。また、ラテン・アメリカでは、すべての国々で不確実性回避が高く、アーリー・アダプターの割合は、アメリカよりも低くなる傾向にある。チリにおけるターゲット集団指標（TGI）の調査では、テクノロジー関係のイノベーションのアーリー・アダプターとみなされる人口は、7.5％であることが明らかとなった[159]。

要　約

消費者行動のほとんどの概念と理論は、西洋中心主義である。自己、アイデンティティ、パーソナリティの概念は、西洋発祥である消費者心理学の不可欠な部分である。これらは、理論、実践、リサーチ、戦略に使用される。これらを的確に使用するためには、それを適応させなければならない。もしくは、集団主義文化のための固有の概念が作成されれば、もっとよい。人々が購入するものと、特定製品を購入する理由は、その文化的価値の影響を受けている。教科書によく見られる消費者行動の数多くの理論を、本章で再検討した。思考プロセスも社会的プロセスも、文化により異なって、これが意思決定と選択行動に影響を与える。製品購入の動機は、地理的地域内でもさまざまである。国境を共有する国でも、購入動機に関しては、遠く離れていることがある。実際の購入行動と文化的次元の間の関係性を見つけることは、エキサイティングであり、自信を与えられる。ほとんどの価値研究は、人々が自分の価値観について何を語るかということに依存している。実際の消費行動と測定された価値の差異の関係性を理解することは、文化の影響の強力な証明であり、この関係を無視することができない。さらに、効果的な異文化マーケティング戦略を開発するために利用できる知識をもたらす。適切なコミュニケーションは、効果的なブランディングと広告の必須要素であるので、文化を超えた知覚と情報処理のさまざまな差異に多くの注意が払われている。

参考文献

(1) Miyahara, A. (2004) Toward theorizing Japanese interpersonal communication competence from a non-Western perspective. In F. E. Jandt (Ed.), *Intercultural Communication* (p. 181). Thousand Oaks, CA: Sage.
(2) Solomon, M., Bamossy, G., & Askegaard, S. (1999) *Consumer behaviour: A European perspective*. London: Pearson Education, p. 8.
(3) このモデルは、Manrai, L. A.、および Manrai, A. K.（1996）に基づく。異文化および異国間消費者調査の最新刊。Manrai, L. A.、および Manrai, A. K.（編集）による「異文化および異国間の消費者調査におけるグローバルな視点（*Global perspectives in cross-cultural and cross-national consumer research*)」(p. 13)。ニューヨーク：インターナショナル・ビジネス・プレス／ハワース・プレス。
(4) Oyserman, D. (2006) High power, low power, and equality: Culture beyond individualism and collectivism. *Journal of Consumer Psychology, 16* (4), 352-356.
(5) Markus, H. R., & Kitayama, S. (1991) Culture and the self: Implications for cognition, emotion and motivation. *Psychological Review, 98* (6), 224-253.
(6) Roland, A. (1988) *In search of self in India and Japan*. Princeton, NJ: Princeton University Press, pp. 3-13.
(7) Roland, 1988; Triandis, H. C. (1995) *Individualism and collectivism*. Boulder, CO: Westview Press.
(8) Tardiff, T., Fletcher, P., Liang, W., Zhang, Z., Kaciroti, N., & Marchman, V. A. (2008) Baby's first ten words. *Development Psychology, 44* (4), 929-938.
(9) Nezlek, J. B., Kafetsios, K., & Smith, V. (2008) Emotions in everyday social encounters. *Journal of Cross-Cultural Psychology, 39* (4), 366-372.
(10) Roland, 1988, p. 242.
(11) Lu, P. X. (2008) *Elite China: Luxury consumer behavior in China*. Singapore: John Wiley & Sons (Asia) PTE. LTD.
(12) Watkins, D., Akande, A., Fleming, J., Ismail, M., Lefner, K., Regmi, M., et al. (1998) Cultural dimensions, gender, and the nature of self-concept: A fourteen-country study. *International Journal of Psychology, 33*, 17-31.
(13) Jowell, R., et al. (2003) *European Social Survey 2002/2003* (technical report). London: Centre for Comparative Social Surveys, City University.
(14) Kitayama, S., Markus, H. R., Matsumoto, H., & Norasakunkit, V. (1997) Individual and collective processes in the construction of the self: Self-enhancement in the United States and self-criticism in Japan. *Journal of Personality and Social Psychology, 72*, 1245-1266.
(15) Heine, S., & Hamamura, T. (2007) In search of East Asian self-enhancement. *Personality and Social Psychology Review, 11* (1), 4-27.
(16) Lu, 2008, p. 6.
(17) Twenge, J. M., & Crocker, J. (2000) Race and self-esteem: Meta-analysis comparing whites, blacks, Hispanics, Asians and American Indians and comment on Gray-Little and Hafdahl. *Psychological Bulletin, 128*, 371-408.
(18) Koopmann-Holm, B., & Matsumoto, D. (2011). Values and display rules for specific emotions. *Journal of Cross-Cultural Psychology, 42* (3), 355-371.
(19) Goffman, E. (1959) *The presentation of self in everyday life*. Harmondsworth, Middlesex, UK: Pen-

guin.
(20) Chen, G.-M. (1995) Differences in self-disclosure patterns among Americans versus Chinese. *Journal of Cross-Cultural Psychology, 26*, 84-91.
(21) Markus, H. R., & Kitayama, S. (1998) The cultural psychology of personality. *Journal of Cross-Cultural Psychology, 29*, 63-87.
(22) Church, A. T., et al. (2006) Implicit theories and self-perceptions of traitedness across cultures. *Journal of Cross-Cultural Psychology, 37* (6), 694-716.
(23) Norenzayan, A., Choi, I., & Nisbett, R. E. (2002) Cultural similarities and differences in social influence: Evidence from behavioral predictions and lay theories of behavior. *Personality and Social Psychology Bulletin, 28*, 109-120.
(24) Valchev, V. H., Van de Vijver, F. J. R., Nel, J. A., Rothmann, S., Meiring, D., & De Bruin, G. P. (2011) Implicit personality conceptions of the Nguni Cultural-Linguistic Groups of South Africa. *Cross-Cultural Research, 45* (3), 235-266.
(25) In Hofstede, G., & McCrae, R. R. (2004) Personality and culture revisited: Linking traits and dimensions of culture. *Cross-Cultural Research, 38* (1), 52-88.
(26) Schmitt, D. P., Allik, J., McCrae, R. R., & Benet-Martinez, V. (2007) The geographic distribution of big five personality traits. *Journal of Cross-Cultural Pscyhology, 38* (2), 173-212.
(27) Cheung, F. M., Cheung, S. F., Zhang, J., Leung, K., Leong, F., & Yeh, K. H. (2008) Relevance for openness as a personality dimension in Chinese culture. *Journal of Cross-Cultural Psychology, 39* (1), 81-108.
(28) Triandis, H. C. (2004) Dimensions of culture beyond Hofstede. In H. Vinken, J. Soeters, & P. Ester (Eds.), *Comparing cultures: Dimensions of culture in a comparative perspective* (p. 37). Leiden/Boston: Brill; Kashima, Y., Kashima, E. S., Kim, U., & Gelfand, M. (2005) Describing the social world: How is a person, a group, and a relationship described in the East and the West? *Journal of Experimental Social Psychology, 42*, 388-396.
(29) Eap, S., DeGarmo, D. S., Kawakami, A., Hara, S. N., Hall, G. C. N., & Teten, A. L. (2008) Culture and personality among European American and Asian American men. *Journal of Cross-Cultural Psychology, 39* (5), 630-643.
(30) Antonides, G., & Van Raaij, W. F. (1998) *Consumer behaviour: A European perspective.* Chichester, UK: Wiley, pp. 162-163.
(31) Belk, R. W. (1984) Cultural and historical differences in concepts of self and their effects on attitudes toward having and giving. In T. C. Kinnear (Ed.), *Advances in consumer research* (pp. 753-760). Provo, UT: Association for Consumer Research.
(32) Kowner, R. (2002) Japanese body image: Structure and esteem scores in a cross-cultural perspective. *International Journal of Psychology, 37*, 149-159.
(33) Prendergast, G., Leung, K. Y., & West, D. C. (2002) Role portrayal in advertising and editorial content, and eating disorders: An Asian perspective. *International Journal of Advertising, 21*, 237-258.
(34) Matsumoto, D. (2000) *Culture and psychology: People around the world* (2nd ed.). Belmont, CA: Wadsworth, p. 411.
(35) Oyedele, A., & Minor, M. S. (2012) Consumer culture plots in television advertising from Nigeria and South Africa. *Journal of Advertising, 41* (1), 91-107.
(36) Etcoff, N., Orbach, S., Scott, J., & Agostino, H. (2006, February) *Beyond stereotypes: Rebuilding the*

foundation of beauty beliefs. Retrieved from http://www.vawpreventionscotland.org.uk/sites/default/files/Dove%20Beyond%20Stereotypes%20White%20Paper.pdf

(37) Sulaini, K. E. (2006) *Blink: Tackling the communication flux within the Asia-Pacific region*. A research project submitted in fulfillment of the requirements for the degree of bachelor of Communication, RMIT University, Melbourne, Australia, and MARA University of Technology, Malaysia.

(38) Sung, Y., & Choi, M. (2012) The influence of self-construal on self-brand congruity in the United States and Korea. *Journal of Cross-Cultural Psychology, 43* (1), 151-166.

(39) Campana, C., & Paulo, R. (1999, November) Evaluating the value of global brands in Latin America. *Marketing and Research Today,* pp. 159-167.

(40) Aaker, J. L., Benet-Martínez, V., & Garolera, J. (2001) Consumption symbols as carriers of culture: A study of Japanese and Spanish brand personality constructs. *Journal of Personality and Social Psychology, 81,* 492-508.

(41) Sung, Y., & Tinkham, S. F. (2005) Brand personality structures in the United States and Korea: Common and culture-specific factors. *Journal of Consumer Psychology, 15* (4), 334-350.

(42) Crocus（異文化ソリューション、2004）は、ブランド価値（「ブランド・プル（ブランドの強み）」と呼んでいる）を測定し、さまざまな国におけるブランド価値の強弱を文化的に説明する異文化研究である。これは調査代理店チェーンのユーロネットが、広告代理店チェーンのインターパートナーズと共同で行なったものである。未刊。

(43)「ヨーロッパの社会的現実（*European Social Reality*）」(2007)。ユーロバロメータ特別リポート（EBS 225）。24カ国。友人は非常に重要であるという回答の割合は、低権力格差と相関関係にある（(r = -.59***)）。「ヨーロッパ社会調査（*European Social Survey*）」(2002/2003)、21カ国。同じ質問に対する回答は、低権力格差と相関関係にある（r = -.52**）。

(44) Praet, C. (2001) Japanese advertising, the world's number one celebrity showcase? A cross-cultural comparison of the frequency of celebrity appearances in TV advertising. In M. S. Roberts & R. L. King (Eds.), *The proceedings of the 2001 special Asia-Pacific conference of the American Academy of Advertising*, Praet, C. (2004) The influence of culture on the use of celebrities in advertising: A multi-country study. NOW/JSPS report 2004, unpublished; Praet, Carolus L. C. (2008) The influence of national culture on the use of celebrity endorse-ment in television advertising: A multi-country study. *Proceedings of the 7th International Conference on Research in Advertising (ICORIA)*. Antwerp, Belgium.

(45) Belgium, Czech Republic, Denmark, Finland, France, Germany, Hungary, Italy, Netherlands, Norway, Poland, Portugal, Russia, Slovakia, Spain, Sweden, Switzerland, United Kingdom.

(46) Hessler, P. (2010) *Country driving: A Chinese road trip*. New York: Harper Collins, p. 232.

(47) Souiden, N., Kassim, N. M., & Hong, H. J. (2006) The effect of corporate branding dimensions on consumers' product evaluation, a cross-cultural analysis. *European Journal of Marketing, 40* (7/8), 825-845.

(48) Hofstee, M. (2006, June 29) 2 weken in 14 indrukken. *Adformatie,* pp. 34-35.

(49) Solomon, et al., 1999, p. 121.

(50) Cervellon, M.-C., & Dubé, L. (2002) Assessing the cross-cultural applicability of affectiv and cognitive components of attitude. *Journal of Cross-Cultural Psychology, 33,* 346-357.

(51) Gudykunst, W. B., Matsumoto, Y., Ting-Toomey, S., Nishida, T., Kim, K., & Heyman, S. (1996) The influence of cultural individualism-collectivism, Self construals, and individual values in communication styles across cultures. *Human Communication Research, 22,* 510-543.

(52) Chang, P. L., & Chieng, M. H. (2006) Building consumer-brand relationship: A cross-cultural experiental view. *Psychology and Marketing, 23* (11), 927-959.

(53) Antonides & Van Raaij, 1998, pp. 202-205.

(54) Lee, C., & Green, R. L. (1991) Cross-cultural examination of the Fishbein behavioral intentions model. *Journal of International Business Studies, 22*, 289-305.

(55) Malhotra, N. K., & McCort, J. D. (2001) A cross-cultural comparison of behavioral intention models. *International Marketing Review, 18*, 235-269.

(56) De Mooij, M. (2011) *Consumer behavior and Culture. Consequences for global marketing and advertising* (2nd ed.). Thousand Oaks, CA: Sage.

(57) Diamantopoulos, A., Schlegelmilch, B. B., & Du Preez, J. P. (1995) Lessons for pan-European marketing? The role of consumer preferences in fine-tuning the product-market fit. *International Marketing Review, 12*, 38-52; Keillor, B. D., & Hult, G. T. (1999) A five-country study of national identity: Implications for international research and practice. *International Marketing Review, 16*, 65-82.

(58) Moon, B. J., & Jain, S. C. (2002) Consumer processing of foreign advertisements: Roles of country-of origin perceptions, consumer ethnocentrism, and country attitude. *International Business Review, 11*, 117-138.

(59) Dubois, B., & Paternault, C. (1997, May) Does luxury have a home country? An investigation of country images in Europe. *Marketing and Research Today*, 79-85.

(60) Usunier, J. C. (1999) *Marketing across cultures* (3rd ed.). Harlow, UK: Pearson Education.

(61) *Patriot games: Consumer preferences for national products.* (2004, May) Retrieved May 2004, from http://www.zonalatina.com/Zldata19.htm

(62) Mosley, G. G., & Amponsah, D. K. (2011) The effect of consumer animosity and ethnocentrism on product evaluations and willingness to buy: An example from Ghana. Retrieved July 10, 2011, from http://business.troy.edu/Downloads/Publications/TSUSBS/2006SBS/2006ConsumerAnimosity.pdf

(63) Grunert, K. G., Brunsø, K., & Bisp, S. (1997) Food-related lifestyle: Development of a cross-culturally valid instrument for market surveillance. In L. R. Kahle & L. Chiagouris (Eds.), *Values, lifestyles, and psychographics.* Mahwah, NJ: Lawrence Erlbaum, p. 343.

(64) Maslow, A. H. (1954) *Motivation and personality.* New York: Harper & Row.

(65) Hofstede, G., Hofstede, G. J., & Minkov, M. (2010) *Cultures and organizations: Software of the mind* (3rd ed.). London: McGraw-Hill, p. 129.

(66) Hofstede, G. (2001) *Culture's consequences* (2nd ed.). Thousand Oaks, CA: Sage.

(67) Lin, C-C., & Yamaguchi, S. (2011) Under what conditions do people feel face-loss? Effects of the presence of others and social roles on the perception of losing face in Japanese culture. *Journal of Cross-Cultural Psychology, 42* (1), 120-124.

(68) Hofstede, 2001, p. 230.

(69) Information from Vivek Gupta, Senior Vice President IMRB Brand Science at Kantar Group, Bangalore, India.

(70) Jiang, Y., & Li, N. (2009) An exploratory study on Chinese only-child-generation motives of conspicuous consumption. In H. Li, S. Huang, & D. Jin (Eds.), *Proceedings of the 2009 American Academy of Advertising Asia-Pacific conference* (pp. 121-129). American Academy of Advertising in conjunction with China Association of Advertising of Commerce and Communication University of China.

(71) Roll, M. (2006) *Asian brand strategy.* London: Palgrave McMillan, pp. 50-51.

(72) Zheng, L., Phelps, J., & Hoy, M. (2009) Cultural values reflected in Chinese Olympics advertising. In H. Li, S. Huang, & D. Jin (Eds.), *Proceedings of the 2009 American Academy of Advertising Asia-Pacific conference* (pp. 26-27). American Academy of Advertising in conjunction with China Association of Advertising of Commerce and Communication University of China.

(73) Wang, J. (2008) *Brand new China. Advertising, media, and commercial culture.* Cambridge, MA: Harvard University Press, p. 17.

(74)「ヨーロッパのメディアおよびマーケティング調査2012年 (European Media and Marketing Survey 2012)」トルコを含むヨーロッパ21カ国の富裕層で実施。高権力格差と男性らしさが合わさり分散の60％を説明する。

(75) Pollay, R. W. (1984) The identification and distribution of values manifest in print advertising 1900-1980. In R. E. Pitts, Jr., & A. G. Woodside (Eds.), *Personal values and consumer psychology* (pp. 111-135). Lexington, MA: Lexington Books, D. C. Heath.

(76) Matsumoto, D., & Hwang, H. S. (2012) Culture and emotion: The integration of biological and cultural contributions. *Journal of Cross-Cultural Psychology, 43* (1), 91-118.

(77) Russell, J. A. (1995) Facial expressions of emotion: What lies beyond minimal universality? *Psychological Bulletin, 118,* 379-391.

(78) Yuki, M., Maddux, W. W., & Masuda, T. (2007) Are the windows to the soul the same in the East and West? Cultural differences in using the eyes and mouth as cues to recognize emotions in Japan and the United States. *Journal of Experimental Social Psychology, 43,* 303-311.

(79) Mesquita, B., & Frijda, N. H. (1992) Cultural variations in emotions: A review. *Psychological Bulletin, 112,* 179-204.

(80) Kağitçibaşi, Ç. (1997) Individualism and collectivism. In J. W. Berry, M. H. Segall, & Ç. Kağitiçibaşi (Eds.), *Handbook of cross-Cultural psychology* (Vol. 3, p. 23). Boston: Allyn & Bacon.

(81) Matsumoto, D., with 19 co-authors. (2008) Mapping expressive differences around the world: The relationship between emotional display rules and individualism versus collectivism. *Journal of Cross-Cultural Psychology, 39* (1), 55-74.

(82) Wang, K., Hoosain, R., Lee, T. M. C., Meng, Y., Fu, J., & Yang, R. (2006) Perception of six basic emotional facial expressions by the Chinese. *Journal of Cross-Cultural Psychology, 37* (6), 623-629.

(83) Anolli, L., Wang, L., Mantovani, F., & De Toni, A. (2008) The voice of emotion in Chinese and Italian young adults. *Journal of Cross-Cultural Psychology, 39* (5), 565-598.

(84) Interview with K. Ushikubo, November 1995.

(85) Lin, C. (2001) Cultural values reflected in Chinese and American television advertising. *Journal of Advertising, 30,* 83-94.

(86) *Consumer empowerment.* (2011) Special Eurobarometer Report (EBS 342). 26 countries. The question was, "Thinking of the last time you purchased a good, e.g., a household appliance or electronic good, which of the following did you consult: Family and friends" Collectivism explains 26% of variance.

(87) Zielenziger, M. (2002, September 6) Young Japanese gobble up luxury items. *Free Press.* http://www.freep.com/news/nw/japan

(88) Singh, D. (2007) Cross cultural comparison of buying behavior in India. A thesis submitted to the faculty of business management & commerce Panjab University, Chandigarh, for the degree of Doctor of Philosophy. University Business School.

(89) Solomon, et al., 1999, p. 296.

（90）García-Montes, J. M., Caballero-Muñoz, D., & Pérez-Álvarez, M.（2006）Changes in the self resulting from the use of mobile phones. *Media, Culture & Society, 28*（1), 67-82.
（91）Rogers, E. M.（1962）*Diffusion of innovations*. New York: Free Press.
（92）Mishra, R. C.（1997）Cognition and cognitive development. In J. W. Berry, P. R. Dasen, & T. S. Saraswathi（Eds.）, *Handbook of cross-cultural psychology*（Vol. 2, pp. 143-175). Boston: Allyn & Bacon, p. 160.
（93）Kühnen, U.（2001）The semantic-procedural interface model of the self: The role of self-knowledge for context-dependent versus context-independent modes of thinking. *Journal of personality and social psychology, 80,* 397-409.
（94）Schmitt, B. H., Pan, Y., & Tavassoli, N. T.（1994）Language and consumer memory: The impact of linguistic differences between Chinese and English. *Journal of Consumer Research, 21,* 419-431.
（95）Unsworth, S. J., Sears, C. R., & Pexman, P. M.（2005）Cultural influences on categorization processes. *Journal of Cross-Cultural Psychology, 36*（6), 662-688.
（96）Ramdas, A.（2008, March 10) Geef mij maar onzin kennis. *NRC/Handelsblad,* p. 7.
（97）Monga, A. B., & Roedder John, D.（2007）Cultural differences in brand extension evaluation: The influence of analytic versus holistic thinking. *Journal of Consumer Research, 33,* 529-536.
（98）Gemmen, P.（2002, September 12) Eet u smakelijk. [Enjoy the food]. *Adformatie,* pp. 24-26.
（99）Jahn, R.（2001, March 29) Laat de zon schijnen in merkenland [Let the sun shine in brand country]. *Adformatie,* p. 50 .
（100）Schmitt, B. H., & Zhang, S.（1998）Language structure and categorization: A study of classifiers in consumer cognition, judgment, and choice. *Journal of Consumer Research, 25,* 108-122.
（101）Kühnen, U., Hannover, B., Roeder, U., Shah, A. A., Schubert, B., Upmeyer, A., & Zakaria, S.（2001）Cross-cultural variations in identifying embedded figures: Comparisons from the United States, Germany, Russia, and Malaysia. *Journal of Cross-Cultural Psychology, 32,* 365-371.
（102）Masuda, T., Gonzalez, R., Kwan, L., & Nisbett, R. E.（2008）Culture and aesthetic preference: Comparing the attention to context of East Asians and Americans. *Personality and Social Psychology Bulletin, 34*（9), 1260-1275.
（103）Visser, E.（2009）*Packaging design: A cultural sign*. Barcelona: Index Book, s.l.
（104）Paletz, S. B. F., & Peng, K.（2008）Implicit theories of creativity across cultures. *Journal of Cross-Cultural Psychology, 39*（3), 286-302.
（105）Chen, C., Kasof, J., Himsel, A. J., Greenberger, E., Dong, Q., & Xue, G.（2002）Creativity in drawings of geometric shapes. A cross-cultural examination with the consensual assessment technique. *Journal of Cross-Cultural Psychology, 33,* 171-187.
（106）Rotter, J. B.（1966）Generalized expectancies for internal versus external control of reinforcement. *Psychological Monographs, 80*（609).
（107）Rotter, J. B.（1990）Internal versus external control of reinforcement. *American Psychologist, 45,* 489-493.
（108）*Globalisation.*（2003, October) Flash Eurobarometer Report（151b).
（109）*Social values, science, and technology.*（2005）Special Eurobarometer Report（EBS 825), 27 countries.
（110）Ng, S., & Houston, M. J.（2006, March) Exemplars or beliefs? The impact of self-view on the nature and relative influence of brand associations. *Journal of Consumer Research, 32,* 519-529.
（111）Ng, S., & Houston, M. J.（2008）Field dependency and brand cognitive structures. *Journal of*

Marketing Research, 45.

(112) Cho, B., Kwon, U., Gentry, J. W., Jun, S., & Kropp, F. (1999) Cultural values reflected in theme and execution: A comparative study of U.S. and Korean television commercials. *Journal of Advertising, 28* (4), 59-73.

(113) *Consumer survey.* (2002, January) Flash Eurobarometer Report (117).

(114) *European consumers, their interests, aspirations, and knowledge on consumer affairs.* (1976, May) Special Eurobarometer Report (EBS 007).

(115) *Consumer empowerment.* (2011) Special Eurobarometer Report (EBS 342).

(116) *Science and technology.* (2010) Special Eurobarometer Report (EBS 340).

(117) Ibid (EBS 340).

(118) Léon, B. (2008) Science related information in European television: A study of Prime-Time News. *Public Understanding of Science, 17,* 443-460.

(119) Stewart, E. C. (1985) Culture and decision making. In W. B. Gudykunst, L. P. Stewart, & S. T. Ting-Toomey (Eds.), *Communication, culture, and organizational processes* (pp. 177-211). Beverly Hills, CA: Sage.

(120) Toy, S. (1995, October 16). Storm, terrorists, nuke tests: Why is Club Med smiling? *Business Week,* p. 20.

(121) Yates. J. F., Ji, L-J., Oka, T., Lee. J-W., Shinotsuka, H., & Sieck, W. R. (2010) Indecisiveness and culture: Incidence, values, and thoroughness. *Journal of Cross-Cultural Psychology, 41* (3), 428-444.

(122) Sproles, G. B., & Kendall, E. L. (1986) A methodology for profiling consumer decision making styles. *Journal of Consumer Affairs, 20,* 267-279; Lysonski, S., Durvasula, S., & Zotos, Y. (1996) Consumer decision-making styles: A multi-country investigation. *European Journal of Marketing, 30,* 10-21.

(123) Hafstrom, J. L., Jung, S. C., & Young S. C. (1992) Consumer decision-making styles: Comparison between United States and Korean young consumers. *Journal of Consumer Affairs, 26,* 146-158.

(124) Lysonski, Durvasula, & Zotos, 1996.

(125) De Mooij, M. (2011) *Consumer behavior and culture: Consequences for global marketing and advertising.* (2nd ed.). Thousand Oaks, CA: Sage.

(126) *European social reality.* (2007) Special Eurobarometer Report (EBS 273), Europe, 24 countries.

(127) 文化とさまざまな製品カテゴリーの間の関係性の詳細な説明および証拠に関しては、本書著者 Mooij 2011年版を参照（この参考文献欄）。

(128) 「ヨーロッパのメディアおよびマーケティング調査2012（*European Media and Marketing Survey* 2012)」。昨年1,000ユーロ以上するスーツを購入したという回答者割合は、権力格差（$r = .61^{***}$）と、不確実性回避と正の相関関係にあった。500ユーロ以上する靴、もしくはブーツを購入した回答者割合は、権力格差と正の相関関係があった（$r = .64^{***}$）。

(129) ITU（国際電気通信連合）。(2010) 主要ICT指標。http://www.itu.int/en/ITU-D/Statistics/Pages/stat/default.aspx. より検索。全世界76カ国に対しては、コンピュータを所有する世帯割合は、1人当たり国民総所得と正の相関関係にあり（$r = .90^{***}$）、また個人主義とも正の相関関係にある（$r = .72^{*}$）。

(130) *World Development Indicators.* (2009) Number of passenger cars per 1,000 population for 78 countries.

(131) *European Media and Marketing Survey.* (2012) Percentage of respondents who said they paid three or more visits to the theatre, museum or cinema in the last 12 months.

(132) Chui, A. C. W., & Kwok, C. C. Y. (2008) National culture and life insurance consumption. *Journal of International Business Studies, 39*, 88-101.
(133) Ackerman, D., & Tellis, G. (2001) Can culture affect prices? A cross-cultural study of shopping and retail prices. *Journal of Retailing, 77*, 57-82.
(134) Cai, Y. (2007, September 4-6) Investigating the relationship between personal values and mall shopping behavior: A generation cohort study on the new generation of Chinese and their previous generation. In E. Howard (Ed.), *Proceedings of the Fourth Asia Pacific Retail Conference* (pp. 62-87). Bangkok: Manidol University and Oxford: Said Business School.
(135) Nicholls, J. A. F., Mandakovic, T., Li, F., Roslow, S., & Kranendonk, C. J. (1999) Are U.S. shoppers different from Chilean? A comparative study of shopping behaviors across countries. In *Proceedings of the Seventh Cross-Cultural Consumer and Business Studies Research Conference*. Retrieved July 9, 2010, from http://marketing.byu.edu/htmlpages/ccrs/proceedings99/nicholls.htm
(136) Botting, G. (2002, May 23) Buyers be wares – Shopping consumes Japan. *The Japan Times*. Retrieved September 16, 2002, from http://www.japantimes.co
(137) Mishra, A., & Vishas, R. (2009, August 25-27) Classification and store affiliation of Indian retail consumers: A case study with Bangalore women. In *Proceedings of the Fifth Conference on Retailing in Asia Pacific* (pp. 248-274). Oxford Institute of Retail Management and The Hong Kong Polytechnic University, Institute for Enterprise.
(138) Kamarulzaman, Y., & Madun, A. (2009, August 25-27). Attracting patrons to shopping malls: A case of Malaysia. In *Proceedings of the Fifth Conference on Retailing in Asia Pacific* (pp. 174-185).
(139) Warden, C. A., Huang, S. C. T., Liu, T. C., & Wu, W. Y. (2008) Global media, local metaphor: Television shopping and marketing-as-relationship in America, Japan, and Taiwan. *Journal of Retailing, 84* (1), 119-129.
(140) Gordon, A. (2011, March 10) Barbie stumbles out, but "lifestyle" door is still open. *Forbes*. Retrieved March 10, 2011, from http://www.forbes.com/sites/adamgordon/2011/03/09/barbie-walks/
(141) Tanikawa, M. (2001, October 5) French supermarket struggles to fit in. *International Herald Tribune*. http://www.iht.com
(142) Kacen, J., & Lee, J. A. (2002) The influence of culture on consumer impulsive buying behavior. *Journal of Consumer Psychology, 2*, 163-176.
(143) Zhang, Y., & Mittal, V. (2008) Culture matters: The impact of power-distance belief on consumers' impulse buying tendency. *Advances in Consumer Research, 35*, 643.
(144) Chelminski, P. (2001, December) The effects of individualism and collectivism on consumer complaining behavior. *Proceedings Eighth Cross-Cultural Research Conference*, Association for Consumer Research and American Psychological Association. Kahuku, Oahu, Hawaii.
(145) Lowe. A., Chun-Tung, A., & Corkindale, D. R. (1998) Differences in "cultural values" and their effects on responses to marketing stimuli: A cross-cultural study between Australians and Chinese from the People's Republic of China. *European Journal of Marketing, 32*, 843-867.
(146) Watkins, H. S., & Liu, R. (1996) Collectivism, individualism, and in-group membership: Implications for consumer complaining behaviors in multicultural contexts. In L. A. Manrai & A. K. Manrai (Eds.), *Global perspectives in cross-cultural and cross-national consumer research*. New York/London: International Business Press/Haworth Press.
(147) Lee, J. A. (2000) Adapting Triandis' model of subjective culture and social behavior relations to consumer behavior. *Journal of Consumer Psychology, 2*, 117-126. Countries studied were Australia,

United States, Hong Kong, Singapore, and Malaysia.

(148) Baumgartner, H., & Steenkamp, J.-B. E. M. (1996) Exploratory consumer buying behavior: Conceptualization and measurement. *International Journal of Research in Marketing, 13*, 121-137.

(149) Robinson, C. (1996) Asian culture: The marketing consequences. *Journal of the Market Research Society, 38*, 55-66.

(150) Erdem, T., Swait, J., & Valenzuela, A. (2006) Brands as signals: A cross-country validation study. *Journal of Marketing, 70*, 34-49.

(151) Jin, B., Park, J. Y., & Kim, J. (2008) Cross-cultural examination of the relationships among firm reputation, e-satisfaction, e-trust, and e-loyalty. *International Marketing Review, 25* (3), 324-337.

(152) Lu, 2008, p. 117.

(153) Yeniurt, S., & Townsend, J. D. (2003) Does culture explain acceptance of new products in a country? *International Marketing Review, 20* (4), 377-396.

(154) Tellis, G. J., Stremersch, S., & Yin, E. (2003) The international take-off of new products: The role of economics, culture, and country innovativeness. *Marketing Science, 22* (2), 188-208; Singh, S. (2006) Cultural differences and influences on consumers' propensity to adopt innovations. *International Marketing Review, 23* (2), 173-191.

(155) Temple, R. (1986) *China*. London: Multimedia Publications.

(156) Rogers, 1962.

(157) Lu, 2008, p. 101.

(158) Steenkamp, J.-B. E. M. (2002, November 17) *Global consumers*. Presentation at Tilburg University. Based on *Consumer and market drivers of the trial probability of new consumer packaged goods* (Working paper). Tilburg University, Tilburg, Netherlands.

(159) *Early adopters of technological innovations.* (2003) TGI Chile. Retrieved November 5, 2004, from http://www.zonalatina.com/Zldata99.htm

第6章

文化的価値の調査と適応

　これまでの章ではいろいろな国の居住者の異なる価値志向を調べ、それが、グローバル・マーケティングとグローバル広告戦略にとって重要となる消費者行動の差異をどのように説明するかについて検証してきた。現在、価値研究と文化モデルをマーケティングと広告の差異調査のために使いたいと思う人には、多様な異なるモデルの幅広い選択肢がある。それらのモデルは、ある程度は似ているが、さまざまな概念を測定しなければならない。次元（dimensions）と文化は、心（mind）の産物であり、現実世界の複雑さを簡略化し、理解しやすくしてくれる。簡略化の方法は一つだけではない。他の研究者の心が異なる次元を生み出している[1]。差異は、いろいろな研究目的、いろいろな調査コンセプト、そしていろいろな調査方法によって見出される。

　本章は、主として調査研究がどの理論に基づいているのかを知りたいと思う学生達のためのものである。また、価値概念をさらに追求するために自分自身で何らかの調査研究をしたいと考えているが、言語の役割や調査に使用する質問の形式や、測定レベルなど、価値を測定するにあたり困難に直面している学生達のためのものである。測定をするのは、個人か国か？望むものについてたずねるのか、望ましいものについてたずねるのか？通常、価値は回答者の言葉や、その他の行動から得られ、さまざまな国の結果が比較される。そのためには、リサーチ・デザインの等価性、質問のタイプ、尺度を求めなければならない。本章では、異文化調査の落とし穴について説明していく。

6-1. 価値調査

　1960年代、アメリカの学者、Rokeach[2]は、アメリカ人の価値の一覧表を作成した。「Rokeach価値調査」は、この種のものでは最初のものの一つであり、今でも多くの価

値とライフスタイル研究の基礎として用いられている。Rokeach は、価値を二つのレベルに区別した。最終価値と手段価値である。「最終価値」とは、存在の望ましい最終状態のことである。「手段価値」とは、行為の望ましい方法のことである。手段価値は、存在の最終状態に到達するための要因である。Rokeach の手段価値と最終価値を示した[3]。

価値がどれくらい持続するかは、Yankelovich[4] が明らかにした。Yankelovich は、1990 年代に豊かさが増し、その他の変化も起こっているにも関わらず、アメリカの最も重要な伝統的価値は、確固として不変であり続けていることを発見した。アメリカのライフスタイルは変容しているが、実際すべてのアメリカ人が共有している核心となる多くの価値は、不変のままである。

- 自由（政治的自由、言論の自由の尊重）
- 法の下の平等
- 機会の平等（市場における自由と個人主義の実質的表現）
- 公平（人が自分の個人的行為の結果に値するのを獲得することに高い価値を置く）
- 達成（個人的努力の有効性に対する信念：教育や勤勉が報われるという見解）
- 愛国心（アメリカに対するロイヤルティ）
- 民主主義（多数派の判断が統治の基礎となるべきであるという信念）
- アメリカ例外論（アメリカの特別な道徳状態と使命という信念）
- 自己を超えた思いやり（家族や民族などの他者への気遣い）
- 宗教（超自然的な意味に対する崇拝）
- 運（幸運は、いつでも、誰にでも起こりうる）

Yankelovich は、こういう小さな価値を束ねたものが、単一の国家としてアメリカ人を団結させていると加えた。それはアメリカ人の多様な生き方がある中で一つになることである。

これらの価値は、アメリカの広告の多くに見受けられる。一つの例として、テレ・キング・コミュニケーション社のテレビ・コマーシャルがある。これは、人々に、自らのボスになり、独立して、大金と余暇時間を得る機会を提案している。自らのボスになるとは、独立と平等を意味している。余暇時間の例は、刺激的な生活（クルーズ、山登り）、喜びを反映している。大金を稼ぐということは、快適な生活を反映している（**写真 6.1**）。

価値に対する単純なアプローチは、価値リスト（LOV）と呼ばれる Kahle and Timmer[5] によって開発されたものがある。LOV は、九つの価値で構成される。帰属意識、エキサイティング、人生の楽しみや喜び、他者との温かい関係、自己実現、尊敬される、

写真 6.1　テレ・キング、アメリカ

達成感、安全、自尊心である。Rokeach のリストと LOV は、価値研究では世界的に使用されており、マーケティングや広告でも使用されている。Rokeach は、価値は文化によって異なることを認識していたが、かなりの数の研究機関は、アメリカの価値リストを他の文化にも適用し続けている。しかしながら、一つの環境で開発された調査が他の環境の価値を測定するために使用されると、不適切な結果を導き出すことになる。インターナショナル価値研究は、最初から加える国の異なる価値システムを考慮すべきである。ある文化で開発された価値リストを他の文化に使用することで、いくつかの結果が引き起こされる。価値の優先順位が変わることもある。ある文化の最終価値は、他の文化では手段価値となることもある。また、ある文化に関連する価値は、他の文化ではまったく存在しないこともある。そのため、他言語では、言語的もしくは概念的に等価性なものはない。以下の節では、これらの問題について検討する。

いくつかの異文化価値の研究は、公開領域で誰もがその結果を利用できる。ヨーロッパの異文化価値研究は、「ヨーロピアン・バリューズ・スタディ（ヨーロッパ価値研究、EVS）[6]」であるが、これは、Inglehart[7]によって「ワールド・バリューズ・サーベイ（世界価値研究、WVS）に拡大している。もう一つ、ヨーロッパの数多くの研究者達が実施した「ヨーロピアン・ソーシャル・サーベイ（ヨーロッパ社会調査、ESS）[8]もある。インターナショナル・メディア研究のなかには、価値の差異を測定する質問を含むものもある。例えば、リーダーズ・ダイジェストによる調査や「ヨーロピアン・メディア・アンド・マーケティング・サーベイズ（EMS）[9]」である。さらに、ユーロバロメーターによるさまざまな調査には、価値に関する質問が含まれている（**別表 B** 参照）。アジアの国々は、数が限られてはいるが、アジアバロメーターからデータが利用できる[10]。

価値、信念、特質、規範

　Rokeach が手段価値と呼んだものは、むしろ個人的な特質に近く、最終価値は、人々が自分自身のために望むものと、彼らが自分たちの社会のために望むものの融合体である。ほとんどの価値研究は、これらを混合しているので、価値、個人的特質、信念、規範、イデオロギーを区別することは重要である。「価値」とは存在状況に対する選好である。「信念」は一般的に世界観との一致、または不一致として表現される。「個人的特質」は、西洋の定義では、一貫した思考、または行為のパターンである。「規範」または「イデオロギー」は、人々が一般的にすべき、またはすべきでないことについてである。多くの価値調査は、この4つをミックスさせており、人々が（その私見によれば）自分自身や他者についてどう考えているか、自分や他者は何をすべきかについて質問している。価値調査は通常、人々にとって、生活の中で何が重要か、どの程度重要なのかを、抽象的な言葉でたずねることでなされる。回答は個人的な価値観を反映しており、必ずしも他者が重要と考えるものと同じではないし、自身の実際の特質とも同じでないこともある。例えば、自分は創造力がなくても創造性に価値を置くことができる。信念とは、集団の意見に基礎を置くと、ステレオタイプになる。価値と個人的特質の混同は、一般的には調査に重大な問題を引き起こさないが、価値と規範、またはイデオロギーは、明確に区別されるべきである[11]。これらの差異は、さまざまな価値研究や文化モデルの結果の違いの基礎であり、質問形成が文化モデルの結果に与える効果については、本章で後に詳述する。

価値優先順位の多様性

　価値の中には、どこにでも存在するものもあるが<u>価値の優先順位</u>には差異がある。これは、Rokeach と LOV 価値の両方に基づいたさまざまな研究でみられる。アメリカ人、オーストラリア人、イスラエル人、カナダ人学生の間の異文化の差異を見つけようとした Rokeach は、彼の価値リスト中に重要性の順位が異なることを発見した[12]。特にイスラエル人学生は、極端に外れている。例えば、イスラエル学生は、野心的であるよりも有能であることの方を重要だと思っており、すべてアングロサクソン文化出身である他の学生（アメリカ人、オーストラリア人、カナダ人）よりも個人主義的な度合いは低く、より集団志向であった。これは Hofstede の、イスラエル文化はより集団主義的であり、高い不確実性回避であり、アメリカ文化で見られるよりも能力を高く評価するという結果になるという調査結果を裏付けるものである。

　Grunert, Grunert, and Beatty[13]は、Kahle の LOV 手段に基づいて3カ国（アメリカ、ドイツ、デンマーク）における二つの年齢グループの価値観を比較した。その結果、特

に楽しみや喜び、自己実現の価値に対する違い、が際立っていた多様な優先順位を発見した。デンマーク人の回答者は、年齢とは関係なく、ドイツ人やアメリカ人回答者よりも楽しみや喜びをかなり高く評価していた。一方、ドイツとアメリカの回答者は、自己実現を高く評価していた。

Kamakura and Mazzon[14]は、Rokeach の最終価値に関して、アメリカとブラジルの間にかなりの差異があることを発見した。家族の安全、世界平和、自由は、アメリカでは一貫して重要な価値であり、真の友情、成熟した愛、幸福は、ブラジルで最も重要な価値であると思われる。1971 年から 1981 年の優先順位比較も、アメリカの価値の順位が、その間、かなり安定していることを示している。

最終価値と手段価値のミキシング

ある文化の最終価値は、他の文化の手段価値である場合がある。Rokeach は、従順、他者と仲良くする、自制心を手段価値とした[15]。しかしながら、高権力格差で、集団主義文化では、従順は、おそらく最終価値であろう。このような文化では、年長者、両親、もしくはあらゆる高い位置にいる人への敬意が、深く根付いている。同様に、最終価値と手段価値の区分がアジア文化に使用されると、他者と仲良くすること、または調和は、手段価値というよりは最終価値になるだろう。ベルギー人の Vyncke[16]が第1の最終価値としてリストに挙げたベルギーの価値は、地球上に自分の場所、自分の家を持つということである。オランダ人は、これは手段価値であると考えるだろう。家とは、安全や癒しの手段価値である。しかし、ベルギー人特有のものとして、自分の生まれた場所の土への強い思い入れがあり、これは、「お腹の中の石（a stone in your belly）」という言い方に表されている。これらの特異的な理由により、異文化価値研究では、手段価値と最終価値の区別は、避けた方がよい。

不変性と価値変化

第3章で、価値の不変性を指摘した、ワールド・バリューズ・サーベイなどの複数の長期的な価値研究は、このような不変性を示している。文化の多くの要素は、安定しており、短期間に変化することはない。しかし、不変性の度合いは項目のタイプによる。例えば、宗教、勤勉、もしくは従順に関する質問への回答は、寛容さや想像力に関する質問への回答よりも安定していると思われる。原因の一つとしては、勤勉と従順は、すべての近代国家で意味をなすであろう概念であるが、寛容さや想像力は、一部の回答者にとっては抽象的すぎることもある[17]。

一部の価値はさまざまな原因で長期的に変わることもある。価値の変化は、経済の変化、近代化、成熟と世代効果、ツァイトガイスト（時代精神）、年功効果などによって

起こされる可能性がある。

　富は個人主義を誘発し、貧困は集団主義を誘発する。よりよい教育を受けると、権力格差のレベルは下がる。とはいえ、相対的な差異は残り、中にはさらに強くなるものさえある。額面通りでは、人はより個人主義的になる傾向にあるが、個性化は多様なパターンをたどる。産業化、都市化を始めとする近代化は、集団主義的社会を個人主義的社会に変えると想定される。都市化は、核家族化に有利となり、大家族の共同世帯を壊す傾向にあるが、だからといって、大家族の価値の減少を意味することではない。Roland[18]は、インドの家族は大家族のままであると述べている。大家族は、強い家族の絆を維持し、休暇には集まり、重要な事柄には互いに決定を下しあい、時には、共同所有を維持する。インド社会と文化は、いろいろな外国のイノベーションを伝統化することで近代化している。階級社会が作られたが、階級は、カーストより優位に立ってはいない。そのかわり、カーストのつながりが形成され、仕事、結婚、融資などで援助をするようになり、カーストは政治的プロセスにも参加をしてきている。日本人は、新しいスキルや教育の幅が広がり個性化が進んでいるが、伝統的な家族や集団階層構造のなかに捉われ続けている。日本人にとっての近代化とは、この伝統的に職務に全うすることを良しとする献身さが、集団としての利益に貢献している。権力格差の高い文化における構造的階層システムと、疑問の余地のない服従は変化しているかもしれないが、目上の者への深い敬意や相互関係などの依存の価値は残っている。

　近代生活において大家族の伝統がどのような役割を果たし続けているかの例は、マルハのキャット・フードのコマーシャルに見ることが出来る（**写真 6.2**）。まだ農村地域に住んでいる家族は、都会に住んでいる家族に食品を送る傾向がある。おなじく、猫も、彼の家族やその住まいや食品について懐かしそうにしている。

　成熟[19]の効果（maturation effect）は、人々の価値が年を取るにつれ、変化していくことを意味する。例えば、ストレスは、中年期に最も高くなる。男性らしさは、年をとるにつれ減少する。人生で成功したいと思う若い人々は、一般的にすでに成功した人々よりも男性的価値を支持する。年齢の最も若い層と最高齢層は、あまり個人主義的ではない。

　世代効果（generation effect）は、価値がある時期から若者に固定し、その後、その年齢集団の生涯にわたりその価値を持ち続ける時に現れる。若い頃に生活状況が急激に変化すると、その世代はこれまでとは異なる固定価値を持つ原因となる可能性がある。ヨーロッパとアメリカにおける 1960 年代世代の価値変化は、世代効果の一例である。

　ツァイトガイスト効果（zeitgeist effect）は、年齢に関わらず、状況のシステム全体が急激な変化をし、すべての人の価値を転換させるときに生じる。不況時には、平等はあまり機能しなくなるため、権力格差の程度は大きくなることがある。または、官僚主

写真 6.2　マルハ　キャット・フード、日本

義が増加し、不確実性回避のレベルが強くなることもある。年功効果（seniority effect）は、組織のなかで年長者である人々の価値観が測定されるときに現れる。年功と年齢効果（age effect）は、簡単に分けることはできない。

　国々の不確実性回避の程度は、環境的要素で変化することがある。自然災害や戦争は、より高い不確実性回避の原因となる。1996 年、EMS 調査の次元を測定したとき、オリジナルの Hofstede のスコアに比べ、フィンランドの不確実性回避のスコアは低下して、イギリスのスコアは高くなっていた。当時イギリスは経済危機の中にあり、フィンランドはソ連の圧力から解放されていた。

6-2. 文化特有の価値

　ある重要な価値は文化特有である。重要な価値のなかには、文化特有のものがある。ある文化に関連した価値は、他の文化には存在しないこともある。例えば、Rokeach の価値リストには、忍耐と倹約という二つの重要なアジアの価値が抜けている。ある文化特有の価値は、重要な文化的概念を観察することで発見されることがある。この文化的概念は他の言語に翻訳できない。もしくは、類似文化の言語にしか翻訳できない。一部の価値を表現する言葉には、言語的、概念的な等価性が無いという事実があるため、異文化調査研究に単一の価値リストを使用すると、誤差を引きおこす場合がある。翻訳プロセスにおいて、価値は不可解なものとなったり、違う意味になったりする。今日の価値リストは多くのさまざまな国のために見つけることができる。儒教や仏教のような

古い哲学からの行動指針に基づいたものもあり、これもコミュニケーション行動の差異を説明する（第7章参照）。ここでは、これらの価値がどれほど特有となり得るかを示すため、いくつかの例を紹介するにとどめる。国家的価値のリストの例として、ベルギー、オランダ、インド、日本のものを紹介しよう。

ベルギーの価値

　ベルギーの学者、Vyncke[20]が作成した価値リストは、Rokeach のリスト（**図表 6.1** 参照）にはない価値が見られる。ベルギーのリストには、自尊心、利己心、「自分自身のことをする」といった個人主義的価値が含まれている。これは、個人主義的価値だけでなく、成功、地位、名声などの男性らしさで高権力格差の価値を反映する。最も興味深いのは、最初の8つの価値は、どれも強い不確実性回避の反映として思われる。これは、ベルギー文化の特徴である。自分自身の家を持つということは、安全の形であり、倹約、子孫、健康、安全、人々を頼りにでき、苦痛がないのと同じである。特に、「所有しているものすべてをそのままの状態に保つ」という価値は、変化を嫌うことを反映している。子孫という価値は、ベルギー社会における子どもの重要性を反映する。

オランダの価値

　オランダの Oppenhuisen[21]は、オランダの価値として6つの次元を発見した。これは**図表 6.2** に要約してある。各次元は、個人主義的文化で、男性らしさが低い文化の典型的なパラドックスを反映している。自由 対 所属で、これはスカンジナビアの価値研究でも発見されている。各次元に対するこのパラドックスは、社会的関係、仲間の人間、社会、安全、家族生活、他者からの賛同への依存といったさまざまな社会的側面に関連している。各次元は、10項目のセットで構成されている。**図表 6.2** の中では、各次元の最初の3項目が示されている。同研究では、価値の優先順位は提示されていない。いくつかの価値は、Rokeach の価値と類似であるが、Rokeach のリストにはない追加的な価値も見受けられる。

インドの価値

　インドの文化では、感情、思想、内面生活の修養などを始めとする個人的特性もインド人のなかで豊かに育ってきてはいるものの、大家族の価値が支配的である。しかし、競争的な個人主義は関係性を破壊させることになるので、インド社会ではきつく顔をしかめられるものとなる[22]。

　ユネスコのために Srivastava は[23]、パーソナリティ属性のリストという形で、インド人の価値目録を作成した。これは、4 カテゴリーに分類されている。「私と私」の属

図表 6.1　ベルギーの価値リスト

1. 「地球上に」自分自身の場所、自分の家を持つ
2. 倹約、質素
3. 子孫、子孫を持つ
4. 健康、健康的な生活
5. 無事、安全な世界で生活すること
6. 安全、人々を頼りにすることができること
7. 苦痛、恐れ、不運のない状態
8. 所有しているものすべてをそのままの状態に保つこと
9. 自分自身に注意を払うこと、利己心
10. ロマンチシズム、恋すること、恋愛
11. エロティックな愛、性交、官能、誘惑
12. 強くて親密で成熟したパートナー関係
13. 子どもへの愛
14. 強い友情、仲間関係、「仲間意識」
15. 強い家族の絆、よい家族関係
16. 同僚にとってのよりよい世界
17. よりよい環境、自然愛
18. 自尊心、自負心
19. 他者からの尊敬を受けること
20. 称賛されること、名声、地位、成功を得ること
21. リーダーシップ、権力
22. ありのままの自分でいる能力
23. 自由、独立、自分自身のことをすること
24. 自分自身の能力、創造力の開発
25. 自分自身のライフスタイルを持つこと
26. ストレスがなく、平安な内面的調和を持つこと
27. 活動的、エキサイティング、冒険的な生活
28. 生活の中の単純なことを楽しむこと
29. 豊かで快適でぜいたくな生活を送ること

出典：Vyncke、P.（1992）イマゴ-マネジメント。ベルギー、Mys & Breesh、Ghent の許可により使用。

性は、社会的関係性に関係なく、また他者からの援助なく個人のみが実践される。「私とあなた」の属性は、二人以上の個人間の交流を必要とする。「私と社会」の属性は、社会、国、世界との広範な交流を伴う。「私と神」の属性は、個人とその創造主との関係を必要とする。一連の属性が含む各カテゴリーは、**図表 6.3** にまとめられた。

日本の価値

まず、他の東アジア文化でも見受けられ、頻繁にマーケティングや広告で認識される日本の価値を説明する。同僚との調和および自然と人間との調和である。これらは長期志向と集団主義の組み合わせの特徴であり、ここでは日本の文化について説明している

図表6.2　オランダの価値：6つの次元

次元1		次元2	
所属	達成	社会的	個人的
抱きしめる	野心	共感	楽しみ
友情	熱狂的	理解	魅力的
愛	権力	役に立つ	気楽
次元3		次元4	
古い価値	新しい価値	安全	挑戦
愛国心	趣味	整頓	挑戦
尊敬に値する	教育	富裕	自発的な
誇り	時間の余裕	清潔	新境地の開拓
次元5		次元6	
家族生活	自由	体制に順応する	独力で行なう
母であること	自由	身だしなみのよい	独力で行なう
子どもを持つ	平凡	魅力的	信じる
抱きしめる	安全と平和	名声	反逆

出典：Oppenhuisen（2000）「バスの中の羊？オランダの価値研究」未発表博士論文オランダ、アムステルダム大学。

図表6.3　インドの価値

私と私	私とあなた	私と社会	私と神
清潔	忍耐	共有	祈願
労働の尊さ	忠実	団結心	崇拝
勤勉	礼儀正しさ	対話	感謝の念
粘り強さ	愛	正義	奉仕
決断力	寛大	共感	自然の中の神を
不屈の精神	謙虚	もてなしの心	経験する
勇気	よいスポーツ	非暴力	高潔な行い
自立	選手である	平和	救いの追求
優越	正直	調和	
希望	寛容		
瞑想	慈善		
自己分析			

出典：Srivastava, H. S.(2004)インドの平和と調和の中心的価値。Z. Nan-Zhou & B. Teasdale(編集者)、アジア太平洋、平和と調和の中心的価値の教育。バンコク：ユネスコ・アジア太平洋地域教育局。

が、他の東アジア文化にもあてはまる。

　　調和：基本的な日本の価値の最重要なものの一つは調和(和)である。共に歩み、共に考え、共に食事する。関連しているのは、感情移入（他者の感情を理解し、予測する）、敬老、正直である。正直は、西洋の真実の概念と関連させることはできない。日本人の正直の概念は、尊敬と結びついている。例えば、政府はわれ

われを子どものように扱ってはならず、成人として扱うべきだというようなものである。

自然：日本人が自然の摂理について語るとき、それは日本人がすべての存在の根源と信じている自然の秩序についてのことである。キリスト教世界では、神がすべての存在の根源であり、人類は神からの癒しを求めている。日本では、人間は、自然に浸ろうとすることで癒しを求める。自然崇拝のもう一つの説明は、日本人が自然に頼るのは、表面的には常に取り繕って、対立することを隠している人間関係の対処方法に何かしら不満があるからである。自分の内部集団と、外集団の人々への対応が、はっきりと区別されている状態で暮らすことは、非常に複雑でストレスが多い状態になる場合がある。自然にはこのような区別はなく、そのため、完全に信頼することができる[24]。自然との関わりは、人間との関わりほどややこしいものではない。このため、自然はくつろがせる機能を持つ。

その他、典型的日本人の価値は、牛窪一省[25]が開発したモデルに見ることができる。牛窪は日本における人々の欲求を研究し、欲求の構造化のためのモデルを開発した。この構造は、日本人の12の中心的価値をベースとしている。1982年以来、牛窪は、3千人の回答者を対象に年次調査を実施し、12の記述を提示してきた。回答者はたくさんのシールを受け取り、これを価値記述の上に貼り、自分の選好を示した。このやり方は、反対の考え方を嫌うアジア人の問題を回避するものである。牛窪は、基本的価値の4つのクラスター（cluster）を発見し、**図表6.4**に示すように、これらを「変化」、「参加」、「自由」、「安定」と名付けた。

「変化」のクラスターには、「他の人よりも速く知識を学びたい」、「何かを創造し、自分の能力を向上させる」、「刺激が欲しい、生活を変えたい、新しい何かが欲しい」などの記述がある。

「参加」のクラスターには、「友人関係の維持は非常に重要」、「友人や家族と楽しいときを過ごす」（日本語で言う団らん）、「自分の周りの人みんなとうまくやっていく」などの記述がある。

「安定」のクラスターには、「疲れた頭や身体をリフレッシュしたい」（くつろぐこと）、「不安なく生きる−安全」、「健康になりたい」などの記述がある。

「自由」のクラスターには、「私自身のアイデンティティは重要である」、「気楽に生きる、自分の周囲は気にしない」、「孤独な生活を送り、孤独な時間を持つ」などの記述がある。

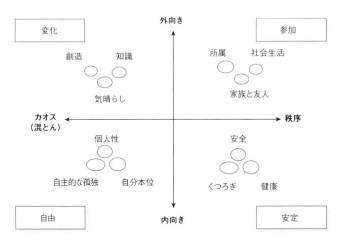

図表6.4 日本（牛窪）：「自由と秩序」
出典：牛窪一省（1986）製品コンセプト作成のための構造分析メソッドとその応用。ヨーロピアン・リサーチ、18、174-184。

　これらの記述には、西洋では異なる意味を持つ言葉も見られる。「参加」のなかの「友人」は、西洋の友情の概念ということではなく、「自分の集団の中の他者に対する礼儀正しい行い」ということである。「団らん」は、家族や友人と打ち解けた会話をして、楽しく過ごすという意味である。「自由」の中にある「アイデンティティ」という言葉は、日本の社会に欠けているため、強調されている価値の一例である。個人性を定義している（個人性、自分本位、自主的な孤独）「自由」のクラスターを示した回答者は、わずか10％で、これは、日本における自由の意味が異なっていることを示す。個人性、自分本位など、つまり息が詰まるような集団の調和からの(時折の)逃避ということである。

6-3. 重要な価値は翻訳できない

　価値には定義をつけなければならないが、もしその定義が翻訳されても、価値が相当するものでなければ、異なった価値を表すことになりがちである。つまり、アメリカの価値リストの価値を他言語に翻訳すると、意味のない概念となったり、ネガティブな概念がポジティブなものに変わってしまうことさえある。第3章で、翻訳ができない言葉

や概念の例をいくつか紹介した。このような言葉や概念は、特定の文化において、即座にメッセージを伝えることができるので、広告にとって非常に重要である。アメリカの価値リストは、異文化研究に使われることが非常に多いので、本節では、Rokeach の価値が翻訳された際の典型的な問題をいくつか説明しよう。

愛国心やナショナリズムは、しばしば歴史的な要因によって、一部の国にとっては、他の国々よりも意味を持つことがある。オランダのように、常に検問所のない国境を持っている国々にとっては、これらの価値は、あまり意味がないし、重要でもない。オランダの誰かが、自分は祖国のために死ぬ覚悟があるなどと宣言したら、人々は笑い始めるだろう。ともかく、愛国心は文化に関連した概念である。国民的自負心の感情は、短期志向文化の方が、長期志向文化よりも強い（第4章参照）。ナショナリズムの感情も、個人主義文化と集団主義文化では異なる。個人主義文化では、「国家」は、人が所属を選択する抽象的な最終的単位である。アメリカ人にとっては、忠誠とは「星条旗」に対してのもので、現大統領に対するものではない。集団主義文化の構成員にとっては、人は暗黙のうちに「大家族」の一員であることの方が強い。この大家族においては、よき支配者が慈愛に満ちた父親の役割を持ち、忠誠はこの支配者に対してのものである。このことは、個人的なつながりに基礎を置く文化である日本において、いかに天皇が昔も今も、国旗をはるかに超える忠誠の象徴であるかの説明となる[26]。また、西ヨーロッパ14カ国で、街や地域への愛着度を質問したユーロバロメーター[27]調査によれば、ヨーロッパでは、自分の街や地域（国家ではなく）に人々が愛着を感じている程度は、個人主義文化よりも集団主義文化の方がはるかに強かった。集団主義は、「自分の地域への愛着を感じる」という回答の分散の62％の理由であり、「自分の街に愛着を感じる」という回答の分散の43％の理由である。

幸福は、アメリカの最も重要な価値の一つである。しかし、幸福の追求が重大な人生の目標で、これにより家族の状態が判断されるという考え方は、日本人にとっては、思いもよらぬことである。日本人にとっては、人生の究極の課題は、自分の義務を果たすことである。楽しみや幸福は、自分の義務を果たすためであれば、簡単にあきらめることのできる気晴らしの類である[28]。広告主は、しばしば幸福を普遍的な価値として提示するが、上述の通り、優先順位が異なることは明らかである。このこととは別に、何が人を幸福にするかは、さらにさまざまに変化する。

もう一つの西洋の価値、恋愛は、中国人には軽視されるが、日本人はこれを洗練させている。一方、エロティックな快感はアメリカ人にとっては、道徳問題もしくは、タブーでさえあるが、日本人は、性の喜びに関しては、道徳的である必要を認めていない。インドの文化でも、エロティックは受け入れられており、表現されている[29]。

アメリカの価値である救いは、オランダ語に翻訳されると、見当違いのものになって

しまう。直訳すると、赤ちゃんを運ぶということになる。オランダの価値研究では、これは問題を解決する際のリストに載っている。宗教や、人間以上の存在（神）への信仰に関連した概念は、文化に結びついている。日本人には創造主に関連した概念に対処することが全くできない。日本人にとっては、神の救いという概念は存在しない。日本人が安らぎを求めるときは自然のなかに求めるのである。

「自由」という言葉には、文化によって異なる内包の意味がある。米国の学生が言い表した自由の概念は、「自由企業」を意味する。オランダの学生は、「自由」を「自分の感情を表現し、自分自身でいる自由」と表現する傾向がある。1996年、西シベリアからのロシアの学生は、「自由」という言葉を、一次的なものとして「拘置状態にない」ことと結びつけ、二次的なものとして汚染からの自由と言論の自由を連想した[30]。日本人にとっての「自由」は、「集団を越えて、自分の好きなように振る舞う」ことを意味する。「個人的な考えを持ち、精神的な束縛からの逃避」として感じられており、個人は集団に優先するという考えは、日本社会では、望ましいものとは見なされていない。主張の基礎となっている西洋の個人主義的な自由の見解とは、同じではない。英語のfreedom（jiyu）の翻訳に使用される日本語は、中国語の起源である。その意味は、他者のことに考慮せず、自分の好きなように振る舞うということで、これは集団主義社会にとっては基本的に不調和を意味し、つまりネガティブということになる。少なくとも日本人にとっては、西洋におけるlibertyやfreedomは、人間に対する尊重を表し、その概念は、あいまいとなってきている[31]。

Rokeachの価値、「快適な生活」は、物質的な繁栄と結びついている。日本人にとっては、豊かになることであるが、それは金銭的なものではなく、精神的なもので、不安がなく、安定し、変化がなく、よい関係性、よい家を持つことである。オランダの価値研究では、これは楽しみとして記載されている。

Rokeachの価値、「自尊」と「自負」は、第5章で説明したように、個人主義文化の「自身」の概念に関連している。日本の自尊（self-respect: 自重）は抑制することを意味し、アメリカの価値とは反対となり、また、性格、評判、名声のような価値も含む。日本人の自尊、自負の主たる特質は、優れた実績によって家族や職場にとっての名誉となり、そうすることで尊敬を勝ち得ることを意味する。インド人の内的自負心は、家族の評判と深く結びついている[32]。

異なる文化の人々に「喜び」のような言葉を定義するように頼むと、長い文章や説明となることがある。これは、異なる文化には異なる内包的意味があることを示す。これは広告で頻繁に使用されるため、他文化での意味や内包的意味を理解することは重要である。日本では、「喜び」は、個人的な喜びの感情であり、自分の内部集団だけに関連している。スペイン人の「プラセール（喜び）」の概念は、社会的、および内的な楽し

みの多種多様な感情を反映する。

　友情の概念は曖昧である。西洋の感覚では、友情は日本社会には存在しない。友情という言葉は、よく出会う英語の言葉なので、知られているし、使用されているが、友達と呼ぶ人々は、基本的に自分の内部集団の構成員である。真の友情は、「どのようにコミュニケーションするかを理解する」を意味することのように成り立っている。これは、友達を作ったり、なくしたりすることができる北米の友情の概念とは非常に異なる。日本人の外集団には、友達はいない。まれに、職場で新しい友達を見つけることはあるかもしれない。その結果、日本人の回答者に真の友情の重要度を選択するように要請することは、ナンセンスである。日本人は、真の友情の重要性を表現することができない。これは、強弱の違いはあるものの、中国他の集団主義文化にもあてはまる。

　アメリカ人は、ヨーロッパでは単に知り合いとなるような人でも友達と呼ぶ。ヨーロッパ大陸のほとんどでは、親しい友人だけがファースト・ネームで呼び合う。アメリカ人のように、誰にでもファースト・ネームで対処することは、友情の概念を混乱させる。特にドイツ人にとっては、「友情」という言葉の広範な使用は、サービスについての「ニューズウィーク」の記事への反応によく表れているように、あまりにもあいまいである[33]。

　ドイツ人はほとんどのヨーロッパ人と同様、アメリカ人が慣れているよりは、顧客に対してよそよそしい。だからといって、一概に不親切だと片付けてしまうことはできない。アメリカで店員やレストランのスタッフがよく行なう作られたような友達感覚は、ドイツ人にとっては不快なものとなるのだろう。食事が終わればすぐに忘れてしまうようなウェイターとファースト・ネームで呼び合うような親密な関係になりたいと思う人はいるだろうか？

　「平和な世界」や「生活の質」のような西洋の抽象的な概念は、多くのアジア人にとっては理解できない。日本人にとって平和は、大きな概念としての平和ではなく、すぐ近くにある平和であり、健康で安全で自分の周りによい人々がいるということである。

6-4. 文化的価値の測定

　まず肝に銘じておかなければならないことは、どのような測定システムを採用するにせよ、研究者は、実体験としての他文化研究にしろ、遠くからデータを収集して分析する形の研究にしろ、自分自身の主観的文化観から始めるということである。研究者は自分自身の文化を引きずっている。研究者が観察するものや、世論調査のなかの設問は、

研究者の「視点」から選別されたものである。

　社会を特徴付ける価値は、直接に観察することはできない。さまざまな文化的生産物（おとぎ話、児童書、広告）から推論するか、社会の構成員に選択肢の中から優先順位を示すことで、個人的な価値のスコアを付けるように依頼して、回答の中心傾向を計算することによって推論することができる。価値の差異が文化的生産物もしくは文化の芸術品から派生する場合、循環論法のリスクを冒すことになる[34]。価値は、個人の研究から派生した文化に関しての情報に関連しているはずである。この情報は、一般的に代表サンプルもしくは、対応サンプルに価値アンケートをし、価値の優先順位か、価値を反映する行為についての質問をする方法で収集される。情報を構築するためには、結果を文化レベル、もしくは国レベルに統合し、因子分析が行われる。こうして得られた個人群の構成概念の平均は、その個人群の中心傾向と解釈することができる[35]。そのようにして、次元は通常、数多くの変数から統計的データ整理メソッド（例えば、因子分析）により作成され、国々が異なる位置を有することを示す尺度が提示される。

　尺度上の数字を伴う次元に文化をまとめることは、これまで批判されてきた。しかし、Hofstede[36]が主張しているように、次元は行動を説明する有益な構成概念である。

　　われわれは、精神的プログラムを直接観察することはできない。われわれが観察できるのは、行動だけである。言葉か、行動だ。精神的プログラムは、無形であり、それを表すために使用する言葉は「構成概念」である。構成概念は、われわれの想像力の産物であり、理解を促すと予想される。純粋な感覚の中に構成概念は「存在」しない。われわれは存在するように、構成概念を定義するのである。同様に、価値と次元も存在しない。これらは構成概念であり、行動を説明し予測する能力により、その有益性を証明しなければならない……われわれが注意を払うべきなのは、文化だけではない。多くの場合、経済的、政治的、もしくは制度的要因の方が、うまい説明となることがある。しかし、そうではないときもあり、そのようなときには、文化の構成概念が必要となる。

　次元もまた、西洋の個人主義的思考法とカテゴリー化に基づいている。だが、集団主義者は、システムにあまり問題をもっていない。そのシステムは、ユニークな個人ではなく集団を基礎としてカテゴリー化しているからである。

　異文化研究の比較可能性を妨げる最も影響力の大きい側面は、異文化調査の概念的基礎である。理論、もしくは構成概念が一カ国で作成され、他の国の研究に使用されることが非常に頻繁なため、バイアスのかかった結果となってしまうことがある。分析の手続きがどれほど正確で緻密であっても、根本的な概念モデルに欠陥があれば、調査結果

とその解釈は、どんなによくてもバイアスがかかったものとなるだろう[37]。広告調査からの例は、アメリカで外国の広告分析をするために作成されたResnik and Sternのコードシステムに当てはまる。

次元の基礎は、価値アンケートの中の質問である。質問の内容と形態の両方が結果に影響する。質問は翻訳されなければならず、意味は、その質問が使用されるすべての文化で概念的等価性を持つべきである。

いろいろな文化においては、調査の尺度に対する人々の反応もさまざまとなる。また、研究者の文化も一役買う。ほとんどの価値調査は、西洋の学者によって実施され、その西洋の背景を、研究の仮説、目的、テーマ、質問の中に見ることができる。例えば、かなりの数の西洋の異文化マネジメント研究者は、典型的な西洋のリーダーシップ問題に捉われている。先述のように、Rokeachの価値リストは、世界的な価値研究に使用されているが、忍耐や、義務などのアジアの重要な価値に関連した質問はない。これらの価値は、ほとんどの西洋社会ではネガティブと見なされているからである。多くの西洋人にとって、「義務」は、ネガティブな感情と結びつく。いくつかの東アジア文化にあるように、喜びの感情を義務と結びつけることは、西洋の研究者にとっては異様である[38]。次節では、バイアスを引き起こすさまざまな調査の側面について説明しよう。

望むもの対望ましいものの測定

第3章で、望むものと望ましいものの差異を提示した。望ましいものに関する質問は、正／誤、もしくは重要／重要でないというような言葉で表現されており、回答は、何が正しく、何が間違っているかについての人々の見解を反映する。望むものは、あまり道徳的ではない欲求も含め、あなたと私という言葉で表現されている。望むものに関する記述は、常に実際の行動方法と一致しているわけではないが、実際の行動に近い[39]。望ましいものについてたずねる価値研究は、望むものを測定するものとは異なる結果になる。一部の研究は、回答者に自分自身のために何を選好すべきか、もしくは社会は、どのように見えるべきだと考えるかと聞いている。このような質問は、望むものと望ましいものを反映する。例えば、GLOBE[40]の研究者は、社会の中で物事がいかになされているか（実施）の見解を測定することとは別に、回答者に対して、社会で何が望ましいかを表現するように質問している。そうすれば、社会の中で他者の行動に関する選好という点での価値が測定できるからである。これは、個人的行動と同じではない。例えば、私が権力を持ちたいと思えば、他者に権力を持ってほしいと言うことにはならない。個人的な行動に関する質問は、比較的答えやすい。他者がいかに行動すべきかを考えること、もしくは社会などのさらに抽象的なものについて考えることは、より回答することが難しい。このような質問は偏見（bias）を引き起こす可能性がある[41]。

調査質問

　文化モデルの有効性は、主に調査の中の質問のタイプと、これらが回答に及ぼす影響のあり方次第である。これらの質問によって差異が生まれることを理解することは、異なるモデルの有効性を理解するために必要である。一般的なアプローチは、人々にアンケート形式で、自分自身に関する記述に同意するかしないかをたずねる（例：「私は自分の思った通りに行動しがちである」）。選好を聞くときには、いくつかの問題が浮上する。人々は、自分の考えていることを話さない場合もある。いろいろな心理的、または文化的な理由、もしくは質問を誤解して回答が変わることもある。回答者の文化とコンテクスト（context 背景事情）は、回答に影響を与えうる。例えば、オランダにいる韓国人の学生は、韓国人であることの誇りを表現するだろうが、自国にいるときにはしないだろう。誇りを表すことは、韓国ではしないことだからである。質問がどのように考案されるかによっても、バイアスは起こることがある。回答は、正確に人々の感情や実際の社会的環境での行動を反映しないこともある[42]。特に、集団主義者は、コンテクストに敏感である。自分自身、または集団の一員としての自分自身に関する記述を求めても、どの集団か、どのような状況かを特定しなければ、有益な結果にはならないこともある[43]。望ましいものと望むものの差異を別にすると、結果に影響を及ぼす質問の主要素は、概念の差異、タブー、理解度の問題である。Minkov[44]は、国によっては、研究者を締め出すような領域もあるとしている。その一例は、ほとんどのアラブ諸国で、女性回答者に性に関する質問を聞くことである。理解度は、より重要な要素である。調査の中には、回答者がこれまで考えたこともないようなテーマや判断できないテーマについてたずねるものもある。例えば、先進国と開発途上国を代表する回答者サンプルに、市場経済や民主主義の望ましい状況を評価してほしいと頼むことなどだ。GLOBEの質問の一つに、「この社会の経済システムは、最大限に高められるように作られている：個人的利益／集団的利益」[45]とある。また、質問の概念に対して相当する言語がない場合も、理解できないものとなる傾向がある。

　第4章で説明した3大次元モデルにおいて、結果に影響を及ぼす質問は、一般的に五つのタイプに区別することができる。

1. 日常生活の重要度：人々の日常生活において何が重要かについての質問、自分自身、行動や感情、文化的価値を反映する個人的な選好（自己報告）についての質問。このような質問の例としては、幸福の個人的な感情、緊張したり神経質になったりする頻度、家族生活のための時間を持つことの重要性に関する質問などがある。Hofstedeのモデルは、個人の実際の行動や、社会のあらゆる階層の日常生活に関連した選好に

関するこのような自己報告を基礎としている。Hofstede は、個人的な行動の選好、好みの存在状況、もしくは実際の存在状況（これは望んだものである）について人々にたずねている。質問は、日常生活の認識できる側面に関連している。

2. 自己判断：人々に自分自身を正直、友好的、攻撃的な人間などと判断させ、個人的特徴に従って自分自身を定義するように頼む自己判断報告。このような定義は、相対的となりがちである。個人が自分自身に関して、ある判断を下す際には、暗黙のうちに他者との比較をしている。しかし、これらの対象となる他者は、多様な文化でさまざまに異なる。例えば、平均的に攻撃的な車の運転をする社会では、人は、自分自身を攻撃的な運転者であると判断しないだろうが、ほとんどの人がもっと寛容な運転をする社会に入れば、自分の運転が攻撃的であると気づくだろう。異文化のパーソナリティ特質測定においても、類似の現象を見ることがある。異文化間のパーソナリティ特質の大規模研究[46]において、研究者たちは、中国人、韓国人、日本人が誠実性の度合いを表す尺度の最底辺になったことに驚いた。これらの文化の個人が、誠実性の低さを示すプロフィールである、非常に無規律、意志が弱いといった特徴を持つとは、ほとんどの人が考えそうもないことである。しかし、時間厳守、強い意志、そして信頼性の基準が非常に高い文化では、回答者は、自分は一般的に特定の文化における場合よりも規律正しさがないと報告することがある。

3. 価値の選好：回答者に価値の重要度を「私の人生の指針として」の尺度として決めてもらう価値の選好に関する質問。このような価値の例としては、平等、礼儀正しさ、富、伝統に対する敬意などがある。回答は、実際の行動に関する質問への回答とは異なる可能性がある。人々が指針と見なすものは、規範、望ましいもの、もしくは正しい行動として見なすべきものを反映する。Schwartz のモデルは、このタイプの質問を使用している。価値優先順位の形成として、このような質問は、高学歴の人々によって回答されることが最もよい。Schwartz 価値調査の回答者として求められるのは教師や学生である。

4. 社会的規範：自分の住んでいる社会との関連における行動に関する質問で、社会の他構成員に対する判断の意味を含む（対象質問）。例としては、回答者が同意するか、しないかの記述がある。：「この社会では、人々は一般的に自己主張が強い」または「この社会では、人々は一般的に他者のことを非常に気遣う」など。質問に答えるとき、回答者は自分の社会が実際にはどうなのかを考えなければならず、自分自身の集団外の人々の特徴には気づかない人が多い。国というコンテクストで回答する人もいれば、家族や近隣の人だけに関して回答する人もいるだろう。普通の回答者に自分の社会、または仲間の市民について描写するように頼むのは、家族内の関係性のタイプなど、問題としている題材が非常にシンプルな場合だけ有意義な結果を生み出す[47]。他者

の行動の仕方や、社会のような抽象的なことについて考えることは、自分自身について考えるよりもはるかに難しい。人々が熟知しているとは期待できない事柄についての質問である場合、回答は、あまり意味を持たないか、現実とはかけ離れたステレオタイプとなってしまう可能性がある。基本的に社会的行動に言及する場合は、二つの変数の組み合せを測定する。この組み合せは、個々の個人的価値による個人的な意見と社会や集団が関係する意見を反映したものである。対象集団が家族や日常生活での近隣関係など簡単で身近な場合、回答者は、その質問に答えることに何の問題もないが、社会などの抽象的な現象が対象となると、問題が発生する可能性がある。おそらく高学歴の人々なら、自分の社会の平均的価値を自身の価値を投影させずに推定することができるが、ほとんどの人は、自分自身の価値や規範を自分の住む社会の望ましいものの上に投影させてしまうだろう。これは現実を表しているかもしれないし表していないかもしれない。GLOBEの研究は、このタイプの質問を使用している。

5. 社会的規範に関する判断を示すように人々に頼む、判断を下す対象質問。このような質問は、回答者にその社会の他者は、どのように行動すべきかをたずねている。GLOBEの研究は、このような質問を使用しており、GLOBEの研究者はその結果を価値と呼んでいる。ここに三つの変数がある。回答者の個人的価値には、自分の意見、彼または彼女はその一部である社会、そして社会の中の「他者」に対する規範という三つの変数を反映する。これは非常に複雑な質問である。例としては、「この社会では、学生はパフォーマンスを向上させるために努力すべきである」とか、「この社会では、下の者は指導者に従うべきである」（GLOBEより）のような記述に同意するかしないかというようなものである。その他の例としては、「家族生活はもっと強調されるべきだ」とか、「仕事の重要性は軽減されるべきだ」とか、「権力に対してはもっと敬意を払うべきだ」（ワールド・バリューズ・サーベイより）のような抽象的な記述に同意するかしないかというようなものがある。一般的に、回答者自身が属する社会に関連した判断を下す質問は、その質問が直接的であっても、間接的であっても、人々は自身の文化の行動基準をふまえた回答をするものなので、効力の無い結果となる。例えば、「テレビには性的なものが多すぎる」という記述への賛同のレベルは、性がテレビで許されるべきかということだけではなく、その特定の国において、実際にテレビでどの程度の性が扱われているかということも関わってくる。次の記述にも同様の問題がある。「最近は、家でもっとワインを飲む」。イタリアのような、もともとワインをよく飲む国では、この記述に賛同することは、イギリスでの同じ回答とは全く異なる意味がある[48]。

個人レベルと文化レベル

　異文化調査においては、個人レベルと文化レベルの区別は明確にしなければならない。国家レベルの相対的異文化調査では、その全住民に関する結論を導きだすために、個人が全住民から抽出される。ある社会の個人構成員の平均的な価値優先順位は、他の社会の個人構成員の平均的な価値優先順位と比較される。制度は、社会の個人構成員が共有する価値を反映しているものであるため、個人的価値と文化的価値は重なり合う部分がある。そうでなければ、個人は十分に機能することができないだろう。社会の個人的構成員は、内在化した価値を持っており、これが社会制度の前提条件を守る役に立っている。個人は文化的な優先順位に指導され、その行動が社会システムを強化する[49]。

　文化レベルでは、国や集団の中で観察される個人の特性（例：年齢または識字能力）は集約され、国レベルの変数として扱われる。国レベルの現象（例：全国的な識字能力レベル）に対する原因を見つけるために、集約データを他の国レベルの変数（例：一人当たりの国民総所得）と相関させる場合もある。データは、本来国の個人から収集されたものを使用しているとはいえ、これは「システム間」もしくは「国家間」の比較と呼ばれる。データは集約されているので、システム内の差異を説明するために使用することはできない。社会はさまざまな人々から構成されているので、集約データは、さまざまな人のミックスを表している。そのため、文化レベル（生態的レベルとも呼ばれる）で観察される相関性のパターンは、個人レベルのパターンとは異なることもある。文化レベルの相関関係を個人行動の解釈に使用することは、誤った解釈につながることもある。その一例は、肥満と国富の正の相関関係であるが、富裕な国々では、どちらかというと貧しい個人の方が健康的な食品を購入する余裕がないので、肥満しがちである。そのため、肥満は、国レベルでは富と正の相関関係にあるが、国内では負の相関関係にある[50]。価値測定の例は、「自由」との相関性のパターンは、個人レベルと文化（国家）レベルで異なることを示したSchwartz[51]からのものである。国内においては、「自由」の重要度に高いスコアを付けた個人は、「思考や行為の独立」の重要性にも高いスコアを付ける傾向がある。しかし、各国のすべての個人のスコアを平均したとき、「自由」の平均スコアが他国に比較して重要であるとした国々は、「独立」の重要性の高いスコアの国々ではなく、「他者の幸福を守る」で高いスコアを付けた国々であった。個人的相関性は心理学的論理に基づいており、国家的相関性はそれぞれ異なり、交流しあう個人で構成される社会の文化的論理に基づいている[52]。また、Fischer[53]は、ヨーロピアン・ソーシャル・サーベイ（ESS）の時系列データの分析から、自分自身の利益を追求することの重要性に対し他者の幸福を強調することは、個人レベルと国レベルでは異なる機能を持つように思われることを発見している。つまり、国レベルの構成概念に基づいた

価値のスコアは、さまざまな国の個人を比較するのには使用できない[54]。集約データをベースにした尺度で、個人回答者を測定することは、「生態学的錯誤（ecological fallacy）」と呼ばれる。逆生態学的錯誤は、生態学的索引を個人レベルで相関性がある変数から作成する際になされてしまう。逆生態学的錯誤の一例は、既製のアメリカの尺度を文化比較に使用することである。例えば、Rokeachの中心的価値や手段価値の構造を各国の比較に使用してしまうのがそうである。

一般的に個人の独自性における強い信念のため、一般的に個人主義者は個人的レベルの研究を好み、集団の特徴を基礎として人々をカテゴリー化することを嫌がり、人々は集団の構成員としてではなく、個人として扱われ、分析され、解釈されるべきであると主張する。比較的集団主義的な文化では、反対のバイアスを見ることができる。集団の差異は誇張され、絶対的なものと見なされる。人々を個人としてではなく、その属する集団を基礎に扱う傾向がある[55]。

6-5. 調査データの等価性

国際比較を行なうためには、データは各国間で同じ意味を持たなければならない。つまり、等価性（equivalent）でなければならない。なぜなら、バイアスのかかった情報は、あいまいな結果、もしくは誤った結果を導くからだ[56]。等価性にはいくつかのタイプが識別できる：「サンプル」等価性、「言語的」等価性、「概念的」等価性、「測定基準」等価性、「カテゴリー的」等価性、「機能的」等価性である。

最初の三つのタイプの等価性は、別のセクションで検討する。後の2タイプの等価性は、マーケティング調査に関連している。カテゴリー的等価性は、各国間の製品カテゴリー定義の比較可能性についてのことである。例えば、ビールは、南ヨーロッパではソフト・ドリンクのカテゴリーに入るが、北ヨーロッパでは、アルコール飲料であると見なされる。機能的等価性は、研究された概念、対象物、もしくは行動が、分析に含まれているすべての国々で同じ役割や機能を持っているかという問題である。自転車は、オランダ、中国、インドでは主として移動の手段と見なされているが、アメリカでは主に娯楽目的に使用されている[57]。

サンプル等価性

各国の価値調査は、国の代表的なサンプルを使用するか、国籍以外はあらゆる点で類似となる対応されたサンプルを使用すべきである。各国の文化的側面を比較するときは、異なるカテゴリーにふさわしいものとなるようにしなければならない。スペインの看護士をスウェーデンの警察官と比較してもあまり意味がないことは明白である。整合させ

るための戦略の一つは、サンプルを非常に広範囲に抽出することである。そうすれば、サブカルチャーの差異は無作為抽出で薄れる。これは、人口から代表サンプルを抽出する際にも、世論調査同様に、行なうことである。反対の戦略は、類似のサブカルチャーから抽出をすることである。スペインの看護士とスウェーデンの看護士、またはスペインの警察官とスウェーデンの警察官の比較はできる。これを行なう際には、全体として国を一般化することに慎重でなければならない。両方の仕事が社会において同様の機能を持っているかを確認すべきである。一つのサンプル・セットで見つかった文化観の差異が、他の対応サンプルで見つかったものによって確認されれば、そのマッチングは適切である[58]。

学生は、等価性サンプルを表面上構成しているが、そうではない。消費経験が限られているということを別にしても、学生の生活環境は、さまざまである。アメリカの学生は、一般的に大学キャンパス内に住む。ヨーロッパの学生は、自分たちで暮らし、そのことが彼らの独立性を高める。一方、アジアの学生は、家族と一緒に住み続ける。このことを別にしても、学生はどんな社会においても、若く、地位が高く、裕福な層を代表しすぎている[59]。特に、権力格差の高い文化では、収入差が大きく、学生は社会の富裕層を代表する。主要学術誌に発表されたマーケティングや広告に関する研究の多くは、アメリカに拠点を置く心理学者によって実施された実験に基づいている。読者はアメリカ心理学生を対象にした研究が人類全体の代表にはならないという事実に承知しておかなければならない[60]。

言語的等価性と概念的等価性

グローバルな調査では、アンケートは、調査を企画した国で作成されることが多く、英語で表現され、他の多くの国で使用されるために翻訳される。結果の正確性は、回答者が示された質問を理解する能力に、ある程度かかっている。翻訳と折り返し翻訳の方法は、一定の誤りを防ぐ助けにはなるが、概念的等価性を保証することではない。第3章で、言語による問題をいくつか検討したが、これはとくに質問票を翻訳する際に重要である。

ある文化では適切な質問が、他の文化では、必ずしも適切でないことがある。たとえ正確に翻訳されていたとしても、異なる文化では、同じ質問が違うことを意味することもある。人々は、自分自身の文化の規範に照らして質問の意味を解釈し、回答するからである。意味と概念との関連は、しばしば異なる。例えば、一部の文化では恥という概念の意味は、屈辱とメンツを失うことであるが、他の文化では、慎み深さと関連する傾向がある[61]。もう一つの例は、バルス（VALS、価値とライフスタイル）記述の一つが、特にアメリカ文化に結びついていると思われる価値質問の意味を伝えることの難しさで

ある。「聖書にあるように、世界は文字通り6日間で創造された」。これは、日本の仏教徒を簡単に混乱させてしまうだろう[62]。もう一つ、概念的問題は、反意語の尺度を用いるときに生じる。ある文化では反意語と見られる言葉でも、他の文化では、反意語とは見なされないこともある[63]。

測定基準等価性

各国間の研究は、国内研究で使用された尺度を、他国や他のコンテクストでの妥当性と等価性を検証せずにそのまま用いると、欠陥のあるものとなる可能性がある[64]。ある文化で作成された尺度は、常に他の文化でも同様の効果を発揮するとは限らない。回答スタイルの差異や、口頭式評価尺度（エクストリーム・レスポンス・スタイル、ERS）の端点を使用する傾向は、何にでも「イエス」といったり何にでも「いや」といったりすること（黙諾、ARS）と同様に、国によってさまざまであることが分かっている[65]。例えば、イタリア人は、端点を好み、どのようなSD尺度でも極端な点をマークするが、ドイツ人は、抑制的で、中間点をマークする。その結果、イタリアでの「完全に同意」という回答は、ドイツでの「完全に同意」と同じ価値ではなくなる[66]。

ERSの一つの課題は、リッカート尺度のタイプである。ERSの高い参加者が、7段階リッカート型尺度を使用した調査が提示される、その回答は、1（非常に同意する）か7（まったく同意できない）のどちらかになりがちである。ERSの低い参加者が、同じ調査をされると、その回答は、4（どちらともいえない）に集まりがちである[67]。ERSの郡間差が最小となるのは、3段階の尺度を使用したときである[68]。また、肯定的な言葉遣いと否定的な言葉遣いの項目の混在するリッカート尺度への回答は、文化によってさまざまに異なる[69]。

黙諾の差異は、一つの集団がシステム的に他の集団よりも高い回答か低い回答をすると起こり、尺度転移という結果になる。アメリカ人回答者にとって、5段階のリッカート尺度で3という回答は、何の意見もないということかもしれないが、韓国人回答者にとっては、穏やかな同意を意味する可能性がある。この尺度転移の結果、韓国人の3は、アメリカ人の4と等価であり、韓国人の4は、アメリカ人の5と等価であるということになる[70]。

19カ国を通じ、ERSはHofstedeの男性らしさと権力格差の次元とプラスの関係性があった。しかし、端的な位置を取るというのは、短期志向にも関連している。長期志向の次元は、人々が極端に同意したり反対したりする国々と、比較的穏やかな国々との対照をつくる。Smith[71]によれば、これはコミュニケーション・スタイルの反映であり、単に測定誤差の原因ではない。ARS（黙諾）は、4つの次元と関係している。個人主義文化の人は、あまり黙諾はしない傾向にあり、これは高不確実性回避文化の人にも言え

る。そしてまた、男性らしさの高い文化や高権力格差文化の人も、黙諾的なやり方で回答する傾向は少ない[72]。

　ERSとARSの影響は、データを統計的に標準化することで、減少したり除外したりすることができる。スコアを文化集団ごとに標準化すると、異文化間の差異平均や標準偏差、もしくはその両方が除外される。しかし、有意義な差異もまた失われてしまう。一部の回答スタイルは、非論理的ではないこともある。ラテン・アメリカ人のスコアが、内容に関わらずほとんどの価値で高い場合、彼らは強い価値を持っていてそれに従って表現しているだけかもしれず、一方で東アジア人は、その価値にそれほど強く執着していないために、それほど強く表現しない可能性がある。異文化調査方法論学者であるVijver and Leung[73]は、平均値における異文化の差異は、回答やその他の不要な情報源だけが原因ではなく、有効な差異を反映している可能性もあるため、標準化には正当性の理由が必要であるとしている。調整をすると、バイアスを除こうとするあまり、貴重な構成概念情報を捨て去ってしまうことがよくある[74]。Dolnicar and Grünは、以下のような提案をしている。

　　文化間の差異は、多様な文化に見られる回答パターンに対して分散分析（ANOVA）を行なうことでチェックすることができる。差異が大幅でない場合、データは安全に結合させることができる。しかし、この差異が大きい場合は、研究者は、直面している差異が、異文化の差異という点で、有意義な調査結果であるのか、もしくは、回答行動における差異を示している可能性があるのかを決定しなければならない。後者の場合は、分析前にオリジナルのデータセットを訂正しなければならない[75]。

次元モデルの比較

　これまでの節では、次元モデルを比較するためのさまざまな基準を紹介してきた。第4章で、世界的大規模3大次元モデルの説明を行なうなかで、目的、サンプリング、使用される質問のタイプに関するいくつかの基本的な違いを指摘した。三つのモデルは異なっており、いろいろな目的に適用することができる。個人レベルの価値と文化レベルの価値の両方を研究したい人たちは、Schwartzのモデルを選ぶだろう。Hofstedeのモデルは、行動予測に関しては、比較的有益であると推奨されており、GLOBEの価値次元は、集団間または国際関係の側面を研究するのには比較的有益であると証明できた[76]。

　HofstedeとSchwartzのモデルは、共に国のスコアを提供しており、これは消費データの分析に利用することができる。三つのモデルの次元の間には、いくつかの関係性がある。全世界45カ国に関し、予想どおり、Hofstedeの権力格差とGLOBEの権力格差、Schwartzの階層の間には正の相関関係がある。また、Hofstedeの個人主義は、

GLOBE の内集団的集団主義と負の相関関係があり、Schwartz の自主性と正の相関関係がある。その他の比較は、第 4 章で説明したように、あまり有益ではない。Hofstede と GLOBE の不確実性回避の間には、負の相関関係がある。Hofstede の男らしさは、GLOBE の自己主張の次元だけでなく、権力格差とも正の相関関係がある。Hofstede の長期志向と GLOBE の未来志向の間には、有意な相関関係はない。これらの相関関係は、国内のさまざまな集団でも変化する。つまり、異なる次元で調査を行なう前には、まず各モデルの次元間の相関関係を見つけておくことが賢明である。

　Hofstede と Schwartz の次元をヨーロッパ 20 カ国で比較した結果[77]、調和は低個人主義と高不確実性回避、平等主義は低男性らしさと短期志向、階層は高男性らしさと、それぞれ有意な相関関係があることが分かった。これら 20 カ国に対し、Schwartz の価値カテゴリーは、すべて互いに有意な相関関係を示している。これらを消費データと相関させると、Schwartz 次元は、Hofstede の結果とは反対のものになる傾向がある。例えば、1,000 人あたりのパソコンの所有とインターネット・ユーザー（2005 年データ）は、Hofstede の個人主義と平等の価値も含む低権力格差と有意な相関関係があるが、Schwartz の平等主義と同じデータは有意な負の相関関係がある。これらの反対の調査結果は、望むもの対望ましいものの質問をする時の差異に起因する可能性がある[78]。

　インターナショナル・マーケティングに適用された文化的分類のいくつかのリストは、市場間の差異を理解するために、利用可能なモデルのうち、Hofstede モデルが最も頻繁に使用されていることを示している。これは市場参入方法の分析、イノベーション、調査、開発、パーソナリティと動機研究、文化間の感情の理解、広告分析に利用されてきている[79]。世界を国レベルでセグメントすることは有益であり、こうすることでインターナショナル・マーケターは、類似の広告キャンペーンを同じセグメントの国に適用することができる[80]。

6-6. 文化的次元のマーケティングと広告への適応

　本書では、消費者の行動の差異、動機、広告訴求、実施形態の説明に Hofstede のモデルを使用する。1960 年代後半と 1970 年代前半に作成された Hofstede の国スコアが、30 年以上も後に使用されて有効なのかという質問をよく受ける。異なる対応サンプル、もしくは対応しないサンプルに対する Hofstede 調査の複製がいくつかあり、これらが彼のデータが今でも有効であることを証明してきた[81]。Hofstede は、自著「カルチャーズ・コンシクエンシズ（文化の影響）」の第 2 版で、自身の指標を裏付けている 200 以上の外部比較研究や複製について説明している[82]。後発モデルとの比較においても、Hofstede のモデルで発見された基本的な価値の差異が、後発モデルでも発見されてい

ることが示されている。

　Hofstede の次元は、数が限定されており、重なる次元が比較的少なく、世界のほとんどの国を扱っているので、実用的である。広告戦略家は、国特有の広告訴求を選定する際の方向性を示すガイドとして、Hofstede のフレームワークを活用することができる[83]。このモデルは業務関連の動機を理解するために作成されたものなので、消費動機や広告の分析に適用する場合は分析技術が必要である。ただ、仮説を立てるときや分析のための国もしくは国のグループの選定をする際に、問題が持ち上がる可能性がある。自分たちの仮説が支持されなかったためにこのモデルの予測的価値に異論を唱える研究者もときにはいる。だからといって、自分たちの仮説の立て方に異論を唱えることはしない。いくつかの一般的に注意すべき点については、次節で扱う。

次元の発現の理解

　次元を使って作業する際には、仮説を立てたり、結果を説明する前に、各次元の内容を慎重に検討しなければならない。各次元の発現のなかには、業務関連性が強いものもあり、消費者行動に適用できるものもある。例えば、権力格差は上司と部下の関係性についてのものであるが、誰もが社会における正当な立場を持つことと平等と対比する。これは、高権力格差文化で、ステータス・シンボルとして高級ブランドに対するニーズの説明になる。高級ブランドは、階層における人の位置を誇示するために利用できるからである。どのような階層においても、階級と富の外見によって自分の地位を示すことは重要である。集団主義は、自分自身を集団に従属させることではない。これは、個人主義的な見地の人の典型的な説明である。集団自体がその人のアイデンティティであり、相互依存がある。

　長期志向は、未来を予測することと同じではない[84]。不確実性回避は、リスク回避ではない。「自然」は、高不確実性回避文化の動機であり、女性的訴求は少ない[85]。人々を他者との関連で見せることは集団主義の現れかもしれないが、女性らしさの文化に属するニーズでもある。広告の内容分析で、家族の写真は集団主義の表れと考えられるが、パラドックス的にこれは家族の価値が消えていくという恐れを抱く人々のいる個人主義の現れでもある。個人主義文化では、広告にさらに多くの家族が見つけられる可能性がある。これが望ましいものであるからである。集団主義文化では、家族は人のアイデンティティの一部であり、望ましいものではないので、広告主は広告に家族を描写する必要をあまり感じないかもしれない。集団主義文化のウェブ・サイトにコミュニティの関係性を期待することも、類似の例である[86]。これらはコミュニティとの関係を保つ努力をしなければならない個人主義文化のほうに、より多く見つけ出されると予測できる。集団主義者にとっては、これは自動的なプロセスである。調査仮説を立てるときには、

このような価値のパラドックスを考慮すべきである。

研究者の文化は、分析の次元選定において役割を果たす傾向がある。北米の研究者は、その文化では、政治的正しさの基準のために問題を引き起こす可能性がある男性らしさの次元を無視しがちである。強く感じられる価値と対立するように思われ、本質を理解できない研究者が多いと思われる[87]。広告分析には、役割の識別と重複する役割の差異を観察することが有効である。その他に注意すべきことは、あからさまな成功の誇示と強い印刷デザインや強い言葉の使用である。広告における女性の裸体は、性的訴求と混同すべきではない。男性らしさとは何の関係もない。

どんな文化のどんな研究者にとっても克服が最も難しいことの一つに、エスノセントリズムである。これは自分が使う次元のフレームワークを適用し、これらから獲得したスコアを自身の文化の視点や価値システムから判断することである[88]。

調査のサンプリング国

異なる国のサンプルが異なる結果を導くという複数の事例がある。どの国を比較するかの選択は、調査結果の妥当性に影響を与えたり、調査結果を一般化する可能性を減少させる可能性がある。近代的な国家と開発途上国の両方が含まれる比較は、解釈が難しい差異を生み出す。有効な比較が可能な文化のサブクラスを獲得するのは容易ではない。各国の多様な集団の相関関係は、異なる結果となる。Hofstedeの次元である権力格差は、各国の多様な集団が、いかにさまざまな関係性を示すかという一例となるだろう。世界的に見て、経済発達のレベルがさまざまな33カ国群について、権力格差は富と相関関係がある。すなわち国民一人当たりの国民総生産が高いほど、権力格差の国スコアが低くなった。つまり、国富と権力格差には負の相関関係があるということである。この関係は、先進国のグループには存在しない。多くの国に対するデータが入手可能であるなら、全体サンプルと収入の比較的高い国を選定した国グループの、両方の計算をするのが最善のアドバイスである。

次元間の関係性は、地域によってさまざまに異なる。例えば、Hofstedeの次元、不確実性回避は、各国の富裕層では権力格差と正の相関関係にあるが、この関係性は各国の貧困層では存在しない[89]。これは、比較的富裕な国々では不確実性回避が新製品の普及にマイナスの関係があるが、比較的貧しい経済状況ではプラスになる傾向であるという調査結果と関係している可能性がある[90]。

各国の異なるサンプルは、異なる相関関係の有意さという結果になる可能性がある。いくつかのコミュニケーション・テクノロジー製品に関し、われわれの研究では、国グループが富裕なほど文化との相関性が大きくなるという結果となっている。最後に、長期にわたり文化的関係性の比較を行なう場合は、同じ国グループを選定すべきである。

6-7. 因果関係

　文化と社会的現象の間の因果関係に関する質問もよくある。社会システム（法律、政治、経済システム）の特徴は、そこに住む人々の個人的資質によって作られるのか、もしくは、人々の個人的資質は、その人の住む社会システムの性質によって、生まれるのか？

　また、文化的価値と行動の関係性も明確ではない。集合的価値は、個人レベルの行動には間接的にしか影響しないし、価値と行動の因果関係は複雑である。集合的な価値次元における一国の位置と社会現象の間には関係性が見つかるかもしれないが、この二つの間の因果関係を理解することは、かなり困難である[91]。

　多くの場合、分散を説明する最もよい要因は、国家的文化を形成してきた共通の歴史学習である。しかし、観察されたことが歴史を原因としているのか、または機能的関係なのかを決定する課題は、頻繁に起こる。この種の昔からある論争は、プロテスタントの価値を資本家志向と関連させるウェーバーの仮説の意味に関係したものである。プロテスタントの価値と、起業家精神の間にあるのは「機能的な」関係なのか、それとも共有される交流や共通の歴史学習に基礎を置く関係性なのか[92]？　おそらく、後者であろう。資本主義は、特定の文化的配置の国々で繁栄したが、これらの国は、プロテスタント主義も受け入れている[93]。ウェーバーは、経済と社会の発展、すなわち拡大する国際貿易や個人の豊かさの結果、北ヨーロッパに根付く価値の理由として、プロテスタント主義を考えることはしなかった。信仰する宗教は、それ自体としては、よく想定されるほど文化的な関連性はない。各国の宗教的な歴史をたどれば、そこの住民がどの宗教を受け入れてきたかは、文化的差異の原因というよりは、それ以前に存在した文化的価値パターンの結果であると思われる。また、多くの場合、文化的価値は、宗教的信念よりも強力な比較要因である。Minkov[94]は、例として、ナイジェリアのイスラム教徒は、その価値において、ブルガリアのイスラム教徒よりもナイジェリアのキリスト教徒に、はるかに近いという事実をあげている。

　もう一つの例は、（ヨーロッパ大陸の）英語会話能力の低さとインターネット利用の低さの関係性である。この二つは、Hofstedeの不確実性回避の次元に関連している。強い不確実性回避文化では、人々は、言語学習の難しさを避け[95]、同様にニューテクノロジーに関する革新的行動も避ける（第5章参照）。つまり、機能的関係性があるのは、不確実性回避である（第4章参照）。

　その他に因果関係と仮定されるものには、経済発達と文化がある。一部の理論家は文化を社会経済成功の主たる決定要因と見るが、国富を文化の決定要因と見る理論家もい

る。Schwartz[96]は、社会経済と文化変数は互いに強烈に影響し合っているとしている。Inglehart の調査結果は、経済発達は文化が伝統的価値から離れ、自己表現の価値に向かって変化していくことに関連していることを示している。しかし、Vliert によるワールド・バリューズ・サーベイ・データの継続分析は、より高いレベルの経済成長は、伝統的価値の減少や現世的-合理的価値の増加とは関連していないという結論に達している[97]。

6-8. 商業的価値とライフスタイル調査

　マーケティングのライフスタイル調査は、人々をそのライフスタイルに表れる価値システムに従って分類することを目的としている。通常このような調査では、活動、関心、意見に関する膨大な質問が、因子分析から生まれた二つの基本的かつ二極化した次元的構造に要約される。この因子は、調査研究の開発者の解釈に従って要因項目をカバーするラベルを与えられる。その結果、ラベルは研究開発者の文化を反映することになる。調査研究がアメリカ人によって指揮されていれば、これが、「努力家」、「敬虔な人」、「楽しみを求める人」などというラベルになるし、フランス人研究者が指揮していれば、「神話的」とか、「感情的」となるし、またイギリス人研究者であれば、階級に基づくセグメント・ラベルを入れる傾向になる。価値研究に使用される概念と次元の両方とも、研究者の母国文化を反映しており、意味を失わずに、他文化への拡大をすることはできない。

　スタンフォード研究所（SRI）の価値とライフスタイル（VALS）プログラムは、価値とライフスタイルに関する最も早期の研究の一つである。カリフォルニア州、メンロ・パークにある SRI インターナショナル[98]で開発された VALS は、Rokeach の価値システムを基にしている。これは、消費者選好の予測因子と見られる動機づけと人口統計的特徴について聞く質問票を使用している。その後、RISC インターナショナル（パリ、社会変化国際調査センターの名にちなみ）、という並列システムがヨーロッパで出現した。ほかにも複数の国で、このような研究が進められてきた。

　これらの研究に共通する側面は、消費、回答者、価値がおさめられた二次元的なスペースの使用である。VALS の最重要次元は、「動機づけ」と「リソース」で、セグメントもしくは VALS タイプは、「革新者」、「考える人」、「達成者」、「経験者」、「信奉者」、「努力家」、「製作者」、「生存者」である。RISC は、三つの次元を区別した。「拡大-安定」（新しいアイディアへの開放性 対 変化への抵抗）、「楽しみ-責任」、「柔軟性-構造」である[99]。市場調査会社、GfK ローパー[100]による消費者スタイル・モデルは、消費者のニーズという点で二つの次元を使用している。その一つは、「持つこと 対 存在すること」、もう

一つは、「情熱的な生活を送る 対 平和と安全」である。セグメントは特質という点（開放性など）と態度や欲求（持続可能性を探し求めるなど）という点から考案されている。

VALSのセグメンテーション・システムは、アメリカで作成されたので、そこに含まれる価値は、アメリカに典型的なものである。それにもかかわらず、インターナショナル調査会社およびインターナショナル広告代理店は、これを他文化に適用している。アンケートには、「私は他の人よりもおしゃれである」のような対照記述や、「連邦政府は、公立学校での祈とうを奨励すべきである」のようなイデオロギー的な記述が含まれておる[101]。このため同調査は異文化比較にはあまり有効ではなくなっている。

1990年代に作成されたフランスのシステム、CCAは、「進歩主義者－保守主義者」と「物質的－精神的」の次元を使っている。最初の次元は、進歩とイノベーションを欲しているが、安定を求めることで、保守的になっている高権力格差と高不確実性回避文化のパラドックスを反映している。ベルギーの市場調査会社、Censydiamは、精神分析学者のAdlerの理論を使用している[102]。この理論によれば、消費者は緊張感の管理のために基本的な戦略を開発する。この不安への重点は、ベルギーの不確実性回避における高スコアを反映するものである。このような調査の結果は、調査結果が一つの特定文化の回答者の間で行われた調査に基づいたもので、全く異なる文化の対象には適用できないということを言わないで提示されることが多い。

スカンジナビア、コンパスのGallupが作成した商業的セグメンテーション・システムは、「近代的 対 伝統的」と「個人的 対 社会的」という価値を使っている[103]。後者の次元は、自由－所属のパラドックスを反映している。自分の個性を表すことは重要だが、所属のニーズはさらに重要であり、矛盾となりうる。

広告代理店、電通が作成した日本のモデルは、「達成者 対 帰属への依存」と「集団の利益志向 対 知的・独立志向」で、どちらも個人主義－集団主義のパラドックスを反映している。

もともと社会環境のドイツでの調査であったものが、ヨーロッパの他市場にその調査を拡大し[104]、他の国では、構造がかなり変わった。社会環境は社会階級と価値志向という点で社会構造を説明する。文化内では集団は、例えば仕事、レジャー、関係などに関する共通の価値や信念を共有する人のグループで表現される。集団は、「近代的」、「保守的」、「積極的」、「物質主義」という点でラベル付けされる。これらの集団は、必ずしもいろいろな文化を通じて類似であるとは限らない。

多様な国の研究が、類似の英語ラベルをさまざまな類型や分類手がかりのラベル等に使うことがあり、これは、誤解を生む可能性がある。その一例は、VALSと、日本の電通によるライフスタイル研究の中にある「達成者」である。VALSの達成者は、家庭とキャリアに重点を置く目標志向のライフスタイルを持つ。高度な刺激や変化を奨励する

ような状況は避ける。同僚に対し成功を誇示する高級製品を好む。電通の情報テクノロジー・センターの鈴木宏衛は、電通のライフスタイル研究で、4つのライフ・モデルを区別した[105]。「達成者」、「知的」、「集団の利益志向」、「帰属集団への依存」である。この研究の中で、達成者の説明は、「進取的な」、「個性の重要性」、「人間関係の重要性」となっており、VALS の説明とはかなり異なっている。

　上述したものは、ほとんどのライフスタイル研究が強力な地元ルーツを持っていることを示している。インターナショナル・ライフスタイル手段の異文化間の妥当性は、まだ実証されていない。

要　約

　本章では、価値概念と、価値の調査法について説明した。「Rokeach 価値調査」を基にした価値研究は、世界中で使用されているが、その価値観はアメリカ文化の典型的なものである。価値の中には、他言語に翻訳されると無意味となるものもあり、他文化で意味を持つ価値が見落とされてしまうこともある。異文化調査にはいくつかの落とし穴があるが、最も重要なのは、調査設計と方法が等価性であることである。ある文化のなかで作成された調査設計、質問、尺度を他の文化に使うというエスノセントリズム的なアプローチを取る研究者があまりにも多く、その結果、比較不能な調査結果が生まれてしまっている。

　6-4 で説明した文化モデルは、いろいろな測定概念に基づいているが、そのなかで最も重要なのは、望ましいものと望むものの測定の違いである。結果として、消費者行動と広告効果の差異を理解するために利用されるときにはさまざまな結果を提供することになる。

　ある環境で作成された調査を、かなり異なる他環境に置きかえても、効果的な戦略とはならないだろう。人々の価値観は文化によって異なり、研究者の価値も同様である。調査モデルに反映されている文化と調査モデルが適用される国の文化に対応するところがなければ、結果は意味のあるものとはならないだろう。ある文化の座標軸を使って、他文化におけるブランドのポジショニングすることは興味深いが、あまり効果的なやり方ではない。次元モデルは、ますます消費や態度データの二次分析に使用できるように進化してきている。このようなモデルを使うにあたっては、事前に調査設計と質問を慎重に検討しなければならない。ある文化の価値を無差別に他文化に使用することはできないということを理解することで、効果的なグローバル・マーケティングと広告戦略を開発するための、より洗練された価値研究に向かうことになる。

第 6 章 文化的価値の調査と適応 213

参考文献

(1) Hofstede, G. (2004) Epi-dialogue. In H. Vinken, J. Soeters, & P. Ester (Eds.), *Comparing cultures: Dimensions of culture in a comparative perspective* (p. 272). Leiden/Boston: Brill.
(2) Rokeach, M. (1973) *The nature of human values.* New York: Free Press.
(3) Rokeach, 1973, p. 28.
(4) Yankelovich, D. (1994) How changes in the economy are reshaping American values. In H. J. Aaron, T. E. Mann, & T. Taylor (Eds.), *Values and public policy* (pp. 23-24). Washington, DC: Brookings Institution.
(5) Kahle, L. R., & Goff Timmer, S. (1983) *A theory and method for studying values and social change: Adaptation to life in America.* New York: Praeger.
(6) Halman, L. (2001) *The European Values Study: A third wave.* WORC Tilburg University. PO Box 90153, 5000 LE Tilburg, The Netherlands. E-mail evs@kub.nl.
(7) Inglehart, R., Basañez, M., & Moreno, A. (1998) *Human values and beliefs.* Ann Arbor: University of Michigan Press. The complete data files can be downloaded from www.worldvaluessurvey.org
(8) European Social Survey (ESS). http://ess.nsd.uib.no (See Appendix B)
(9) Reader's Digest Surveys: A Survey of Europe Today, 1970; Eurodata, 1991; Reader's Digest Surveys: Trusted Brands, 2001, 2002, 2003, 2004, continuing on an annual basis, although for recent years the data are less accessible; European Media and Marketing Surveys (EMS), 1995, 1997, 1999, 2007, 2012 (See Appendix B).
(10) Asiabarometer. http://www.asiabarometer.org
(11) Minkov, M. (2013) *Cross-cultural analysis: The science and art of comparing the World's modern societies and their cultures.* Los Angeles: Sage.
(12) Rokeach, 1973, p. 90.
(13) Grunert, K. G., Grunert, S. C., & Beatty, S. E. (1989, February) Cross-cultural research on consumer values. *Marketing and Research Today,* pp. 30-39.
(14) Kamakura, W. A., & Mazzon, J. A. (1991) Value segmentation: A model for the measurement of values and value systems. *Journal of Consumer Research, 18,* 208-218.
(15) Rokeach, 1973, p. 15.
(16) Vyncke, P. (1992) *Imago-Management: Handboek voor Reclamestrategen.* Ghent, Belgium: Mys & Breesch, Uitgevers & College Uitgevers, p. 134.
(17) Minkov 2013, p. 34.
(18) Roland, A. (1988) *In search of self in India and Japan.* Princeton, NJ: Princeton University Press, pp. 90-93, 102-103, 131.
(19) Hofstede, G. (2001) *Culture's consequences.* Thousand Oaks, CA: Sage, p. 35.
(20) Vyncke, 1992, pp. 133-135.
(21) Oppenhuisen, J. (2000) *Een schaap in de bus? Een onderzoek naar waarden van de Nederlander* [A sheep in the bus? A study of Dutch values]. Unpublished doctoral dissertation, University of Amsterdam, The Netherlands.
(22) Roland, 1988, p. 240.
(23) Srivastava, H. S. (2004) Indian core values of peace and harmony. In Z. Nan-Zhao & B. Teasdale (Eds.), *Teaching Asia-Pacific core values of peace and harmony.* Bangkok: UNESCO Asia and Pacific

Regional Bureau for Education.
(24) Doi, T. (1985) *The anatomy of self*. Tokyo: Kodansha International, pp. 147-156.
(25) 牛窪一省は、日本の株式会社リサーチ・アンド・ディベロプメント社長であった。牛窪は、日本人の価値を説明するモデルを開発し、それについては1986年の牛窪の論文「商品コンセプトの構造分析手法とその適用」で説明された。「ヨーロピアン・リサーチ」18、174～184頁。この章の引用は、著者が牛窪と1995年11月に交わした会話からのものである。リサーチ・アンド・ディベロプメントは、ここでの引用は、同社独占所有のライフスタイル分析であるCOREの総合的コンセプトの一部分だけを表すものであるという但し書き付きで、牛窪の言葉とモデルの使用許可を与えてくれた。
(26) Benedict, R. (1974) *The chrysanthemum and the sword: Patterns of Japanese culture*. Rutland, VT: Charles E. Tuttle, p. 129.
(27) Eurobarometer survey. (2001) Eurobarometer Report (55) (See Appendix B).
(28) Benedict, 1974, p. 192.
(29) Benedict, 1974, p. 183; Roland, 1988, pp. 109-110, 262.
(30) 西シベリアのロシア人学生に対するマーケティングおよび文化に関するセミナー中の学生達の回答 1996年10月2日。
(31) Doi, 1985, pp. 84-86.
(32) Roland, 1988, pp. 131, 203; Benedict, 1974, p. 290.
(33) Letters: A failing role model? [Letter from Mike Dunn of Bamberg, Germany] (1996, April 16). *Newsweek*.
(34) Inkeles, A. (1997) *National character*. New Brunswick, NJ: Transaction.
(35) Fischer, R. (2009) Where is culture in cross cultural research? An outline of a multilevel research process for measuring culture as a shared meaning system. *International Journal of Cross-Cultural Management, 9* (1), 25-49.
(36) Hofstede, G. (2002) Dimensions do not exist: A reply to Brendan McSweeney. *Human Relations, 55* (11), 1355-1361.
(37) Douglas, S. P., & Craig, C. S. (2006) On improving the conceptual foundations of international marketing research. *Journal of International Marketing, 14* (1), 1-22.
(38) Buchtel, E. (2011, Summer) Triandis Award: A sense of obligation. *Cross-Cultural Psychology Bulletin, 44,* 15-19.
(39) Hofstede, G., Hofstede, G. J., & Minkov, M. (2010) *Cultures and Organizations: Software of the mind* (3rd ed.). New York: McGraw-Hill.
(40) Javidan, M., House, R. J., Dorfman, P. W., Hanges, P. J., & Sully de Luque, M. (2006) Conceptualizing and measuring cultures and their consequences: A comparative review of GLOBE's and Hofstede's approaches. *Journal of International Business Studies, 37,* 897-914.
(41) Smith, P. (2006) When elephants fight, the grass gets trampled: The GLOBE and Hofstede projects. *Journal of International Business Studies, 37,* 915-921.
(42) Kitayama, S. (2002) Culture and basic psychological processes: Toward a system view of culture: Comment on Oyserman et al. *Psychological Bulletin, 128,* 89-96.
(43) Harb, C., & Smith, P. B. (2008) Self-construals across cultures: Beyond indepen-dence-interdependence. *Journal of Cross-Cultural Psychology, 39* (2), 178-197.
(44) Minkov, 2013.
(45) Gelfand, M. J., Bhawuk, D. P. S., Nishi, L. H., & Bechtold, D. J. (2004) Individualism and collectivism. In R. J. House, P. J. Hanges, M. Javidan, P. W. Dorfman, & V. Gupta (Eds.), *Culture, leadership,*

and organizations: The GLOBE study of 62 societies (pp. 437-512). Thousand Oaks, CA: Sage.
(46) Schmitt, D. P., Allik, J., McCrae, R. R., & Benet-Martínez, V. (2007) The geographic distribution of big five personality traits: Patterns and profiles of human self-description across 56 nations. *Journal of Cross-Cultural Psychology. 38* (2), 173-212.
(47) Minkov,2013.
(48) Williams, J. (1991, August) Constant questions or constant meanings? Assessing intercultural motivations in alcoholic drinks. *Marketing and Research Today,* pp. 169-177.
(49) Hofstede, 2001, pp. 15-17; Schwartz, S. H. (1994) Beyond individualism/collectivism. In U. Kim, H. C. Triandis et al. (Eds.), *Individualism and collectivism: Theory, method, and applications: Vol. 18. Cross-cultural research and methodology* (pp. 92-93). Thousand Oaks, CA: Sage.
(50) Minkov, 2013.
(51) Schwartz, 1994, p. 104.
(52) De Mooij, M., & Hofstede, G. (2010) The Hofstede model: Applications to global branding and advertising strategy and research. *International Journal of Advertising, 29* (1), 85-110.
(53) Fischer, R. (2012) Value isomorphism in the European Social Survey: Exploration of meaning shifts in values across levels. *Journal of Cross-Cultural Psychology, 43,* 883-898.
(54) Fischer, R., Vauclair, C. M., Fontaine, J. R. J., & Schwartz, S. H. (2010) Are individual-level and country-level value structures different? Testing Hofstede's legacy with the Schwartz Value Survey. *Journal of Cross-Cultural Psychology, 4* (2), 135-151.
(55) Minkov, M. (2007) *What makes us different and similar.* Sofia, Bulgaria: Klasika I Stil, p. 35.
(56) Van Herk, H., Poortinga, Y. H., & Verhallen, T. M. M. (2005) Equivalence of survey data: Relevance for international marketing. *European Journal of Marketing, 39* (3/4), 351-364.
(57) Van Herk, et al., 2005.
(58) Hofstede, 2001, p. 463.
(59) Oyserman, D. (2006) High power, low power, and equality: Culture beyond individualism and collectivism. *Journal of Consumer Psychology, 16* (4), 352-356.
(60) Minkov, 2013.
(61) Minkov, 2013, p. 86.
(62) Beatty, S. E., Homer, P. M., & Kahle, L. R. (1988) Problems with VALS in international marketing research: An example from an application of the empirical mirror technique. *Advances in Consumer Research, 15,* 375-380.
(63) Harzing, A. (2006) Response styles in cross-national survey research: A 26-country study. *International Journal of Cross Cultural Management August 2006, 6* (2), 243-266.
(64) Douglas, S. P., & Nijssen, E. J. (2003) On the use of "borrowed" scales in crossnational research. *International Marketing Review, 20* (6),621-642.
(65) Douglas, S. P., & Craig. C. S. (1983) *International marketing research.* Englewood Cliffs. NJ: Prentice-Hall International Editions, p. 192.
(66) Williams, 1991.
(67) Cheung, G. W., & Rensvold, R. B. (2000) Assessing extreme and acquiescence response sets in cross-cultural research using structural equations modeling. *Journal of Cross-Cultural Psychology, 31,* 187-212.
(68) Clarke, I., III. (2001) Extreme response style in cross-cultural research. *International Marketing Review, 18,* 301-324.

(69) Wong, N., Rindfleisch, A., & Burroughs, J. E. (2003) Do reverse-worded items confound measures in cross-cultural consumer research? The case of the material values scale. *Journal of Consumer Research, 30*, 72-91.
(70) Cheung & Rensvold, 2000.
(71) Smith, P. B. (2011) Communication styles as dimensions of national culture. *Journal of Cross-Cultural Psychology March, 42*, 216-233.
(72) Johnson, T., Kulesa, P., Cho, Y. I., & Shavitt, S. (2005) The relation between culture and response styles: Evidence from 19 countries. *Journal of Cross-Cultural Psychology, 36* (2), 264-277.
(73) Van de Vijver, F., & Leung, K. (1997) *Methods and data analysis for cross-cultural research.* Thousand Oaks, CA: Sage, p. 15.
(74) Clarke, 2001.
(75) Dolnicar, S., & Grün, B. (2007) Cross-cultural differences in survey response patterns. *International Marketing Review, 34* (2), 127-143.
(76) Smith, 2006.
(77) Schwartz, S. H. (2007) Cultural and individual correlates of capitalism: A comparative analysis. *Psychological Inquiry, 18* (1), 52-57.
(78) A more detailed comparative analysis of the models by Hofstede and Schwartz can be found in De Mooij, M. (2011) *Consumer behavior and culture: Consequences for global marketing and advertising* (2nd ed.). Thousand Oaks CA: Sage, pp. 39-45.
(79) Magnusson, P., Wilson, R. T., Zdravkovic, S., Zhou, J. X., & Westjohn, S. A. (2008) Breaking through the cultural clutter: A comparative assessment of multiple cultural and institutional frameworks. *International Marketing Review, 25* (2), 183-201.
(80) Vanderstraeten, J., & Matthyssens, P. (2008) Country classification and the cultural dimension: A review and evaluation. *International Marketing Review, 25* (2), 230-251.
(81) Søndergaard, M. (1994) Research note: Hofstede's consequences: A study of reviews, citations and replications. *Organization Studies, 15*, 447-456.
(82) Hofstede, 2001.
(83) Milner, L. M., & Collins, J. M. (2000) Sex-role portrayals and the gender of nations. *The Journal of Advertising, 29*, 67-79.
(84) Minkov, 2007, pp. 24-25.
(85) Rhodes, D. L., & Emery, C. R. (2003) The effect of cultural differences on effective advertising: A comparison between Russia and the US. *Academy of Marketing Studies Journal, 7* (2), 89-105.
(86) Singh, N., Kumar, V., & Baack, D. (2005) Adaptation of cultural content: Evidence from B2C e-commerce firms. *European Journal of Marketing, 39* (1/2), 71-86.
(87) Hofstede, G. (2006) What did GLOBE really measure? Researchers' minds versus respondents' minds. *Journal of International Business Studies, 37*, 882-896.
(88) Yaprak, A. (2008) Culture study in international marketing: A critical review and suggestions for future research. *International Marketing Review, 25* (2), 215-229.
(89) Müller, H. P., & Ziltener, P. (2004) The structural roots of values: An anthropological interpretation of Hofstede's value dimensions. In H. Vinken, J. Soeters, & P. Ester (Eds.), *Comparing cultures: Dimensions of culture in a comparative perspective* (p. 139). Leiden/Boston: Brill.
(90) Yeniurt, S., & Townsend, J. D. (2003) Does culture explain acceptance of new products in a country? *International Marketing Review, 20* (4), 377-396.

（91） Jagodzinski, W.（2004）Methodological problems of value research. In H. Vinken, J. Soeters, & P. Ester（Eds.）, *Comparing cultures: Dimensions of culture in a comparative perspective*（p. 118）. Leiden/ Boston: Brill.
（92） Przeworski, A., & Teune, H.（1970）*The logic of comparative social inquiry*. New York: Wiley-Interscience, pp. 51-56.
（93） Hofstede, 2001, P 114.
（94） Minkov, 2013.
（95） 外国語会話に関する複数データは、不確実性回避との関係性を示している。この次元のスコアが高い国々ほど、外国語を話す人の数が少ない。英語に関しては、英語に類似の言語構造の国々（全ゲルマン語系）は、英語学習上の強みがあるということが、論拠となるであろう。しかし、ゲルマン語系の国々（イギリスとアイルランドを除く）の中でも、英語を話すことと、低不確実性回避の間には有意な相関関係が見られる。（例：EMS 1997 年の中で、会話をするのに十分な英語を話せると言う人の割合。7 ヵ国で $r = -.82^*$）。
（96） Schwartz, 2004, p. 65.
（97） Van de Vliert, E.（2007）Climatoeconomic roots of survival versus self-expression cultures. *Journal of Cross-Cultural Psychology, 38*（2）, 156-172.
（98）Holman, R. H.（1984）A values and lifestyles perspective on human behavior. In R. E. Pitts, Jr., & A. G. Woodside（Eds.）, *Personal values and consumer psychology*（pp. 35-54）. Lexington, MA: Lexington Books, D. C. Heath.
（99） RISC International.（1995）*Why people buy* [Brochure]. Paris（www.risc-int.com）.
（100） GfK Roper Consumer Styles, 2007-2008. Retrieved November 26, 2012 from http://www.intomartgfk.nl/imperia/md/content/intomart/presentation_roper_consumer_styles.pdf
（101） VALS survey, retrieved November 26, 2012, from http://www.strategicbusinessinsight.com/vals/surveynew.shtml
（102） Callebaut, J., Janssens, M., Lorré, D., & Hendrickx, H.（1994）*The naked consumer: The secret of motivational research in global marketing*. Antwerp: Censydiam Institute, p. 106.
（103） Hansen, F.（1998）From lifestyle to value system to simplicity. *Advances in Consumer Research, 25,* pp. 181-195.
（104） Homma, N., & Ueltzhoffer, J.（1990, June 18-20）The internationalization of everyday-life research markets and milieus. *ESOMAR Conference on America, Japan and EC '92: The Prospects for Marketing, Advertising and Research,* Venice, Italy. See also http://www.motivaction.nl
（105） Received from Hiroe Suzuki, November 1995. Earlier description in Suzuki, H.（1998, June 18-20）*Japanese lifestyle, life models and applications to creative concepts.* Paper presented at a meeting of the ESOMAR Conference on America, Japan and EC '92: The Prospects for Marketing, Advertising and Research. Venice.

第7章

文化とコミュニケーション

　マーケティングと広告理論および広告技法の発祥地がアメリカであるため、アメリカの文化的前提が、アメリカだけでなく世界の他地域においても、いかに広告が作用するかという視点の根底にある。異文化間で広告がどのように作用するかを理解したいと思うのであれば、まずコミュニケーションがどのように作用するかを学ばなければならない。コミュニケーションのスタイルは、文化によってさまざまであり、根深い習慣や信条に影響される。最も明確な区別の一つは、高コンテクストと低コンテクストのコミュニケーションである。この区別に関連しているのが、人々が情報をどのように処理しているかということと、コミュニケーションの役割、目的、影響に対する期待である。広告は生来、説得力があるものなのか、それとも販売プロセスのなかで、違う役割を持つことが可能なのか？広告が文化によってどのように作用するのかを理解することは、インターナショナル企業にとって非常に重要なことである。情報テクノロジーが進み、新たな形態のコミュニケーションが出現してきている。これらは、コミュニケーションのハイブリッド型で、口頭と読み書きのコミュニケーションの混合である。これらのニュー・メディアをマーケティング・コミュニケーションに適切に使用するためには、新たな形態のコミュニケーションを理解しておくことが基礎となる。広告同様、人々がこれらニュー・メディアをどのように利用し、ウェブサイト・デザインなどのコンテンツをどのように作るかは、文化の影響を受けている。

7-1. コミュニケーション

　すべての生きている人間は、音、会話、動き、ジェスチャー、言語を通じてコミュニケーションする。コミュニケーションには、多くの人間活動が含まれる。話すこと、聞

くこと、読むこと、書くこと、見ること、イメージを抱くことなどである。人がどのようにコミュニケーションするかは、文化的慣習に基づいており、これは、他者との交流、メッセージを作り、送ること、そして、メッセージを解釈する際の指針となる。

1960年代からの西洋のコミュニケーション研究では、多くの定義、理論、コミュニケーション・モデルが作られてきており、これはプロセス志向のモデルから、合図、シンボル、意味の伝達に重点を置くモデルまでいろいろである。アメリカ以外の世界各地の学者も、コミュニケーションの目的とコミュニケーションがいかに作用するかについての多種多様な理論を発展させてきているが、マーケティング・コミュニケーションの理論は、程度の差はあるが、主としてコミュニケーションを直線状のプロセスと定義している西洋のコミュニケーション理論から派生したものである。アジアの学者によれば[1]、西洋のプロセス型のアプローチは、ほとんどのアジアのコミュニケーションを理解するのには適切でないと言う。

本書の中心的要素は、コミュニケーションを理解するためには、人々、その本質、ニーズ、動機などに関心を持たなければならないということである。北米のコミュニケーション理論の創設者の一人であるSchrammは、すでに以下のような指摘をしていた。

　一つ、はっきりと理解しておこう。コミュニケーション（少なくとも人間のコミュニケーション）とは、人々が行なう何かである。それ自体には生命はない。人々が注ぎ込まない限りは、それ自体に不思議な力はない。人々が注ぎ込まないかぎりは、メッセージに意味はない。人がコミュニケーションを学ぶということは、人々について学ぶことに他ならない。互いに関わり合い、集団、組織、社会に関わり、互いに影響を与え、与えられ、情報を伝え、伝えられ、教え、教えられ、楽しませ、楽しませてもらう。その方法は、どちらからも切り離されて存在する。人間のコミュニケーション・プロセスを理解するためには、人々が互いにどのように関わっているかを理解しなければならない[2]。

コミュニケーションとその効果を研究する際には、個人がどのようにコミュニケーションするか、そしてそれが他者に及ぼす効果、特にコミュニケーションとその効果が、それが行なわれる場所の社会体系によってどのように影響され、変更されるかを理解すべきである。異文化間の対人関係を理解することは、マス・コミュニケーションの形がどのように作用するかを理解し、さらには、個人間コミュニケーションとマス・コミュニケーションのハイブリッド型である新たな電子メディアを理解するために重要になる。第5章で説明したように、さまざまな文化によって人々がどのように関係しあっているかの差異を理解するための基礎であって、これは、異文化間でのコミュニケーショ

ンに適用できる。

コミュニケーション理論

　古典的な北米のコミュニケーション理論では、広義のコミュニケーションとは、人の精神が他者に影響を及ぼすすべての段階を含む。すべてのコミュニケーションは説得的であると見なされ、コミュニケーションは情報を基礎とする。最も一般的な意味では、コミュニケーションとは情報が二名以上によって共有されるプロセスであり、その結果、一名以上が関係することになる。北米モデルで黙示的なのは、独立した個人の決定は、情報を基礎としているということである。これは、**図表7.1** で描くように、コミュニケーション・モデルに従って説明される傾向にあり、メッセージの発信源、もしくは送り手（人、組織、企業、ブランド）、メッセージそのもの（物語、画像、広告）、メディア（メッセージを運ぶあらゆるもの、つまり物語の語り手、新聞、テレビ、インターネット）、メッセージの受け手（人、消費者）が含まれる。

　このコミュニケーション・プロセスにおいて、メッセージは選択され、意味を伝えるために記号化される。メッセージの受け手は、メディアを通してメッセージを受け取り、これを解読することができなければならない。送り手は、適切にメッセージを記号化することによって効果的なコミュニケーションを行なう責任がある。このモデルは、送り手志向である。しかし、メッセージの送り手は、メッセージが送られた後、そのメッセージが受け取られ、理解されたかを知るためのフィードバックを得たがる。このモデルには、メッセージを送る前、もしくはその最中のメッセージの送り手側に、受け手に対する共感が含まれていない。メッセージを考案し、形成する送り手は、自分の文化的枠組みを使用するので、メッセージの内容や形態に文化的枠組みが反映される。媒介コミュニケーションでは、メディアも、その内容、形態ともに、それを製作する人々の文化によって形成される。メッセージの受け手は、その人の文化的枠組みを使ってメッセージの解読を行なう。解読のプロセスでは、人々が既存スキーマ（schema, 訳注：外部の情報を解釈するために過去の経験などからの形成されている内的知識）に最も適合するメッセージを理解するという意味で、選択的知覚が作用する。これは、内容、形態、メッセージのスタイルに関係する。

図表7.1　古典的コミュニケーション・モデル

西洋のコミュニケーション・モデルの送り手志向は、独白のようなもので、主に北米や北ヨーロッパのコミュニケーションには有効である。南ヨーロッパや東ヨーロッパではこれとは異なり、対話がコミュニケーション・プロセスの形態となり、これには、メッセージの受け手に対する共感も含まれる。例えば、Bakhtin[3]は、コミュニケーションを対話（dialogue）と見なしている。対話においては、「発話（utterance）」がある。これは文脈（context）のなかで話される言語であるので、コミュニケーションは、当然ながら「文脈的」となる。これには会話の内容、コミュニケーションする人のテーマに対する態度、話しかけられた人の側の反応性が含まれる。話す人は、相手の観点を予測し、その予測に従ってコミュニケーションを適応させる。この予測、もしくは共感は、アジアのコミュニケーションでも認識される。一方、西洋のコミュニケーション理論では、一般的に、コミュニケーションは一方向のプロセスとして提示され、フィードバックは、主として説得が功を奏したことの確認に必要だとするのであり、西洋では基本的な側面としては見いだせない。

　共感だけではなく、その他のいくつかの側面が重なり合うことがアジアのコミュニケーションの中心である。アジアでは、他の集団主義的文化のほとんどがそうであるように、コミュニティへの所属や適切な場所に収まるとか位置を占めるということに配慮して、コミュニケーションは役割や関係性によって変化する[4]。ここに含まれるのは、コミュニケーションを間接的なものとする個人間の関係性の調和に対するニーズ、内集団と外集団の区別、異なる集団や背景、状況への適応、メッセージの送り手の心の中で行なわれるメッセージの熟慮、メッセージの受け手の相手の心を読み取る能力などである。最後の二つの要素は、インドや西アジア諸国よりも東アジアのコミュニケーションで比較的目立っている。東アジアのコミュニケーションにおいて、調和の維持の根底にあるのは、Miike[5]が狭い出口と広い入り口と描写したものである。メッセージは慎重に内的評価を行なった後に、やっと出て行くので、メッセージの送り手の「出口」は、小さい。そのため、この評価は、間や沈黙の原因ともなる。メッセージの受け手の「入り口」は、広く開かれている。メッセージが間接的なだけではなく、双方共に解釈しなければならない言葉を使わない合図を使う。これが心を読むプロセスである。また、解釈のプロセスの間には、内的評価のプロセスをしやすくするために、沈黙することもある。西洋のコミュニケーション・モデルでは、送り手が効果的なコミュニケーションの責任を負うのに対し、東アジアのモデルでは、受け手と送り手の双方が責任を負う。

　北米のコミュニケーションの目的は説得であり、コミュニケーション理論は、アリストテレスの説得的コミュニケーションのための規則から派生してきたものであるのに対し、アジアでは、コミュニケーションは、古い儒教や仏教の哲学から受け継がれた行動のための規則に従って起こるものである[6]。仏教は、仏教の社会秩序の理想を受けて、

人はいかにコミュニケーションすべきかの指針を提示している[7]。コミュニケーションは、社会的に適切なものでなければならない。また、ヒンドゥ教では、送り手と受け手の位置は、固定されたものではない。コミュニケーションは、二方向のプロセスで、相互理解を生み出すものである。送り手の優位を強調するものではない。体験の共通性が起こらなければならない。すべてのメッセージの有効性は、コミュニケーション環境次第である。同じメッセージであっても、異なる状況では異なる意味になることもある[8]。

　西洋とアジアのコミュニケーションの差異のうち、沈黙は最も際立ったコミュニケーション要素の一つである。アメリカでは、毎日の会話に費やされる平均時間は、6時間43分であるが、日本では3時間31分である。東アジア文化における発話形態としての沈黙は、仏教と道教の両方が静けさを重要視していることに大きな影響を受けている。それは、外側にある口が話すことよりは、内なる心の声である。こうして、沈黙は、相互理解のための効果的な非言語的表現となる[9]。

　コミュニケーションにおける沈黙は、集団主義的文化で、長期志向でもある所で最もよく見られる。短期志向の集団主義的文化では、コミュニケーションは、話し、聞く、対話の継続的な流れである。ガーナのアカン族にとって沈黙は、いくらかの恐怖をともなう訓練のために求められるのでない限り、侮辱とみなされる。コミュニケーションは双方向的関係であり、いくつかの格言がこれを裏付けている。例えば、「一人の人間だけでは、地域社会の問題を審議することはできない」[10]。アフリカのコミュニケーションは、共通であることと、アフリカの中心的概念、「ウブントゥ」の影響を受けている。ウブントゥには、人間性、愛情、思いやりなどの概念が含まれている。個人は、他者の存在のおかげでその存在がある。「私がいる」のは、「あなたがいる」からで、「あなたがいる」のは、「私がいる」からである。われわれが人間であることができるのは、他者を通じてのみである。アフリカの存在とコミュニケーションの観念は、やはり音楽的である。セネガル人哲学者のサンゴールが述べているように、アフリカ人の存在は、「私は感じる、私は他者と踊る。私がいる」ということで形成することができる[11]。アフリカのコミュニケーションの最も特徴的な側面は、口述的識字能力が根底にあることである。口述的識字能力は、間接的なコミュニケーションの方法であり、反復、メタファーなど、あらゆる種類の記憶を助ける工夫を使うことである。発話、言葉、対話、語りのリズムに対する愛着は、アフリカの魂であると考えられる。発話に対する愛着は、賛美歌手や語り手のように、弁舌の才が多くの芸術的な形となって反映されている[12]。

　また、ほとんどの地域が集団主義と短期志向の組み合わせであるラテン・アメリカでは、発話は沈黙よりも重要であるが、一部地域では、沈黙がコミュニケーションの一部である。20世紀末の南アメリカ低地の人々の間の談話に関連した研究によると、対話のなかで話しかけられた人が第1の話者の発話のすべてもしくは一部を繰り返すこと

は、理解、同意、尊敬を示す手段であるという。また、洗練された挨拶のプロセスとして、ボディーランゲージや長めの沈黙などがあることも調査結果として分かっている[13]。これらの文化の複雑でときに極端な形式は調査研究の極端な反応形式の中に認められるが、これらは東アジアの抑制が利いた形式とは非常に異なるものである[14]。

要するに、アジア、アフリカだけでなくラテン・アメリカでも見られたように、このような集団主義的文化においては、人間のコミュニケーションは、単に情報が一つの場所から他の場所に移動する方法というよりは、交換、もしくは交流である[15]。とはいえ、集団主義文化のなかでも、長期志向と短期志向では、重要な差異があり、これは識字能力と口述性にも関連している。

口述性と識字能力

各国は識字能力に向かってさまざまな道を歩んできており、書くことの影響は、どこでも同じということは、絶対にない。口述的文化に端を発するコミュニケーションと文化的生産物は、識字的文化で発達したものとは異なる方法で構築されている。これらの差異は、コミュニケーション形式、文芸ジャンル、メディア、広告、そして今日の電子的コミュニケーションなどで認めることができる。

「口述的」コミュニケーションは、簡単に言えば口伝えのコミュニケーションであり、発話もしくは会話であるが、派生形態は、伝説、お話、物語など、特有の文芸ジャンルである。識字的でないコミュニケーションは、どれも個人間、もしくは集団間で、口述的、またはシンボル、合図、行動といった視覚特性を通じて情報を交換するプロセスである。現在、すべての文化は書くことを知っており、その効果の経験も持っているため、基本的に口述的文化はほとんど存在しない。しかし、程度の差はあるが、基本的に口述的な考え方を維持している文化は多い。口述的文化は、たとえ識字的になってきていても、その口述的スタイルを守る傾向にある[16]。口述的識字能力には、重複性や反復性など、文字的または識字的文化では、あまり見かけない形のコミュニケーションの形が含まれる。例えば、メタファーや美辞麗句、複雑な言葉の使用といったこのような特徴は、今なおロシア語、アラビア語、スペイン語などのさまざまなコミュニケーションスタイルに見ることができる。

「識字能力」は、一般的に読み、書き、学び、知識を発達させることを指す。読み書きは、世界のさまざまな地域のいろいろな場所で、いろいろな形で発達した。北ヨーロッパでは、識字能力はプロテスタント主義の到来とともに発達した。他者が読む聖書を聞くのではなく、個人が聖書を個人的に、または個別に読むことを期待されたからである。スペインやイタリアのように、カトリック信仰が支配的な国々では後れを取った[17]。東アジアでは、書面上のコミュニケーションを強調し、口述的コミュニケーションの重

視をやめたのは儒教であった[18]。

　一般的に、識字性は、読み書き、理解、解釈、創造、コミュニケーションすること、計算、そして印刷物や書面資料の使用の能力と説明される。2009 年、15 歳の読む能力で、最も高いスコアを付けた 10 カ国は、東アジアと北ヨーロッパ諸国だった。UNESCO[19] が測定した識字の程度は、長期志向次元と有意な相関関係がある。長期志向との関係性の説明は、Tannen[20] が行なっている。Tannen は、口述的伝統は、過去志向の文化に強いことを発見した。比較的未来志向のアジア的志向では、話し言葉はそれが話されている瞬間だけ存在すると見なされる。書くことは永続的記録のためのツールであるが、口述的発話（oral utterance）は発言された瞬間に消えてしまう。しかし、書面は全面的かつ完全に削除されてしまう場合があるが、発話においては話されたことはなかったことにはできない。口述的会話（oral conversation）における非言語的特性は、書面では利用できない。書いている間は、顔を思い切りしかめているかもしれないが、この表情は、書面の上には表れない。文章を練りながら叫んだり、ささやいたり、歌ったりしているかもしれないが、紙に言葉が移されると、この行動は反映されなくなる[21]。

　識字的伝統は、口述に取って代わることはない。「口述的」か「識字的」かのどちらかだけの人間はいない。むしろ人々は、さまざまな環境で両方の伝統に関連する機器を使用している。口述的な定型思考（oral formulaic thought）と表現は、人が書き始めるようになったからといって消えたりはしないし、アラビア文化や地中海文化のように、何世紀も書くことを知っている多くの近代文化も、決してこれを完全に内在化することはなかった。Ong[22] はこう主張する。「『西洋』の見解（view）とその他の見解の間によく作られるコントラストの多くは、深く内在化した識字性と程度の差はあれ、残っている意識の口述的な状態のコントラストというものに単純化できる」。

　口述後の残余は、人々の思考パターン、物の見方に影響を及ぼす。口述的社会の人々は、抽象的な事柄の理解のためには、実際の状況に頼らなければならなかった。つまり多かれ少なかれ、人間世界に密接に関連したあらゆる知識を、概念化したり言語化したりしなければならなかったのである。概念（concept）は、最小限に抽象的で、人間世界に近い状況的、運用的な枠組みのなかで使用される[23]。これは、抽象的思考と具体的思考の差異や、ヨーロッパの地中海諸国と北ヨーロッパ諸国との間に見られる情報に対するニーズへの差異と関連している可能性がある。知識は、必ずしも積極的に情報を求めることだけで獲得されるものではなく、第 5 章で説明したように、人間のコミュニケーションの流れに潜在する部分でもある。識字能力は、カテゴリー区分や抽象的、論理的推論など、あらゆる種類の認識力のプロセスに影響を及ぼすと言われているので、識字的文化では、人々はインターネットで事実やデータを検索する方を好む場合がある。一方、より口述的文化では、個人間の接触やソーシャル・メディアから情報を得るので

はないだろうか。ヨーロッパ全体を見ると、本を最初に読み始めたのは北部であり、この読書の差異についても、個人主義−集団主義が説明となる。複数のヨーロッパ調査は、人々に何冊の本を読んだかを聞いている。1970 年以来、ヨーロッパでは、読書量の多さはヨーロッパ北西部を象徴する個人主義、低権力格差、低不確実性回避と関連している。同地域は、人々が聖書を個人的に読み始めた所である。**図表 7.2** は、ヨーロッパでは、個人主義と読書の関係性が 1990 年（12 冊以上）から 2007 年（5 冊以上）まで、絶えず続いていたことを示している。

　口述性と識字性の差異を理解する必要性は、エレクトロニクス時代とともに増大している。それは、さまざまなインターネットやモバイル・メディアのハイブリッドなコミュニケーション機能のためである。ここではデジタル口述性とでも呼ぶべき、堅苦しくない口語的会話が文字によって行なわれるコミュニケーションの形態を見ることができる。この差異は間違いなく、書くことと話すことの差異以上のものであり、それは情報探索と意思決定の方法を区別するものである。これらの影響は、個人主義／集団主義と、長期志向／短期志向の次元を通して見ることができる。例えば、長期志向次元で高いスコアの文化では人々はインターネットの機能のなかでも特に識字的な検索エンジンや製品レビューなどを信頼するのに対し、短期志向文化では人々は家族や友人の方を信頼する[24]。

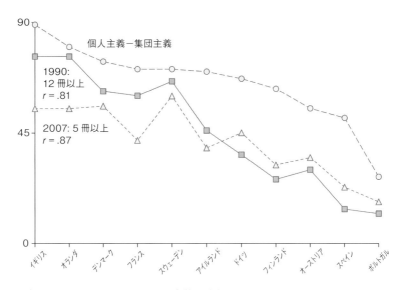

図表 7.2　ヨーロッパにおける個人主義と読書
出典：Hofstede からのデータ（2010）（別表 A 参照）；リーダーズ・ダイジェスト 1991、およびユーロバロメーター、ヨーロッパの文化的価値、2007 年（別表 B 参照）

電子メディア、特に携帯電話は、口述コミュニケーションと識字コミュニケーションのハイブリッドな形態であり、口述的文化では識字的文化とは異なる形で携帯電話を利用する。厳然たる事実をインターネット上で検索することは、識字的文化で多く見られる活動であり、ソーシャル・メディアを通しての電子的な口コミは口述的コミュニケーション形態と見なすことができる。論理的な帰結として口述性文化は、携帯電話の機能として語ったり、話したりすることを好む。興味深いのは、ツイッターのような一部ソーシャル・メディアの利用の進展である。基本的には、これは語りを文字にした口述的コミュニケーションである。しかし、話したことは話さなかったことにはならないのに、書いたことは削除することができるというTannenの観察に反して進んでいる。またインターネットでは、書いたことは簡単には削除されない。

7-2. 文化とコミュニケーションスタイル

「コンテクスト」に対する必要性、直接性 対 間接性、識字性もしくは口述性、コミュニケーションの目的、これらすべてが文化の中のコミュニケーションスタイル、すなわち、個人間のコミュニケーションスタイルとマス・コミュニケーションスタイルの両方を作り上げる。他にもコミュニケーションスタイルの差異を説明する要素はいろいろある。例えば、早い速度の話し方は、アメリカ人にとっては話し手が真実を隠さずに話していることを示唆するが、韓国人にとっては、ゆっくりした話し方は、他者や状況を慎重に考慮していることを暗示する[25]。

個人間コミュニケーションスタイル

Gudykunst and Ting-Toomeyは、「言語的（verbal）」と「非言語的（nonverbal）」な個人間コミュニケーションスタイルを区別し、それぞれのなかでさらに区別をして、これらの差異は、権力格差と不確実性回避によって説明できることを発見し、これにより、さまざまな文化のマッピングを行なった[26]。

言語スタイルは、「言語的個人（verbal personal）」と「言語的文脈（verval contextual）」に区別することができる。この二つのスタイルは、人間性対状況、もしくは地位に重点をおいたものである。言語的個人のスタイルは個人中心の言語体系のスタイルで、「私」のアイデンティティを強調する個人志向である（例：英語）。言語的文脈のスタイルは、役割中心の言語体系で、文脈に関連した役割的アイデンティティを強調するもので（例：日本語、中国語）、これにはその人の地位や状況に応じて、さまざまな人に話しかけるいろいろな方法が含まれる。例えば日本語は、目上や目下の人々に話しかける状況に応じて変化させる。

言語的個人のスタイルは、低権力格差（平等な地位）と個人主義（低コンテクスト）と関連しており、言語的文脈スタイルは、高権力格差（階層的人間関係）と集団主義（高コンテクスト）と関連している。

もう一つ、入念な言語スタイル、厳格な言語スタイル、簡潔な言語スタイルの区別がある。入念な言語スタイルは、入念で表現豊かな言語で、口述性の残余（remnant of orality）であることが多く、集団主義的で短期志向の文化に見られることがほとんどである。「厳格」もしくは「正確」なスタイルは、要求されているより以上もしくは以下の情報を与えないというスタイルで、個人主義的で、長期にわたり識字的である文化に多く見受けられる。「簡潔」もしくは「抑制された」スタイルには、控えめな表現、間、沈黙などの使用が含まれる。言葉と言葉の間の沈黙には意味がある。

Gudykunst and Ting-Toomey[27]は、高コンテクスト文化で不確実性回避が中程度から高程度の文化では入念なスタイルを使用する傾向にあると発見した。例えば、アラブ文化は、この入念な言語スタイルを示し、メタファー、形容詞の羅列、装飾的表現、格言などを多用する。不確実性回避が弱い低コンテクストの文化（アメリカやイギリスなど）は、厳格なスタイルを使用する傾向にある。簡潔なスタイルは、高コンテクストな東アジア文化（日本など）に見られる。

非言語スタイルとしては、独自-明確と、独自-黙示のスタイル、集団-明確と、集団-黙示のスタイルがあるだろう。これらは、個人主義の自己志向 対 集団主義の集団志向を反映しており、接近性-非接近性は、家庭環境において、そこに住む人が外部の人間に対する開放性もしくは閉鎖性の度合いに関してのものである。強い不確実性回避の文化は、不確実性回避の弱い文化に比較して、外部の人間を脅威と見なす傾向にあり、権力格差がこれをさらに強める。

これらが一体となり、言語スタイルと非言語スタイルは、人々がどのようにコミュニケーションするかを説明できる。図表7.3は、これらのスタイルに従って、各国をクラスターにしたもので、個人間コミュニケーションスタイルの差異をまとめたものである。

左側二つの欄の文化におけるコミュニケーションは、直接的、明確、言語的で個人的である。人々は書くコミュニケーションを好む。仕事では、電話よりもEメールを使うことを好む。厳格なスタイルを使い、データを好む。送り手は、効果的なコミュニケーションの責任を負う。ほとんどが集団主義的文化である右側二つの欄のコミュニケーションは、比較的黙示的であり間接的である。個人主義的であるフランスとベルギーは、例外であり、コミュニケーションは、明示的とも黙示的ともなり得る。コミュニケーションは、役割中心的である。右上の欄の文化においては、詳細なスタイルが使われ、コミュニケーションは、非接近性となる可能性がある。右下の欄では、簡潔なスタイルが見られる。特に、東アジアでは、コミュニケーションは、共感や「無言の理解」を暗示する[28]。

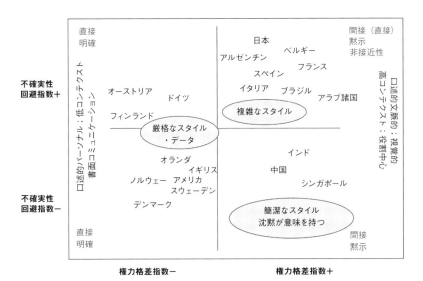

図表 7.3　個人間コミュニケーションスタイル
出典：Gudykunst and Ting-Toomey (1988)。「文化と個人間コミュニケーション」　ニューベリー・パーク、CA：Sage、Mooij により 2004 年改訂；Hofstede からのデータ (2010)（別表 A 参照）。

子どもは「他者の心を読む」ことを学ぶ。つまり、他者からの微妙なコミュニケーション合図を読むということである。おのおのの個人間の状況の雰囲気や空気を感じとり、状況を踏まえて適切な社会的行動やコミュニケーションを即座に行なうことを期待される[29]。つまり、ここでは受け手が効果的なコミュニケーションの責任を持つ。特に、東洋の間接的スタイルと西洋の直接的スタイルの差異は、国際ビジネスにおいて重大な誤解を招く可能性がある[30]。

最も差異が際立っているのは、直接的スタイルと間接的スタイル、もしくは話し手が明確な言語的コミュニケーションを通じて、自分の意図をどの程度まで明らかにするかということである。直接的スタイルでは、ウォンツ、ニーズ、欲望（desire）は、明確に表現される。間接的な言語スタイルとは、話し手の本当の意図を隠した言語的メッセージである。購買意図を表現するために「全く」や「確かに」といった言葉遣いをすることは直接的スタイルの例であり、「おそらく」や「いくらか」といった言葉遣いは間接的スタイルの例である。

さまざまなコミュニケーションスタイルが文体に影響を及ぼすので、学術的な文体も文化によって異なる。ほとんどのマーケティングや広告の学術誌の編集委員はアメリカ人が多数派を占めており、彼らはアメリカの文体に従った学術論文の規則や形式を厳格

に定めている。これに従わない論文提出者は拒否される傾向にある。その結果、アメリカ以外の学者は、マーケティング学術誌への寄稿が少なくなってしまう。こうして、アメリカの学生はアメリカ以外の研究に触れる機会がほとんどなくなってしまう[31]。

デジタル・コミュニケーション

インターネット、eメール、携帯電話、その他の電子的コミュニケーション手段をどのように利用するかは、個人間コミュニケーションスタイルを反映する。その一例は、留守番電話やボイスメールにどのように対処するかである。日本人は、コミュニケーションの関係性を重んじるので、留守番電話にメッセージを残すことに、北米人よりも難しさを感じる。アメリカ人に比べると、日本人はあまり頻繁に留守番電話を使用せず、電話をかけた相手につながらないと、切ってしまうことが多い[32]。

アジアでは、テクノロジーの利用は、関係性やコンテクスト（背景事情）に関連している。携帯電話は、人々と強い絆でコミュニケーションするためのメディアとして利用されるが、インスタント・メッセージは、グループで語り合うためのツールとして利用される[33]。しかし、国によって携帯電話は、話す機能としてよりも、インターネット接続機能として取り入れられている。日本の若者にとっての重要なデジタル機器は、携帯電話である。一般的に大学に行くまでは、パソコンは持たないからである。中国人は、インスタント・メッセージのようなリアルタイムのコミュニケーションを好む[34]。

ソーシャル・ネットワーク・サービスは、西洋社会で生まれ、フェイスブックのような西洋のサービスは、送り手志向である。これは短期の記憶を活性化するものである。対話はできない。しかし、集団主義的文化の人々は、継続的な情報の流れをできるようにすることで、インターネットのソーシャル・ネットワーキングのリーダーとなってきた。最も、ソーシャル・ネットワークの利用法はさまざまで、ローカルなサービス業者は、ローカルな習慣に合わせている。コンタクトの数（西洋では、『友達』と呼ぶ）は大きく異なる（第8章参照）[35]。人々が持つ友達の数は、文化によって、短期志向と相関性がある。これは、自己高揚の現れである。

ブログ発信は、世界的な現象となったが、ブログをする程度、動機、話題は、国によっていろいろである。2006年、日本語のブログは英語のブログより多かった。また、フランス人は、アメリカ人の5倍の時間をブログに費やしている。フランス人にとって、ブログは毎日の生活や政治などを語りあうカフェのようなもので、議論好きなフランス人の文化にぴったりと合っている[36]。日本人は、自分のブログが他者に影響を与えるかどうかについては、あまり構わない傾向にあり、たとえ別名であっても自分のアイデンティティを明らかにすることを嫌がる。一般的に、アジア人は西洋人に比べ、友人や見知らぬ人に自分の情報を公開することが少ない。

西洋では、インターネットは自己開示の理想的な背景を提供しており、人々は対面状況でよりも言語的情緒を表に出す傾向にあるが、東アジア人にとっては、自己開示は否定的な意味合いを持っている。カップルの一方が自分自身についてあまり多くを明らかにすると、もう一方はこれをあまり好まず、もしくは配慮のなさと捉える可能性がある[37]。しかし、集団主義者にとってもインターネットは、対面の関係よりは自己開示がしやすい状況であるようだ。とはいえ、東アジア人が自分たちで思っているほどには、北米人は、彼らが自己開示しているとは見なしていない[38]。北米人は、東アジア人のパートナーを充分な自己開示をしない、はっきりしない人達だと見ている。同時に、対する東アジア人は、北米人のパートナーをはっきりしすぎで無作法であると感じている[39]。

　話すこととメールを送ることの組み合わせによって携帯電話は、あらゆるニュー・テクノロジーのなかで、最もハイブリッドなメディアとなっている。携帯電話により、読み書きのできない人も近くにいない人とつながることができるようになり、また、文字の表現もできる。多くの国で、ショート・メール（SMS）の機能は、新しいタイプの言語を作り出した。多様な文化で、人々は、自分自身の文化にふさわしい方法で自分を表現するために携帯電話を取り入れた。個人主義的文化では、人々は効率の良さを理由として携帯メールを利用しているが、集団主義的文化で口述的な識字能力の人々は、スタイリッシュな自分を表現するために携帯電話を利用する。その一例が、セネガルで、セネガルの学生は、SMSで詩、それも特にロマンティックな詩を自国語（ウォロフ語）で送る傾向にある。ここの学生は、書くためにはフランス語を学ぶので、ウォロフ語は、一般的に書き言葉としては使われていないのである。このような詩[40]の一例を以下にあげよう。

　　天の恵みの太陽が、あなたの道を明るく照らしますように
　　やすらぎの空が、あなたの上にありますように
　　あなたの歩く道が、幸せの大地でありますように
　　愛の風が、あなたをさわやかに元気づけますように

　さまざまなコミュニケーションスタイルの人々が互いにオンラインで交流する場合、文化の差異による思いもよらないコミュニケーション行動や障壁に遭遇することがある。多様な文化で、人々は文化的に特有なオンライン交流および関係性の規範やパターンを構築しており、インターネットの役割が進化し拡大するにつれ今後もそうしていくだろう。

　第8章では、メディアと文化について扱い、電子メディアについて、もう少し掘り下げて検討する。

7-3. マス・コミュニケーションスタイル

マス・コミュニケーションスタイルを決定するのは、コンテンツ、形態、スタイルの三つの側面である。マス・コミュニケーションの形態とスタイルの差異は、個人間コミュニケーションスタイルと、口述性、識字性を反映している。コンテンツ、形態、スタイルに対する文化の影響は、文学、マス・メディアの番組、PR活動、広告などに見ることができる。

例えば、アメリカのテレビは、フィンランドのテレビよりもアクション志向である。国内で制作されたフィンランドのテレビ・ドラマは、かなり静的なものである。対話や極度のクローズアップを設定するために、アクションは犠牲にする[41]。ロシア人と日本人はともに小説のなかで退屈を描写するが、アメリカの小説では、あまりテーマで扱うことはない。「面白さは、ロシアの概念ではない」と、Zolotukhinaは、アメリカの人気の高い子ども番組「セサミストリート」[42]のロシア版の製作者たちがいかに困難だったかを語った。日本の小説や劇では「ハッピーエンド」はあまりないが、アメリカ大衆は解決を求めてやまない。これは、アメリカのテレビ・ドラマやコマーシャルに反映されている。西洋の個人主義的文学における多くの演劇の本質は、主人公の永遠の葛藤(「生きるべきか、死すべきか」)である。中国人随筆家のBin Xin(謝冰心)は、中国人には心の中にほとんど葛藤がないので、中国文学には本当の悲劇はこれまで存在したことがないと指摘した[43]。また、文学のなかでの人々の行動や動機も、文化的価値を反映している。文学の一例は、イタリアのCarlo Collodi作「ピノキオ」である。かなり独立的であまり従順でないディズニーのドナルド・ダックの甥っ子たちに比べると、ピノキオは、従順で依存的な子どもである。Franz Kafkaの小説「城」には、強い不確実性回避が反映されている。この小説中、主役のKは官僚制度に影響を受けている。非現実的な事柄が起こる「不思議の国のアリス」は、不確実性回避が弱い文化であるイギリスから発生した典型的な作品である。同じ文化から「ハリー・ポッター」や「ロード・オブ・ザ・リング」が生まれたことはうなづける。アメリカのPRエージェンシーが出すリリースは、アメリカの文化を反映する。短く、要領を得たものである。ラテン・アメリカ文学の特徴は、全般的に審美眼的な展望で、夢のような風変わりな世界が広がるバロック芸術スタイルである。神秘的で超自然な世界は、Marquezの小説「百年の孤独」にあるように、夢のような信じられない事柄が架空の都市で起こるラテン・アメリカの小説に反映されている。

基礎モデル

　さまざまな世界地域のコミュニケーションスタイルの基礎は、その地域の長い年月を経た哲学である。アリストテレス、仏陀、孔子などの哲学である。

　西洋のマス・コミュニケーション理論の根底には、アリストテレスの「弁論術」がある。これは広義において話し言葉、書き言葉の雄弁さの理論と実践であり、大衆に向かって話す時の、効果的で説得的な言葉の使い方の技術、もしくは研究である[44]。とりわけ、特定のテーマについて書いたり話したりするスタイルは修辞学の特徴でもある。西洋の説明では、修辞学の基本的な特徴には以下のようなものがあるとなっている：(1) 意図した目標を達成しなければならない、(2) 即座の注意を要求する特定の事柄に関しての人間の選択に影響を与えるように調整されている、(3) 公開討論において追求される説得に関係している。修辞学の能力があるコミュニケーターは、意識的にシンボルを利用して、オーディエンスのなかに理解を醸成し、態度を形成、強化、変更する。

　修辞学の規則は、以下の修辞学の5つのカノン（規範）として知られている。(1) 創案（どのように説得するか）(2) 準備（首尾一貫した主張の構築）、(3) スタイル（情緒をかき立てる主張の発表）、(4) 記憶（スピーチを記憶）、(5) 実施（声、ジェスチャーなどを効果的に使う）。特に、最初の3段階は、西洋の広告で多く認めることができる。その一例がフランスのフリーデントのコマーシャルである（**写真 7.1**）。少年は、口臭が気になりキスできず、愛情を示すために指人形を使っている。この内容は、ネガティブ情緒がやがてポジティブに代わるというものである。

　仏教の修辞学・モデルの5段階は、(1) 主題の賛美、(2) 主要概念の説明、(3) 寓喩、(4) カルマ、主題の真実性を証明、(5) 要約して、心の平穏を与えることで完結[45]。このような段階は、広告スタイルの中でも見ることができる。特に、寓喩とメタファーの使用である。**写真 7.2** は中国のシャングリラ・ホテルのテレビ・コマーシャルからの画像である。ハイカーが深い雪のなかで迷い、転倒してしまい、何匹ものオオカミがやってきたが彼らはハイカーを覆う。彼を凍死させないためだ。落ちのフレーズは、「見知らぬ人も家族のように抱きしめます」だ。

　ヒンドゥの修辞学・モデルの3段階は、(1) 単純化、(2) 経験の共通化、(3) 美的歓喜である[46]。「美的歓喜」とは、コミュニケーション効果の一つで、ヒンドゥの文化的

写真 7.1　フリーデント、フランス

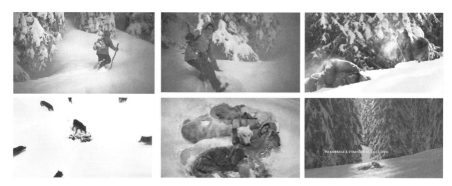

写真7.2 シャングリラ・ホテル、中国

写真7.3 ハッピーデント、インド

生産物、寺院、芸術、テレビ番組、広告などに認められる。これを反映している一例に、インドのメロドラマ、「ラーマーヤナ」⁽⁴⁷⁾がある。広告の例としては、インドのハッピーデントの広告がそうである（**写真7.3**）。人間が、車のヘッドライト、街灯、シャンデリアのランプとして使われているが、輝かないという場面が示される。年を取った賢者は、本を読むことができない。そこで、主人公がハッピーデントを一枚噛むと、すべてのランプが輝きだす。

　これらのさまざまな修辞学スタイルは、世界各地で使用されている広告のマス・コミュニケーション・スタイルや形態の一部である。その他の要素としては、訴求や動機、特定の形態、制作的な側面などがあるが、これらについては、次節で詳細に述べる。

7-4. 広告スタイル

　広告は、特定文化の慣習から造られた象徴的な人工造物もしくはコミュニケーション製作物と見なすことができる。送り手は、オーディエンスの反応を見込んだ上で、共有される異なる慣習の知識を使ってメッセージを作り出す。メッセージの受け手は、文化的知識の同じ部分を使ってメッセージを読み、送り手の意図を推察し、内容を評価し、反応をする。文化的知識がこの交流の基礎となる。広告主が異文化からの場合、共有する慣習がないことになる。内容、形態、スタイルは、多様な文化で広告の役割が異なっていることを反映している。

　異文化の広告スタイルの差異を分析するために、広告スタイルの4つの要素を区別することができる。おのおのが文化によってさまざまに異なる。

訴求（動機と価値を含む）
コミュニケーションスタイル（例：明確、暗黙、直接、間接）
基本的広告形態（例：利用者の推薦、ドラマ、娯楽）
制作（例：人々がどのような身なりをするか、キッチンの様子、男女の役割）

　高不確実性回避文化の典型的な訴求の例としては、ドイツのミネラル・ウォーター・ブランド、ゲロルシュタイナーの広告に見られるように、純度がある（**写真7.4**）。個人主義的訴求の一例は、個人に重点を置いたボーダフォンの国際広告である（**写真7.5**）。

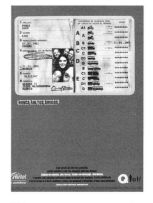

写真7.4　ゲロルシュタイナー、ドイツ

写真7.5　ボーダフォン　インターナショナル

写真7.6　エアテル、スペイン

写真 7.7　セントラム、イギリス　　写真 7.8　プロ・ビーバ、イギリス　　写真 7.9　ダヴ・シャンプー、ドイツ

しかし、スペインのエアテル（ボーダフォンが買収）は、集団主義的訴求をしていて、これは、集団アイデンティティの一例である（**写真 7.6**）。文化と広告訴求の関係性については、第9章でもっと多くの例を紹介する。広告で使用される基本的形態がいかに文化を反映しているかについては、第10章で検討する。「制作」という言葉は、セットや、キャスティング、人々の活動内容などについてである。例えば、イギリスのキッチンは、ドイツや日本のキッチンとは見た目が異なる。本章では、広告のなかで使用されるコミュニケーションスタイルの文化的側面に焦点を置く。

　大きな区別は、個人主義的文化の直接的スタイルと、集団主義的文化の間接的スタイルである。広告において、直接的スタイルは、人称代名詞（あなた、私たち）を使用するが、間接的スタイルでは、人々に直接的に呼びかけることはせず、ドラマやメタファーなどの間接的な方法を使用する。集団主義的文化の中には、間接性のバリエーションがあり、これは、長期志向と短期志向で変化する。Cutler, et al.[48]は、8カ国（アメリカ、イギリス、フランス、インド、日本、トルコ、台湾／香港、韓国）の広告を検証し、個人主義に関連すると思われる直接的でパーソナライズされた見出しの使用を測定した。

　直接的スタイルの例は、イギリスのセントラムの広告（**写真 7.7**）やプロ・ビーバの広告（**写真 7.8**）、また、「あなたの髪は、朝のヘアブラシ・テストに耐えられますか？」と言っているドイツのダヴ・シャンプーの広告（**写真 7.9**）などである。間接的なアプローチの例には、小さな世界を象徴するために針の穴を使っているタイ航空の国際広告（**写真 7.10**）や、集団主義者の金曜日の感情を間接的に反映させているハイネケンのスペインの広告（**写真 7.11**）がある。

　ラテン・アメリカの間接的スタイルの例としては、サラ・リー・ピロン・コーヒーの

写真7.10 タイ航空、インターナショナル　写真7.11 ハイネケン、スペイン

ブラジルのテレビ・コマーシャルがある。メッセージは、これが濃いコーヒーだということ。このメッセージは、カップ1杯のコーヒーにミルクを勢いよく注ぎ続け、コーヒーの色がなかなか薄くならないことを示すことで伝達されている。これは、完全に視覚的なデモンストレーションである。

　直接的スタイルのコミュニケーションはより言語的になる傾向もあり、間接的スタイルはより視覚的になる傾向にある。アメリカの広告はコピーの活用が多く、日本の広告はより視覚的要素を使用する。中国語を話す消費者はブランド名をその視覚的訴求を基に判断する傾向があるのに対し、英語を話す消費者は名前の響きがいかに訴求するかを基にブランド名を判断する。アジアでは、視覚的象徴化が企業のコーポレート・アイデンティティのカギである[49]。言語志向か、視覚志向かに関連した文化間の差異は、コーポレート・アイデンティティ、ブランド名、パッケージ・デザイン、広告スタイル、ウェブサイト・デザインなど、マーケティング・コミュニケーションのあらゆる側面に反映される。多種多様な文化は、その広告スタイルによってマッピングすることができる。これは、権力格差と不確実性回避を使用したコミュニケーションスタイルに類似のものである[50]。しかしながら、マス・コミュニケーションに関しては、個人主義−集団主義と共に使う新しい長期志向／短期志向のデータが、マッピング・ツールとしてはよりよいと思われる。なぜなら、この次元は、識字スタイルと口述スタイルの区別をする次元であるからだ。こうして、文化は、**図表7.4** のようにマッピングすることができる。

　個人主義的文化である右の2欄の広告スタイルは、直接的で明確であり、視覚的というよりは言語的であり、論証を使用している。この直接的かつ明確な特質の中でも、差異はある。例えば、自己高揚の度合いと短期的な効果を得るための説得的な販売方法に

関してなどだ。この欄の中で、その他の次元に関連した差異があることがわかった。例えば、強い不確実性回避の文化では、広告は、比較的真面目ではっきりとしたものである。視覚的なものの制作は、詳細で、製品がどのように動くかを見せるものが含まれることが多い。不確実性回避の弱い文化では、あいまいさへの耐性が高いので、比較的多くのユーモアが広告に使われる。家庭清掃用品やパーソナル用品のカテゴリーに入るアングロサクソン系アメリカのブランドのために本社が作成したテレビ・コマーシャルは、個人が推薦をする形のものが多い。これらは、推薦をする人のパーソナリティに重点を置き、黙示的な非言語的行動は含まないようにように慎重に制作されている。アメリカでは、典型的な有名人広告はブランドの再生（recall）にポジティブな影響を及ぼす[51]。

　集団主義的な左の2欄は、象徴や視覚を使用する黙示的、間接的なスタイルを含む。左上の欄の文化は、あまり論証を使わず、象徴、メタファー、審美眼的なものを比較的多く使用している。これらは、識字的な文化でもあり、言葉遊びやキャッチフレーズの広告内使用の人気が高い。しかし、言語的表現は直接的ではなく、二重の意味を持つことが評価される[52]。日本の広告の間接性を示す例としては、「この車は、最も快適な室内装備と滑らかな走りを提供します！」とは言わずに、「人生には、どこかに行くとき、とても快適に行きたいと思うときがある」というような言い方がある[53]。コミュニケーションは、抑制的で、好ましさに働きかける。広告形式としての審美性や娯楽性の使用は、このコミュニケーションスタイルの特徴である。中国人消費者は、視覚的で画像付きの鮮明な広告を好む。有名人が関係する場合は、オーディエンスに直接話しかけることはあまりない。直接的な方法で商品の推薦をするよりは、象徴的な役割を果たし、製品との関連付けを強調する。視覚的なメタファーや象徴は、状況を作り出し、製品やブランドを「適切な場所」に位置付けるために使用される。集団の規範を守り、メンツを保つようにしなければならない。ドラマやメタファーを別にすると視覚、（視覚的な）言葉遊び、歌、象徴的意味がこれらの文化の広告では重要である。

　左下の欄に移ると、インドとスペインが境界域にあるのが見える。ここでは、コミュニケーションは比較的直接的で、集団主義と短期志向であるヒスパニック、アフリカ、一部のアジア文化の混合である。これらの文化はそのコミュニケーションにおいて、比較的言語的ではあるが、広告スタイルはほとんど間接的で、ドラマやメタファーを使用する。インドに関しては、比較的直接的なコミュニケーションスタイルがRoland[54]により指摘されている。Rolandは、「インドのコミュニケーションのやり方は、日本人よりも多くのレベルで同時作用する」と述べている。このクラスターは、ほとんどが口述的文化で、メロドラマやその他の形態のドラマに見られるような、集中的な個人間コミュニケーションと対話がある。ドラマ（第10章参照）は、対話を基礎とした間接的なスタイルであり、スペインやラテン・アメリカのような文化にフィットする。そのバリエー

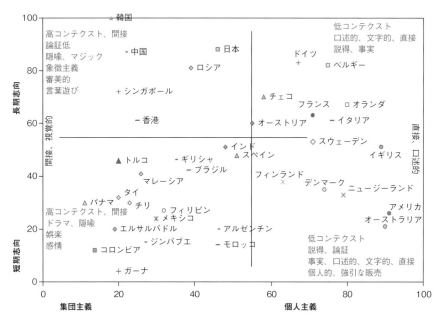

図表7.4 広告スタイル
出典：Hofstede 他からのデータ（2010）（別表 A 参照）

ションは、男性らしさと女性らしさの文化の間にも見ることができる。男性らしさが高いイタリアは、ショーが好まれ、ドラマ・スタイルは劇場型であり、実際の生活には基づいていないことが多い。スペインでは、ドラマスタイルはイタリアよりは穏やかで、メタファー的な物語を使用して、製品は意味を与えるコンテクスト（背景情報）の中に位置づける。アメリカでも、ドラマスタイルは使用されるが、ドラマスタイルは、左下の欄の国々の方が人気である。アメリカにおけるドラマはどちらかというと、「実生活の一片」を描写した形態で、製品が日常生活の中でどのように使用されているかを示すものだが、右の欄では、ドラマは娯楽であり、消費者とブランドの間に関係性を構築するためのものである。

7-5. マーケティング・コミュニケーションの目的

　これまで検討してきたさまざまなスタイルは、広告の目的と、広告がどのように作用するかの差異を反映するものである。個人主義的文化においては、広告は説得しなければならないが、集団主義的文化においては、販売者と購入者の間に関係性と信頼を構築

することが目的である。供給者やその製品との間に信頼や内集団的関係を築きたいという日本人消費者の要求は、情報を提供するというよりも、ポジティブな感情を誘発することに焦点を合わせる日本の広告の傾向に反映されている[55]。テレビ・コマーシャルのなかで、ブランド名を言語的に表すのか、視覚的に表すのか、またそのタイミングや頻度の差異のなかに目的の差異が反映されている[56]。典型的な日本のテレビ・コマーシャルは、ブランド、社名、製品などが最初に表れるのが、典型的なアメリカのテレビ・コマーシャルよりも遅い。日本の広告主は、コマーシャルの時間を長くとって、信頼、理解、依存状態を作り出そうとする傾向にある。日本では、ブランド名は、アメリカよりも長い時間示されるが、アメリカでは、口述的に頻繁にブランド名が挙げられる。中国のコマーシャルでも、ブランドはやはりアメリカのコマーシャルよりも遅く登場する[57]。広告理論と実践では、広告スタイルや形態の区別法と、広告効果の測定法のどちらも、西洋人の広告目的に関する考え方に基づいている。その一例が、情報的広告と情緒的広告の区別である。広告効果の測定には、標準的説得モデルだけでなく、他のモデルも開発されるべきである。

情報的 対 情緒的

　多くの西洋の広告理論では、情報的広告と情緒的広告の区別がされている。事実に基づいたもの以外はすべて情緒的と見なされる。「情緒的」、「変形的」、「評価的」、「感情的」な訴求は、「合理的」、「情報的」、「事実主義的」、「思考的」な訴求と対比されることが多い。つまり、情緒は情報を伝達しないということを意味している。「具体的な製品特性の論理的で客観的、検証可能な説明」と「製品の漠然とした側面の情緒的、主観的印象」は、対照的であると見なされている。この広告理論アプローチは、西洋文化のなかでもそれぞれに異なり、アジアの広告理論にはあまり適用できない。この区別に従うと、アジアではほとんどの固有の広告は間接的であり、情緒的であると特徴付けられることになる。

　広告における情緒の役割を検討する際には、情緒的刺激（広告内容）と情緒的反応を区別しなければならない。Percy, Rossiter, and Elliott[58]は、情緒を広告に対する4大処理過程の一つと見なしている。広告の主張に対する注意、学習、受容もしくは確信と、広告によって刺激された情緒の4つである。情緒的反応は、学習したことと、特定のポイントを受容すべきか、またはどのように受容すべきかを仲介する存在である。典型的な情緒的反応は、特定の動機と関連している可能性がある。その一例は、問題を解決する上での、その問題が引き起こしている不快さが示された後、解消、もしくは社会的な賛同が続き、そのブランドを利用するユーザーを褒めそやすことで終わる。

　この情緒の役割描写は、ヨーロッパの広告とは異なる、アングロサクソン系アメリカ人の広告内容における情緒の活用方法には適合する。広告のなかの情緒は、アメリカで

は、議論の一部として利用される傾向にある（汚れは嫌悪感と、清潔は安堵や喜びと組み合わされる）。しかし、他の文化、特に南ヨーロッパでは、広告に議論が含まれることはなく、広告における情緒は、消費者とブランドの間の純粋に情緒的関係性を反映するものである。文化によっては、「情緒」という言葉はそれ自体、広告で人気がある。その一例は、スペインの自動車会社、セアトの「オート・エモーション（車の情緒）」というスローガン。アメリカの例は、ディキシーという使い捨ての皿のテレビ・コマーシャル（**写真7.12**）である。フランスの例は、ケロッグ（**写真7.13**）で、イタリアの例はアルファ・ロメオである（**写真7.14**）。アメリカのディキシーは、競合ブランドのものは、電子レンジでの使用には十分な強度がないとして、評価を落とすために嫌悪感を使用している。競合相手の皿は柔らかくなってしまい、スパゲティが落ちて靴を汚し

写真7.12 ディキシー、アメリカ

写真7.13 ケロッグズ、フランス

写真7.14 アルファ・ロメオ、イタリア

てしまう。フランスのケロッグのテレビ・コマーシャルでは、俳優がミルクのジャグを落としてミルクをこぼしてしまう。シリアルを食べることができないので、彼は泣き始める。イタリアのアルファ・ロメオの広告では、若い男性が車を見て大興奮してしまい、シャンペン・ボトルをつかみ、誰彼構わず吹きかけてしまう。

　第5章で説明したように、幸福感、悲しみといった情緒が普遍的となるのは、抽象的に説明されたときだけである。情緒の表示の規則は、文化に依存している。表現行為は、文化によって異なり、このため、一つの文化の人々の情緒行為は、違う文化の人々には理解されないことが多い。また、アメリカ人が情緒的と呼ぶものは、他の文化の人々からは、感傷的と見なされる可能性がある。広告の情緒的内容と反応を分類しようと試みた研究者は複数いる。その典型例は、アメリカの広告の情緒的内容の次元を特定し、これらを情緒的反応と関連させた Holbrook and Batra[59] の研究である。異なる文化の広告における情緒の役割を理解するためには、この研究を他の文化に再現しなければならない。情緒的内容の類型学は、一つの文化での情緒的訴求の効果測定には有益かもしれないが、他文化にはそうでない。

　低コンテクスト文化では、口述的コミュニケーション、問題解決、情報に対する想定ニーズに対する重点が強いため、西洋の広告業界人は、合理的な要素は内容として、情緒的要素は制作として考え、この二つを別々の存在と見なしがちである。しかし、人は自分の言う内容と、それをどう言うかを分けることはできないものである。消費者は全体像を見るのであって、別々の要素を見るのではない。

　広告理論も、積極的な情報収集と、問題解決を望む合理的な消費者という想定を基礎としている。情報提供と、非情報提供の区別をできるようにするために使われるのは、通常 Resnik and Stern[60] の類型学であるが、この中で、広告を情報提供と見なすための基準は、情報的合図が、いろいろな選択肢の中から典型的購入者が合理的な選択をする際に役に立つかどうかであるとなっている。だが、ある文化の人々にとって情報的なものが、他文化の人々にとっては情報的とはならないこともある。第5章で説明したように、情報収集行動は文化によって異なり、人々が自分を十分な情報を受けた消費者であると見なす度合いは個人主義と相関性がある。問題解決と論証による広告アプローチは、購入プロセスにおいて、人々が意識的に情報を求めず消費者の意思決定が情報ベースではなく情緒ベースで行なわれる文化ではあまり効果がない。基本的に、個人主義、低権力格差の文化的配置である北西ヨーロッパとアングロサクソン社会では、人々は意識的に情報を求める。広告における情報の役割は、他の文化よりもこれらの文化では重要となる。

広告の測定：説得か好感か

　広告の目的や効果はいろいろなので、効果測定は、文化によって多岐にわたる必要がある。広告効果の従来型測定法は、広告の説得力を基礎としている。露出の前後での購買意図を測定することが基本的な手順である。広告の言葉や画像といったすべての要素を販売プロセスの中での説得的役割で評価する傾向にある。測定には、広告態度、ブランド態度、購買意図、記憶、市場パフォーマンスなどが含まれる[61]。第5章では、さまざまな文化におけるいろいろな態度と行為の関係性を検討し、また購買意図がどのように異なった形で作用するのかを検討してきたように、これらの測定が世界の全ての場所で同じようにうまくは行かないことは分かっている。二つ目の限界は、ほとんどの有効性研究は、実験室の設定の中で実施されていることで、コンテクスト（背景状況）がなく、これは個人主義的文化よりも集団主義的文化で、よりバイアスを生みやすい。

　また、西洋社会の広告効果の調査においては、説得効果の測定は、コミュニケーションと消費者の思考および行動における関係の重要要素を捉えていないことは検証済みである。この捉えていない関係は、消費者における広告の個人的な重要度である。人々は広告に接するとき、ブランドに関するメッセージの受動的で客観的な受け手としては行動しない。彼らは自分自身の世界観を解釈的フィルターとして使い、自分自身に合わせて広告を解釈する[62]。合理的で直線的な処理過程を基礎にした説得テストを、異なった方法で情報処理する人々に向けた広告テストに使用することは、適切でないようである。集団主義的で、長期志向の文化では、強引な販売方法や直接的に消費者に呼びかけることは、説得どころか、うんざりさせてしまうことになる。広告は、信頼を構築しなければならず、広告は好かれなければならない。さらに、適正な実施などの東洋の要求は、仏教とのコミュニケーション・モデルに見られるように、効果的な広告の尺度としなければならない。広告のクリエイティブ性を測定する韓国の研究によれば、広告は社会的に適切で、正直で、感じの良いものでなければならないが、これは、アメリカ人のなかで行なった過去の研究からは出てこなかった側面である[63]。つまり、説得を別にすると、好感が売上を予測するための基準となる。以下は、広告の好感度に寄与する側面である[64]。

・有意義（覚える価値がある、効果的、信じられる、真に迫った、無意味でない）
・逆なでしない（イライラさせたり、使い古しだったり、偽物ではない）
・あたたかい（優しい、繊細）
・気持ちを楽しくさせる（娯楽、美的）
・社会的に適切（適切な行いのための仏教徒の要求に従う）

好感は、広告の重要な目的の一つが消費者を喜ばせることにある文化では、よりよい効果測定基準となる。コミュニケーションの目的が、企業と消費者の信頼の向上や、消費者とブランドの間の情緒的な関係性構築である文化では、ほとんどの場合、説得よりも好感が、目的としても測定基準としても優れている。一般的に広告スタイル、目的、特定諸国、もしくは文化群に対しての効果の適切な測定基準を作成することが望ましいだろう。効果測定システムを開発すべき新たな分野は、インターネットでの広告である。簡単なクリック・スルー（訳注：ウェブ上の広告をクリックすることによって当該広告主のウェブに移動すること）測定を別にして（第8章参照）、その他のいくつかの側面が役割を果たす。その一例が、韓国での広告反応研究で韓国の若者は、特定ウェブサイト上で自分の個人情報を公開した後に、そのサイトの広告への反応が以前よりも前向きになることが分かった[65]。また、アジアのインターネット広告では、信頼が重要な基準となるようだ。

7-6. 広告はどのように機能するか

広告がどのように機能するかというモデルのほとんどは、効果の階層と順次思考を基礎としている。世界中の学者達は、この効果の階層モデルを修正してきたが、順次的な思考は、広告がいかに機能するかについての考え方の多くの部分で基礎となり続けている。

効果の階層

広告がいかに機能するかということの根底にある前提は、広告は、人々を一つのステージから別のステージに連れて行くというものである。このような、線状、もしくは順次的、もしくは「移動」モデルは、論理的かつ合理的なプロセスに基づいたものである[66]。この効果の階層モデルは、アメリカの広告スタイルと、その他の地域であってもアメリカの広告主によって使用されるスタイルに強い影響を受けている。また、関与と認知-情動態度の構成要素の程度に従って製品をカテゴリー化するFCBグリッド[67]のようなその後のモデルは、複数の階層という概念から派生したものである。

高関与と低関与

広告がいかに機能するかの理論における初期の配列順序の一つは、まず人々がある製品もしくはブランドについて何かを学び、次に態度もしくは情緒を形成し、その結果、何らかの行動をとるということだが、これは製品購入であったり、少なくとも購入意図を持って店舗まで出かけるということだった。この配列順序は、「学習-感じる-行動」

として要約される。これは後に、自動車などの意思決定プロセスが、非常に合理的だと見なされる「高関与」の製品に主に適用されると見られた。この、いわゆる高関与モデルは、消費者が情報収集と意思決定のプロセスに積極的に参加することを前提としている。対照的に、洗剤などの動きの早い消費財などの低関与製品もあり、これらは製品に対する関心がほとんどない場合の低関与行動についてのものである。低関与の概念は、Krugman[68]の、テレビは、ブランド認知を生み出すことができるが、人々の行動への影響はあまりない低関与メディアであるという理論に基づいている。低関与の配列順序は、「学習-行動-感じる」であると仮定されていた。ここでも、知識が最初にきて、その次に購買、そして製品を使用した後にやっと態度を形成する。

　FCBグリッド・モデルは、以下の4つの配列順序によって広告が消費者に与える影響のプロセスを提案するものだ。(a) 学習-感じる-行動、(b) 感じる-学習-行動、(c) 行動-学習-感じる、(d) 行動-感じる-学習、である。最初の二つの配列順序は、高関与と関係しており、3番目と4番目の配列順序は、低関与である。Miracle[69]は、日本人消費者にとっては、もう一つの配列順序「感じる-行動-学習」が有効であると主張する。日本の広告は、信頼構築という企業と消費者の関係性を基礎としている。日本の広告の目的は、消費者を喜ばせ、「甘え」を構築することであるが[70]、これは、間接的アプローチによって行なわれる。その結果、「感じる」が日本人消費者の最初の反応となり、その後に店舗を訪れて製品を購入するなどの行動が取られる。そしてその後に、やっと知識が来る。Miracleは、この配列順序は、韓国人と中国人消費者の反応にも当てはまると指摘している。他の集団主義的文化にも、よく当てはまるのではないだろうか。Miracleは、広告の論理を二つのはっきりと異なる方法に要約した。西洋社会の広告論理は、基本的に以下のことをオーディエンスに知らせるということである：

a. 自社、もしくは自社製品がいかに異なっているか。
b. なぜ、自社製品がベストであるのか、明確に情報や便益を提示する。
c. その後、消費者は、購買の明確な理由、もしくは正当化ができたので、購入したくなる。
d. 満足すれば、消費者はその企業や製品を好きになり、信頼するので、リピート購入をする。

　日本の広告の論理は、おそらくほとんどのアジアの集団主義的文化に有効であるが、基本的に正反対である：

a. ターゲット・オーディエンスと親しくなる。
b. 彼らの感情を理解していることを証明する。
c. 自社がすばらしいことを示す。
d. その後、消費者は、自社（ブランドまたは企業）を信頼し、親しみを感じるので、購入したくなる。
e. 購入後、消費者は、その製品が良いものか、もしくは便益は何かを見つけ出す。

後発のモデルも、広告概念は、古典的な修辞学者が「結果からの議論」と呼んだ、因果関係の考え方による前提を相変わらず踏襲したものである。Petty and Cacioppo[71]の精緻化見込みモデル（ELM）は、広告がどのように機能するかについての最も進んだアメリカ・モデルの一つである。これは、関与の役割を考慮し、説得が中心ルートを通る場合、周辺ルートを通る場合、もしくはその両方を通る場合を提示している。中心ルートでは、人はメッセージ内の問題に関連する情報（論拠）の慎重な考慮（精査）をするので、メッセージ内の論拠について積極的に考えることが中心ルートである。論拠について考える動機を持たない場合は、周辺ルートをたどることになる。理論では、周辺ルートは、一般的にパッケージ、画像、もしくはメッセージのコンテクストなどの視覚的合図を含む。

この理論は、画像を言葉の実例として使用する西洋の広告実践に深く根付いている。中心ルートと周辺ルートの両方における画像の影響を見つけ出すためにさまざまな研究がされてきており、情緒的反応は、説得の決定要因として再検討されている。集団主義的文化では、人々は広告を総合的に処理し、画像はコンテクストを提供するものであるので、この理論は当てはまらない可能性がある。

広告の中のビジュアル

異なる文化の消費者が、印刷広告の中のビジュアル画像をどのように処理しているのかについては、あまり分かっていない。絵画知覚の文化間の差異は大きい。いろいろな文化的背景の人々は、広告内の画像をいろいろな方法で解釈する傾向にある。画像は、広告の重要な要素であるが、これまでは口述的コミュニケーションに重点が置かれていたため、あまり調査されることがなかった。「コピー調査」や「コピー・テスト」という言葉は、広告の効果をテストするために使用されるが、これには、ビジュアルも含まれており、口述的要因を偏重していることが示されている。

ビジュアルは、印刷広告を世界的に標準化するために使用されているが、それは広告コピーに翻訳が必要なことが多いのに対し、世界中の消費者は、絵を「読む」ことができるという前提が根本にあるからである。ところが、これらの標準化が高いビジュアル・

キャンペーンは,すべてのオーディエンスに均一の意味を伝えるとは限らないのである。例えば,黒人女性が白人の赤ちゃんの世話をしているところを示したベネトンの広告は,ヨーロッパでは結束と平等のメッセージとして,賞を獲得した。だが同時に,この広告は,アメリカでは議論を巻き起こした。多くの人は,これは黒人の子守りが奴隷のような従属的な役割をしているところを描写したものと信じたためである[72]。ビジュアルがさまざまな文化で普遍的に理解されるというのは,誤認である。画像は人々の持つスキーマにはまるが,スキーマは文化によりいろいろに異なるのである。ある文化では,自由と関連付けられた画像(例:ライオン)は,他の文化では,力を表すものとして知られている場合がある[73]。フォルクスワーゲンは,イタリアで,フォルクスワーゲン・ゴルフの所有者は独立した,自信のある人物であることを示すために,群の中の黒い羊を示したが,多くの他の文化では,黒い羊は同じ象徴的意味を伝えない。イタリアでは黒い羊は独立と我が道を行くことの象徴であるが,他の文化では,のけ者の象徴である[74]。人々は,同じメッセージから多種多様な意味を読み取ることができる。コンテクスト性を持つ人々は,メッセージの製作者が意図したよりも多くを「見る」からである。高コンテクスト文化では,人々はコンテクスト的なメッセージに慣れており,画像の中に多くを読み取り,ビジュアル画像から「隠された」意味合いを導きだす。非常に明確な情報を伝えるはずのシンプルなビジュアル画像であっても,高コンテクストのオーディエンスは,メッセージの送り手が意図していないメタファー的な意味合いを探り出そうとするかもしれない。

　認知とビジュアル処理の差異は,広告における画像使用の差異の範囲という結果になる。アメリカ,イギリス,フランス,韓国,インドの印刷広告のビジュアル構成要素の多国間比較[75]は,ビジュアルのサイズ,写真や製品画像の使用頻度,製品のサイズ,メタファーの使用,広告の中で描写される全般的な人物と,特に女性と子どもの使用頻度などに関しての多様性を明らかにした。

　また,広告に使用される音楽にも慎重な考慮が必要である。広告における音楽が文化的に一致しないと,それは記憶を強化するかもしれないが,広告に対する態度の改善にはつながらない[76]。

　広告の永遠のジレンマは,特定文化における特定製品カテゴリーは,広告の慣習に従うべきか,それとも注意を喚起して人々の記憶に残るような独特なものにすべきかということである。国内で,注意を引くために広告の中で独特で目立つ情報を使用することは,消費者のスキーマに合わず切り捨てられてしまう危険性がある。このリスクは,人々のスキーマが多様である異文化間においては,ひとつの文化の中でよりもさらに大きくなる。

全般的な広告の認識

　広告がどのように機能するかを検討するなかでは、広告のもう一つの側面は、全般的な広告の認識はどのような役割を果たすかである。アメリカでは、消費者の全般的な広告への態度は、個々の広告への態度とブランドへの態度に影響を及ぼすことが分かっている。多国間では、いくつかの要素が全般的な広告の認識に影響を与える。つまり、政治情勢、文化、その国の広告事情などである。小さな市場では、消費者の文化に合わないメッセージの国際広告主の広告が支配的になると、自国の広告がたくさんある大きな市場よりも、人々は広告を嫌いになる傾向がある。例えば、アメリカの学生は、デンマークやギリシャの学生よりも広告に対して非常に多くの情緒的反応をすることが分かっている[77]。

　普遍的な調査結果として分かっているのは、全般的に広告は、その経済的な効果を称賛されている一方で、社会的効果に対しては批判されている[78]。発展途上国においては、経済的効果への期待が、先進国よりも高い傾向がある。1994年の調査によると、当時のロシア人は広告を非常に前向きに捉えていた。「取引の原動力」と見なしていた[79]。アメリカとアジア諸国の人々の広告に対する態度を比較した調査によると、アメリカよりもアジアの方が広告に対する態度は好意的であった。これは、経済発展と、広告産業の発展が原因であろう。発達が進むと、広告に対する好感度は下がる[80]。多様な経済発達程度の世界12カ国のTGI[81]のデータも、この関係性を裏付けるものとなっている。「テレビ広告は興味深く、かなり頻繁に話しの種を与えてくれる」という叙述に賛同する回答者の割合は、一人当たりの国民総所得の低さ（$r = -.79***$）と、低個人主義（$r = -.62*$）に大きな相関性がある。その一つの説明となるのが、集団主義的文化であろう。この文化では、広告は間接的で、娯楽的なので、個人主義的文化でのように消費者の気分を害することはない。特にアメリカのように個人主義が男性らしさと組み合わさると、衝突は脅威とは見なされず、消費者に多少、攻撃的で直接的な方法でアプローチすることができる。例えば、アメリカでは、比較広告は、情報提供的であると見なされるが、台湾の人々はこれを不快であると見なす[82]。

　広告の理解は、メディア利用とも関連している。どの国でも毎日、新聞でニュースを読むことは、新製品情報の供給源として新聞広告を見ることを伴う[83]。テレビでも、類似の関係性を見ることができる。テレビ視聴をよくすることは、テレビ広告に対する好意的態度と関連している。テレビ視聴の多い人の割合は、テレビ広告を製品情報の有益な情報源であるとする回答者割合と相関関係にある（$r = .66***$）[84]。

　このように、いくつかの価値パターンによる現象として、一般的に一部の人々の広告受容は比較的高められており、このことは、国際的に広告効果の比較をする際に考慮し

なければならない。

7-7. ウェブサイト・デザイン

　インターネットは、コミュニケーションの最も重要な手段の一つとなっている。インターナショナル企業は、ただ外国の名前、郵便番号、国だけを出すのではなく、通貨構成、測量単位系、国際電話番号を提示し、さらにはウェブサイトをユーザーの文化に合わせて翻訳し、調整しなければならない。人々は、自分自身の文化の人が作成したウェブ・コンテンツを使うと、情報探索が速くできるようである[85]。文化的に調整することで、ウェブサイトの使用がしやすくなるだけでなく、そのウェブサイトに対してより好意的な態度が生まれることになり、それが購買意図にも影響する[86]。

　ウェブサイト・デザインについても、その他のコミュニケーションに関しても同じことが言える。国によって、人々がどのように応対されたいかはおのおの異なる。価値や動機も、コミュニケーションスタイルも多様である。例えば、女性らしさの文化の大学ウェブサイトのアプローチは、男性らしさの文化の大学のウェブサイトよりもソフトで、人間優先である。男性らしさの文化のサイトは、どちらかというと業績に重点を置いている[87]。インド、中国、日本、アメリカのローカルなウェブサイトは、その国の文化的価値を反映しているだけでなく、文化的次元でそれぞれの違いを際立たせている。中国のウェブサイトの著しい特徴は、家族をテーマとしたイメージが頻発する。日本のウェブサイトは、性別の明確な役割を提示し、色彩豊かで蝶や桜その他の自然の景色などの画像を伴い、審美眼的である。インドのウェブサイトは、従業員の肩書きを目立つように書いて、階級制を誇示している。アメリカのウェブサイトは、低コンテクストで、直接的、情報的、論理的、かつ成功志向で独立のテーマが目立つ[88]。また、グローバル・ブランドのためのローカル・ウェブサイトは、低コンテクストと高コンテクストのコミュニケーションを区別しており、アメリカ、イギリス、ドイツなどの国々では比較的識字的なビジュアル、日本、韓国、中国などの国々では比較的象徴的ビジュアルとなっている[89]。マクドナルドは、そのスローガンである「I'm lovin' it」をはっきりと言い表すために、サイト上、単独の人、一緒にいる人々、製品と共にもしくは別に、文字を多く、もしくは画像を多くなど、文化的に関連性のあるアプローチを使用している。高コンテクスト文化は、低コンテクスト文化よりもアニメーションや動く人々の画像を使用しており、画像は、集団主義的文化に特徴的な価値を促進する[90]。イギリスは文字の多いレイアウトと短いページでトップだが、韓国は、ビジュアルの多いレイアウトと長いページでトップである。韓国は、プレゼンテーションが文字だけであることの多いアメリカやイギリスよりも、はるかに多くのマルチメディア・プレゼンテーションを活用してい

る(91)。企業のウェブサイトが使用する双方向コミュニケーションスタイルという点では、東洋と西洋の間には大きな差異がある。高コンテクストの東洋のウェブサイトは、低コンテクストの西洋のウェブサイトよりも消費者の声や消費者とマーケターの双方向性は、少ない。マーケターと消費者の間のギャップが大きいので、消費者とマーケターの双方向性が少ないことを説明するのは、高権力格差となる。集団主義は、消費者の間での集団活動が多いことの説明になる(92)。そのため、社会的交流によって動機付けられることの多い高コンテクスト文化では、オンライン・マーケターは、掲示板やチャット・ルームなど、より多くの消費者交流を生成しなければならない。一方、人々が情報を求める低コンテクスト文化では、オンライン・マーケターは、キーワード検索やバーチャル商品ディスプレイなど情報の機能を強調しなければならない(93)。

　要するに、文化と連動して情報の提示方法も多様である。使用されるデータの量、極端な広告文句の使用、修辞的なスタイル、ビジュアルやアニメーションの使用、情報を直接、はっきりと明確にする度合い、人々にコンタクトするための選択肢などである(94)。従来型のメディアでローカルの顧客にアプローチする企業は、気を使わなければならないようなインターナショナル顧客は持っていないが、インターネットは世界中で見ることができる。したがって、文化的にデザインされたインターナショナル・ウェブサイトを作成することが、企業にとっては決定的に重要である(95)。ウェブサイトのデザインが、文化的になじみのあるコミュニケーションスタイルや文化的慣習と同調しているほど、信頼が構築される(96)。また、ウェブ・バナー広告のデザイナーは、自分自身の文化的価値に従いがちである。彼らは、従来型メディアの広告コピーライターと同じ精神的アプローチで、クリエイティブ活動を行なう(97)。

　数多くのビジネス・トゥ・ビジネス・ウェブサイトのコンテンツ分析に基づき、Usunier and Roulin(98)は、グローバルのビジネス・トゥ・ビジネス・コミュニケーションにとっては、高コンテクスト文化は比較的不利であると主張する。インターネットは高コンテクスト・コミュニケーションが処理に必要とするコンテクストを提供しないので、その結果、ビジネス向けのウェブサイトは、同じ文化の人々には読みやすいが他の文化の人にはそうではなく、実用性が制限されてしまうからである。高コンテクスト・コミュニケーションスタイルは、読みやすさに劣り、色使いやグラフィックの効果が弱く、グローバル・オーディエンスにとっての双方向性が弱いため、ビジネス・トゥ・ビジネスのウェブサイト・デザインには損になる場合がある。したがって、ビジネス・トゥ・ビジネスのウェブサイトをデザインする際には、低コンテクストのコミュニケーション規則に従うか、低コンテクスト・コミュニケーションのデザイナーを雇うことを勧める。一方、Pollach(99)の調査結果によれば、ヨーロッパの閲覧者に比べて、企業ウェブサイトを閲覧するアジア人にとっては、オンライン・ゲームのアニメによる導入は重要な要

素である。ヨーロッパの閲覧者は、アニメが飛び込んでくる導入は、有用性がないために、ウェブ・デザインのエラーであると見なしてしまう。これは、グローバル・オーディエンスをターゲットにした企業ウェブサイトの適応化を支持する主張である。このような実用的な側面を別にしても、これまでの章で検討してきたコミュニケーションスタイルの差異のほとんどが、ウェブサイトのデザインにも影響を与える。

7-8. デザイン

　デザインは、コミュニケーションの手段である。色は、企業のポジショニングを伝える。ブルーは、アメリカでは企業の色であるが、東アジアでは、赤が勝利するビジネスの色である[100]。韓国のキャッチフレーズとブランド・ロゴは、アメリカのものよりも象徴的である[101]。ロゴのデザインにおいて、普遍的と思われる規則が一つある。それは、黄金分割（1 対 1.618 の割合）である。成功しているグローバルのロゴは、この規則に従っているものが多い[102]。しかし、異文化間では、コーポレート・アイデンティティ・デザインは、コーポレート・アイデンティティ・デザインのマニュアルに見られるように、さまざまな規則に従っている。コーポレート・アイデンティティを形成し、維持するという目的で、企業は、「アイデンティティ基準マニュアル」を作成する。これは、コーポレート・アイデンティティのビジュアル体系の応用管理のためのガイドであり、または、ロゴタイプ、印刷デザインスタイル、名前、さらにはコーポレート哲学を伝えるための構造を、組織がどのように使用するかについてのガイドである。高コンテクスト文化では、これらのマニュアルには、非言語的特性（ロゴやシンボル）、伝統や慣習（歴史、価値）、コミュニケーションのコンテクストを明確にする特性、付属、もしくは装飾的要素、人々（ユニフォーム）などがより多く含まれている。低コンテクスト文化では、これらのマニュアルに、文章的な特徴（名前や公表）、直接的なメッセージなどが多く含まれる。マニュアルは、高コンテクスト文化よりも指示的で、簡潔である。高コンテクスト文化では、マニュアルに使用される言葉遣いは、比較的間接的で、より複雑であるが、これは間接的な言葉遣いの使用と、それを取り扱う部署が多いためである[103]。

　はっきりして、攻撃的な色使いの多いアメリカの漫画とは異なり、ハローキティの所有者である日本のサンリオのキャラクターは、もっと繊細で、丸みを帯びた容貌で、パステル・カラーの使用が多く、日本人の心に響く心地よさのようなものを持っている。また、サンリオは、一貫性を愛するアメリカの企業よりもデザイナーに自由を与え、コンテクストに適応できるようにしている[104]。オランダのディック・ブルーナは、ミッフィーのキャラクターに、厳しいガイドラインを設定している。他文化のためにデザインをしようとするデザイナーは、文化的な多様性により、製品デザインは異なる結果に

なるという事実を認識すべきである。デザイナーは通常、自分自身の文化に関しては他の人よりも深い知識をもっているため、その文化の人々のために製品デザインをすることが巧みにできるのである[105]。第11章では、製品とパッケージのデザインと文化について、さらなる情報を提供したい。

要　約

　人間のコミュニケーションは、長い年月を経て、今日でも通用するパターンに従っている。個人間コミュニケーションと、マス・コミュニケーションの両方の異文化の差異を知ることは、広告がどのように作用し、メディアがどのように機能するかを理解するために必要である。コミュニケーションがどのように作用するかは、文化に関連している。また、広告の役割や機能もさまざまに変化する。ある文化では、広告は、もともと説得的なものである。しかし、他の文化では、広告は、企業と消費者の間に信頼を構築するために好かれなければならない。このように、ある文化のモデルを、他の文化に投影することはできない。いろいろな言語的、および非言語的コミュニケーションスタイルが個人間コミュニケーションでもマス・コミュニケーションでも認識でき、文化のクラスターによって、どのスタイルが優先するかが決まる。人々は、多彩な方法で情報を処理する。一部の人にとっては、画像の方が言葉よりも多くの情報を含んでいる。また、他の人にとっては、意味を伝える唯一の方法は言語である。これらの差異は、電子コミュニケーションでも同じである。多種多様な文化の学者や研究者が、広告がどのように作用するのかといういろいろな理論について議論している。おそらく、誰も正解ではないだろう。そうでなければ、全員が正解であろう。人は自分自身の文化の観点から、広告がいかに作用するかを見る。その観点は、他文化の学者や研究者から見れば、確かに非常に異なっている場合がある。さまざまな文化で広告の役割は異なる。その結果、インターナショナル広告主は、世界的な効果測定に一つの基準を使うことはできない。その他のコミュニケーション関連の差異は、ウェブサイトのデザインと、全般的なデザインである。デザインは、コミュニケーション・ツールであり、文化がデザインにいかに影響を及ぼすかについては、いくつかの例を提示した。

参考文献

（1）特に、ヨシタカ・ミイケ、グオ・ミン・チェン、ウィマル・ディッサナヤケなどの研究者は、ヨーロッパ中心のコミュニケーション理論の支配性に反発し、アジア中心のコミュニケーション理論の開発に取り組んでいる。

(2) Schramm, W. (1974) The nature of communication between humans. In W. Schramm & D. F. Roberts (Eds.), *The process and effects of mass communication* (p. 17). Urbana: University of Illinois Press.
(3) Holquist, M. (1990) *Dialogism: Bakhtin and his world*. London: Routledge.
(4) Singelis, T. M., & Brown, W. J. (1995) Culture, self, and collectivist communication. *Human Communication Research, 21*, 354-389.
(5) Miike, Y. (2010) Enryo-Sasshi Theory. In R. L. Jackson II & M. A. Hogg (Eds.), *Encyclopedia of identity* (Vol. 1, pp. 250-252). Thousand Oaks, CA: Sage; The model was developed by Ishii, S. (1984) Enryo-Sasshi Communication: A key to understanding Japanese interpersonal relations. *Cross Currents, 11* (1), 49-58.
(6) Kosaka, T. (2010) Listening to the Buddha's own words: Participation as a principle of the teachings of the Buddha. *China Media Research, 6* (3), 94-102.
(7) Dissanayake, W. (2010) Development and communication in Sri Lanka: A Buddhist approach. *China Media Research, 6* (3), 85-93.
(8) Adhikary, N. M. (2010b) *Sancharyoga*: Approaching communication as a *Vidya* in Hindu Orthodoxy. *China Media Research, 6* (3), 76-84.
(9) Ishii, S., & Bruneau, T. (1994) Silence and silences in cross-cultural perspective: Japan and the United States. In L. A. Samovar, R. E. Porter, & E. R. McDaniel (Eds.), *Intercultural communication: A reader* (7th ed., pp. 246-251). Belmont, CA: Wadsworth.
(10) Ansu-Kyeremeh, K. (2005) Communication in an Akan political system. In K. Ansu-Kyeremeh (Ed.), *Indigenous communication in Africa: Concept, applications and prospects* (pp. 177-193). Accra: Ghana Universities Press.
(11) In Jahn, J. (1961) *Muntu: The new African culture*. New York: Grove Press, p. 164.
(12) Morrison, J. (2005) Forum theatre: A cultural form of communication. In K. Ansu-Kyeremeh (Ed.), *Indigenous communication in Africa. Concept, applications and prospects* (pp. 130-140). Accra: Ghana Universities Press.
(13) Beier, C., Michael, L., & Sherzer, J. (2002) Discourse forms and processes in indigenous Lowland South America: An areal-typological perspective. *Annual Review of Anthropology, 31*, 121-145.
(14) Smith, P. B. (2011) Communication styles as dimensions of national culture. *Journal of Cross-Cultural Psychology, 42* (2), 216-233.
(15) Fortner, R. S. (2007) *Communication, media, and identity. A Christian theory of communication*. Lanham, MD: Rowman & Littlefield.
(16) Ong, W. J. (1982) *Orality and literacy: The technologizing of the world*. London: Routledge.
(17) Lyons, M. (2010) *A history of reading and writing in the Western world*. Basingstoke, UK: Palgrave Macmillan.
(18) Yum, J. O. (1987) Korean Philosophy and Communication. In D. L. Kincaid (Ed.), *Communication theory: Eastern and Western perspectives* (pp. 71-86). San Diego, CA: Academic Press.
(19) UNESCO Institute for Statistics. http://www.uis.unesco.org/literacy/
(20) Tannen, D. (1984) Spoken and written narrative in English and Greek. In D. Tannen (Ed.), *Coherence in spoken and written discourse* (pp. 21-40). Norwood, NY: Ablex.
(21) Tannen, D. (1983) Oral and literate strategies in spoken and written discourse. In R. W. Bailey & R. M. Fosheim (Eds.), *Literacy for life: The demand for reading and writing* (pp. 79-96). NY: Modern Language Association.

(22) Ong, 1982, p. 29.
(23) Ong, 1982.
(24) Goodrich, K., & De Mooij, M. (2014) How "social" are social media? A cross-cultural comparison of online and offline purchase decision influences. *Journal of Marketing Communications, 20* (1-2), 103-116.
(25) Oyserman, D., Coon, H., & Kemmelmeier, M. (2002) Rethinking individualism and collectivism: Evaluation of theoretical assumptions and meta-analyses. *Psychological Bulletin, 128*, 3-72.
(26) Gudykunst, W., & Ting-Toomey, S. (1988) *Culture and interpersonal communication.* Newbury Park, CA: Sage, pp. 99-116.
(27) グディカンストとティン-トゥーメイが選択した次元の配置は、個人間コミュニケーションの差異の多くを説明するものではあるが、長期志向／短期志向の次元に関する新データを加えることで、説明も詳しくなる可能性がある。例えば、日本は他の東アジア文化と共に位置付けられることになるだろう。われわれは、この次元をマス・コミュニケーション様式の差異を説明するために使用する。
(28) Kobayashi, Y., & Noguchi, Y. (2001) Consumer insight, brand insight, and implicit communication: Successful communication planning cases in Japan. In M. S. Roberts & R. L. King (Eds.), *The proceedings of the 2001 special Asia-Pacific conference of the American Academy of Advertising.*
(29) Miyahara, A. (2004) Toward theorizing Japanese interpersonal communication competence from a non-Western perspective. In F. E. Jandt (Ed.), *Intercultural communication* (p. 283). Thousand Oaks, CA: Sage.
(30) Sanchez-Burks, J., Lee, F., Choi, I., Nisbett, R., Zhao, S., & Koo, J. (2003) Conversing across cultures: East-West communication styles in work and non-work contexts. *Journal of Personality and Social Psychology, 85* (2), 363-372.
(31) Rosenstreich, D., & Wooliscroft, B. (2006) How international are the top academic journals? The case of marketing. *European Business Review, 18* (6), 422-436.
(32) Miyamoto, Y., & Schwarz, N. (2006) When conveying a message may hurt the relationship: Cultural differences in the difficulty of using an answering machine. *Journal of Experimental Social Psychology, 42*, 540-547.
(33) Kim, H., Kim, G. J., Park, H. W., & Rice, R. E. (2007) Configurations of relationships in different media: FtF, e-mail, Instant Messenger, mobile phone, and SMS. *Journal of Computer-Mediated Communication, 12* (4), article 3.
(34) Liu, M., & Zoninsein, M. (2007, December 24) New data suggest China isn't lagging on Internet social networking: It's just innovating differently. *Newsweek*, pp. 48-49.
(35) Van Belleghem, S. (2010) Social media around the world. InSites Consulting. Retrieved February 22, 2012, from http://www.slideshare.net/stevenvanbelleghem/social-networks-around-the-world-2010
(36) Moerland, R. (2006, August 20) Frans weblog is een café (French weblog is a café). *NRC Handelsblad*, p. 18.
(37) Chen, G. M. (1995) Differences in self-disclosure patterns among Americans versus Chinese. *Journal of Cross-Cultural Psychology, 26*, 84-91.
(38) Ma, R. (1996) Computer-mediated conversations as a new dimension of intercultural communication between East Asian and North American college students. In S. C. Herring (Ed.), *Computer-mediated communication: Linguistic, social, and cross-cultural perspectives* (pp. 173-185). Amsterdam & New York: John Benjamins.

(39) Yum, Y. O., & Hara, K. (2005) Computer-mediated relationship development: A cross-cultural comparison. *Journal of Computer-Mediated Communication, 11* (1). Retrieved from http://jcmc.indiana.edu/vol11/issue1/yum.html
(40) Lexander, K. V. (2011) Texting and African language literature. *New Media & Society, 13* (3), 427-443.
(41) Levo-Henriksson, R. (1994, January) *Eyes upon wings: Culture in Finnish and US television news* (Unpublished doctoral dissertation, Oy. Yleisradio Ab., Helsinki), p. 84.
(42) Perspectives. (1996, September 9) *Newsweek*, p. 11.
(43) Li, Z. (2001) *Cultural impact on international branding: A case of marketing Finnish mobile phones in China* (Academic dissertation, University of Jyväskylä, Finland).
(44) Ong, 1982.
(45) Ishii, S. (1992) Buddhist preaching: The persistent main undercurrent of Japanese traditional rhetorical communication. *Communication Quarterly, 40* (4), 391-397.
(46) Dissanayake, W. (2009) The desire to excavate Asian theories of communication: One strand of the history. *Journal of Multicultural Discourses, 4* (1), 7-27.
(47) Burch, E. (2002) Media literacy, cultural proximity and TV aesthetics: Why Indian soap operas work in Nepal and the Hindu diaspora. *Media, Culture & Society, 24* (4), 571-579.
(48) Cutler, B. D., Erdem, S. A., & Javalgi, R. G. (1997) Advertiser's relative reliance on collectivism-individualism appeals: A cross-cultural study. *Journal of International Consumer Marketing, 9*, 43-55.
(49) Schmitt, B. H. (1995) Language and visual imagery: Issues of corporate identity in East Asia. *Columbia Journal of World Business, 3*, 28-37.
(50) 本書の以前の版では、広告スタイルに関しては個人間コミュニケーション・モデルに従っていた。しかし新しい長期志向／短期志向のデータは、マス・コミュニケーションにとって、より重要な識字スタイルと口述スタイルの差異をカバーするので、マス・コミュニケーション様式の差異を理解するのにより適切であると思われる。
(51) Laskey, H. A., Fox, R. J., & Crask, M. R. (1994, November/December) Investigating the impact of executional style on television commercial effectiveness. *Journal of Advertising Research*, pp. 9-16.
(52) Wang, J. (2008) *Brand new China. Advertising, Media, and Commercial Culture*. Cambridge, MA: Harvard University Press, p. 63.
(53) Kobayashi & Noguchi, 2001.
(54) Roland, A. (1988) *In search of self in India and Japan*. Princeton, NJ: Princeton University Press.
(55) Watkins, H. S., & Liu, R. (1996) Collectivism, individualism, and in-group membership: Implications for consumer complaining behaviors in multicultural contexts. In L. A. Manrai & A. K. Manrai (Eds.), *Global perspectives in cross-cultural and cross-national consumer research*. New York: International Business Press/Haworth Press.
(56) Miracle, G. E., Taylor, C. R., & Chang, K. Y. (1992) Culture and advertising executions: A comparison of selected characteristics of Japanese and U. S. television commercials. *Journal of International Consumer Marketing, 4*, 89-113.
(57) Zhou, S., Zhou, P., & Xue, F. (2005) Visual differences in U. S. and Chinese television commercials. *Journal of Advertising, 34* (1), 111-119.
(58) Percy, L., Rossiter, J. R., & Elliott, R. (2001) *Strategic advertising management*. Oxford, UK: Oxford University Press, pp. 167-180.
(59) Holbrook, M., & Batra, R. (1987) Assessing the role of emotions as mediators of consumer re-

sponses to advertising. *Journal of Consumer Research, 14.*
(60) Resnik, A., & Stern, B. L. (1977) An analysis of information content in television advertising. *Journal of Marketing, 41*, 50-53; Stern, B. L., & Resnik, A. J. (1991, June/July) Information content in television advertising: A replication and extension. *Journal of Advertising Research, 31* (3), 36-46.
(61) Poels, K., & Dewitte, S. (2006, March) How to capture the heart? Reviewing 20 years of emotion measurement in advertising. *Journal of Advertising Research,* pp. 18-37.
(62) Blackston, M. (1996) Can advertising pre-tests predict the longevity of advertising effects? *Marketing and Research Today, 24,* 11-17.
(63) Kim, B. H., Han, S., & Yoon, S. (2010) Advertising creativity in Korea: Scale development and validation. *Journal of Advertising, 39* (2), 93-108.
(64) Biel, A. L. (1990, September) Love the ad. Buy the product? *Admap.*
(65) Im, S., Lee, D-H, Taylore, C. R., & D'Orazio, C. (2008) The influence of consumer self-disclosure on web sites on advertising response. *Journal of Interactive Advertising, 9* (1), Retrieved from http://jiad.org/
(66) Lannon, J. (1992, March) Asking the right questions: What do people do with advertising? *Admap,* pp. 11-16.
(67) Vaughn, R. (1980, June 9) The consumer mind: How to tailor ad strategies. *Advertising Age.*
(68) Krugman, H. E. (1965) The impact of television advertising: Learning without involvement. *Public Opinion Quarterly, 29,* 349-356.
(69) Miracle, G. E. (1987) Feel-do-learn: An alternative sequence underlying Japanese consumer response to television commercials. In F. Feasley (Ed.), *The Proceedings of the 1987 Conference of the American Academy of Advertising, USA,* pp. R73-R78.
(70) 土居健郎（1973）「甘えの構造」：東京、講談社。「甘え」とは以下のように説明することができる：日本人は、その生活を内的セクターと外的セクターに分ける。各セクターには独自の異なる行動規範がある。内集団においては、個人は自動的に受け入れられる。そこには相互依存、自動的な温かさ、愛情、もしくは「甘え」がある。「甘え」の意味として、最も適切なのは、「受動的愛情」もしくは依存である。内集団の構成員は、互いに「甘え」あうが、外的社会には、それは存在しない。外的社会に入れば、「甘え」を失うのである。外的社会で「甘え」を期待することはできない。
(71) Petty, R. E., & Cacioppo, J. T. (1986) The elaboration likelihood model of persuasion. In L. Berkowitz (Ed.), *Advances in experimental social psychology.* New York: Academic Press.; Also in Petty, R. E., & Cacioppo, J. T. (1986) *Communication and persuasion: Central and peripheral routes to attitude change.* New York: Springer.
(72) Callow, M., & Schiffman, L. (2002) Implicit meaning in visual print advertisements: A cross-cultural examination of the contextual communication effect. *International Journal of Advertising, 21,* 259-277.
(73) Müller, W. (1998) Verlust von Werbewirkung durch Standardisierung [Loss of advertising effectiveness through standardization]. *Absatzwirtschaft, 9,* 80-88.
(74) Aslam, M. M. (2006) Are you selling the right colour? A cross-cultural review of colour as a marketing cue. *Journal of Marketing Communications, 12* (1), 15-30.
(75) Cutler, B. D., Javalgi, R. G., & Erramilli, M. K. (1992) The visual components of print advertising: A five-country cross-cultural analysis. *European Journal of Marketing, 26,* 7-20.
(76) Shen, Y. C., & Chen, T. C. (2006) When East meets West: The effect of cultural tone congruity in ad music and message on consumer ad memory and attitude. *International Journal of Advertising,*

25 (1), 51-70.
(77) Andrews, J. C., Lysonski, S., & Durvusala, S. (1991) Understanding cross-cultural student perceptions of advertising in general: Implications for advertising educators and practitioners. *Journal of Advertising, 20,* 15-28.
(78) Ramaprasad, J. (2001) South Asian students' beliefs about and attitude toward advertising. *Journal of Current Issues and Research in Advertising, 23,* 55-70.
(79) Andrews, J. C., Durvasula, S., & Netemeyer, R. G. (1994) Testing the cross-national applicability of U.S. and Russian advertising belief and attitude measures. *Journal of Advertising, 23,* 71-82.
(80) La Ferle, C., & Lee, W. N. (2003) Attitudes toward advertising: A comparative study of consumers in China, Taiwan, South Korea and the United States. *Journal of International Consumer Marketing, 15* (2), 5-23.
(81) *The global view of TV advertising.* (2007) Global TGI barometer Issue 30. www.tgisurveys.com. Countries are Brazil, Mexico, Colombia, South Africa, Chile, Bulgaria, United States, Germany, United Kingdom, France, Australia, Spain.
(82) Chang, C. (2006, September) Cultural masculinity/femininity influences on advertising appeals. *Journal of Advertising Research,* 315-323.
(83) Data from Eurobarometer, 1997-1999 (See Appendix B).
(84) European Media and Marketing Survey, 1999 (See Appendix B).
(85) Faiola, A., & Matei, S. A. (2005) Cultural cognitive style and web design: Beyond a behavioral inquiry into computer-mediated communication. *Journal of Computer-Mediated Communication, 11* (1), article 18.
(86) Singh, N., Fassott, G., Chao, M. C. H., & Hoffmann, J. A. (2006) Understanding international web site usage. A cross-national study of German, Brazilian, and Taiwanese online consumers. *International Marketing Review, 23* (1), 83-97.
(87) Dormann, C., & Chisalita, C. (2002, September 8-11) *Cultural values in web site design.* Paper presented at the 11th European Conference on Cognitive Ergonomics, ECCEII Catania, Italy.
(88) Singh, N. (2005) Analyzing the cultural content of web sites: A cross-national comparison of China, India, Japan, and US. *International Marketing Review, 22* (2), 129-146.
(89) Daechun An. (2007) Advertising visuals in global brands' local websites: A six-country comparison. *International Journal of Advertising, 26* (3), 303-332.
(90) Würtz, E. (2005) A cross-cultural analysis of websites from high-context cultures and low-context cultures. *Journal of Computer-Mediated Communication, 11* (1), article 13.
(91) Hermeking, M. (2005) Culture and Internet consumption: Contributions from cross-cultural marketing and advertising research. *Journal of Computer-Mediated Communication, 11* (1), article 10.
(92) Cho, C. H., & Cheon, H. J. (2005) Cross-cultural comparisons of interactivity on corporate websites. *Journal of Advertising, 34* (2), 99-115.
(93) Ko, H., Roberts, M. S., & Cho, C. H. (2006) Cross-cultural differences in motivation and perceived interactivity: A comparative study of American and Korean Internet users. *Journal of Current Issues and Research in Advertising, 28* (2), 94-104.
(94) Husmann, Y. (2001) Localization of website interfaces. Cross-cultural differences in home page design. Wissenschaftliche Arbeit zure Erlangung des Diplomgrades im Studiengang Sprachen-, Wirtschafts- und Kulturraumstudien (Diplom-Kulturwirt). Universität Passau, Germany.
(95) Singh, N., Kumar, V., & Baack, D. (2005) Adaptation of cultural content: Evidence from B2C e-

commerce firms. *European Journal of Marketing, 39* (1/2), 71-86.
(96) Hermeking, 2005.
(97) Fourquet-Courbet, M-P., Courbet, D., & Vanhuele, M. (2007, June) How web banner designers work: The role of internal dialogues, self-evaluations, and implicit communication theories. *Journal of Advertising Research*, 183-192.
(98) Usunier, J-C., & Roulin, N. (2010) The influence of high- and low-context communication styles on the design, content, and language of business-to-business web sites. *Journal of Business Communication, 47* (2), 189-227.
(99) Pollach, I. (2011) The readership of corporate websites: A cross-cultural study. *Journal of Business Communication, 48* (1), 27-53.
(100) Aslam, M. M. (2006) Are you selling the right colour? A cross-cultural review of colour as a marketing cue. *Journal of Marketing Communications, 12* (1), 15-30.
(101) Jun, J. W., & Lee, H. S. (2007) Cultural differences in brand designs and tagline appeals. *International Marketing Review, 24* (4), 474-491.
(102) Pittard, N., Ewing, M., & Jevons, C. (2007) Aesthetic theory and logo design: Examining consumer response to proportion across cultures. *International Marketing Review, 24* (4), 457-473.
(103) Jordá-Albiñana, B., Ampuero-Canellas, O., Vila, N., & Rojas-Sola, J. I. (2009) Brand identity documentation: A cross-national examination of identity standards manuals. *International Marketing Review, 26* (2), 172-197.
(104) Belsen, K., & Bremner, B. (2004) *Hello Kitty: The remarkable story of Sanrio and the billion dollar feline phenomenon*. Singapore: John Wiley & Sons Asia, pp. 63-75.
(105) De Leur, K. R., Drukker, J. W., Christiaans, H. H. C. M., & De Rijk, T. R. A. (2006) Cultural differences in product design: A study of differences between South Korean and the Dutch kitchen environment. *Journal of Design Research, 5* (1), 16-33.

第8章

文化とメディア

　人々に到達するためのメディアの数と多様性は、絶えず増加している。世界的に見ると、テレビ、出版、ラジオなどの従来型メディアと、インターネットや携帯電話などのニュー・メディアがあるという点は類似しているが、これらをどのように利用しているかはさまざまである。当初、インターネットは普遍的なグローバル・メディアであると思われていたが、すぐに各国の利用が異なっていることが明らかとなった。
　メディアの利用は、日常活動に欠くことのできないものである。文化によって人々は異なったコミュニケーションをするので、メディア利用も異なった方法になる。特にインターネットや携帯電話などの新しい双方向チャネルの機能を理解するためには、文化的知識が必要となる。これらのメディアは、多くのさまざまな文化で、個人が具体的なコミュニケーション行動に利用しているからである。そのため、ニュー・メディアのどの活動が、いつ、どのような状況で、いかに利用されているかを知ることは、従来型メディアについて知るのと同じ位重要である。長い間従来型マス・メディアは存在し、文化による利用法の差異がかなり報告されるようになっている。また、ニュー・メディア利用の調査も増えてきている。キャンペーンのメディア・プランニングに統合しなければならないニュー・メディアは、非常に多様性に富む。そのため、メディア・プランニングは国内でも非常に複雑となってきており、国を超えてとなれば、その複雑さはさらに増す。人々の生活に根付いてきたニュー・メディアがどのように作用するのかを理解しなければ、それを判断したり、活用したりすることはできない。ニュー・メディアは、媒介型のコミュニケーションで、読み、書き、話し、対話をするために利用されるハイブリッドなコミュニケーション・ツールであり、旧来のマス・メディアとは異なる。本章では、従来型マス・メディアと電子メディア、さらには新たに出現した市場に関連性のある代替メディアの利用の差異について示していく。

8-1. 絶えず変化するメディア状況

ちょっと考えてくれたまえ。イエス・キリストの復活を見たのは10人だった。「ハムレット」の初日の観客は460人、ベートーベンの「荘厳ミサ曲」の初演の聴衆は数千人、そしてイタリアのサッカー・ワールド・チャンピオンシップは、15億人が同時に見て、歓声をあげる[1]。

これは、ドイツの哲学者、Steinerが、詩人で作家のEnzensbergerに、1990年に言ったことである。2004年、アテネで行なわれたオリンピックは、39億人が視聴し、2008年の北京オリンピックの視聴者は、44億人だった。2012年のロンドン大会は、全世界で48億人が視聴したと推定されている。「ハムレット」を観たり、ベートーベンの「荘厳ミサ曲」を聴いた人たちは、ライブで見た。これまでのサッカー・チャンピオンシップやオリンピック大会を見た人のほとんどは、テレビで観ている。これが変化してきた。もはや、すべての人がテレビを利用するのではない。同じものをテレビでも、コンピュータもしくは携帯電話の画面でも見ることができる。また人々は、これらのさまざまなメディアを同時利用もしている。西洋社会でいうところのマルチ・タスキング（multitasking）、並列処理（parallel processing）、もしくは永続的部分注意（perpetual partial attention）である。テレビを見ながら、コンピュータで仕事をしながら、同時に携帯電話を使う。特に若者は、多種多様なメディアを利用し、かなりの時間をそれに割いている。最大のメディア中毒者（15〜24歳）は、フィリピン（1日に31.3時間）、と香港（1日に26.6時間）である[2]。

インターネットは、マーケターや広告主が消費者にアプローチする方法を変化させる上できわめて重要な役割を担ってきている。インターネットはクロスメディア・シナジーを導き、クロス・メディア広告の測定のための調査システム開発を押し進め、統合マーケティング・コミュニケーションを再定義するようになってきた。消費者は、多様なメディアでブランド情報のネットワークにリンクしている。西洋ではメッセージの一貫性が期待されているので、マーケターは一貫性あるメッセージを届け、一貫したメッセージを伝えるように一生懸命に取り組まなければならない。東洋と、たぶん他の集団主義文化でも、メッセージは、状況によって変化することがあるが、コンテクスト（背景状況）に適切であることが重要である。

今日のメディア・プランニングでは、消費者とブランドが中心であり、ブランドと消費者をつなぐ多様なコミュニケーション手段を消費者がどのように利用するかの差異が、異文化間のメディア・プランニングと管理を非常に難しいものとしている。メディ

ア・プランニングは、最近では「チャネル・プランニング」とも呼ばれているが、マーケターがときに直接的、または間接的に影響を与えることのできる、人々とブランドの間の多様なコンタクト・ポイント（contact point）の組織化と定義されている。人々は買い物中、ブランドとの連想ネットワークに影響を与えるであろう無数のブランド体験に囲まれている。このブランド体験自体が、ブランドの製品であり、非常に多様なコミュニケーション・メッセージである。店舗内プロモーション、e メール、e 口コミ、ブログ、ソーシャル・メディア、ダイレクト・メール、本、名簿、友人や家族との会話、以前のブランド体験、テレビで見た広告、インターネット、映画、ポスター、新聞や雑誌で見たこと、ラジオで聴いたこと。これらのすべてが、消費者の心のなかに何らかの跡を残し、購買時点でのブランド選択に影響を及ぼすのに一役買っているのだろう。

マーケターのプロモーション活動は、このような人々とブランドの間のコンタクト・ポイントのいずれかに、影響を（直接的、または間接的に）与えるようにプランニングすることができる。最大の効果を出すようにこれを行なうためには、消費者のライフスタイル、態度、行動、さらには消費者の生活に果たすさまざまなチャネルの役割に対するインサイトが必要である。

これまでの章では、さまざまな文化によって人々の購買行動、動機、コミュニケーション行動が異なることを学んできた。その結果、さまざまなメディアが消費者の生活のなかでさまざまな役割を果たしている。次節からは、従来型メディア、その他メディア、携帯電話、オンライン・メディアなど、主要メディアの消費者利用の差異を説明していく。

8-2. 文化を超えたメディア利用

ここで扱う主要な従来型メディアは、テレビ、ラジオ、出版メディアである。これらのメディアは消費者利用という点で、かなり多様である。

テレビ

テレビの視聴は、国によってさまざまであるが、放送はどこでも、人々の余暇活動に重要な役割を果たしている。テレビ機器の普及はどこの国でも同じようになってきているが、国ごとの視聴時間の差異はかなり大きく、これらの差異は、程度の差はあるものの、長年にわたり安定している。Ofcom（英国情報通信庁）[3]の報告にある国のうち、北米人は、1日に280分と、最もテレビ視聴時間が長い。また、ヨーロッパ全体では、テレビ視聴の差異は大きく、近接し合っている国々でもかなりの開きがある。オーストリア人は、週に153分テレビを視聴するのに対し、セルビア人は、その2倍の週に316分を費やしている[4]。過去何年か、ほとんどの国で、テレビ視聴時間は増加しているが、

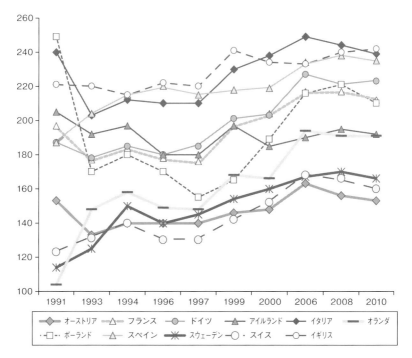

図表 8.1　テレビ視聴時間：安定した差異
出典：IP、TV デイリー・ビューイング・ミヌッツ

相対的差異は同じままである。**図表 8.1** は、1991 年から 2010 年にかけて、ヨーロッパ 11 カ国で、1 日に何分間テレビが視聴されているかを示したものである。1991 年から 1993 年にかけて、テレビ視聴時間は収束してきているが、これは、RTL や SBS などの商業チャンネルが出現したためであろう。ただし、それ以降の差異はずっと同じである。

　貧しい国と豊かな国では、テレビ視聴は豊かさと負の相関関係にある。つまり貧しい国の方が、豊かな国よりも、テレビをたくさん視聴している。先進国世界の豊かな国々では、男性らしさが分散の説明になる。1998 年、全世界 19 カ国のなかで[5]、テレビ視聴が多かったのは、男性らしさの高さと権力格差の高さと相関関係があった。2001 年、西ヨーロッパと東ヨーロッパの 24 カ国でも類似の関係性が見られた[6]。高男性らしさは、分散の 37 ％の説明となり、高権力格差は、追加の 14 ％の説明となる。2006 年、ヨーロッパの富裕な国々、日本、アメリカの 11 カ国では、視聴時間の分散の 56 ％が男性らしさによって説明された[7]。西洋社会では、テレビ番組の中の暴力が増加している。男性らしさの文化の人々は、女性らしさの文化の人々よりも暴力シーンの多い番組に引かれる。CNN の広告がこのことを物語っている（**写真 8.1 参照**）。

テレビ視聴時間にはいくつかの要素が影響するが、その中には、利用できるテレビ・サービスや自国制作の内容の量などがある。ところが、世界的データの分析は、豊かさとの強い負の相関関係を示しており、つまり、貧しい国の方が豊かな国よりも、人々はテレビをよく見るということである。経済協力開発機構（OECD）の時間消費調査では、余暇時間をどのように過ごしているかを質問しており、これによると、高権力格差で集団主義文化が、余暇時間を家でテレビ視聴やラジオ聴取に使う割合が最も高い。対照的に、個人主義的で低権力格差の文化では、イベントに参加するなど、余暇時間をもっとアクティブな活動に費やしている。興味深いことに、や

写真8.1　CNNインターナショナル

はり受動的な余暇時間の過ごし方であるオンラインに費やす余暇時間の割合も、集団主義文化の方が個人主義文化よりも高い[8]。しかしながら、差異を測定することは容易ではない。集団主義的で、ポリクロニックな文化（第4章参照）では、テレビは終日付けっ放しになっている傾向があり、「テレビを視聴する」ことの定義は、個人主義文化の定義と異なる可能性がある。ラテン・アメリカでは、テレビはさらに日常生活に融合しており、人々は家の中で他のことをしている間もテレビを付けていることを好む。ラテン・アメリカ8カ国では、18歳以上の人は、平均74％が食事中もテレビを視聴しており、34％が電話で話しながらもテレビを視聴している[9]。テレビを1人で見る、友人と見る、家族と見るというような視聴の仕方も、文化と関連している。すべての国で、自分の寝室にテレビを持つ子どもは増えているが、フランスの子ども達は、スウェーデンの子ども達よりも自室でテレビを見ることが少ない。これは、フランスよりもスウェーデンの方が、子どもの自立が高いことで説明できるかもしれない。また、子どもが何を視聴するかに関しては、親が子どもに自由を与える程度もさまざまである[10]。

　ヨーロッパ全体で人々は、他国の番組はほとんど視聴しないが、その主な理由は、言葉が分からないからである。国内であっても、言語が異なる層は、異なる番組を視聴している。ドイツと、スイスの3つの文化的地域のピープルメーター（訳注：アメリカのニールセン社がテレビの個人視聴率を調査するために開発した装置）のデータ分析は、テレビ視聴にかなりの差異があることを示している[11]。ほとんどのラテン・アメリカ諸国では、アメリカからの番組よりも自国の番組への関心が高い。連続ドラマはアメリカで発明されたものだが、ラテン・アメリカでは、ラテン・アメリカ版ともいえる連続ドラマ、「テレノベラ」を、もっと頻繁に視聴している。若者の間では、ラテン・アメ

リカ全体を通して、連続番組が、群を抜いて最も好まれている[12]。しかし、ラテン・アメリカ全体では独特なスタイルが発達しており、これは、他の国々には移植できない[13]。地元選好の結果として、多くの世界的なテレビ・チャンネルは、言語や内容がローカル化している。CNNインターナショナルやMTVは、グローバル・チャンネルとしてスタートしたが、内容や言語をローカル化した。その結果、全地域的テレビ・チャンネルは広告で成功をおさめるメディアにはなっていない。特に、全ヨーロッパ的チャンネルは、日用消費財の広告には不向きである。このチャンネルが最も利用されるのは事業視聴者向けの高級品広告や企業広告である[14]。

全世界で、テレビ番組の受信方法は非常に多様であり、一部の国々では、他の国々よりもよく利用される方法がある。アナログ地上波はブラジルで、デジタル地上波はドイツで、デジタル衛星はポーランドで、アナログ有線はインドで、デジタル有線はアメリカとカナダで、またインターネット・プロトコルテレビ（IPTV）はフランスで、最も利用されている[15]。アナログであろうとデジタルであろうと、国によってかなりの多様性があるが、テレビは今でも重要なメディアであり、広告メディアとしてのテレビの相対的有効性を反映している。

IPTV

テレビ受信機でテレビ番組を視聴することを別にすると、人々はコンピュータのモニター（ブロードバンドTV）で視聴したり、IPTVを通じて携帯電話で（携帯TV）視聴したりしている。IPTVとは、インターネット・プロトコルを使ってテレビ・サービスをブロードバンド・ネットワーク上で送信するものである。テレビ・シグナルをインターネットによって送信することは、従来型の「ブロードキャスティング」（放送）に対して、「ネットキャスティング」と呼ばれる。IPTVは、比較的質の高いテレビ視聴を提供するので、フランス、スペイン、イタリアなどの芸術を愛する文化には魅力的であり、ヨーロッパではこれらの国々で初期に導入された。パソコンでテレビ視聴をする程度は、パソコンの所有、利用可能なテレビ・サービス、利用可能なチャンネル、そして一般的なテレビ視聴と関連している。テレビをよく視聴する人であれば、新しいアクセス機能も、よく利用するであろう。アメリカのブロードバンド世帯の3分の1近くが、テレビ受信機でビデオを視聴するためにインターネットを使っている[16]。テレビのチャンネルが限定されている国々では、インターネットによって、はるかに多くのチャンネルが提供されている。2006年、中国では、家にブロードバンドが設置されている成人の70％が、パソコンでテレビ番組の一部もしくはすべてを視聴するか、ダウンロードしていた。同様に、日本人とイギリス人ではそれぞれ60％、フランス人では39％であった[17]。2010年には、イギリスでは24％が、アメリカでは22％が、ドイツではかなり

低く、わずか10％だった[18]。携帯でのテレビ視聴については、通常利用者は1カ月料金で、テレビ番組編成のパッケージ（これには、ライブ・スケジュール・プログラムが含まれており、どんどん増えるようになっている）に加入する。

インターネット利用者は、一般的にスポーツ・ニュースの主要情報源としてテレビを利用しているが、有名人のニュースやゴシップの主要情報源には、インターネットを利用する傾向が多く見られる。もっとも、これはイギリスでは、フランス、イタリア、アメリカ、日本よりも少ない。有名人のニュースの情報源としてインターネットTVを利用することに関しては、日本人のスコアが最高である[19]。

概して、人々が携帯TVを視聴するのは、退屈なとき、待ち時間、公共交通機関の利用中であるが、これはその国の習慣にもよる。日本人は、通勤のため、電車に長時間乗って過ごす。アメリカ、イギリス、オランダのような個人主義文化では、人々は公の場で多くのことをすることに慣れていないし、通勤には自分で車を運転していく人が多い。この二つの習慣とも、共に携帯TVを急速に導入するための良い環境ではなかった。アジアでは、携帯TVが急速に発展した。若者にとっての理由の一つは、家のメインのテレビで他の家族が他の番組を見ているときに、自分だけの番組を見ることができるからである。ソウルで、Do, et al.[20]が行なった予備的研究では、テレビ視聴は集団行動と表現された。したがって、他者の嗜好が番組選定に影響を及ぼすが、携帯放送は、個人視聴を対象としている。韓国は、携帯電話用に衛星によるダイレクト・マルチメディア・ブロードキャスティング（DMB）を採用した最初の国の一つである。利用者は、通勤、通学中や勤務中にこれをオンにし、ほとんどの場合、一人で利用している。携帯TVは、家庭でのテレビ視聴を補完するもののように思われる。人気のある番組は、通常のテレビで見慣れているキー局ドラマのようなものに似たものとなる傾向にある。

ラジオ

ラジオ受信機は、ほとんどの家庭で広く利用可能である。1,000人あたりのラジオ所有は、過去数十年は、個人主義と相関性があった[21]。個人主義文化では、誰もが自分自身のラジオを持っており、ときには一つ以上持っていることもあるが、集団主義文化では、家族に1台が十分であろう。程度に差はあっても集団主義的スコアであるラテン文化全体でも（スペイン、ポルトガル、およびラテン・アメリカの9カ国）、1,000人あたりのラジオ聴取は、個人主義と相関関係にある（$r = .64^*$）[22]。しかし、今はラジオや音楽をMP3プレイヤーや携帯電話、その他の携帯機器で聴く人があまりにも増えてきており、これらのデータは、あまり参考にはならない可能性がある。聴取時間も、さまざまである。例えばロシア人は、最もラジオを聴いており、一人当たり週に39時間であるが、日本人とスペイン人は、最も少なく、12.6時間である[23]。このデータでは、

どのような人々が聴取しているかの説明はない。インターネット利用は、他のメディア基盤への影響に比べると、ラジオの利用習慣にはあまり重大な影響は及ぼしていないようである。これは、ラジオの性質である、他のことをしながら聴くことが多いということに関係しているかもしれない。

出 版

　出版は、書面メディアで、識字文化のメディアである。世界的に見て、1,000 人当たりの日刊紙の数は、成人識字率と相関関係が有意である[24]。何世紀にもわたって識字能力が高い国々では、識字能力に後れを取った国々よりも、人々の読書量は多い。ヨーロッパ全体で、識字能力の歴史的発達の影響が現在の新聞購読に表れていることが、Hallin and Mancini[25] によるヨーロッパ 13 カ国の 1890 年の識字率と 2000 年の新聞発行部数の関係で示されている。

　国富、低権力格差、長期志向は、全世界の国々で、新聞購読に影響を与えている説明変数である。ヨーロッパ全体では、権力格差が最も強力な説明変数となる。低権力格差の文化は、人々が政治や時事問題についての情報を欲しがるので、民主主義的参加も高い。「政治や時事問題の現況について、十分な情報を受けていると感じる」という記述に賛成する割合も、低権力格差と相関関係にある[26]。

　権力格差との関係性は、複数のデータで確認できる。1996 年、「昨日、新聞を購読」に対しての測定が、世界 31 カ国で広告代理店のマッキャン・エリクソン[27] によって発表されたが、そのなかで、分散の 26 ％は、低権力格差によって説明され、さらに 15 ％が低不確実性回避によって説明された。「私は毎日、日刊紙でニュースを読む」という記述への回答は、ユーロバロメーターでも定期的に測定されており、一貫して低権力格差と相関性がある。

　Elvestad and Blekesaune[28] は、ヨーロッパ全体での新聞を読む時間の差異について報告しているが、これによると、南北の差異だけではなく、北ヨーロッパ諸国のなかでも差異があるという。ちなみに、ギリシャはヨーロッパ諸国の中で、新聞の読者が最も少ない。ノルウェーでは、人口の 96 ％近くが普段新聞を読んでいるが、新聞を読む時間では、アイルランド人の方が上回っている。他にもいくつかのデータベースが、権力格差との関係性を示している。例えば、新聞を読む平均時間や新聞を読む頻度であるが[29]、**図表 8.2** のヨーロッパ 14 カ国のグラフに見られるように、差異は、時間を経ても変化がない。

　1991 年のデータは、「昨日、なんらかの新聞を読んだ」と回答した人の割合である。これは、毎日、新聞でニュースを読むかどうかを尋ねるユーロバロメーターの質問よりも概略的な質問である。そのため、2006 年の割合は下がっているが、二つのラインは

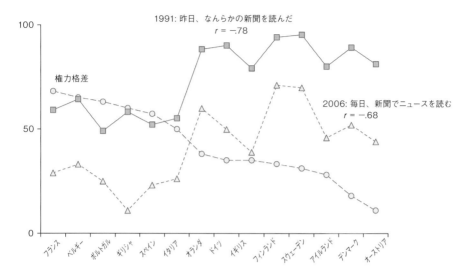

図表 8.2　新聞購読と権力格差
出典：Hofstede 他（2010）（別表 A 参照）；リーダーズ・ダイジェスト 1991 およびユーロバロメーター 65, 2007（別表 B 参照）

平行である。

　新聞を読むことの差異が引き起こす当然の結果として、新聞広告経費には差異がある。2004 年、ヨーロッパ 9 カ国と日本、アメリカでは、新聞広告経費の分散の 72 ％が低権力格差で説明された。

　特に新聞は、異文化のさまざまなオーディエンスに伝わる。Hallin and Mancini[30] は、新聞オーディエンスと社会的、政治的コミュニケーションにおける新聞の役割の関係の差異を指摘している。南ヨーロッパの新聞は、少数の高学歴で政治的にも活動的なエリートに対応しているのに対し、北ヨーロッパの新聞は、一般大衆に向けており、必ずしも政界を扱うわけではない。これらの差異は、高権力格差文化と低権力格差文化の中心的特徴である。低権力格差で平等主義の文化では、階級的文化よりも、識字能力と出版の両方が急速に発達した。ラテン・アメリカのように、すべての国の権力格差指数のスコアが平均以上の地域でも、差異は権力格差によって説明できる。2007 年、ラテン系 15 カ国（ラテン・アメリカおよびスペイン、ポルトガル）で、出版発行部数の差異のほとんどは国富で説明でき、一部は権力格差で説明できた[31]。

　多くの国において新聞購読は減少してきているが、開発途上国では増加している。例えばアフリカでは、新聞購読は識字能力の増加に伴い増加してきており、インドでは、新聞購読はひとつの目標と見なされている。読むことを覚えた人々は、新聞を読むこと

を誇りに思うようになる。しかし、日本の若者はインターネットで新聞を読むようになってきている[32]。

　国による新聞購読の差異は、半世紀以上も存在しており、簡単にはなくなりそうもない。集団主義的で高権力格差の文化では、テレビは新聞よりも重要なメディアとして残っていくと思われる。

その他のメディア

　他にも広告に利用できるメディアは、いろいろな国で存在している。まず、屋外や映画などである。屋外広告に対する規約や規制は、国によってさまざまである。映画館に行くことは、文化と関連している。ヨーロッパ全体では、映画館や劇場に行く頻度が最も高いのは、高権力格差で、集団主義文化である[33]。映画館に行くことは、明らかにある種の社会活動であり、これは個人主義文化よりも集団主義文化に多く見受けられる。

　ブラジル、インド、中国のように、急速に発展している新興国では、テレビのような従来型マス・メディアを見ることができず、またインターネットにまだアクセスできない地方住民も多いのが現状である。このような地方市場にアプローチするためには、従来型と非従来型のメディアを合せて利用することができる。インドの例をあげると、ビデオ・バン広告と壁（屋外）広告である。これ以外にも、屋外看板、ウォール・ペインティング、フィルム、歌／ダンス／ドラマ、キオスク、バスのパネル広告などが有効である。特に、屋外看板、キオスク広告、ウォール・ペインティングなど、画像と文字を組み合わせたものが、回想力という点では、高くランクされる[34]。

　一般的にはメディア・プランニング書で取り上げられない他の代替メディアも、新興市場の地方人口にアプローチするためには、重要となることがある。この中でよく言及されるのが「オーラ・メディア（oramedia）」と呼ばれるものである。これは、ほぼ絶えず周囲に聞き手がいるという状態での対話と言葉のやり取りで作られる日常的なメディアである。特に新興国では、これらはメッセージの拡散にとって、強力なコミュニケーション方法である。アフリカでは、オーラ・メディアはあらゆる種類の人間、道具、場所などのメッセージを拡散するもので構成される。これには村の話しの広め役、どらを鳴らす人、ドラム、まさにコミュニケーション・フォーラムとなる市場などが含まれる。インドネシアのジャワでは、民族人形オペラがあるし、ブラジルには歌う詩人（カンタドレ）がいる。また、タイには鞭で打つキャラクター（ノン・ターローン）がいる。都市地域は、絶えず噂が飛び交っている。生まれたてのニュースが、非公式の口頭チャネルで循環している。これらのニュースの発生源は、どこでもあるし、どこでもないとも言える。アフリカのいくつかの国では、このようなニュースを拡散する口頭メディアに特定の言葉が使用されている。例えば「ラジオ・モール」、「ラジオ・トロトワール（ラ

ジオの歩道)」、「ラジオ・カンカン」などである。北アフリカでは、噂の出所のことを「ル・テレフォン・アラベ」と読んでいる。これらの名前は、特定の場所で、聞くだけの面白さがあり、繰り返される噂を特定するために使用されている。このようなメディアは、他にも多くの文化にあり、例えば、スリナムでは「モフォコランティ（口の新聞の意）」という言葉が、半公式の言葉の伝播に使用されている。従来型のオーラ・メディアは、ニューテクノロジーと一体化してきている。ナイジェリアのビデオフィルム文化は「ノリウッド」とも呼ばれており、ヨルバ族の巡業劇場の進化形であり、娯楽だけではなく、道徳教育の側面もある。これらのメディアは、新製品や新サービスに関する噂を広めるのにも利用できるだろう[35]。

8-3. ハイブリッド・メディア

　オンライン・コミュニケーションは、口頭と読み書きのコミュニケーションのハイブリッドであるだけではなく、個人間コミュニケーションとマス・コミュニケーションのハイブリッド形態でもある。インターネットは、一方向のコミュニケーションとしても利用できるが、eメール、ブログ、ツイートなど、個人間の書面コミュニケーションのメディアでもある。インターネット接続機能付きの携帯電話は、口頭と書面の個人間コミュニケーションと、一方向のマス・コミュニケーションのメディアとなるので、最もハイブリッドである。

　従来型マス・メディアは、主として組織が、トップダウンのコミュニケーションによって匿名のマス・オーディエンスをターゲットとしているのに対し、携帯電話のような新興メディアは、コミュニケーションのターゲットが個人、大衆のどちらであっても各々にパーソナライズできるコミュニケーション方法を用いる。Castells[36]は、これをマス・セルフ・コミュニケーションと呼んでいる。アジア人にとって、インターネット機能付き携帯電話がこれほどまでに魅力的となっているのは、この能動的かつ参加型コミュニケーションの可能性のためである[37]。古典的なメディアと新しいメディアの組み合わせが、携帯電話からテレビまでの複数メディア間のインタラクションを通じて、いわゆるハイパー・メディア・スペースを作り上げたと言われている。最も明らかな例は、テレビのリアリティ番組で起こっている。人々は、携帯電話、eメール、テレビをつなげてコンテスト出場者に投票するだけではなく、双方向コミュニケーション・プロセスの中で支持を集めることもする。これらの効果により、マーケターは、自社ブランドの支持を得るためにこのニュー・メディアを取り入れることになった。しかし、消費者がどの程度ブランドと交流したいのかは、限定的であることがいくつかの調査で示されている。

携帯電話

　多くの国で、固定電話の数は徐々に減少してきており、一方で携帯電話加入数は、増加している。2007年までに、48カ国において携帯電話数は、住民数を超えた。2010年、香港では100人に対し190の携帯電話加入があり、米国の100人当たり90をはるかに超えている。また、エクアドルの100人当たりの携帯電話加入数は、フランスよりも多かった[38]。国際電気通信連合（ITU）[39]は、定期的に携帯電話利用に関するデータを発表している。最近のデータによると、携帯電話を利用している15歳から74歳の人々の割合は、フィンランドが97.3％でトップ、モロッコと韓国が94.4％でこれに続く。最下位はインドネシアで34.5％だった。世界的に見ると、携帯電話加入数は、いまだに収入（購買力平価の一人当たりの国民総所得）と相関関係にある。しかし、ヨーロッパ全体ではこれはあてはまらず[40]、携帯電話所有の差異を説明する変数としては、収入は弱くなっている。特にインターネット機能を付けた携帯加入では、主たる説明変数は一般的にイノベーションを取り入れるときの差異の説明となる低不確実性回避である（第5章で説明）。

　携帯電話の普及という点において各国は収束的であるが、携帯電話の利用法、目的、支払い法は、テクノロジーの発展や文化によってさまざまである。契約加入料金を後払いにする方を好む国もあれば、前払いを好む国もある。前払いは、比較的貧しい国々で好まれ、加入料金後払いは、豊かな国々で多く見られる[41]。

　携帯電話のテクノロジーにより、いつでも、どこでも、誰にでもアクセスすることが容易になる。ただ、社会の中、そして社会間で、このテクノロジーの利用に差異は見られる。新たな形態コミュニケーションは、どのようなものもそうだが、人々はこれを自分自身の延長として利用する。話すことが好きで、メッセージ送ることも含め他者と広くコミュニケーションするのであれば、携帯電話をもっと話しもっとメッセージを送るために利用するだろう。世界的に見て、携帯メール送付の平均は、短期志向と相関関係にある（$r = -.79^{***}$）[42]。話すことよりも書くことの方を好む場合は、何らかのメール・アプリケーションを使ってメールを送ることを好む場合がある。この差異は、やはり地域の基盤次第である。1分間当たりのコストが高いと、本当は話す方を好む人々も、メール利用を強いられる可能性がある。メール送るほうが、かかる時間が少なく経済的だからである。しかし、全体的な料金値下げに伴い、この効果は変化してくるだろう。

　先進国においては、携帯電話はパソコン以上に、単に人々にアクセスできるようにするテクノロジーというだけではなく、さらに情報へのアクセスを得るものでもある。しかし、ほとんどの調査結果によると、先進国および開発途上国の両方で、携帯電話はすでに、関係性がある人々とつながるためにプライベートに利用されていることが多く、

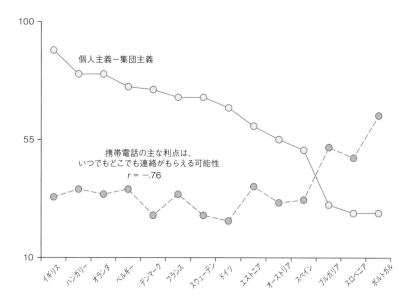

図表 8.3　携帯電話のメリットと個人主義／集団主義
出典：Hofstede 他（2010）（別表 A 参照）；ユーロバロメーター、Eコミュニケーション世帯調査、2008（別表 B 参照）

情報を検索するためではないという。ユーロバロメーター[43]による携帯電話の主なメリットに関する質問によると、ヨーロッパでは、集団主義文化の構成員の方が個人主義文化の構成員よりも、携帯電話の主なメリットをいつでも、どこでも連絡がもらえることだとしている。**図表 8.3** は、この関係性を示した。

集団主義文化における携帯電話の役割は、やはり個人主義文化よりも、自己との統合度が高いようである。伊藤瑞子[44]は、「ケータイ（携帯電話）を持たないということは、目隠しをして歩くようなもので、時と場所という社会的ネットワークの中のいつ、どこにいるかについてのジャスト・イン・タイムの情報からの接続を断つことである」と述べている。ラテン・アメリカ諸国5カ国と、アメリカの若いラテン・アメリカ人の間でも、「連絡を保つ」ことは、携帯電話の主な便益と見なされている。ニュースや情報へのアクセスやeメール機能は、最も重要ではないメリットと見なされていた[45]。ネット上でさまざまな情報収集を熱心に行ない、購入決定するための情報に大きな必要性を感じているという人々の文化に比べて、情報収集にあまり熱心ではない人々は、この目的のために携帯電話を利用することは少ないであろう。

情報アプリケーションは、インターネットへのアクセスができる第3世代テクノロジーの出現で促進されたが、第3世代は、口頭コミュニケーションをも促進させ、人々

は、インターネットを通して（VoIP、IP 電話）携帯電話で電話できるようになった。これは最終的にかなり安くなる。

　日本の NTT ドコモは、大規模に商業ベースで第 3 世代モバイル・サービスを提供した最初のプロバイダであり、人々は携帯電話でインターネットへアクセスしたり、テレビを見たりすることができるようになった。特にパソコン普及率の低さから、インターネット・サービスは人気が高い。イシイ[46]は、日本人はモバイル・インターネットへのアクセスは、ほとんど自宅以外で行なっていると予測したが、モバイル・インターネット・アクセスの半数近くは、自宅で起きていたので、この予測は裏付けされていない。モバイル・インターネットに加え、コンピュータ・インターネットも持っていたとしても、二つは異なる活動に利用されている。コンピュータ・インターネットは、どちらかというと情報、ニュースの取得やビデオ鑑賞に利用されるのに対し、携帯電話は、ソーシャル・コネクションに比較的多く利用される。一つには、スクリーン・サイズの違いである。情報収集のような複雑な作業は、携帯電話よりもコンピュータのキーボードやスクリーンの方が、やりやすい。また、携帯電話はより個人的な機器であるが、コンピュータはテレビのように共有されることが多い。そのため若者は家にいるときも、他の家族がメインのテレビで他の番組を見ているときに、自室で携帯テレビを見ることが多い[47]。中国では、携帯電話を利用してメールを送ったりインターネット接続する人が多くなるにつれ、携帯テレビが好まれるようになった。携帯テレビの視聴者は、一般的にテレビをよく視聴する人たちである[48]。しかし 2010 年現在、携帯電話の利用者の大多数はまだ、メール、あらかじめインストールされたゲーム、モバイル・インターネットを利用している[49]。2009 年、中国の 2 大都市で行なわれたある調査によると、モバイル・インターネットにアクセスした人たちの大多数は、ウェブサイトを見て回るか、オンラインでチャットをしていたことが分かった。e メールや音楽、動画、ゲームのダウンロードは少なかった[50]。韓国では、携帯テレビが人気になると、メールや電話は減少した。面白い番組の途中では、メッセージを送ることを先延ばしにしがちであったからである[51]。

　モバイル・コミュニケーションは、事業、教育、健康管理に有益な情報や政府関連情報の流布を促進させて、経済発達を強化する可能性を持っている。しかし、人々が電話を使って有益な情報を取得するという考え方には疑問が多い。多くの場所で、携帯電話は、いわゆる有益な情報へのアクセスにではなく、主として日常的なコミュニケーションに利用されている。アフリカでは、携帯電話は「トーキング・ドラム」[52]になぞらえることができ、このようにして古い形の口頭コミュニケーション・スタイルを引き継ぐ方が、情報を検索するように人々を動機付けるよりもよいだろう。

　マーケティング目的では、携帯電話は口頭コミュニケーションへの信頼性が高いとこ

ろで、口コミの強化に使用できるだろう。情報検索を簡単にするモバイルのバーコード（QRバーコード）アプリケーションは、情報検索が重要な文化で最も効果的となるだろう。携帯電話上の広告受容に関する世界的な調査によると、電話への広告という概念を歓迎する人は、世界でもあまりいない。モバイル広告に対する態度は、テレマーケティングよりも好感度が低く、オンライン・ディスプレイ広告よりもかなり低い。とはいえ、モバイルがインターネットへの主たるアクセスであり、人々がブランドについて知りたいと思っている開発途上国においては、受容は高くなる。モバイル広告に対する受容は、アメリカではわずか11％であるが、ナイジェリアでは48％にのぼる[53]。特にプライバシーに関するニーズが強い個人主義文化においては、人々はコマーシャルの中断で邪魔されたくないと考える。

8-4. ワールド・ワイド・ウェブ

　インターネットは、まさにその性質上、グローバルなコミュニケーション・チャネルであり、世界中至る所の消費者に到達する可能性がある。インターネットへのアクセスが多いのは、いまだに先進国に集中している。もっとも開発途上国も急速に追いついてきており、中国、ブラジル、インド、ナイジェリアが成長を主導している。富と個人主義は、世界的なハイパーリンク・フロー構造の基本的決定要因である[54]。収入が収束していけばインターネットの普及も収束していくが、文化に関連する差異は残る。2010年までヨーロッパ全体において、インターネット接続のある世帯数は、主に収入と相関関係があったが、2011年、富という点で収束的な国々では、文化的変数とこれらのデータとの相関関係の方が、収入との相関関係よりも強くなった[55]。主な文化的説明変数は、文化の女性らしさと個人主義である。

　先進国世界の中では、低不確実性回避文化の人々が最も早くインターネットを採用した。2002年、自宅、職場のどちらにもインターネットのアクセスがないという人口割合の差異は、高不確実性回避に関連しており、これは20カ国にわたり、分散の46％の説明となった[56]。この関係性は、12カ国について**図表8.4**で示す（$r = .91^{***}$）。この同じグラフは、2007年のデータも示している。職務上以外でインターネットを使用したことが無い人の割合[57]である。ヨーロッパの国々では、不確実性回避が分散（$r = .77^{***}$）の59％を説明する。12カ国についての関係性は、**図表8.4**に示されている（$r = .94^{***}$）。

　世界的なインターネット利用は、教育レベルや都会か農村部かということでも変化する。都市-農村間で利用の差異が最も大きいのは、ブラジル、ペルー、チリ、コロンビア、エクアドル、モロッコである。ほとんどのアフリカ諸国では、大半の人がインターネッ

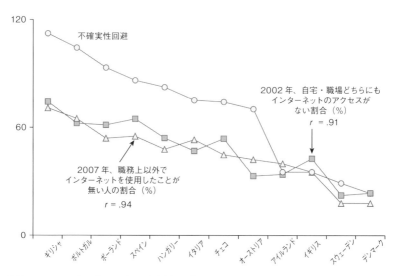

図表 8.4　インターネットと不確実性回避
出典：Hofstede 他（2010）（別表 A 参照）；ヨーロッパソーシャル・サーベイ 2002、およびユーロバロメーター、ヨーロッパ文化価値、2007（別表 B 参照）。

ト・カフェからインターネットにアクセスをしている。低所得や官僚的障害のために家庭でアクセスを得ることが難しい。官僚的障害というのは、家庭でアクセスを得ようとすると、膨大な数の書類が要求されるからである[58]。

インターネットの導入は、さまざまな形で発展した。アメリカでは、インターネット利用は収入の増加に伴って上昇したが、この関係性は日本ではあまり明確ではない。日本では、人々がインターネット接続するのは、ほとんど職場である[59]。日本ではパソコンの所有率は、いくつかの理由により比較的低かった。西洋諸国の多くでは、人々はパソコンを個人的な理由だけではなく、仕事を家に持ち帰ってするために取り入れたが、日本では、例えばイタリアなどもそうだが、家と職場の生活の間のけじめが比較的強いので、家に仕事を持ち帰ることはあまりしない。そのため、家にコンピュータをあまり必要としないのである。また、アジア諸国の多くでは、学校が初等教育の責任を持ち、親は、西洋に比べるとあまり教育活動をしない。ローパー・スターチ・ワールドワイド[60]の調査で、コンピュータ利用におけるこの差異が確認された。アメリカ人はコンピュータを子どもや教育に関連したことに多く利用するが、アジアの先進諸国では、両親が子どもの学校の勉強を手伝ってやるときにコンピュータを利用することは比較的少ない。また、イタリア人も子どものためにコンピュータを利用することは滅多になかった。このような環境では、パソコンを購入する誘因はない。また、個人主義文化では、人々は

インターネットへのアクセスを自宅ですることを好むが、人々が多くのことを公の場で行なう集団主義文化では、インターネットへのアクセスはサイバーカフェで行なうことが多い。携帯電話によるインターネットの出現により、日本でのインターネット利用は、桁外れに増加した。日本人は今や携帯ブロードバンド利用の主要な利用者である。すでに2009年には、日本の携帯電話の96％がインターネットを接続することができていたし、携帯ブロードバンド利用は、固定ブロードバンドの利用よりもずっと多い[61]。

先進国世界の人々がオンラインで何をしているかを検証してみると、インターネットで最も多く上げられる活動はeメール、ショッピング、バンキングであるが、日本は例外で、ビデオ・クリップの視聴とショッピングが、最も人気の高い毎週行なうオンライン活動の3つに入っている[62]。Schroeder[63]は、一方でコンピュータ・ベースのインターネットの高い利用とモバイル・インターネットの低い利用について、スウェーデンとアメリカの差異を観察し、他方で、コンピュータ・ベースのインターネットの低い利用とモバイル・インターネットの高い利用について、日本と韓国の差異を観察した結果、分岐が続いていることを示唆している。アジア人だけでなくラテン・アメリカ人やアフリカ人も、公的な場における行動の理解が西洋諸国に住む人々とは異なっており、これがモバイル・インターネット利用に影響している可能性がある。

ナイジェリアのような国では、インターネットは、共用であることが多い。サイバーカフェは、現代的な村の広場、もしくはコミュニティ・センターとなり、あらゆる年齢、階級の人々が集まって、インターネットを自分で使用したり、特定のタスクを他の人にやってもらったりしている。サイバーカフェにはワイヤレスのブロードバンド・テクノロジーがあり、有料でインターネットへのアクセスを提供している。このようにして、サイバーカフェがなければアクセスを持たない人々に代理所有を提供している。所有が通常、地域社会共有という条件で定義され、また私的領域と公的領域の境があいまいな社会においては、情報通信技術に対する公的なアクセスというのは、個人所有と同義である。したがってインターネット行動を調査すると、その人たちにとっては公と私が融合しているので、コンピュータを所有していないとしても個人的なアクセスがあると回答する場合がある[64]。

インターネットは、従来型メディアやその他の活動の時間を奪っている。これは、人々がすでに比較的時間を割かなくなっていた活動が対象になりがちである。その一例は、集団主義的文化における読書がインターネット利用に代わったことである。集団主義文化では、もともと個人主義文化に比べ、あまり読書をしていない。一般的に激しいスポーツをあまりしない集団主義文化では、人々はインターネットとスポーツその他の身体的活動に費す時間を減少させると予測される。アメリカやイギリスでは、インターネットに消費する時間は、新聞や雑誌を読む時間より主にこれまではテレビを見ていた時間が

充てられているという示唆がある(65)。香港では、インターネット・利用者は非利用者に比べ、従来型メディアに費やす時間がかなり少ないが、インターネットに使う時間は、社交活動に費やす時間を奪ってはいない。概してオンラインの関係性は、オフラインで形成され維持されているものよりも弱い。社会的関係性を強化、維持するために、人々は現実社会での社交的活動に費やす時間は維持している(66)。ほとんどが集団主義的で、ポリクロニックの文化であるラテン・アメリカでは、人々は同時にたくさんのことをすることに慣れており、インターネット利用とテレビ視聴は、双方とも単独活動とはならない。家庭では、テレビはコンピュータ・モニターの横に置かれており、人々は二つのものを同時に見ることができる(67)。

インターネット利用者にとって、プライバシーは世界的な懸念であるが、プライバシーに置く重要性はさまざまである。アメリカでは、プライバシーは基本的人権と見なされ、憲法にも規定されているが、アジア諸国の憲法は、プライバシーへの認識がほとんどもしくは全くないことを示している。ソウル、シンガポール、バンガロール、シドニー、ニューヨークのインターネット利用者に対する調査によると、個人主義文化のインターネット利用者は、集団主義文化の利用者よりもプライバシーに対する懸念が大きい。個人主義的で低不確実性回避の文化では、高不確実性回避の文化よりも自己防衛行動に対して積極的である。高不確実性回避の文化では、人々は他のメディアを利用して情報収集したり、買い物をすることで、プライバシーを脅かす状況を回避しようとする傾向が強い(68)。

インターネットは、非常にバラエティ豊かな利用ができる。eメール、チャット、ツイッターのような単純なコミュニケーションから、洗練されたリアルタイムのビデオやオーディオ・コミュニケーションまで、またデジタル新聞や情報源へのアクセスからブログ、ウィキ、その他利用者生成型のコンテンツにいたるまで、さらには地方政府サービスへのアクセスから銀行口座の確認までと幅広い。国際電気通信連合の 25 カ国プラス欧州連合の平均 27 カ国のインターネット活動に関するデータが示すところでは、インターネットのさまざまな可能性の使用には大きな差異がある。例えば、eメールのインターネット利用が最も高いのは、チリであり、教育利用が最も高いのはブラジルである。香港では、インターネット利用のほとんどは、新聞、雑誌、書籍を読んだり、ダウンロードすることである。また、政府との交流のための利用が最も高いのは、平均的 EU 諸国である(69)。

双方向性のレベルは、文化によって変化する。低コンテクスト文化では、人々は、リンクをどんどんクリックしたり、検索エンジンを利用して情報や事実を検索することが多いが、高コンテクスト文化の人々は社会的交流に対する関心の方が高く、他者と交流したり、顧客同士のディスカッションに参加したりする。高コンテクスト・コミュニケー

ション文化では、低コンテクスト・コミュニケーション文化よりも、オンラインの個人間コミュニケーションから取得した情報を信頼している[70]。

当初、インターネットはすべて英語だったが、すぐに各国は自国語のポータルを開始した。始めはドット・コム、もしくは民間のドメインは大部分が国際的な企業によって利用されていた。徐々にグローバル企業は、その名前を複数のグローバル・ドメイン、ローカル・ドメインで登録するようになったが、グローバル・ウェブサイトは一つだけのドメインでプロモートする傾向にある。個人主義文化の企業は、ドット・コム・ドメインを利用することが多いが、集団主義文化の企業は各国のドメインを採用する傾向にある[71]。この差異は、個人主義文化の普遍主義のためであろう。

インターネットは、日常生活の一部となった。人々は互いにコミュニケーションする方法の中に、インターネットを当たり前のこととして統合している。eメールとソーシャル・ネットワーク・サービスは遠く離れた友人や親戚との連絡に利用されているが、それよりもさらに頻繁に、近くに住んでいる人々との連絡に利用されている。インターネットのさまざまな機能の利用方法は、第7章で説明したように、人々のコミュニケーション・スタイルに合っている（個人間コミュニケーション・スタイルとデジタル・コミュニケーションの節）。インターネットを通じてのコミュニケーションは、サイバー・コミュニケーション、もしくはバイラル・コミュニケーションとも呼ばれる。「バイラル」という言葉は、ウィルスが人から人へと移るように、インターネットを通じてメッセージが脳から脳へと移ることのたとえとして使用される。このようなメッセージに対し、Dawkins[72]は「ミーム（memes）」という言葉、もしくは概念を作った。この概念は、人から人へと伝えられ、その有益性のために採用されるか捨てられるというものである。

インターネットのさまざまな機能を説明するために、「情報」（製品の検索、比較、購入）、「娯楽」（ゲーム、オンライン・ビデオ）、「ソーシャル」（eメール、ソーシャル・ネットワーク、チャット・ルーム）を区別することとする。

8-5. インターネットの情報機能

情報に対するニーズの差異は、インターネット上での情報検索に反映している。個人主義文化ではまず検索エンジンで情報を見つけようとするのに対し、集団主義文化では、人々が意見を言ったりいろいろな活動を推薦したりしているディスカッション・フォーラムに行く。メンツを保つことが重要なので、ディスカッション・フォーラムには匿名で参加できる。Vuylsteke, et al.[73]は、購買決定を下す前のインターネット情報検索に関するベルギー人と中国人の学生の差異を比較した。それによると、中国人はより頻繁に検索をするものの、最終決定はオンラインで見つけた情報にはあまり基づいていな

かった。仲間からの推薦への信頼の方が高いからである。中国人は、他の検索をする前に直接フォーラムや消費者のウェブサイトに行くことが多く、検索をするにしてもベルギー人よりも総合的な形でする。ベルギー人がどれか一つをクリックする前に見る検索は少ない傾向にあるが、中国人は最初のクリックをする前に、かなり下までスクロール・ダウンして全体を見る。インターネット広告の効果測定の一つは、オンライン・クリック数である。クリック数を基礎にすると、この検索に関する差異が文化による効果の比較に影響する可能性がある。

これより広範なアプローチは、インターネットで人が何を検索するかをより全般的に見ることである。検索行動の差異を理解することは、マーケティングを適切に活用する一助となるであろう。Jeong and Mahmood[74]は、11カ国の検索語を分析し、政治的自由、富、文化という三つの国家的特徴によってカテゴリー化した。政治的検索に関しての注目に値する差異は、政治的自由が保証されているイギリスで、政治問題が最も検索されていなかったということである。ロシア人は政治的歴史上の記念日や行事をよく検索し、中国人は国際的政治問題を検索していた。富裕な国々では、レクリエーション、ニュース、教育、航空路線、高級品に関する検索が多く見られた。教育は、収入の低い国でも高い関心があった。

インターネットにはグローバル化効果があると予測されていたが、それどころか、「ハイパー・ローカリズム」もしくは「ウルトラ・ローカリズム」という傾向がある。これは、すぐ近くに重点を置くという傾向である。これはオンライン・ソーシャル・ネットワーキングだけでなく、情報検索にもあてはまる。人々がインターネットで実際に読んでいるものは、そこへのクリック数で分かるが、このような分析によると、最もクリックされるものはローカルなものである[75]。また、ソーシャル・メディアは、ますますローカル化してきている。Hollis[76]は、フェイスブックが「グローバル・ページ」と呼んでいるものは、誤った名称であると主張している。フェイスブックはサイト内容をローカル化する機能を自動化しているので、人々は、ローカル・コンテンツを見られるからである。ブランドのページのローカル版は、翻訳され、マーケターは、内容をカスタマイズすることができる。

e コマース

インターネットでの検索、比較、購入は、インターネットの情報機能の一部である。eコマース支出額の差異は、インターネット普及だけではなく、その国の小売の歴史にも関係しているだろう。歴史的に、他の国よりも通信販売で購入することが多い国もある。インターネットのローカルな効果は、インターネットによる注文が郵便による注文に取って代わるということである。しかし、eコマースの利用度と何をオーダーするか

についての差異はもっと大きい。

　オンライン販売は、アメリカでは一般的であるが、中国の消費者もまた非常に積極的なオンライン買い物客であり購買者である。特にソーシャル・ネットワーキングは、よりよい比較をするのに役立っている[77]。中国のウェブサイトは、アメリカのウェブサイトでは見られない、グループ購入のような集団主義的コミュニティ活動が確認できる[78]。

　オンライン購入には、不安感やプライバシー懸念といったいくつかの問題がつきまとう。アメリカ、カナダ、ドイツ、日本の回答者を対象とした調査では、支払いのセキュリティ、企業の合法性、信頼性に関する懸念についての各国間の差異がはっきりした。日本人は、特に電話によるフォローアップを望ましいと感じる。eメールよりもパーソナルであるためである。一般的に、人はローカルのウェブサイト・デザインの特質を好む[79]。アメリカと韓国のオンライン・ショッピング客を比較すると、知覚リスクは、アメリカの消費者よりも韓国の消費者の間での方が高かった[80]。

　オンラインで買い物をする製品は文化によって異なるが、これは通常の店舗での購入製品の差異を反映する。例えば、個人主義文化では、集団主義文化よりもイベントのチケットやビデオ・ゲームの購入が多い[81]。インターネットにより、製品比較ができるようになっている。ヨーロッパ全体では、個人主義的で低不確実性回避、低権力格差の文化では、意思決定が情報を基礎としたものになる傾向が強く、オンラインでは購入せず、店舗で購入するときであっても製品の情報や比較をインターネットで検索する人が多い。集団主義者は製品自体を比較することを好み、いろいろな店舗を訪れる[82]。

　新たに出現したグローバル・インターネット消費者という可能性は、多くの国際的な企業を引きつけている。それは世界規模でのインターネット戦略の標準化を可能にするからであろう。ところが、さまざまな国の多くの企業がインターネットで販売し、インターネット戦略はますますローカル化している。消費者の嗜好を間違えれば、ある国では成功する戦略が、他のところでは失敗するという結果を引き起こすことにもなる。自社がターゲットとする国の文化を理解し反映させる能力のある企業なら、グローバルでの競争上優位性があるだろう。だが、過去には外国への販売は、その国の顧客を知っている代理店やローカルの販売業者によって進められていた。したがって、グローバルのeコマース・マーケターも、グローバルな視点から自社顧客を理解する必要がある。これは、製品のグローバル市場への供給、配送を確保できるように物流条件を管理できるだけでなく、消費者と直接コミュニケーションし、相互作用するためのオンライン機能の改善もできることを意味する。ウェブページのデザイン、言語、コンテンツは、世界中にいる消費者にとって文化的な意味合いがあることを考慮しなければならない[83]。特にウェブサイト・デザインは、第7章でも説明したように文化に直結していなければ

ならない。

8-6. インターネットの社会的機能

　ソーシャル・ネットワーキングと娯楽サイトが創造されたのは、インターネットに双方向性という力があるためである。これによりメディアのコントロールは、発行者から一般の人々へと移行した。利用者生成コンテンツは、従来型メディアに多大な影響を与えている。この点において、より詳細な議論をされているのが二つある。ソーシャル・ネットワークとブログである。テレビやビデオを視聴する以外の娯楽的要素は、ほぼソーシャル機能に融合される。ゲームは特定層（ほとんどが若い男性）への広告の運び手となり得るが、これは国によって変化する場合がある。マクドナルドは、ゲーム内広告を使用して若者に特別オファーを広告している。ゲーム内広告は、ゲーム内の看板やコマーシャルとして背景にディスプレイすることで、ゲームと統合することができる。さらに、例えば広告される製品がゲームを完成するための一部として必要であれば、高度なゲーム内の統合も可能である。広告に対する期待が最も高いのは、ソーシャル・ネットワーク・サービスである。

ソーシャル・ネットワーク・サービス

　「ソーシャル・ネットワーク・サービス」（SNS）とは、関心や活動を共有する人々や、他者と関心や活動を掘り下げていきたい人々のコミュニティのために、オンライン・ソーシャル・ネットワークを構築するものである。ほとんどのSNSは、チャット、メッセージング、eメール、ファイル共有、ブログ、マイクロブログ、フォーラム、ディスカッション・グループなど、利用者が相互作用できるさまざまな方法を提供している。

　ソーシャル・ネットワーク・サービスという名が付けられた理由は、コンテンツの作成（「ソーシャル検索」）と新たなコンタクトもしくはつながりの探求（「ソーシャル・ブラウジング」）によって、既存の他者との社会的なつながりの維持と調査を促進するからである。ソーシャル・ネットワーク・サービスの主なタイプに含まれるのは、いくつかのカテゴリーのディレクトリ（元同級生など）、友人と連絡する手段（通常は、自分で記述するページによる）、推薦システムである。さまざまな文化で、人々はソーシャル・ネットワークをいろいろな目的に利用する。そのネットワークの形式は、文化によって異なる。ブラジル人にとっては、主な機能は友人とのコミュニケーションと娯楽である。中国人にとっては会話、ビデオ・コンテンツ、オンライン・ゲームが最も重要視される。ロシア人は、音楽や映画のファイル共有とオンライン・ゲームに最も引きつけられる。そしてインドでは、言語の違いから利用はあまり文字的なものではなく、利用は

娯楽とビデオや音楽の視聴に向けられている[84]。

　複数の比較調査によると、どこでもソーシャル・メディアの主な利用は友人や家族との連絡に関するものである。チャットは、必ずしもグローバルなコミュニティは作らない。既に関係のあるグループがコミュニケーションを強化するために使うことが多い。同じ都市の若者、時には同じ通りに住んでいるだけの若者が、閉鎖的グループを作る。知っている人たちと話す方が、知らない人と話すよりも簡単だからと言う理由でよそ者をシャットアウトすることもある[85]。集団主義文化では人々は知っている他者と経験を共有することを好み、個人主義文化に比べ、よそ者との接触はあまり好まない。高不確実性回避文化の未知のものへの恐れも、同じ効果を持つだろう。アルゼンチン、チリ、コロンビア、アメリカ、ウルグァイのヒスパニック系学生の比較では、ソーシャル・メディアの主な利用は、友人や家族との連絡維持であった。最も好まれているソーシャル・メディアの活動は、写真の共有、旧友との再連絡、他者との連絡を継続することであった[86]。このような行動を他の5カ国（アメリカ、イギリス、イタリア、ギリシャ、フランス）で比較すると、フランスとイタリアの利用者にはアメリカの利用者よりも、ソーシャル・ブラウジングが重要だった。フランスの利用者にとっては、近況の更新や写真は、アメリカの利用者ほど重要ではなかった。全体的に差異が最も大きいのは、アメリカの利用者とイギリス、フランス、イタリアの利用者を2極に置いた場合であった[87]。ロシアでは、さまざまなソーシャル・メディアが多様な階級を引きつけている。ロシアにおけるフェイスブックは、その利用者にステータスを与えている特別な意味があるので、ロシアの競合相手と差をつけている。ロシアのフェイスブック利用者は、洗練された裕福な、よく旅行をするコスモポリタンのロシア人で、外国人の友人がいて、モスクワやサンクトペテルブルグのような大都市に住んでいる人の選択するネットワークである[88]。

　ソーシャル・メディアの最大の差異があるのは、個人主義文化と集団主義文化の間であり、特に携帯電話によるソーシャル・メディア利用に顕著である。個人主義文化よりも集団主義文化では人々は、電話でソーシャル・メディアを利用する[89]。個人主義文化では、ソーシャル・ネットワークは、健康問題、医療問題などに対処するのに詳しい人にアクセスするように、情報源への道を提供してくれる手段という認識が強い[90]。集団主義文化では、インターネット・ネットワークは、感情や考え方の共有を強化するものである。集団主義文化は、ソーシャル・ネットワーク利用の動機が最も高いが、その利用方法は、長期志向か短期志向かで変化する。先進諸国の中で、ソーシャル・ネットワーキングに費やされる時間が最も高かったのは短期志向文化である[91]。

　英語を話す世界中の多くの人にとっては、フェイスブックは、いたるところにあるものと見えるかもしれないが、多くの国では、フェイスブックよりもローカルのソーシャ

ル・ネットワーキング・サイトの方が、多くのトラフィックを生み出している。例えば、ブラジルのオルカット、中国のウェイボー、カイジン、レンレン、日本のミクシィ、韓国のサイワールド、ロシアのフコンタクチェなどである。アフリカの最大のソーシャル・ネットワークは、MXit である。MXit は、自身をコミュニティ・ネットワークと位置付けており、携帯電話サービス・プロバイダを通じて機能するデジタル・ウォレットも含む。ソーシャル・メディアの利用目的が文化によってさまざまであるために、ローカルの SNS が発展した。その結果、ローカルのソーシャル・ネットワークのデザインもさまざまとなっている。いろいろなソーシャル・ネットワーク・サービスの利用者は、さまざまなオンライン活動を示しており、同じソーシャル・メディアの利用者でさえも目的が違えば、利用法も変わってくる。例えば、韓国ベースの SNS（サイワールドなど）の利用者は、アメリカ・ベースの SNS（フェイスブックなど）の利用者に比べ、友人の数は少ないが、親密さは濃く、公表プロフィールは匿名のままとし、グラフィックやアイコンなどの非言語的コミュニケーション手段を多く使用する。フランスの SNS 利用者は、個人的ではない討論をすることを好む。中国の SNS 利用者は、ゲームで遊ぶことを好む。SNS は、利用者自身の文化的システムのようである[92]。

　第5章で、短期志向の文化では自己高揚がいかに重要であるかを説明した。あまり批判的な内省はせずに自分自身の最高のものを示さなければならない。一方で長期志向文化では、人々は比較的謙虚であり、能力は間接的に示し、また自己批判（self-criticism）を伴う自己改善をしがちである。フェイスブックは、自己高揚の典型的な基盤である。Morozov[93]は、アメリカの心理学者、Twenge の次のような言葉を引用している。「フェイスブックは、自己プロモーションや自分自身のよく写った写真を選択したり、多くの友人を持つといったナルシストのスキルに報いるものだ」。このような側面を持つために、東アジアでは、フェイスブックはあまり人気がない。2010 年のアメリカのオンライン・フェイスブック利用者の割合は 70％で、イギリスも同じであったが、日本ではわずか 3 ％、韓国では 10 ％だった[94]。日本では、ソーシャル・メディア・利用者は、ミクシィのような日本のソーシャル・メディアの方を好む。フェイスブックとは対照的に、ミクシィは匿名性を許可している。フェイスブックでは、自己高揚を求めている実名のプロフィールを掲載した人々を中心としているが、日本人は匿名性を好む。日本人は、ハンドルネームやニックネームなど、あらゆる方法を使って本当のアイデンティティを隠蔽しようとする。ミクシィは友人との交流というよりは、人気のあるコミュニティ・ページでの相互作用に重点を置くものであり、これには、個人的アイデンティティは、重要ではない。また、どの友人が自分の個人情報を見ることができるかについての管理もかなりできるようになっている[95]。東アジアの集団主義者にとっては、強い私的内集団の絆は、ソーシャル・ネットワークの公的機能と対立する可能性がある。韓国のサ

イワールドは、この問題をミニ・ホームページのデザインすることで解決した。このミニ・ホームページでは、既存の個人的な関係性が強化される[96]。タイやフィリピンなど、もっと短期志向のアジア諸国では、フェイスブックは非常に人気が高い。ソーシャル・メディアを押し付けがましいとする批評家とは異なり、多くのタイ人の感じ方は逆である。タイ人はフェイスブックやその他の SNS を、普通の生活の延長と見なしている。

　ドイツのような長期志向かつ個人主義文化に見られる現象は、プライバシーへの配慮の必要性である。オンラインとオフラインのプライバシーは、ドイツ人にとって主要な懸念事項あり、フェイスブックの頻繁なプライバシー変更に不満を見せている[97]。文化的に、ドイツ人は非常に引っ込み思案な傾向があり、個人情報を惜しみなく共有することはしない。多くのドイツ人は、いまだに自分のデータはオンラインでは安全でないと感じている[98]。自己開示の程度の差異は第5章と第7章で検討したが、さまざまな国のソーシャル・メディア行動にも認めることができる。中国人は、オンラインでは実際の生活よりも開放的になると言う。オンラインで、比較的簡単に開放的になるということは、楽しいことや個人的なイベントについてだけではなく、不快だったり、困惑する事柄についての個人的な感情についてもそうである。若い中国人は、不快の感情を表すことを躊躇することが多い。特に悲しみの感情についてはそうであるが、ブログでは抑制された形ではあるが表現している[99]。ただ、西洋人の目から見ると、「真実」を語ってはいない。

　利用者レポートの友達数は、大きく異なる。東アジアでは、ソーシャル・ネットワーク利用者の友達数は、南アジアやラテン・アメリカに比べて少ない。マレーシアのソーシャル・ネットワーク利用者は、平均233人の友達を持っているが、日本のソーシャル・ネットワーク利用者はわずか29人の友達しかいない。中国も同様に低く、ソーシャル・ネットワークの友達数は63人である。アメリカとイギリスの平均友達数は似ており、それぞれ200人と173人である。ヨーロッパ全体では、この差異は大きく、ロシア人は89人の友達、フランス人は95人、ドイツ人は113人、オランダ人は115人、スペイン人は100人、イタリア人は152人である。ラテン・アメリカ人利用者のスコアは高く、ブラジル人は360人の友人を持っている。これらの差異は、職業上の会員ネットワークのものと類似している[100]。さまざまな文化の友達数は、短期志向と相関関係がある。これは自己高揚の表れである。他の文化では、名声（prestige）へのニーズが一番である。ブラジルでは、グーグルのオルカットが当初から非常に人気がある。オルカットは招待のみであり、これが「うまくつながっている」ことを暗示しており、さらに名声も加わっている。どれほどセクシーか、クールか、信頼がおけるかをベースに、友達が評価をつけることができる。また、「ファン」を集めることもできる。ブラジル人は非常にイメージを重視し、自分のオンライン上ペルソナ（訳注；仮面をかぶった人格）を慎重に作り

上げる。イメージと評判は、ステータスの重要部分であり、オンライン行動を左右する[101]。

ソーシャル・ネットワーク参加者が製品やブランド、企業についての情報をアップする程度は、中国、インド、ブラジル、アルゼンチンが、ヨーロッパよりも高い。中国では、ブランドをフォローしているソーシャル・ネットワーク参加者がアメリカの平均よりも多く、フォローされるブランド数も多い。中国では、ブランドをフォローしているソーシャル・ネットワーク参加者が多いが、アメリカでは、平均してフォローされるブランド数が多い。アメリカ、カナダ、アルゼンチンでは、ブランドのフォロワーが、最も相互作用を活発にしている[102]。

個人主義／集団主義と長期志向／短期志向によって、ソーシャル・メディアの利用とデザインには違いが出てくるので、これらの差異に従って、**図表 8.5** のようなマッピングを行なった。これは、さまざまな国がソーシャル・メディア行動によってどのように位置付けられるかを示している。集団主義文化では、人々は、個人主義文化よりもソーシャル・メディアを利用する。また、短期志向文化では、印象管理が強い。

図表 8.5 は、e コミュニケーション戦略を差別化する際に、考慮される 4 つの要素を示す。短期志向の集団主義文化では、人々は自己高揚的に自分自身を認識し、提示し、活発に相互作用するが、長期志向で集団主義文化では、人々は匿名でありたいと思い、

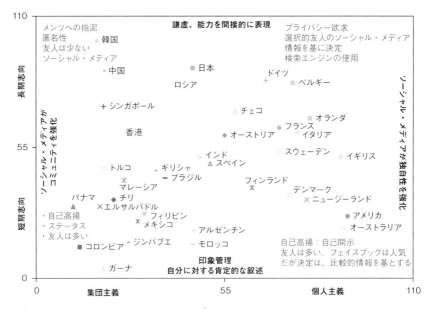

図表 8.5　ソーシャル・メディア文化マップ
出典：Hofstede 他（2010）（別表 A 参照）

より受動的に自分を大きなコミュニティの一部であると感じている。自己高揚やステータスのような文化に関連したソーシャル・メディアに対する動機は、東アジアよりも南アメリカで強い。したがって、マーケターは、このような短期志向文化には自己表現を強化するブランド・メッセージを使い、長期志向の国々に対しては、フェイスブック以外のソーシャル・メディア・サイトにも存在して、グループ志向や匿名性を強調することを考慮すべきである。右側の二つの欄の個人主義文化では、長期志向／短期志向がプライバシー欲求と自己高揚の程度の差異を説明するものとなる。例えば、それは友達の数の差異に表れている。個人主義文化では、人々は他者との討論よりは、事実を探求することで情報を求めようとしている。それは意思決定が情報と事実をベースとしたものだからである。また、この人々はより相互作用的でもある。集団主義文化と個人主義文化の利用の差異を考慮すると、マーケターは、集団主義文化ではソーシャル・メディアを多く利用し、個人主義文化では検索エンジン・マーケティングを利用するであろう。その結果、短期志向文化と長期志向文化の区分がさらに進む。

　ソーシャル・ネットワークの広告は、大規模なプロフィール・ページやソーシャル・ネットワーク・サイトから購入したバナー広告までいろいろである。MSNメッセンジャーのようなチャット・プログラムは、特定のターゲット層にアプローチするために利用することができる。ソーシャル・ネットワークは、どちらかというと個人的なものなので、未承諾広告はスパムと見なされる可能性がある。特にプライバシーが重要な文化ではそうである。

　ソーシャル・メディアは文化によってさまざまな機能を持っているので、消費者の意思決定プロセスにおける機能も異なる。重要な質問は、ソーシャル・メディアは従来型メディアのように、情報源として見なされているかどうか、また個人間もしくは口コミのように意見の形成に影響を与えるものとして見なされているかどうかである。

ウェブログ、もしくはブログ

　「ウェブログ」、もしくは「ブログ」は、オンライン空間で個人、またはグループの意見や活動を示すものであり、その表示は新しい順に定期的に更新される。ソーシャル・メディアに関しては、人々がブログを行なう程度、動機、テーマは、文化によって異なる。2007年時点で、言語別のブログ投稿という点では、日本語が最もブログに使用されており、僅差で英語がこれを追っていた。集団主義文化では、個人主義文化よりも多くのブロガーが存在する。世界的に見ると、ブログ作成に関与していると回答する人の割合は、個人主義と負の相関関係がある（$r = -.83***$）[103]。ブログ作成は、ソーシャル・メディア利用の一部であることが多いが、いくつかの比較調査によりブログ作成の差異が明らかになっている。

東南アジア、日本、北米、ヨーロッパから成る 22 カ国の調査結果[104]によると、扱うテーマとブログ作成の動機には差異がある。例えば日本のブログは、趣味と気晴らしのブログが主流だが、他の大半の文化では個人的なブログが主流である。オーストラリアは、政治的ブログが大きな割合を占める。北米のブログの半数以上は個人的なものであるが、かなり多くの割合が、政治、趣味、宗教的なブログに区分される。アジア文化の全般では、宗教的ブログが少ないことは注目に値する。

企業は、いろいろな目的、多様な事業分野のためにブログを利用している。その一例が PR 手段である。これは、オープンで、顧客や環境に配慮しているということで、企業の評判を上げることができる。さらに、評判が損なわれたときには、市場の議論とは違う側面から加わることで、企業の評判を再構築する一助となる場合もある。

企業はさまざまなタイプのブログを利用している。例えば企業のトップが、そのビジョンや企業の戦略を語ったり、専門家が新製品を紹介したりする[105]。アメリカ人 CEO は、自分の個人的生活のイベントについての情報を公開するが、日本の CEO は、これをしたがらない。過度な自己開示と個人的感情や私的生活を露出すると、信頼は得られなくなる。さらに、無能力の現れと見られることさえある。

8-7. 消費者の意思決定に対するさまざまなインターネット利用

インターネットの検索機能とソーシャル・メディアの両方とも、消費者はうまく活用し、購買決定をする一助としている。両方とも従来のディスプレイ広告よりもアクティブな手段であり、そのためマーケターはこの二つの利用に意欲的である。しかし、さまざまなインターネット・アプリケーションは、さまざまな文化を超えて消費者に対するさまざまな訴求となっている。

低権力格差で個人主義文化では、個人は情報を検索し、自分の個人的な役に立てようとする。人々はあまり他者に頼らず、意思決定は事実とデータを基礎とし、意思決定プロセス全般を通して情報は意識的に収集される。消費者のブランドに対するオンライン・リサーチは、低権力格差の文化で比較的強い[106]。個人的なコンタクトは、情報源としての役割となるが、集団主義的で高権力格差の文化では、個人的なコンタクトは、意見の形成としての役割を持つ。そして、人々はオンライン・フォーラムやソーシャル・メディアの方を頼りにする。集団主義的で高権力格差の文化では、個人的有用性は他者との共有ほどの重要性を持たないので、新しい電子メディアは個人的な情報検索よりも考え方や意見を共有するために利用される方が多い。人々は個人的な推薦の方を信頼し、

意見を積極的に求め、非人間的な情報源から情報を求めることにはあまり積極的でない[107]。2006年までに Ferle and Kim[108] は、すでにアメリカ市民は、韓国の消費者よりもオンラインで買い物をしたり情報を探したりする動機付けの可能性が高いことを発見した。対照的に韓国の消費者がオンラインに向かう動機としては、アメリカの消費者よりも友人を作る、人と会う、ニュース・グループに参加するなどの社交的目標を満たすために使うことが多い。

低権力格差の西洋文化は、高権力格差の東洋文化よりもウェブサイトを利用してマーケターと消費者の相互作用をする傾向が強い。東洋文化では、マーケターと消費者の間の距離が大きいので、個人は消費者同士の相互作用を好む[109]。

集団主義文化では、ソーシャル・メディアは、製品やブランドに関する口コミを強化するものである。中国では、購買決定に対する主な影響は口コミである[110]。これはインターネットが提供してくれるさまざまな議論の機会により、増強されている。

低不確実性回避の文化では、高不確実性回避の文化よりも意見を求める人が多く[111]、消費者はより多くの情報源に決定の基礎を置く。高不確実性文化では、信頼への感情が意思決定を左右する。世界55カ国の意思決定に対するインターネットの影響調査によると、不確実性回避は長期志向と共に、検索エンジンの信頼に対する分散の37％を説明する[112]。また、消費者エンパワーメント（権限付与）に関するユーロバロメーター調査からのデータによると[113]、低不確実性回避と価格やサービスのインターネット比較の間には相関関係が有意であることがわかる（$r = -.71^{***}$）。

短期志向文化の消費者は、人間的要因の方を信頼し、人々から情報を得ることを好むが、長期志向文化では、消費者は事実やデータを、より信頼する。長期志向と検索エンジンへの信頼（$r = .50^{***}$）およびオンライン製品レビューへの信頼（$r = .41^{***}$）の二つの間には、相関関係が有意である。短期志向は珍しく、家族への信頼の分散の36％を説明する。これらのような文化的差異は、他のいろいろな購買決定の原因にも適用される可能性がある[114]。

上記の調査結果は、自社製品やブランドの販売にインターネットを利用したいと考える企業にとって重要である。西洋企業のウェブサイトの多くは文字が多く理性的なもので、明確な情報コミュニケーション・スタイルであり、低コンテクスト文化を反映している。これは西洋人が販売プロセスにおいて情報に焦点をあてていることに起因している。イギリス人はイタリア人よりも、ウェブでリサーチをした後どのブランドを買うかについての意見を変えることが多い[115]。この差異は、低不確実性回避（$r = -.68^{*}$）と低権力格差（$r = -.57^{*}$）、低コンテクスト文化の配置と相関関係があり、また低不確実性回避文化の人々は、より多くの情報源から検索する傾向があるという調査結果を裏付けるものとなっている。

重要な側面は、ロボット型検索エンジンは、特定のキーワードを検索するので、ウェブサイトはこのようなキーワードに対して最適化すべきである。ロボット型検索エンジンは、テキストをクロールし、キーワードの配置、キーワードの密度、タイトルの使用、画像に付けるオルトタグ、有益なアンカー・テキストを探す。ロボット型の検索エンジンは、サイト内のあるページから別のページに移動するための論理リンクも「見たがる」。これは、低コンテクスト文化の論理である。検索エンジンは、画像に含まれた情報をクロールすることはできないので、高コンテクスト文化の企業のウェブサイトも、検索エンジンが関連情報を見つけることができるように充分なキーワードを入れておかなければならない。検索エンジン最適化（SEO）企業は、このことを専門に研究している[116]。

8-8. インターネット・マーケティングとインターネット広告

　オンライン広告の重要な側面は、ターゲットを絞り、パーソナライズし、測定可能なキャンペーンを提供できる能力である。インターネット広告は、ウェブサイトを訪れた人々にブランドのリマインダー・メッセージを出すなど、いくつかの目的のために役立つ。また、従来型メディアにおけるディスプレイ広告のように利用することもできるし、バナーやウェブサイトのボタンをクリックして広告主のサイトに来るように人々を誘う方法としても利用できる。

　インターネットの多様な役割は、さまざまなアプローチを必要とする。情報を求めてインターネットにアクセスする人々には、娯楽やソーシャル・コミュニケーションを求めている人とは異なったフォーマットでアプローチしなければならない。ワールド・ワイド・ウェブの動機を分類した調査はいくつかある。「ザ・ウェブ・モティベーション・インベントリー（ウェブの動機目録、WMI）」は、このような動機をカテゴリー化したもので、以下のような動機を区別している[117]。

・リサーチ（情報獲得、目標指向、探索的）
・コミュニケーションすること（つながる、eメール、友人、家族などとのコミュニケーション）
・サーフ（娯楽、オンライン・ゲーム）
・買い物

　第1の機能が個人主義文化の人々には、より有益であることを多くの調査結果が示し

ている。一方、集団主義文化では、会話やコミュニケーションに重点を置く。したがって、インターネット・チャネルを選定する際には、検索かソーシャル・メディアかという重大な選択がある。さまざまな広告フォーマットは、両方の機能に利用できるが、ソーシャル・メディアは、理論的には検索エンジンよりもより双方向的に利用できる。インターネット・マーケティングとインターネット広告に利用できるフォーマットは、eメール、バナー広告、バイラル・マーケティングである。さらに、バイラル・マーケティングには、いろいろなインターネット・アプリケーションが利用できる。ソーシャル・メディアへの期待は高いが、その効果に対する知識はまだ限定的である。

　eメール広告の魅力的な特徴の一つは、費用がかからないということである。しかし、eメール・ボックスに何百万通もの未承諾eメールを連続的に送り続けることは、非常にイライラさせることにもなる。

　バナー広告は、ワールド・ワイド・ウェブ上の広告としては最古の形態である。ウェブ・バナーは、従来型広告と同様に機能する。ブランド認知を上げるが、それだけではなく、クリック・スルー機能があるので、ダイレクト・マーケティング手段としての役割も果たせる。バナー広告にはストリーミング・ビデオを含めたり、ミニサイトを入れ込むことさえできる。「インタラクティブ・アドバタイジング・ビューロー（IAB）」[118]は、インターネット広告ディスプレイのためのガイドラインを絶え間なく発表している。これには、消費者と製作者の両方にとって、広告の大きさを予想しやすく、よいものにするための多様なフォーマットのサイズ・セットが添えてある。基準が発表されているユニット名は、ビルボード、フィルムストリップ、ポートレート、プッシュダウン、サイドキック、スライダーで、初期サイズと最大限拡大のサイズ、さまざまなロード・サイズ、最大フレーム率、長さ、コンピュータ周辺機器利用などが含まれる。IABは、ユニバーサル広告パッケージ基準も規定しており、具体的には、中型長方形、長方形、幅広摩天楼型、（スーパー）リーダーボード型、ハーフページ、ボタン、マイクロバーなどの基準が規定されている。次いで、バナー内型動画広告、ポップアップその他のさまざまなフォーマットについての基準を定めたリッチメディア・ガイダンスを規定している。また、ガイドラインはモバイル広告にも使える。

　国によって、好まれるバナー・フォーマットも多様であり、嗜好は、急速に変化していく。2007年までに、従来型バナーは、すでにあまり人気がなくなり、ストリーミング・ビデオなどの双方向性やオーディオビジュアル要素を利用したリッチ・メディア広告が徐々に利用されるようになった[119]。広告フォーマットの受容性は、国によって変化する。電気通信企業のOrange[120]が2006年に行なった調査では、イギリスでは一般的にすべてのフォーマットが受容されるが、イタリアでは、より大きなフォーマットの方が受容されやすかった。スペイン人は、フラッシュやビデオなどのリッチ・メディアの効果を

大変高く評価し、バナー広告が勝手に表示されることは気にしない。ドイツでは、バナー広告の侵入をあまり受容しない。オランダ人から見ると、あまり侵入的ではなく、小さい方がよく、目立ちすぎたり、派手すぎたりする広告は、訴求力が弱くなるとみなされる。このような調査結果は、男性らしさの文化と女性らしさの文化の差異だけでなく、低コンテクストと高コンテクスト・コミュニケーションの差異を反映するものである。低コンテクスト文化は、高コンテクスト文化よりも侵入的なものの受容が低い。イタリア人は、大きな広告を好み、オランダ人は、小さい広告を好む。

　フォーマットの有効性を比較しようとした調査は複数ある。オンライン・ゲームという背景で、インターネット利用者に行なったイギリスの調査によると、小さめのサイズのバナーよりも最大サイズのバナー広告の方が、クリック・スルーを生み出すには効果的であった[121]。国全体を網羅する調査はまだあまりないが、標準フォーマットが標準的な反応を生み出すわけではないことは明らかになった。

ソーシャル・メディア・マーケティング

　ソーシャル・メディアの重要な側面は、これがテレビのような旧来の「もたれて見る」メディアではないことである。テレビは従来くつろぐことと関連したメディアであった。テレビでは、楽しませてもらったり、情報を与えられたいと思ったりしている視聴者にコンテンツが提示される。インターネット、特にソーシャル・メディアは違う。人々は能動的に情報や娯楽をオンラインで求め、画面上のものと相互作用するときには、前のめりになっている。広告がどのように作用するかという西洋のモデルでは、このような広告は利用者の活動に関連性があるはずである。なぜなら、手元の仕事に直接的な関連性のない広告は、迷惑と見なされるであろうからである。関連性は、すぐに確立されなければならないし、広告は、コンテクストと同じニーズを満たすべきである[122]。広告がどのように作用するかについての集団主義モデルにおいては、一貫性のニーズが少ない。そのため、企業が消費者との関係性を進展させるために送るさまざまなフォーマットやメッセージは、知っている企業からのメッセージであれば受容される可能性がある。

　ソーシャル・メディアでは、人々は友人が何をしているのかや、特定の関心事を積極的に知りたがる[123]。ブランド・エクイティを増大するのに利用されるのであれば、ブランドは個人的な会話に表れなければならず、人々はバズ（buzz）の一部として、そのブランドを推薦すべきである。会話の一部となるためには、企業は、個人的に関連性が高いコンテンツを調べなければならない[124]。これは、旧来型メディアと同様に、単に広告を表示する以上のことを求める。また、旧来型の送り手志向のコミュニケーションとは異なる広告の特化も求められ、企業はますますジャーナリストに関連性があるストーリーやパーソナライズしたストーリーを書くようにさせている。何の反応もないま

まか、または反応があっても、フェイスブックの「いいね」をクリックするようなありふれた反応だけでは潜在的な消費者は失われてしまう。

　しかし、多くの広告主は、メディア・キャンペーンに加える統合的な方法でインターネットを利用している。もっと広範なマーケティング・コミュニケーション・キャンペーンに取り組んだ例としては、キットカットの「クレーン」キャンペーンがある。これは、「ブレイクしている」クレーンの運転手をフィーチャーしたテレビ広告を、デジタルと地上波の両方のチャンネルで放映したものである。クレーンのモチーフは、オンライン・ディスプレイ・キャンペーンでも続けられ、これは広告ユニット自体の中に、双方向ゲームも組み込んだ。ゲームはフェイスブックのディスプレイ広告でも掲載された。もう1つ、より双方向的なキットカットのアプローチは、いろいろなフレーバーから好きなものを選択して投票してもらうというものである[125]。インターネットを双方向的に利用したもう一つの例としては、クーポンを広告主と消費者のコミュニケーション手段として使うというものである。例えば、マクドナルドのフライド・チキンの引き換えクーポンをクリックすると、製品とリンクしたリッチ・メディア・コンテンツにリンクされる。チャンスは無限であるが、問題は人々が日中活動しているときに広告主からアプローチされることをどれくらいの時間、受容するかということである。自分の友人のビデオがソーシャル・ネットワークに投稿されたのを見ることができるようになるまで、コマーシャルが終わるのを待たなければならないとしたら、これはすべての文化で同じように受容できないのではないだろうか。

　ソーシャル・メディアのもう一つの利用は、顧客ケアである。集団主義文化におけるソーシャル・メディアの特徴の一つは、人々は対面でよりもオンラインの方が企業への苦情を言ったり、不満を公開したりする可能性があるということである。ネガティブな感情をデジタルで表すことは、個人的コミュニケーションでそうするよりも容易であるためである。これは、集団主義文化の企業にフィードバックを得るチャンスにもつながる。例えばブラジルでは、ブランド関連のソーシャル・メディア利用は、顧客ケアに重点をおいている。また、中国では人々はソーシャル・メディアを通じて不満を表明しているが、これは、対面では行なわないことである[126]。

　ソーシャル・メディアで成功しているブランドの多くは、もともと自らの力が強く、ファン・ページはロイヤリティの高いファンのための小さなコミュニティとしての役割を果たす傾向にある。ソーシャル・メディアは、ファンや支持者を追求する以上のものでなければならない。単純に対価を払って「いいね」を押してもらったり、支持者に有償でブランドを推薦してもらったりするということは、多くの国で認められていない。しかし、反応測定が短期間にできるので、オンラインに行くことを好む広告主は多い。クリック数に基づいて広告に支払いをするとか、その他の即効性のあるアクションは検

索にはよく機能するが、長期的なブランディングには、露出し続けることも大事である。このため、業界は比較可能な測定システムを探し続けている。

多くのソーシャル・メディア広告の収益は、モバイル広告と同様に、誇張される傾向がある[127]。広告主はすべての人がソーシャル・メディアに積極的ではないこと、さらに、またその中で、そのブランドやその他の商業活動に関与しているのはごくわずかな割合であることを認識しなければならない。測定システムはますます発達して、ソーシャル・メディア・マーケティングの効果を測定するようになってきている。例えば、Millward Brown による FanIndex[128] は、ファンの意見、ブランド投稿への注意、推薦や再訪問の見込みなどのページ・パフォーマンスを総合点として測定する。

バイラル・マーケティング

「バイラル・マーケティング」、「ゲリラ・マーケティング」、または「バズ・マーケティング」とは、人々が印象的で面白いコンテンツについて順送りに伝えたり共有したりするという概念に関するもので、利用者生成コンテンツ（UGC）とも呼ばれる。これは認知を構築したいブランドがスポンサーになることが多い。このようなバイラル・コマーシャルは、面白いビデオ・クリップや双方向のフラッシュ・ゲーム、もしくはテキストの形を取ることが多い。バイラル・マーケティングは、e メールを使って家族や友人の間にメッセージを回覧することもできるが、大半はソーシャル・ネットワークを利用している。バイラルになるためには、コンテンツが面白く、楽しいものでなければならない。そうでなければ共有できない。一例に Diet Coke ／ Mentos の実験がある。これは規則的に水蒸気を上げる間欠泉のように、インターネット上にフィルムで何度も繰り返し登場する結果になった。このバイラル広告は、全世界で視聴された。他の視聴者は、自分自身のバージョンを巧みに作成し、ユーチューブにアップロードした。Mentos mint の売上は、15 ％増加した[129]。もう一つの例に Axe Effect のキャンペーンがある。Axe は、ユニリーバが出しているデオドラント・ボディ・スプレーで、「Axe Effect」というフレーズの入る注目を集める広告で有名で、すべての女性はアックス・ボディ・

写真 8.2　アックス　女性達の闘い、ドイツ

写真 8.3　アックス・クリックス　ニック・ラシェイ　映画

写真 8.4　アックス・クリック　バナー、ベネズエラ

写真 8.5　アックス、日本

スプレーを使った男性に引きつけられるという提案をしている。製作された一連のコマーシャルのなかには、かなりセクシーなものもある。ブロガーは Axe のコマーシャルをダウンロードして、ユーチューブでウェブ上に拡散した。消費者は自分自身でも Axe のコマーシャルを作り、ユーチューブで発表した。ウェブサイトのバナー広告も、

写真 8.6　アックス：オバマ・バッジを付けたヒラリー・クリントン

コマーシャルとタイアップしている。**写真 8.2** は、ドイツの例であるが、この中では Axe を使った男性が試着した T シャツを求めて女性が争っている。**写真 8.3** は、アメリカ人シンガー兼俳優の Nick Lachey が、自分に注意を向けた女性の数をカウントしていくが、Axe Clix を使用した他の男性のカウント数の方がだんぜん多かったというものである。このコマーシャルとタイアップしているベネズエラのウェブページを、**写真 8.4** に示す。

　いろいろな国で、人々は自分が一番気に入った広告を選定して回覧する。コマーシャルは、ウェブログでも話し合われる。例えば、アメリカ人が日本人に動作の意味を説明してくれるように頼んだりする。また、ユニリーバはローカル・イベントとのタイアップも行なっており、例えば Hillary Clinton が Obama バッジを付けているところを示し、「Axe のパワーを想像してみて」という落ちをつけている。**写真 8.5** と **8.6** の例は、日本のアックス・ユーチューブ動画とオバマ・バッジを付けたヒラリー・クリントンの写真である。

モバイル・マーケティングとモバイル広告

　モバイル・マーケティング、または「m-コマース」にはインスタント・メッセージ、ビデオ・メッセージ、モバイル・ウェブサイトのバナー広告のダウンロードなどが含まれる。携帯電話を広告に利用する一番簡単な方法は、テキスト・メッセージである。携帯の運営会社は、加入者が 1 日にテキスト・メッセージで受ける広告数に同意すれば、1 カ月に一定の無料のテキスト・メッセージや無料のボイス・コール分数をオファーする。このサービスに加入するためには、顧客は趣味や習慣についてのアンケートに記入

しなければならない。したがって、マーケターが携帯電話会社の顧客プロフィールを賢く使えば、自社広告を各加入者の習慣に合わせたものに調整することができる。集団主義文化の人々は、個人主義文化の人々よりも携帯電話を使ったSMS広告に開放的である可能性がある。韓国とアメリカの若者の比較によると、韓国の若い消費者が自分の携帯電話を通じてのSMS広告を許諾する意思は、アメリカ人の若者よりも強かった[130]。ポリクロニックの集団主義者は、さらにSMS広告として割り込みされることへの強い抵抗が少なくなる。

　バナー広告メッセージでブランド構築をするチャンスだけではなく、マーケターはさまざまなレスポンス・メカニズムを利用することができる。ブランド化したモバイル・ウェブサイトへのトラフィック集客、クリックコール、キャンペーン特定のページ情報、テキスト送付（SMS）、画像、オーディオ、または電話から直接利用者にビデオ・メッセージ（MMS）などである[131]。世界的組織のモバイル・マーケティング協会（MMA）は、オンライン広告基準の制定方法に従って、モバイル広告フォーマットの基準を制定している。

　m-コマースにおける文化への影響を理解するため、モバイル・コミュニケーションの二つのタイプを区別することができるだろう。「個人間」もしくは「同期通信」（音声およびビデオ電話）と、「非個人的」もしくは「非同期通信」（SMS、eメール、モバイルペイメント、ニュース）である。集団主義者は、前者を好み、個人主義者は後者を好む。イギリスと香港のm-コマースを比較した調査によると、ボイス・サービスは、香港の方がイギリスよりも利用されており、ビデオ電話もイギリスよりも香港の方がより実用的に満足した形で利用されていた[132]。これは新興市場の状況との関連がまだ非常に強く、第3世代、第4世代のスマートフォンは、一般的にインターネットができることと類似のことができるようになる。つまり、検索やソーシャル・メディア機能だが、これを、外出中でもできるようになるということである。

8-9. メディアとグローバル化

　いまだに、グローバル・メディアによって消費者が一つのグローバル消費者文化に形成されると想定する人は多い。これは、旧来型メディアについての話であったが、インターネットについても繰り返されている。しかし、テクノロジーはユニバーサルであるが、コンテンツと人々の解釈はそうではない。

　旧来型メディアの内容分析は、大きな差異を示している。ユニバーサルな新聞記事、フォーマット、テレビの連続ドラマなどは、ほとんど存在しない。通常、メディア・コンテンツがいろいろな国に配給される場合、その解釈はさまざまに変化する。メディア

が情報を提示し送るプロセスは、特定のフォーマットに従っているが、このフォーマットは素材がどのようにまとめられるのかは、その提示スタイルなどで成り立っている。ほとんどの発行者は、その文化の一部でもあるので、メディアはその発行者の価値を反映するだろう。例えば、イギリスやアメリカでは、ドイツよりもタブロイド紙が多い。特に、抽象的な社会の発展への関心よりも人間的な関心が強い口述的文化においては、タブロイド紙の人気が高い。これは、多くのアフリカ諸国やラテン・アメリカ諸国で見受けられる。

グローバルなテレビ・フォーマットは存在する可能性があるが、そのタイプやコンテンツはさまざまである。ある番組、例えば、連続ドラマがある国から外国に輸出されると、同じ意味を知覚するということにはならず、登場人物の価値や行動を拒否したり、あるいは何が起こっているのか理解できないということにもなる。例えば、「ダラス」の日本人視聴者は、それほど裕福な家族なのに、どうして自分たちでテーブルセッティングをしているのだろうと疑問に思った。また、自家用ヘリコプターを持つほどお金持ちなのに、花嫁が自分でスーツケースを運ぶのはなぜだろう？ Liebes and Katz[133] がさまざまな文化において「ダラス」を調査した際、このドラマから派生する意味についてたずねたところ、北米人の回答者は、「ダラス」は単なる娯楽であり現実ではないので、特別な意味などあり得ないとした。他の文化の回答者は、あらゆる種類の意味をこのドラマから見いだしていた。アラブ人は、「ダラス」を現実として受け止め、登場人物の価値観を拒否した。ロシア人は、プロデューサーの倫理観に懸念を抱いた。ダラスのコミュニケーション・スタイルは、日本人のコミュニケーション・スタイルとは合わないと見なされた。登場人物には繊細さが足りず、激情を何ら抑えることもなく、ドラマ全体が善悪の区別があからさますぎる。全体としてこの番組は、人は公私の場でどのように振る舞えば調和的な関係性が維持できるかという日本人の感性を無視するものだと見なされた。一方、ドイツ人視聴者は、J.R. に大きな感嘆の意を表し、高潔な母、ミス・エリーには忠誠を表明した。アルジェリア人にとって「ダラス」は、自分たちが急速に失いつつある現実を思い出させるものであった。すなわち、人の基本的な忠誠心は、3世代が同居し、家長がキングである拡大家族に対するものであるべきという世界の伝統的価値である。ナイジェリアのグワリ族は、「ダラス」中の石油長者である J.R. をグワリ族の神話に登場する詐欺師、「グワウール」と見なした[134]。

ヨーロッパで進化した連続ドラマは、アメリカの連続ドラマとは異なるが、その違いは形式から内容にいたるまで、ヨーロッパ内でもさまざまである。ラテン・アメリカ諸国では、複数のテレビ作品が簡単に国境を超えるが、それでも国もしくは地域の特殊性に合わせて調整されることが多い。「ビッグブラザー」や「アメリカン・アイドル」のような世界的フォーマットのプロデューサーでさえ、文化をローカルに適応させること

は簡単ではないと言っている(135)。本書の第 9 章と第 10 章でも、広告フォーマットが簡単には文化の壁を超えないことを検証していく。

グローバル・テレビがグローバル市場に到達する可能性についてグローバル・マーケターが、高すぎる期待を抱いているのと同様、インターネットとオンラインにはグローバルに到達する可能性があるからといって、あまりにも多くのマーケターがいまだに、一つのメッセージと戦略でグローバル消費者に到達できるのではないかと沸き立っている。しかし、この節の例が示すように、文化は、オンライン行動にも影響を及ぼす。ウェブサイト・デザイン、レイアウト、言語、コンテンツ、製品、品質、そして信頼性に関する多様な期待は、すべて文化的志向性の産物である。したがって、グローバルなメディアに存在しているということは、かならずしもその企業がグローバルな消費者や販売に対する準備が整っていることにはならない。双方向性広告は、ますますローカルとなっており、ウェブサイトを持っているすべての企業がグローバルな消費者との相互作用の準備ができているわけではない(136)。

多くのインターネット・グローバル・コマーシャル・サービスは、もともとアメリカで始まり、後に他国、他大陸、他文化に輸出された。これは、サイバースペースにおける文化的な同質性につながってはいないように見える。いくつかの調査結果によれば、インターネットでは、収束よりも拡散が進んでいる。例えば、Segev, et al.(137)の研究は、MSN ローカル・ホームページ内コンテンツの分岐が進んでいることを明らかにした。MSN 内のローカル・ホームページは、コンテンツも形態も、時が経つにつれてアメリカのホームページとは異なっていく傾向にあった。

8-10. インターナショナル・メディア・プランニングの体系化

メディア環境という点において、各国はさまざまである。そのため、自国のメディア・プランニングは、他国には使用できない。メディアの利用可能性、コスト、有効性は多様である。例えば、旧来型メディアでは延べ視聴率（GRP）あたりのコストは、国によってさまざまである。その結果、各国で同じターゲット層に到達するためには、異なる GRP 数が必要となる可能性がある。ドイツの洗剤メーカーは通常、秋の新発表に備え主婦に向けて週におよそ 80 の GRP を購入する場合があるが、同じブランドでもイタリアで同じ目標を達成するためには週に 300 以上の GRP が必要となる場合がある。他の国では、適切な範囲到達を達成するために放送時間をピークの時間帯に置かれなければならないかもしれない。テレビについては、利用可能なチャンネル数、視聴時間、広告

の混み具合、テレビ測定テクニックの違いによって、各国は異なっている。また、出版に関していえば、読者数データは国によって異なり、その結果、国別の比較は容易にはできない。インターネット広告は、メディア・ミックスにおけるさまざまなメディアの効果、相互作用、シナジーを捉えるための新たな調査システム開発を促進してきた。消費者のインターネット検索と関連させることで企業は消費者が何を欲しているかについての認識が高まってきており、より洗練された方法で消費者の要望に応えることができるようになっている。インターネットにより、消費者インサイトを深め、さまざまな行動プロフィールを関連付けることができる[138]。それぞれの国に最も効果的なメディア・ミックスを見つけるためには、その国のメディア環境を熟知した専門家を必要とする。

インターナショナル・メディア・プランニングに関しては、中央集権的なメディア・プランニングか、分権的メディア・プランニングかの選択は明らかである。中央集権的なプランニングと実施が可能となるのは、メディア状況が各市場で類似であるときに限られるが、これは仮説上のものにすぎない。外国の子会社や代理店は、その国の状況や文化を一番よく知っているので、メディア選定やプランニングをする体勢が整っている。

インターナショナル・メディア・プランニングには、スペシャリストが必要であり、ほとんどの大規模インターナショナル・メディア代理店は、製品カテゴリーごとにさまざまなコミュニケーションを測定するための独占的メディア有効性ツールを配置済みである。これらのツールは、定量・定性の消費者調査を基礎として、特定メディアと消費者の相互作用を評価するものである。その結果は、テレビ広告から購買時点素材にいたるまで、消費者がどの程度までメディアを評価しているかについての選好に対するインサイトとなる。継続的調査（追跡）は、多くの製品カテゴリーとターゲット層に対するベンチマークとなる。

広告代理店のなかでインターナショナル・メディア・プランニングは、いまだに特別チームに委託されることが多い。このスペシャリスト達は、メディアのオーナーを知っており、どう交渉すれば各チャネルのベスト・バリュー／価格を引き出せるかを知っている。効果的なインターナショナル・メディア・プランニングのためには、このようなスペシャリストは非常な価値がある。外国市場のためにメディアを選定する際、アメリカの企業はアメリカの広告調査で支持されている基準（ターゲット市場、リーチ（reach）とフリークエンシー（frequency）、および予算規模）を強調する傾向にあるが、自国の運営からうまく行くメディア配置を取り出し、外国に適用することはできない。同じメディアタイプは、利用できないことが多いからである[139]。また、利用できるとしても消費者は、それを同じようには利用しない。このことは従来型マス・メディアよりも、インターネットやモバイル広告ではさらにあてはまる。

要 約

　マーケターのプロモーション活動は、人々とブランドの間のコンタクト・ポイントに影響するようにプランニングされなければならない。消費者にコンタクトするのに利用できるメディアは、先進国世界でも新興国でも、ますます多様化している。従来型メディアとインターネットや携帯電話のような電子メディアが全世界で利用可能であるが、消費者の利用方法はさまざまである。本章では、多くの例を紹介した。マーケターは、電子メディアに高い期待を抱いているが、本章執筆時点では、その有効性に関する調査はほとんどない。とはいえ、世界中の消費者がますますこのニュー・メディアを利用しているため、無視することはできない。

　メディアは、企業ブランドのコミュニケーション目的を考慮して、さまざまな国で分析されなければならない。ブランド認知を上げるためには、すぐに売上につなげたいときとは異なるメディア選択が必要となる。適切なメディア選定とプランニングをすれば、ブランドとそのオーディエンスをつなぐ最もふさわしいコミュニケーション手段を識別することができる。適切なメディア・プランニングは、ローカルに行なうか、ローカルの専門家の助けを得てプランニング、実施されなければならない。さまざまな国において、適切な人々に適切な場所で適切な時に適切なコストでアプローチするためには、まず、どのように多様なメディアを利用するかについて、消費者をインサイトすることが必要である。文化の差異だけでなく、利用可能なメディアの多様性が膨大であるため、メディアの選定と、メディアの効果的な組み合わせは、難しい課題である。いろいろな国で文化がいかにメディア利用に影響するかを知ることは、非常に重要である。

参考文献

（1）1990年3月3日、「ハーグス・ポスト（*Haagse Post*）」のインタビュー中、ジョージ・シュタイナーが、ハンス・マグヌス・エンツェンスベルガーに語った。
（2）*Young Asians Survey*. (2010) Ipsos Hong Kong (See Appendix B).
（3）*Ofcom International Communications Market Report*. (2010, December 2) Retrieved February 20, 2012, from http://stakeholders.ofcom.org.uk/binaries/research/cmr/753567/icmr/ICMR_2010.pdf
（4）IP Television. (2011) *Daily viewing minutes for Europe 2010* (36 countries). Retrieved from http://www.ip-network.com/rd/assets/file_asset/Viewing_Time_Individual.pdf
（5）オーストリア、ベルギー、デンマーク、フィンランド、フランス、ドイツ、ギリシャ、アイルランド、イタリア、日本、オランダ、ノルウェー、ポルトガル、スペイン、スウェーデン、スイス、トルコ、イギリス、アメリカ。「イニシアティブ・メディア（Initiative Media）」(1998) 参照。http://www.initiative.com/ より検索。
（6）*Cinema, TV, and radio in the EU*. (2002) Eurostat Statistics on audiovisual services. Data Sourc-

es 1980-2002 (See Appendix B).
(7)「オフコム・インターナショナル・コミュニケーション市場報告書（*Ofcom International Communications Market Report*）」（2006）。ヨーロッパ9カ国（イギリス、フランス、ドイツ、イタリア、ポーランド、スペイン、オランダ、スウェーデン、アイルランド）および日本とアメリカの1人当たりが1日にテレビ視聴する分数。男性らしさが分散の56％を説明した。ユーロスタットによるデータ（2002）を始めとするいくつかのデータでは、男性らしさと権力格差との相関関係という結論になっている。
(8) *TNS digital world, digital life.* (2008) http://tns-global.com (See Appendix B)
(9) Bringué, X., Sádaba, C., & Tolsá, J. (2010) *La Generación Interactiva en Iberoamérica 2010: Niños y adolescentes ante las pantallas.* Fundación Telefónica: Colección Generaciones Interactivas.
(10) Pasquier, D., Buzzi, C., d'Haenens, L., & Sjöberg, U. (1998) Family lifestyles and media use patterns: An analysis of domestic media among Flemish, French, Italian, and Swedish children and teenagers. *European Journal of Communication, 13,* 503-519.
(11) Krotz, F., & Hasebrink, U. (1998) The analysis of people-meter data: Individual patterns of viewing behavior and viewers' cultural backgrounds. *The European Journal of Communication Research, 23,* 151-174.
(12) Bringué et al., 2010.
(13) Soong, R. (1999, November 8) Telenovelas in Latin America. Retrieved from http://www.zonalatina.com
(14) Chalaby, J. K. (2008) Advertising in the global age: Transnational campaigns and pan-European television channels. *Global Media and Communication. 4* (2), 139-156.
(15) *Ofcom International Communications Market Report,* 2010.
(16) Media Literacy Clearinghouse. (2012) *Media use statistics.* Retrieved March 6, 2012, from http://www.frankbaker.com
(17) *Ofcom International Telecommunications Market Report* (2006) United Kingdom, France, Germany, Italy, United States, Japan, China.
(18) *Ofcom International Communications Market Report,* 2010.
(19) *Ofcom International Communications Market Report,* 2010.
(20) Do, J., Kim, D., Kim, D. Y., & Kim, E-m. (2009) When mobile phones meet television...: An FGI analysis of mobile broadcasting users in Korea. *Media, Culture & Society, 31* (4): 669-679.
(21) 1980年以降、全世界44カ国と、ヨーロッパの先進国15カ国で、個人主義が分散の40％から72％を説明する。データ出処は国連統計年鑑（別表B参照）。
(22) Medios de comunicacion Annuario de Medios: El escenario Iberoamericano. (2007) Madrid. Fundacion Telefonica.
(23) *Ofcom International Communications Market Report. 2010.*
(24) UNESCO Institute for Statistics. See http://www.uis.unesco.org/literacy/
(25) Hallin, D. C., & Mancini, P. (2004) *Comparing media systems.* Cambridge, MA: Cambridge University Press, p. 64.
(26) *Social values, science, and technology.* (2005, June) Eurobarometer Report (EBS 225), 27 countries. (See Appendix B)
(27) Coen, R. J. (1997) *The insider's report.* New York: McCann Erickson. Retrieved from http://www.McCann.com
(28) Elvestad, E., & Blekesaune, A. (2008) Newspaper readers in Europe: A multilevel study of individual and national differences. *European Journal of Communication, 23* (4), 425-447.

（29）Data Sources, *European Social Survey* 2004/2005（See Appendix B）and *European Media and Marketing Survey* 2012（See Appendix B）（*r* = -.66***）.
（30）Hallin & Mancini, 2004.
（31）Medios de comunicacion Annuario de Medios: El escenario lberoamericano.（2007）Madrid. Fundacion Telefonica.
（32）Houston Santhanam, L., & Rosenstiel, T.（2011）The state of the news media 2011. Pew Research Center's Project for Excellence in Journalism. Retrieved March 7, 2012, from http://stateofthemedia.org/2011/mobile-survey/international-newspaper-economics/
（33）*European Media and Marketing Survey*, 2012（See Appendix B）.
（34）Bhatia, T. K., & Bhargava, M.（2008）Reaching the unreachable: Resolving globalization vs. localization paradox. *Journal of Creative Communications, 3*（2）, 209-230.
（35）De Mooij, M.（2014）*Human and mediated communication around the world: A comprehensive review and analysis*. Cham: Springer International.
（36）Castells, M.（2009）*Communication power*. Oxford, UK: Oxford University Press.
（37）Jinghua, H., & Xuerui, Y.（2009）Influences on use of the mobile phone for Internet connectivity in China. *Media Asia, 36*（4）, 210-215.
（38）Data World Bank, 2010（See Appendix B）.
（39）The International Telecommunication Union（ITU）, originally founded as the International Telegraph Union, is a specialized agency of the United Nations which is responsible for information and communication technologies（See Appendix B）.
（40）*E-Communications household survey*.（2011）Special Eurobarometer Report（EBS 362）（See Appendix B）.
（41）*Ofcom International Communications Market Report*, 2010.
（42）*Ofcom International Communications Market Report*, 2010.
（43）*E-Communication household survey*.（2008）Special Eurobarometer Report（EBS 293）（See Appendix B）.
（44）Ito, Y.（1993）The future of political communication research: A Japanese perspective. *Journal of Communication, 43*（4）, 69-79.
（45）Albarran, A. B., & Hutton, B.（2009）Young Latinos use of mobile phones: A cross-cultural study. Retrieved December 10, 2011, from http://connection.ebscohost.com/c/articles/45615662/young-latinos-use-mobile-phones-cross-cultural-study
（46）Ishii, K.（2009）Mobile Internet use in Japan: Social consequences of technology convergence. *Media Asia, 36*（4）, 201-209.
（47）Korenaga, R., & Komuro, H.（2009）Going out of tune? Use of mobile phone TV among Japanese youth. *Media Asia, 36*（4）, 194-200.
（48）Wei, R., & Jinhua, H.（2009）Mobile phone as third screen? An adoption study of mobile TV in China. *Media Asia, 36*（4）, 187-193.
（49）Phillips, S.（2010, August 4）Mobile Internet more popular in China than in U.S. *Nielsenwire*. Retrieved February 25, 2012, from http://www.nielsen.com/us/en/newswire/2010/mobile-internet-more-popular-in-china-than-in-u-s.html
（50）Jinghua & Xuerui, 2009.
（51）Do, et al., 2009.
（52）Archambault, J. S.（2011）Breaking up "because of the phone" and the transformative potential of

information in Southern Mozambique. *New Media & Society, 13* (3), 444-456.
(53) AdReaction 2012-Global report. *Millward Brown*. Retrieved January 10, 2013, from http://www.millwardbrown.com/ChangingChannels/2012/Docs/AdReaction/MillwardBrown_AdReaction2012_Global.pdf
(54) Barnett, G. A., & Sung, E. (2005) Culture and the structure of the international hyperlink network. *Journal of Computer-Mediated Communication, 11* (1), article 11. Retrieved from http://jcmc.indiana.edu/v0l11/issue1/barnett.html
(55) *E-communications household survey*, 2008.
(56) *European Social Survey*, 2003 (See Appendix B).
(57) *European cultural values*. (2007) Special Eurobarometer Report (EBS 278) (See Appendix B).
(58) ITU, 2011.
(59) La Ferle, C., Edwards, S. M., & Mizuno, Y. (2002, April) Internet diffusion in Japan: Cultural considerations. *Journal of Advertising Research*, pp. 65-79.
(60) *The Public Pulse*. (1997, October/November) *Roper Starch Worldwide, 12*, 5.
(61) *Ofcom International Communications Market Report*, 2010.
(62) *Ofcom International Communications Market Report*, 2010.
(63) Schroeder, R. (2010) Mobile phones and the inexorable advance of multimodal connectedness. *New Media & Society, 12* (1), 75-90.
(64) Akpan-Obong, P. (2010) Unintended outcomes in information and communication technology adoption: A micro-level analysis of usage in context. *Journal of Asian and African Studies, 45* (2), 181-195.
(65) Mareck, M. (1999, December) Research watch. *M&M Europe, 47*.
(66) Peng, T-Q., & Zhu, J. J. H. (2010) A game of win-win or win-lose? Revisiting the Internet's influence on sociability and use of traditional media. *New Media & Society, 13* (4), 568-586.
(67) *Los Medios y Mercados de Latinoamérica*. (1998) In Zonalatina.com, posted by Roland Soong, September 4, 1999.
(68) Cho, H., Rivera-Sánchez, M., & Lim, S. S. (2009) A multinational study on online privacy: Global concerns and local responses. *New Media & Society, 11* (3), 395-416.
(69) ITD, 2011.
(70) Ko, H., Roberts, M. S., & Cho, C. H. (2006) Cross-cultural differences in motivations and perceived interactivity: A comparative study of American and Korean Internet users. *Journal of Current Issues and Research in Advertising, 28* (2), 93-104.
(71) Murphy, J., & Scharl, A. (2007) An investigation of global versus local online branding. *International Marketing Review, 24* (3), 297-312.
(72) Dawkins, R. (1989) *The selfish gene*. Oxford, UK: Oxford University Press.
(73) Vuylsteke, A., Wen, Z., Baesens, B., & Poelmans, J. (2010) Consumers' online information search: A cross-cultural study between China and Western Europe. *Journal of Interactive Marketing, 24* (4), 209-331.
(74) Jeong, Y., & Mahmood, R. (2011) Reading the world's mind: Political, socioeconomic and cultural approaches to understanding worldwide Internet search queries. *The International Communication Gazette, 73* (3), 233-251.
(75) Berger, G. (2009) How the Internet impacts on international news: Exploring paradoxes of the most global medium in a time of "hyperlocalism." *The International Communication Gazette, 71* (5),

355-371.
(76) Hollis, N. (2012) The new Facebook global pages are really local pages [Blog]. *Straight Talk*. Retrieved January 10, 2013, from http://www.millwardbrown.com/Global/Blog/Post/2012-11-05/The-new-Facebook-global-pages-are-really-local-pages.aspx
(77) Maddox, L. M., & Gong, W. (2009) Online buying decisions in China. In H. Li, S. Huang, & D. Jin (Eds.), *Proceedings of the 2009 American Academy of Advertising Asia-Pacific Conference* (p. 261). American Academy of Advertising, in conjunction with China Association of Advertising of Commerce, and Communication University of China.
(78) Ahn, H., Kwon, M. W., & Yuan, L. (2009) When talking about global brands in cyberspace, culturalfree or cultural-bound? A cross-cultural study of the U.S. and Chinese brand community web sites. In H. Li, S. Huang, & D. Jin (Eds.), *The Proceedings of the 2009 American Academy of Advertising Asia-Pacific Conference* (p. 117). American Academy of Advertising, in conjunction with China Association of Advertising of Commerce, and Communication University of China.
(79) Cyr, D., Bonanni, C., Ilsever, J., & Bowes, J. (2003) *Trust and design: A cross-cultural comparison*. ACM Conference on Universal Usability. Vancouver, BC.
(80) Krishna, R., & Guru, S. (2010) Online shopping: Motivators and barriers. *Media Asia, 37* (3), 157-162.
(81) Goodrich, K., & De Mooij, M. (2011) New technology mirrors old habits: Online buying mirrors cross-national variance of conventional buying. *Journal of International Consumer Marketing, 23* (3-4), 246-259.
(82) *Consumer empowerment.* (2011, April) Special Eurobarometer Report (EBS 342). (See Appendix B.)
(83) La Ferle, C. (2007) Global issues in online advertising. In D. W. Schumann & E. Thorson (Eds.), *Internet theory and research* (p. 295). Philadelphia: Lawrence Erlbaum.
(84) Hollis, N. (2012) *Straight Talk* [Blog]. Blogs about how social media helps brand building: October 1: China; October 15: Brazil; November 8: Russia; November 26: India. All retrieved on January 10, 2013, from http://www.millwardbrown.com/Global/Blog/Post/2012
(85) Veilbrief, A. (2007, January) Chattend de puberteit door (Chatting through adolescence). *NRC Handelsblad Maandblad*, pp. 20-25.
(86) Albarran, A. B., Dyer, C., Hutton, B., & Valentine, A. (2010, August 4-7) *Social media and young Latinos: A cross-cultural examination*. Paper presented to the Media Management and Economics Division at the 2010 AEJMC Conference, Denver, Colorado. Retrieved February 25, 2012, from http://www.allacademic.com/meta/p433602_index.html
(87) Vasalou, A., Joinson, A. N., & Courvoisier, D. (2010) Cultural differences, experience with social networks and the nature of "true commitment" in Facebook. *International Journal of Human-Computer Studies, 68*, 719-728.
(88) Ioffe, J. (2010, December 29) Facebook's Russian campaign. *Business Week*. Retrieved from http://www.businessweek.com/magazine/content/11_02/b4210032487137.htm
(89) Social media use per country as a percentage of overall mobile web traffic. In Von Tetzchner, J. (2011) *State of the mobile web, April 2011*. Retrieved November 12, 2011, from http://www.opera.com/smw/2011/04/
(90) Boase, J., Horrigan, J. B., Wellman, B., & Rainie, L. (2006) The strength of Internet ties. *Pew Internet & American Life Project*, Washington, DC. Retrieved from http://www.pewinternet.org/Re-

ports/2006/The-Strength-of-Internet-Ties.aspx
(91) Goodrich, K., & De Mooij, M. (2013) How "social" are social media? A cross-cultural comparison of online and offline purchase decision influences. *Journal of Marketing Communications* [Special Issue: Word of Mouth and Social Medial].
(92) Qiu, L., Lin, H., & Leung, A. K.-Y. (2013) Cultural differences and switching of in-group sharing behavior between and American (Facebook) and a Chinese (Renren) Social Networking Site. *Journal of Cross-Cultural Psychology, 44* (1), 106-121.
(93) Morozov, E. (2011) *The net delusion: The dark side of Internet freedom.* New York: PublicAffairs.
(94) See http://www.checkfacebook.com/
(95) Sawers, P. (2011) Why Twitter outguns Facebook in Japan. *TNW Conference 2011.* Retrieved April 25, 2011, from http://thenextweb.com/socialmedia/2011/02/02/why-twitter-outguns-facebook-in-japan/
(96) Kim, K-H., & Yun, H. (2007) Cying for me, Cying for us: Relational dialectics in a Korean social network site. *Journal of Computer-Mediated Communication, 13* (1), article 15. Retrieved from http://jcmc.indiana.edu/vol13/issue1/kim.yun.html
(97) Moore, T. (2010, April 13) Facebook under attack in Germany over privacy. *Time.com.* Retrieved from http://www.time.com/time/world/article/0,8599,1981524,00.html
(98) Williams, J. (2011, February 11) The growing popularity of social networking in Indonesia. Pronet Advertising. Retrieved from http://www.pronetadvertising.com/articles/the-growing-popularity-of-social-networldng-in-indonesia.html
(99) Sima, Y., & Pugsley, P. C. (2010) The rise of a "me culture" in postsocialist China: Youth, individualism and identity creation in the blogosphere. *The International Communication Gazette, 72* (3), 287-306.
(100) Van Belleghem, S. (2010) Social media around the world. InSites Consulting. Retrieved February 22, 2012, from http://www.slideshare.net/stevenvanbelleghem/social-networks-around-the-world-2010
(101) Specht, N. (2010) How social media is used in Germany, China and Brazil. Retrieved from http://blog.hubspot.com/blog/tabid/6307/bid/5948/3-Social-Media-Lessons-For-Global-Marketers.aspx
(102) Van Belleghem, S., Thijs, D., & De Ruijck, T. (2012) Social media around the world. InSites Consulting. Retrieved April 16, 2013, from http://www.slideshare.net/InSitesConsulting/social-media-around-the-world-2012-by-insites-consulting
(103) *TNS digital world,* 16 countries.
(104) Su, M. N., Wang, Y., Mark, G., Aiyelokun, G., & Nakano, T. (2005) A bosom buddy afar brings a distant land near: Are bloggers a global community? *Proceedings of the Second International Conference on Communities and Technologies* (C&T, 2005).
(105) Lewis Global Public Relations. (2007, March) *Blogs and business value.* Retrieved from http://www.lewis360.com/2007/03/blogs_and_busin.html
(106) *EIAA Online Shoppers 2008, Executive summary* (2008), Data Mediascope.
(107) Dawar, N., Parker, P. M., & Price, L. J. (1996) A cross-cultural study of interpersonal information exchange. *Journal of International Business Studies, 27* (3), 497-516; Pornpitakpan, C. (2004) Factors associated with opinion seeking: A cross-national study. *Journal of Global Marketing 17* (2/3), 91-113.
(108) La Ferle, C., & Kim, H. J. (2006) Cultural influences on Internet motivations and communication

styles: A comparison of Korean and U.S. consumers. *International Journal of Internet Marketing and Advertising, 2* (3), 142-157.
(109) Cho, C. H., & Cheon, H. J. (2005) Cross-cultural comparisons of interactivity on corporate web sites: The United States, the United Kingdom, Japan, and South Korea. *Journal of Advertising, 34* (2), 99-116.
(110) Schultz, D. E., & Block, M. P. (2009) Understanding Chinese media audiences: An exploratory study of Chinese consumers media consumption and a comparison with the U.S.A. H. Li, S. Huang, & D. Jin (Eds.), *Proceedings of the 2009 American Academy of Advertising Asia-Pacific Conference*. American Academy of Advertising, in conjunction with China Association of Advertising of Commerce, and Communication University of China.
(111) Pornpitakpan, 2004.
(112) Goodrich & De Mooij, 2013.
(113) *Consumer empowerment.* (2011) Special Eurobarometer Report (EBS 342).
(114) Goodrich & De Mooij, 2013.
(115) *EIAA Online Shoppers 2008, Executive summary.* (2008) Mediascope Europe. Retrieved from http://www.eiaa.net
(116) Appleton, R. (2008, September 29) Writing SEO copy that sells. Retrieved from http://www.searchmarketingstandard.com/articles/2008/09/writing-seo-copy-that-sells.html
(117) Rodgers, S., Chen, Q., Wang, Y., Rettie, R., & Alpert, F. (2007) The Web Motivation Inventory: Replication and application to Internet advertising. *International Journal of Advertising, 26* (4), 447-476.
(118) IAB display advertising guidelines: The new 2012 portfolio. IAB (Interactive Advertising Bureau). Retrieved November 27, 2012, from http://www.iab.net/guidelines/508676/508767/display-guidelines
(119) OPA (Online Publishers Association) Europe. See http://www.opa-europe.org
(120) *Reconnect Europe.* (2006, July) Research conducted by Orange Home UK plc and OMD Insight. Over 12,500 respondents were surveyed in six countries: United Kingdom, France, Germany, Italy, Spain, Netherlands.
(121) Robinson, H., Wysocka, A., & Hand, C. (2007) Internet advertising effectiveness-the effect of design on click-through rates for banner ads. *International Journal of Advertising, 26* (4), 527-542.
(122) Moorey-Denham, S., & Green, A. (2007, March) The effectiveness of online video advertising. *Admap*, pp. 45-47.
(123) Hollis, N. (2012, June 18) Why I think the best advertising on Facebook is not actually advertising [Blog]. *Straight Talk with Nigel Hollis*. Retrieved January 11, 2013, from http://www.millwardbrown.com/Global/Blog/Post/2012-06-18/Why-I-think-the-best-advertising-on-Facebook-is-not-actually-advertising.aspx
(124) Hollis, N. (2012, May 8 & December 10) How does social media affect brand equity? [Blog] *Straight Talk with Nigel Hollis*. Retrieved July 20, 2012, from http://www.millwardbrown.com/Global/Blog/Post/2012-05-08/How-does-social-media-affect-brand-equity.aspx; Beyond the mindless pursuit of fans and followers. [Blog] *Straight Talk with Nigel Hollis*. Retrieved January 10, 2013, from http://www.millwardbrown.com/Global/Blog/Post/2012-12-10/Beyond-the-mindless-pursuit-of-fans-and-followers.aspx
(125) Millward Brown. (2011) Nestlé KitKat 2011. Retrieved July 20, 2012, from http://www.millward-

brown.com/Files/SABR%20-%20Nestle%20Kit%20Kat.pdf; Kit Kat "Choose a Chunky Champion" campaign [The Trump Card Blog]. Retrieved January 13, 2013, from http://thetrumpcard.tumblr.com/post/16183489588/kit-kat-social-media-campaign

(126) Hollis, 2012, October 1 and 15.

(127) Hollis, N. (2012, June 20) Is mobile advertising ever going to live up to expectation [Blog]. *Straight Talk with Nigel Hollis*. Retrieved January 13, 2013, from http://www.millwardbrown.com/Global/Blog/Post/2012-06-20/Is-mobile-advertising-ever-going-to-live-up-to-expectation.aspx

(128) Millward Brown & DynamicLogic. (2012) FanIndex-Measuring the brand value of your Facebook fan page. Retrieved January 13, 2013, from http://www.millwardbrown.com/Solutions/ProprietaryTools/FanIndex.aspx

(129) Moriarty, S., Mitchell, N., & Wells, W. (2009) *Advertising principles & practice*. Upper Saddle River, NJ: Pearson, p. 293.

(130) Muk, A. (2007). Consumers' intentions to opt in to SMS advertising: A cross-national study of young Americans and Koreans. *International Journal of Advertising, 26* (2), 177-198.

(131) Mobile advertising guidelines. (2007, December) Mobile Marketing Association, p. 2.

(132) Harris, P., Rettie, R., & Kwan, C. C. (2005) Adoption and usage of m-commerce: A cross-cultural comparison of Hong Kong and the United Kingdom. *Journal of Electronic Commerce Research, 6* (3), 210-224.

(133) Liebes, T., & Katz, E. (1993) *The export of meaning: Cross-cultural readings of Dallas*. Cambridge, MA: Polity Press.

(134) Rogers, E. M., Singhal, A., & Thombre, A. (2004) Indian audience interpretations of health-related content in the bold and the beautiful. *Gazette: The International Journal for Communication Studies, 66* (5), 437-458.

(135) De Mooij, M. (2014) *Human and mediated communication around the world: A comprehensive review and analysis*. Cham: Springer International.

(136) La Ferle, C. (2007) Global issues in online advertising. In D. W. Schumann & E. Thorson (Eds.), *Advertising and the World Wide Web*. Philadelphia: Lawrence Erlbaum Associates.

(137) Segev, E., Ahituv, N., & Barzilai-Nahon, K. (2007) Mapping diversities and tracing trends of cultural homogeneity/heterogeneity in cyberspace. *Journal of Computer-Mediated Communication, 12* (4), article 7. Retrieved from http://jcmc.indiana.edu/vol12/issue4/segev.html

(138) Briggs, R. (2005, April) How the Internet is reshaping advertising. *Admap*, pp. 59-61.

(139) Kanso, A. M., & Nelson, R. A. (2007) Multinational corporations and the challenge of global advertising: What do U.S. headquarters consider important in making media-selection decisions? *International Marketing Review, 24* (5), 563-590.

第9章

文化と広告訴求

　文化の影響を受けやすい広告スタイルの三つの側面が指摘されている：(a) 訴求（appeal）に含まれる価値と動機、中心的メッセージ；(b) 基本的広告形式；(c) 制作：キャスティングと人々の動き、設定、相互関係である。消費者は、これらの要素を広告研究者や専門家がするようには識別しない。消費者にとって重要なのは全体像である。全体像は、コミュニケーション・スタイルを反映し、人々がつながりを感じるようにする。しかし専門的な目的のためには、広告の全要素の役割を理解して、その広告が文化に適合しているかどうかを分析できるようにしなければならない。本章では、広告の訴求に焦点をあてる。広告における「価値のパラドックス」を検討し、広告訴求の中で、文化的な次元がどのように認識できるかの例を見ていく。広告の中の原産国訴求やユーモアの利用など、具体的な訴求をいくつか検討する。

9-1. 広告における訴求

　広告における訴求は、包括的なコンセプトである。訴求には、中心的メッセージの意味を明確にする価値や動機が含まれる。Moriarty, Mitchell, and Wells[1]は、訴求は「製品を特に魅力的、もしくは興味深くする安全性、尊重、恐怖、性、感覚的快楽といった、何らかの情緒につながりを感じるようにさせるものである」と述べている。訴求は、全般的なクリエイティブ戦略を説明するためにも使用される。価格に重点を置けば、それは節約の訴求である。ステータスの訴求は、品質の高い高価な製品を提示するのに利用される。訴求（動機を含む）、基本的な広告形式、制作の組み合わせが広告スタイルを作り上げる。

　広告はそれが実践される文化によって形成されるので、論理的には、訴求はその文化

の価値を反映するはずである。消費者の価値観が広告に反映された価値と一致していれば、より効果的に広告、ブランド、または企業に対する好意に結びつくであろう[2]。

多くの研究は、広告に文化的価値が反映されていることを指摘しており、特に内容分析を基礎とした研究は広告中の文化特有の訴求を明らかにした。これらはHofstedeの次元によって説明することができる。広告訴求における価値を分析するために行なわれたリサーチのほとんどは広告の比較に関する内容分析であるが[3]、内容分析は、解決策を出さずに説明だけをするとして批判されてきている[4]。しかし、ある国で特定スタイルの要素が他国よりも一般的であるならば、そのスタイルの要素はより効果的であると思われるから使用されているのだということを主張したい[5]。

異文化の内容分析の問題は、大規模な異文化研究の組織化と実行計画である。特に、Hofstedeの次元のような文化的変数を使用する際は、2カ国以上で比較をすべきである[6]。残念ながら、大規模な異文化研究はほとんどなく、ほとんどのものはアメリカと他の1カ国を比較したものである。アフリカやラテン・アメリカなど、明らかに研究不足の地域もある。Chang, et al.[7]によれば、36の研究のうち25の研究は2カ国だけの比較であり、重要なコンセプトとしての文化がはっきりと定義されているものも滅多にないという。33の研究で、アメリカが評価基準となっており、使用された文化的次元のほとんどは、Hofstedeの個人主義／集団主義だった。これらの研究のうち、文化的パラドックスを考慮に入れたものはなかった。広告訴求は、必ずしも文化の規範に従っているわけではないので、広告における価値を認識することは容易ではない。文化の規範に逆らう場合さえある。これを理解するためには、まず価値のパラドックスに戻らなければならない。

9-2. 効果的な広告手段としての価値のパラドックス

広告における一部の価値は文化の反映として簡単に認識できる。このような価値の例としては、自己実現、利己主義、自己尊重などがある。これらは個人主義的な文化に適合する。また、自分のやり方でやるとか、独力でやるというのは、個人主義文化の表現である。しかし、帰属（belonging）もまた個人主義文化の強い価値である。これはパラドックス的に思える。一つの価値には、相反する要素があることが多い。したがって、広告訴求もしくは文句は、価値に関する二つの相反する発言を示すことがある。これは、第3章で説明した望ましいものと望むものという、人々が望むべきものと実際に望むもの、もしくは人々が世界はいかにあるべきかと考えるかに対して、自分自身に対して望むものにも関係している。

広告では、文化の相反する価値はパラドックス的であることが多いが、効果的である

ようにみえる。それは人々の生活の重要な側面に関連しているからである。帰属は、アメリカの広告に偏在しているものであり、特に感傷的、情緒的な形態で存在する。これは「帰郷」というコンセプトに含まれる。これは日本の広告訴求には使用されない価値である。個人主義文化では、帰属の必要性は極端な個人主義の反応であり、実際にあるかもしれないよりも多くの家庭生活を示すことに反映されているだろう。このパラドックスを理解しないと、研究者は誤った仮説を打ち立てたり、比較研究の結果に驚きの感情を示したりすることになる。例えば、Okazaki and Mueller[8]は、以下のように書いている。「驚いたことに、このデータによって日本の広告はアメリカの広告よりもグループ／コンセンサスの訴求の使用が少ないことが明らかとなった。また意外なことに、日本の広告は、アメリカの広告よりも典型的な西洋の個人の独立性訴求をはるかに多く使用していることがわかった」。

望むものと望ましいものは、人々の行動や他者との関係性に反映される。望むものと望ましいものは、共に広告訴求や宣伝文句に認められるが、その表現方法は正反対になる場合がある。そのため、自分自身の文化の価値を分類する言葉やコンセプトを理解することがさらに難しくなる。その一例が英語におけるシェアリングのコンセプトである。表面的には、これは「物を自分だけのものとしない」ということで、非個人主義的で、女性的な思いやりのあるコンセプトを示しているようである。しかし、男性らしさが強い個人主義文化では、シェアリングとはそれ以上の意味を反映している。つまり成功や達成を成し遂げ、それを他者に伝えるということを反映している。人は自分自身のプラスのものだけしかシェアしない。失敗はシェアしない。フェイスブックは、この意味でのシェアリングのコンセプトを使用しているが、これが他言語に翻訳されると、同じコンセプトを意味するとは限らない。

一般的に、このようなコンセプトは非常にあいまいなので、努めて慎重でなければならず、他言語に翻訳する際には、意味の半分は失われる可能性がある。翻訳されたときには肯定的な意味が否定的な意味に変化してしまうこともある。

パラドックス的な価値の記述は、以下のような三つの形で認識することができる：

1. 一般的な信念に矛盾した記述、例えば日本人は個人主義化しているが、実際は集団主義的である。豊かさを増している社会がすべてそうであるように、日本人は個人性に重点を置くようになっているが、その行動は、西洋社会に比べると集団主義的である。個人主義化していると見なされるものは、変化している競争行動である。

2. 矛盾しているような記述は、実際は真実かもしれない。一見すると対立するように思えるある次元の価値、例えば「帰属」と「独力でやる」は、個人主義文化の中で

共存している。

3. パラドックス・タイプ2のように、一つの次元の中でパラドックス的に思われる価値ではあっても、他の次元との配置によって説明できることがある。その一例は、「平等」と「大きな賃金格差」である。これは、低権力格差と男性らしさの配置のパラドックスである。

次の節では、パラドックスの例をいくつか提示する。

平等のパラドックス

平等（equality）は、アメリカ文化における強く望ましい価値であるが、アメリカ人の実際の行動は、それほどの平等を示してはいない。アメリカ人の行動は、公正（fairness）と結びついている。人々は能力があり、一生懸命に働くのであれば、それに見合うものを得るべきだという信念である。この価値が不平等という結果になる。一生懸命に働けば、他とは異なる権利、他の人よりも多くの金、ときには桁違いに多くの金を稼ぐ権利を得られる。アメリカ企業の最高経営責任者達は、普通の生産労働者の40倍も稼ぐことができる。収入格差の最大の差は、アメリカ、イギリス、ニュージーランドで起きている。ほとんどの大陸ヨーロッパ諸国の賃金格差も変化したが、その差は比較的少ない。大陸ヨーロッパ諸国では、大企業のトップ・マネージャーの賃金増加が抗議行動を引き起こし、最高経営責任者達さえも給与引き下げを求められた。つまり、アメリカの平等は、貧困層も裕福になる平等の権利を持っているという意味であり、ヨーロッパの大部分の平等は、富裕層は平等に「貧しく」なるべきだという意味である。

依存と自由のパラドックス

もう一つのパラドックスは、依存 対 独立に見ることができる。これは権力格差と個人主義に関連する対立する価値である。高権力格差で集団主義文化では、子どもは低権力格差で個人主義的な文化よりも、かなり長い間両親に依存する。後者では、子どもは若年齢から自分の道を往き、独立独歩となり自分自身で決定を下すものとされる。アメリカでは、これが極度に強い。その一例が1996年、世界最年少のパイロットという記録を打ち立てようとして、7歳の少女が墜落事故を起こして亡くなった事件である。少女の母は、こう言ったという。「彼女自身の決めたことでした」。

独立は、西洋の広告に広く使われるコンセプトまたは手がかりであるが、日本でもそうである。日本文化の非常に強い一部分である依存に対立するコンセプトである独立は、日本の広告訴求でも用いられる。また、アメリカとロシアの広告訴求を比較した研究で

は、独立がアメリカとロシア、両方の訴求であることが分かっている[9]。

依存に関連しているのが、対立価値でありパラドックスでもある、自由である。低権力格差文化では、自由は独立を意味する。集団主義文化では、対立価値は自由と調和である。自由は、不調和を意味することもある。人は集団に従うべきだからである。自由 対 帰属は、女性らしさの文化では対立価値になる可能性がある。女性らしさの文化では所属のニーズがあるため、帰属は暗黙の価値であり、一致、合意に関連している。とはいえ、成功するためには人は自分自身を表現し、異なっていることを示したいと思うものである。これは規範である望ましいものには反する。自由は望むものを反映している。自由-帰属のパラドックスは、スカンジナビアとオランダの文化に典型的である。例えば、オランダ人は、休暇にフランスやスペインを旅行して自由を求めるが、その際、自分たちの可動式ホーム（キャラバンやトレーラー）を持っていき、必ず同国人達がいるに違いないキャンプ場に行くことで有名である。

不確実性回避の強い文化では、あまりに自由が多いと好ましくないカオス（混沌）につながることがある。これは容認できないので、対立価値は秩序となる。不確実性回避の強い文化では、自由は不確実性を生むが、不確実性の弱い文化では自由は成功を生む。不確実性回避の強い文化の人々は、失敗を防ぐために計算済みのリスクを取る。不確実性の弱い文化では、人々は成功するためにリスクを取る。

要するに、自由のパラドックスは、文化によって異なる。フランスのような高権力格差文化にとって、自由に対するものは、依存である。日本のような集団主義文化にとっては、自由に対するものは、調和である。オランダのような女性らしさの文化にとっては、自由に対するものは帰属であり、高不確実性回避文化にとっては、自由に対するものは秩序である。

成功のパラドックス

短期志向の文化で、特に男性らしさと組み合わさった文化の規範、望ましいものは、自分が輝きたい、成功を示したいというものである。成功は伝達され、共有され、示される。誇示することが当然であるためである。これは長期志向文化、特に女性らしさと組み合わさった文化にはあまりない規範である。人が何かを成し遂げたならば、認められたいというのは普遍的な欲求であるが、成功は直接的に示すことができない。誇示することは規範に反するので、成功を示すことは間接的に行なわれなければならない。イギリス人（男性らしさ）は、ブリティッシュ・テレコムがしているように、単刀直入に自分がベストであると言うことができる：「当社の接続はベストです」。しかし、オランダ人、デンマーク人、スウェーデン人（女性らしさの文化）は、あまりそうしない。「見かけ以上のものがある」とか、「真の洗練は、内側から来る（ボルボ、スウェーデン）」

といった訴求にパラドックスを頻繁に見ることができる。男性らしさの文化の広告では「隣人に見せましょう」と言うが、女性らしさの文化の広告は、「隣人には見せないでください」と言うだろう。「そのシンプルさの中に輝きがある」という広告の宣伝文句（オメガ腕時計、オランダ）の中にもパラドックスがある。一方で人は見せびらかしてはいけない（望ましいもの）が、成功したのであれば、人は認められたい（望むもの）のである。

イノベーション（革新）とグローバル・パラドックス

　不確実性回避の低い文化は、より革新的（innovative）であるが、新しい、現代的、革新的というのは、不確実性回避の高い文化の人々にとっても魅力的である。これはインターナショナル、もしくはグローバルな訴求にとっても同様である。不確実性回避の高い文化の人々は、実際にはローカルの方が重要であったとしても、インターナショナル、グローバル、コスモポリタンになりたいのである。強い不確実性回避の特徴は、変化への抵抗であるが、「新（new）」という言葉は、フランスやドイツのような不確実性回避の高い文化でも見つけられる[10]。「新」というキー・ワードは、広告には多く見られるが、実際の購買行動は、それほど革新的ではないこともある。個人主義者にとって、新しいとか現代的であるということは、冒険を意味する。集団主義者にとっては、現代的でインターナショナルであることは、より大きな世界への帰属を反映する。ローカルは規範であるが、グローバルは、魅力的な訴求である。中国人は、一方でグローバルなコスモポリタンへの欲求に動かされ、グローバル・ブランドからメンツを得るが、他方で、中国の訴求を使ったローカル商品への対抗的欲求も持っている。

　特にスペインでは、イノベーションとグローバルのパラドックスが強い。広告に反映されたスペイン人の生活は、たとえ予測できない要素に満ちていたとしても、温かく、他者を気遣い、多様でオリジナルである。スペイン人は、一方で現代的で革新的でありたいという欲求を感じているが、他方であいまいさに対処することの難しさから、安定を望ましいとしているのである。

9-3. 次元による訴求の例

　本節では、広告の中に見られる訴求例を次元によって説明し、さらにテレビ・コマーシャルにおける、しばしば「制作用限定」と思われるものの、基本的な文化的価値を反映している人々の活動や、相互関係を説明していく。本章では、他のほとんどの章でもそうであるように、Hofstedeの次元がほとんどの文化の広告に適用されていることから、これを適応する。

権力格差

　ステータス・シンボルが、低権力格差文化で使用されることは、高級であることが重要な訴求である高権力格差に比べると少ない。その一例が、ゴルフのようなある種のステータスとなるスポーツの使用である。パワー（権力）という宣伝文句は、口頭で、直接的ともなる：「あなたのパワーは、職場のためにとっておきましょう」（シンガポールのレクサスの広告より）。また、口頭やビジュアルのメタファーともなる：ブルーブラッド（高貴な血筋）、ヨット、王族への言及（ポルトガルの広告に見られる。**写真9.1** 参照）などだ。制作においては、権力格差は人々の相互関係や、どんなタイプの人を見せるかに表れる（年配者か、若者か）。高権力格差文化では、年配者（祖母、母、伯母）が若者（娘、姪など）にアドバイスをする。P&Gは、この文化的な差異のために、自社広告を慎重に変化させている。または、ACEブランドや、食器洗い洗剤ブランドのドレフトやイエスのコマーシャルに見られる。低権力格差文化では、P&Gのスウェーデンのイエスやオランダのドレフトのコマーシャルに見られるように、若者が年配者にアドバイスをする（娘が母に）。高権力格差行動の日本の典型的な例は、新興産業の「さいでりあ・ホーム」のコマーシャルに見られる。これでは、複数の人が車をシェアしたときには、どんな場合でも、上司もしくは目上の人間がまず先に家まで送られるという習慣が反映されている。たとえ、他の人の方が、通り道の手前に住んでいたとしてもである。このコマーシャルでは、この習慣のおかげで、車に乗っていた人全員が上司のすてきな家を称賛することができる。

　もう一つの例はボス缶コーヒーのテレビ・コマーシャルである（**写真9.2** 参照）。これは、先輩-後輩（職場に置ける年長者-若輩者）の関係性を反映している。有名な日本のロック・シンガー（矢沢永吉）が、日本のサラリーマンの先輩役をしている。先輩が会社を出ると雨が降っているので、後輩は先輩が濡れないように車を探そうとする。これは、平等の価値が強い低権力格差文化では見られない状況である。

　高権力格差文化では年配者が尊敬され、広告も世代についての言及をする傾向がある。例えば、同じ製品やブランドを使用した父や祖父について言及するなどである。この世代についての言及は、3世代を示したアザロの広告に反映している（**写真9.3**）。高権力格差文化では、若者のような服装をしている年配者は、「大人になっていない」と見なされる。カレラのサングラスのグローバ

写真9.1　アルファ33、ポルトガル

写真9.2　ボス、日本

写真9.3　アザロ、インターナショナル　　写真9.4　カレラ、インターナショナル　　写真9.5　ブルー・バンド、オランダ

ル広告は、年配の男性（アメリカ人には、「ハルク・ホーガン」というリング・ネームでおなじみのプロレスラー、テリー・ボレア）が若いヒッピーのような格好をしている写真が示されている。これは、高権力格差文化の人々にとっては、特に魅力的な写真ではない（**写真9.4**）。人々は、このような人物を大人になっていないと判断するだろう。

　独立は、低権力格差文化の望ましさを反映する訴求である。高権力格差文化では、独立は、望むものを反映している。日本のホンダの広告のコピーには「I'm independent」という英語が使用されている。高権力格差文化では、子どもは低権力格差文化よりも保護され、独立するのが遅い。オランダのブルー・バンド・マーガリンのコマーシャル（**写真9.5**）のように、幼い子どもが1人で自転車に乗って建物に入っていこうと苦労している様子は、高権力格差文化では受け入れられないだろう。オランダ人は、この少年をやる気のある独立した子どもと見なすだろうが、他文化では1人だけにされて、かわいそうだと思われるだろう。対照的に、イタリアのグラナローロ・ミルクのテレビ・コマーシャルは、幼い（甘やかされた）男の子が偉そうな設定（荘園の館、召使い）で示されている。召使いがあらゆる種類のクッキーをすすめるが、この男の子はミルクを飲みたがらない。ところが、グラナローロがすすめられると、彼はこれを受け入れ、みんなが

写真 9.6　グラナローロ、イタリア

拍手をする（**写真 9.6**）。

　広告における教師や上司に対する尊敬や軽視は、高権力格差、低権力格差の反映である。リプトン紅茶のデンマークの広告は、「あなたの紅茶を飲ませて、上司を夢中にさせちゃいましょう」と言っているが、これは、フランス、スペイン、イタリアでは使用されるべきではないだろう（**写真 9.7**）。パロディとユーモラスな広告の反権威主義的な要素に、低権力格差が反映されている。「力をつけた消費者」というコンセプトには、企業の「自分自身で判断する」というメッセージ（もっと黙示的にいうならば、企業が意見を押しつけるか、消費者との依存関係を作ったりするのでなく、手助けする役としての役割を強調する場合）が含まれているが、これは、低権力格差文化のものである。

写真 9.7　リプトン、デンマーク

個人主義／集団主義

　これまでの章で説明したように、個人主義と集団主義の文化の重要な差異は、低コンテクストと高コンテクストのコミュニケーションの違いである。個人主義文化では、直接的でパーソナライズした形で大衆に語りかける傾向がある。「あなたがた」、「私たち」また「私」というような言葉が頻繁に使用される。指示も同様である。アメリカの例を上げると、「あなたがスイッチを入れれば…」（デトロイト・エジソン）、「あなた自身にふさわしい扱いを」（クリスタル・ライト）、「あなたには夢がある。願い事をしよう…」（リーボック）などがある。個人主義文化のプレゼンター（presenter）は、大衆に直接的に話しかける。しかし、集団主義文化では、有名人広告を使用する。その目的は、オーディエンスがその有名人を連想することができるからである。個人主義文化において、人称代名詞の「I（私）」は、ナイキのグローバル広告（**写真 9.8**）や、ラッキーストライクの広告（**写真 9.9**）のように、頻繁に使用される。ラッキーストライクの広告は、スペインで使用されたが、このアプローチは、スペインではあまり魅力的ではなかった。

写真 9.8　ナイキ、スペイン　　写真 9.9　ラッキーストライク、スペイン　　写真 9.10　L&M、スペイン

写真 9.11　アディダス、中国

　それよりもよいアプローチは、タバコの L&M の広告（**写真 9.10**）で、これは、「仲間と一緒なら、もっとよい」と言っている。2008 年オリンピックのアディダスの中国におけるコマーシャル（**写真 9.11** 参照）は、中国の水泳チャンピオンが集団に運ばれるところを描いている。宣伝文句は「2008 年を共に。不可能はない」。

　低コンテクストのコミュニケーションは、より識字的であり、高コンテクストのコミュニケーションは、より視覚的である。しかし、ニューテクノロジーにより、世界中のアート・ディレクターは、簡単にビジュアルを広告に取り入れられるようになった。また、アメリカのような低コンテクスト文化では、これによりコピーの数が減少することに

なった(11)。

コンテクストは、中国のような集団主義文化では、ローカル・ブランドの広告にはローカル訴求が適合する。一方、グローバル・ブランドの広告には、外国の訴求が適合という意味でもコンテクストの役割を果たしている。中国人にとって、グローバル・ブランドは、現代性、洗練、テクノロジーを反映している。中国人は、グローバル・ブランドには、グローバルな西洋風広告や訴求を期待しているが、自国の中国ブランドの広告は、中国の価値を反映しなければならない。グローバル・ブランドは、中国の価値を訴求することを想定しない。したがって、中国人でない有名人は広告の中に中国の価値を訴求すべきではない(12)。

独立自我（independent self）と相互依存自我（interdependent self）の差異は、広告訴求に重大な影響を与える。個人主義的社会と集団主義的社会の構成員の、個人主義的訴求と集団主義的訴求を強調した広告に対する反応は異なる。中国や韓国のような集団主義文化では、内集団の便益、調和、家族に焦点をあてた訴求が、より効果的であるのに対し、アメリカのような個人主義文化では、広告は個人的な便益や嗜好、個人の成功、独立を訴求するとより効果的である(13)。ある男性が集団を抜け出して、その集団が考えもしなかったことを自分自身で始めるというコマーシャルは、西洋の個人主義文化では肯定的に見られるだろうが、集団主義的なアジアの文化では否定的に見られるだろう(14)。

しかし、パラドックス的であるが、集団から外れるという訴求は、集団主義文化で見られてきた。中国人が、共同体の規範をそれることで知られているわけではないが、その規範は、日用品の選択には適用されない可能性がある。ビール・ブランドのベックスは逸脱のコンセプトを使用した。太陽に顔を向けるひまわり畑を示し、そのうちの一つがベックスのボトルが立っている西に顔を向ける。もう一つのバージョンは、蟹の家族が１列にくっついて横歩きをしている。そのうちの１匹がベックス・ビールのボトルを砂の中に見つけ、隊列を崩すというものだ(15)。これは、個人主義−集団主義のパラドックス的側面を示している。個人主義文化では共同体規範は存在しないので、逸脱すると言うメッセージは意味がない。しかし、集団主義文化では、意味がある。ただし、それはせいぜい日用品を購入すると言う範囲であって、重要な問題に関わるのでなければの話である。

だが、シェアリングは、依然として集団主義の重要な要素のままである。集団主義文化では、人々はものをシェ

写真 9.12　マグナム、ドイツ

写真9.13　イェヴァー、ドイツ

アすることを好むが、個人主義文化では、良い物は自分だけの物に取っておくかもしれない。アイスクリーム・ブランドのマグナムは、このアプローチを使用した。ドイツの広告に示されている宣伝文句はこうだ。「私は多くのものを分かち合うけれど、すべてというわけではない」（**写真9.12**）。

　その他の例としては、以下の二つの訴求がある：「あまりに素晴らしいので、他の人とシェアしたいと思うでしょう」（エルメスタ、ポルトガル）に対して、「あまりによいので、自分だけのものにしておきたくなるでしょう」（エバーズ、製菓、デンマーク）。

　時間に関して、個人主義文化はモノクロームで集団主義文化はポリクロニックである。効率性のシンボルとしての時計は、ポリクロニック文化では理解されないだろう。

　集団主義的社会では、人々は1人きりでいたり、1人で食事をしたりすることを嫌うが、個人主義的社会では、人々は自分のプライバシーを大切にするのではないだろうか。集団主義文化では、1人きりでいることは、友人がいないこと、アイデンティティがないことを意味する。1人でいることは、その人が帰属されている集団の外にいることである。アメリカでは、リーバイスがヒスパニック市場用に広告を変更し、個人主義重視を緩めた。アメリカで、リーバイスのテレビ広告中に登場する独立したヒップスター（流行に敏感な人）は若い顧客を引きつけてきたが、リーバイスのヒスパニック顧客には効果がなかった。「なぜ、あの若者は独りぼっちで通りを歩いているの？」とヒスパニックは質問した。「友達がいないのかしら？」[16]。個人主義文化では、人々はビールを1人で楽しむことができ、1人でいることはくつろぎをもたらすことさえある。しかし、ビールをみんなで楽しむという集団主義文化ではそうでない。ドイツのイェヴァー・ビール（**写真9.13**）とスペインのマオウ・ビール（**写真9.14**）のテレビ・コマーシャルの画像が、その違いの良い例である。

　個人主義文化、集団主義文化の両方で、家族は広告に登場するが、個人主義文化の広告では、スペインの砂糖のコマーシャル（アズカレロ、**写真9.15**）のように、祖父母が入った複数世代を見せることはまれである。個人主義－集団主義次元の最もパラドッ

写真 9.14　マオウ、スペイン

クス的な現象は、家族を示すのは、個人主義文化も集団主義文化と変わらないか、むしろもっと多い。集団主義文化では、広告主は家族を描写する必要性をあまり感じない可能性がある。家族は、人のアイデンティティの一部なのであり、これは「望ましい」のではない。

　個人主義文化の訴求は、独立自我にはっきりと言及することができる。例えばタンパックスのコマーシャルは、こう言う。「あなたを解き放って、自分自身になりましょう。自分のしたいことをして、どんな日でも自分の着たいものを着ましょう」。個人主義的な宣伝文句の例を以下にあげる。「個人のためにデザインされた」（三菱）、プリヴェイト・シガレット（デンマーク）と、チボ・プリヴェイト・カフィー（ドイツ）の「プリヴェイト（訳注：プライベートと掛けている）なコンサート」、「調和的世界でも、個人のために作られるものもある」（エルブラン、時計）、「君の道を行け」（フォード、プローブ）、「僕のクレージーな生活。あなた自身でいてください。あなたのクレージーさのキングでいてください」（クライスラー、PTクルーザー、イギリス）。集団主義的な宣伝文句の例を以下である。「共に繁栄」（日本の千代田のインターナショナル広告、

写真 9.15　アズカレロ、スペイン

写真 9.16　千代田、インターナショナル

写真 9.16）、「グループの一員となれ」（J&Bウィスキー、ポルトガル）、楽しそうな一群の人々を示し、「最良のとき」というキャッチフレーズを付けたもの（バレンタインズ、スペイン）。

　集団主義文化の構成員は、個人主義文化の構成員とは異なるおもてなしの知覚を持っている。集団主義文化では、突然の来客でもいつも食事を振る舞われるので、常に十分な食事が用意される。パーティ・スナックのためのオランダの宣伝文句、「パーティがあるならば、デュイヴィス」は、パーティのためだけではなく、このような製品が常備されている集団主義文化には効果的ではないだろう。

　イノベーションとグローバルのパラドックスの節で述べたように、集団主義文化で人気のある訴求は、「近代的」と「インターナショナル」である。それは、新しく、より大きな世界への調和と帰属の欲求に訴えるからである。「リーダーズ・ダイジェスト」[17]は、読者調査で分かった人的特徴に関するデータを発表している。その特徴の一つは、近代-伝統のスケールで測定されたもので、自分自身を近代的であると考える人々の回答割合は、集団主義と相関関係がある。

　集団主義文化では、コンテクストと自己の関係性志向の両方が重要である。このことは、広告の中で有名人がどのように使用されているかが文化によって異なる要因になり得る。個人主義と男性らしさの配置では、人々は目立ち、成功している人々に尊敬の念を抱く。これは、アメリカで個人崇拝や有名人、スターへの熱中が目立つ理由の説明となる可能性がある。しかし集団主義文化、特にアジアでは、有名人はアメリカよりもさらに頻繁に広告に使用されており、韓国がそのトップである。Praet[18]は、有名人現象の中で二つの集団主義的側面である、相関的自己とコンテクストに注目している。日本では、有名人の出演は、有名俳優、歌手、花形プロスポーツ選手、コメディアンにとどまらない。広告は、定評のある有名人が自分の名声を資本化するための場であるが、名声を目指しているモデルや俳優の卵にとっての足がかりでもある[19]。日本では、エンターテイメント世界のほとんどの有名人を表すのに、「タレント」という言葉が使用されており、「スター」は、長続きする人気を持っていると見なされる人々である。タレントの多くは、可愛い容姿に基づいて選定されている。エンターテイメントや広告との関係においては、この現象は、独自性や目立つことの問題を引き起こさないように思える。西洋のスターのほとんどは、その際立った身体的、個人的特質によって人気を得ているが、日本のアイドルの外見は普通よりも少しだけ上なだけなので、オーディエンスを遠ざけたり気分を害させたりすることはなく、ファン達も一生懸命頑張れば、スターになれるという気分にさせる。このような「タレント」の役割は、製品特性が類似しているブランドがひしめく中で、ブランドに「顔」を与えることでもある。製品に抽象的な人的特徴を加えるのではなく、具体的な人と結びつけるのである。これは、クリエイ

ティブ・プロセスの一部としても説明できる。広告代理店のクリエイティブ・チームは提案キャンペーンを説明する際、抽象的なクリエイティブ・コンセプトについて語るよりも、人気のあるタレントをクライアントに示し、そのタレントの周りにキャンペーンを作り上げていく方を好む。重要な違いは、個人主義文化では、有名人は、唯一のブランドか企業だけと結び付ける。その結果、有名人のユニークで望ましい特性がブランドに移転してブランドの信頼性を上げることができ、ブランドは他のブランドとの差別化ができる。ところが集団主義文化では、有名人のユニークさは、意味がない。中国では、1人の有名人が20以上のブランドと関連することもある[20]。

世界の人口のおよそ70％が多少なりとも集団主義的だが、多くのグローバル広告キャンペーンは個人主義的価値を反映している。これらのことから、多くのグローバル広告はターゲットのごく一部にしか効果的でないと仮定していいだろう。ほとんどのグローバル広告は、人々に直接的な方法で呼びかけており、独りぼっちの人たちを示し、あらゆる種類の個人主義的の宣伝文句を使っている。

男性らしさ／女性らしさ

勝利と達成は、男性らしさの文化の特徴であり、アメリカの広告に頻繁に反映されている。特に、個人主義と男性らしさの組み合わせ（アングロ・ジャーマン文化の配置）は、勝利すること、成功し、それを誇示することへの強いニーズが、支配欲と組み合わされたものとなる。その例としては、「一番であること」、「世界で唯一」、「最高であれ」などがある。誇張、説得、比較広告は、男性らしさの反映である。「当社は、誰が最初にクライアント／サーバー・アプリケーションを終了したかという事実をはっきりさせた

写真9.17　ニコン、インターナショナル

写真9.18　スキニー、ドイツ

い」(SAP、統合ソフトウェア) という宣伝文句は、男性らしさの文化の典型であり、競争性を反映している。カメラのニコンの広告は、「1秒ごとに新たな勝者」(**写真 9.17**)である。下着のスキニーのドイツでの広告はこう言う。「ただ、最高の一語に尽きる」(**写真 9.18**)。

　迫力のある印刷やレイアウトも、もう一つの競争性の反映である。夢や大きな期待は、男性らしさの文化の表現だ。「夢がかなった」とか「限界のない世界」という記述は、一生懸命頑張りさえすれば、誰でも何でも成し遂げることができるというコンセプトである「支配」の価値を反映している。これは、夢は妄想であると言われる女性らしさの文化とは正反対である。男性らしさの文化では、ステータスは人の成功を誇示するために重要である。その年の最重要人物になることは、男性らしさの文化の人々の理想である。凡庸であることは失敗の証明であるからだ。第4章で、これがアメリカのタイレノールのコマーシャルにどのように使用されているかを示した。もう一つの男性らしさの反映で、アメリカ文化に典型的なものは「大なること」である。アメリカは、大いなる自尊心、大きな車、ビッグ・マック、クォーター・パウンダー (もしくは、ハーフ・パウンダーさえも)、ビッグ・アイデアの国である[21]。**写真 9.19** は、タコ・ベルのテレビ・コマーシャルからの画像である。

　個人主義と男性らしさの配置は、アメリカの広告における以下のような記述に頻繁に見られる誇張を説明する:「世界中のどんな化粧品も当社のようなことはできません」、「本当に強いのは、レイノルズのビニール・ラップだけ」、「最高の気楽さ」(白いプラスチックのガーデン・チェア)、「ノーザン・ウルトラ以上に柔らかいトイレット・ペーパーは、見つけられません」、「病院が最も使用している鎮痛剤」、「世界ナンバーワンのコンタクト・レンズ」(アキュビュー)。

　アメリカとイギリスはどちらも男性らしさの指数が高いが、違いはある。アメリカの方が不確実性回避のスコアが高く、これが誇張と控えめな表現の違いにも影響している。イギリスでも、人は自分が成功したことを言葉にしたいが、これは「冗談まじり」に行なわれることが多い。

写真 9.19　タコ・ベル、アメリカ

　女性らしさの文化は、思いやり、優しさ、小ささを好むことが特徴である。ロシアのノリリスク・ニッケルのインターナショナル広告は、広告の中に子どもを使い、弱い者への愛情を表現している (**写真 9.20**)。女性らしさの文化は、誇張ではなく控えめな表現を好む。カールスバーグのインターナショナル広告キャンペーンは、「たぶん、世界最高のビール」というキャッチフレーズをつけている (**写真 9.21**)。ボルボの広告 (ボルボは女性ら

写真 9.20　ノリリスク、インターナショナル　　写真 9.21　カールスバーグ、インターナショナル　　写真 9.22　ボルボ、インターナショナル

しさの文化が世界最高の国、スウェーデンの会社）の多くは、安全性、家族を守ることに重点を置いたものとなる傾向にある。女性らしさの文化では、見せびらかすことは良くないことである。**写真 9.22** のボルボの広告は、「本当の洗練は内側から起こる」と言っている。この意味は見せびらかしたりする必要はないということである。

　もう一つ、広告における控えめな表現の例は、オランダのアウディ 100 の広告である。「あなたは、小さな家を持ち（ビジュアルは邸宅）、小さな車を持っていますが、あなたの隣人は、十分に離れた所に住んでいるので、それを見ることはできません。その上、一番重要な部分は、見ることができません。それは、ボンネットの中にあります」。これと対照的な宣伝文句がイタリアのセアトによるもの。ガラスのドアが付いたガレージにある車を示し、「いつでも見せることができるし、いつでも見てもらえます」という。

　控えめな表現は、アウディの高級トップ・モデルであるアウディ A4 アバントのスペインの印刷広告にも見ることができる。それは、以下のような文面だ：

　　ファミリーカーだと言って、みんなをだましてしまいましょう。新型アウディ A4 アバントです。人前でパワーのことは話さないでください。もし、ある日誰かが 1 つのシリンダーごとに 5 つのバルブがあることを持ち出したら話題を変えて、雨が降りそうじゃないかい、と言いましょう。150 馬力？―そんなこと、知りません。―クアトロ・トラクション？何のことだか？インテリア・スペースと可変性を口実にしましょう。そうすれば、本当はあなたが、このデザインを大好きだとは誰も思いません。お友達と乗っているときは、あなたが退屈していると思わせましょう。あくびをするのもおすすめです。そうすれば、アウディ A4 アバントは、ただのファ

ミリーカーだとみんな思うでしょう。なにしろ、自分はスポーツカーを運転していると言ってあなたをあざむきたい人はたくさんいるのですから。

この文章は、集団主義、高権力格差、女性らしさ、強い不確実性回避の配列を反映している。権力について人前で語ることは許されない。権力はただ持つものである。衝突を避けるために、物事は直接的に言わない。間接的に、技術的な面での多くの重要な詳細が伝えられる。慎ましさと調和を反映している。

女性らしさの文化で、有名人広告が使用される場合、有名人は、自分が有名であるという事実を実際よりも小さく見せようとする傾向があり、軽く扱われたり、からかわれたりすることさえある。極端な場合は、パロディ・スタイルが活用される。オランダでは、パメラ・アンダーソンのそっくりさんが眼鏡小売チェーンのハンス・アンダースに起用され、彼女の体型を見下して、これは、眼鏡と同じ位に人工のものだとほのめかした。スペインでは、眼鏡小売チェーンがパメラ・アンダーソンも出演していた連続ドラマの「ベイウォッチ」からもう1人の「ヒーロー」を使用し、彼が速いスピードで走って掘建て小屋にぶつかり、見ている人に、彼は眼鏡をかけているべきだったと思わせた。

強い役割と弱い役割の区別は、両方とも広告に反映されている。その一例は、メキシコのジェスロ・ジーンズの広告である。「彼のピンナップ・ガールになろう」(**写真 9.23**)。デンマークの広告ではエプロンを付けた男性を見せている。これはマタスの広告である (**写真 9.24**)。

スロバキア共和国は、男性らしさのスコアが非常に高い。同国でダノンが付けたブランド名、「ドブラ・ママ（良いお母さん）」は、成功しているが、これは典型的な母親の役割の重要さを示す。このようなブランド名は、男性らしさのスコアが低い文化ではう

写真 9.23　ジェスロ、メキシコ　　写真 9.24　マタス、デンマーク

写真 9.25　ガリーナ・ブランカ、スペイン

写真 9.26　ラ・ピアラ、スペイン

まく作用しないだろう。

　男性がエプロンを付けて、買い物、料理、育児などの家事を積極的に行なっている様子が、スペインの広告に見られる。ガリーナ・ブランカ（**写真 9.25**）のテレビ・コマーシャルの画像と、お父さんが子ども達と買い物をしているラ・ピアラ（**写真 9.26**）のものだ。また、フランスでも父親が子ども達と一緒にいる広告が、マギーのテレビ・コマーシャル画像に見られる（**写真 9.27**）。スウェーデンのアヤックスのテレビ・コマーシャル画像（**写真 9.28**）は、男性が楽しげに床掃除をしているところを示している。彼はモップをゴルフ・クラブのようにスイングさせている。

　男性らしさの文化で、男性が家事をしているところをテレビ・コマーシャルで出す場合、その男性は役立たずとして描かれることが多く、女性の方が（家事は）よく知っているという落ちになる。女性がエキスパートの役割をし、その製品をどのように使うかをアドバイスする。女性は、能力のある主婦になりたいと思い、パートナーに対しての

写真 9.27　マギー、フランス

写真 9.28　アヤックス、スウェーデン

写真 9.29　トリンプ、イギリス

写真 9.30　カーサ・モデーナ、イタリア　　写真 9.31　ホンダ、アメリカ

写真 9.32　日立、日本

写真 9.33　アジア・テレコム、タイ

主導権を持ちたいと思う。トリンプ下着の広告では「コントロールの問題」と呼んでいる（**写真 9.29**）。

　イタリアのカーサ・モデーナのテレビ・コマーシャル画像（**写真 9.30**）のように、女性は家族のために働く。男性が赤ちゃんと何かをしている場合は、おそらく自分自身の目的を果たすためである。ホンダのアメリカ版テレビ・コマーシャルは、男性が赤ちゃんを抱いて自分の車に近づいていくところを示している。汚れを見つけた男性は、赤ちゃんのおむつで車をきれいにする（**写真 9.31**）。男性らしさの文化では、女性は強いものとして示されることがあり、女性らしさの文化では、男性が優しいものとして示されることがある。**写真 9.32** は、賞を獲得した傑作である日立掃除機の日本のテレビ・コマーシャルからの 3 画像である。この中で、女性はハエと戦っている。**写真 9.33** は、タイ

のアジア・テレコムの、やはり賞を獲得したテレビ・コマーシャルからの3画像である。これは、空港にいる父親が、ビデオ・フォンで娘に寝る前のお話をしてあげているところである。

　男性らしさの文化の訴求はどちらかというと任務や成功志向であり、女性らしさの文化の訴求はどちらかというと親和や関係性志向である。

　ドイツの洗剤のコマーシャルは、大量の洗濯物や大勢の汚れた子ども達と、洗濯後の大量のきれいな衣類や、大勢の子ども達がまばゆいほど白い服を着ているところを示して効果を主張する傾向にある。女性は有能な主婦の役割を与えられる。女性らしさの文化では、女性を自分の子どもと幸せな関係にある有能なお母さんという役割にして、もっと親和志向のアプローチにする方が成功するだろう。清潔な子ども達は、お母さんと子ども達の関係性の一部である。この二つは非常に異なるアプローチである。

　多くのインターナショナル広告は、アメリカの企業からのものであるため、英語のビジネス雑誌におけるビジネス広告では特に、女性はデコレーションとして使用される傾向にある。

不確実性回避

　強い不確実性回避は、説明、構造、テスト、テスト結果、科学的証明やアドバイス、専門家の推薦などの必要性だけでなく、テクノロジーとデザインも重視される。テクノロジーとやデザインの重視は、高権力格差と配置されるとさらに顕著となる。その一例がイタリアの自動車ブランド、ランチアの広告（**写真 9.34**）。広告は、構造化され詳細になる傾向がある。詳細な広告の一例は、ロシアの化粧クリームのものである。商品名

写真 9.34　ランチア、イタリア

写真 9.35　ピュリティ・ライン、ロシア

写真 9.36　プロテックス、ブラジル

写真 9.37　アルバイェ・ガスパチョ、スペイン

は「ピュリティ・ライン」という意味である（**写真 9.35**）。これには多くの情報に加え、ラボラトリーの写真もあり、こうすることで科学的な証明を示している。

　不確実性回避の高い文化に頻繁に見られる訴求は、細菌への危惧であり、洗濯用洗剤、掃除用洗剤、ハンドソープなどに使用されている。その一例が**写真 9.36** のブラジルのプロテックスのもの。女性がドアを閉めたり、引出しを開けたり、電話を取り上げたりなどいろいろなことをしているが、手をきちんと清潔にするのに必要なのは、抗菌効果のあるプロテックスのハンドソープをたった1回使うだけである。

　純粋で、新鮮であることは、不確実性回避の高い文化の食製品の訴求に重要である。第4章でミネラル・ウォーターの例を提示した。パッケージ詰めされたガスパチョ・スープのスペインの広告の中では、トマトの栽培者が冷蔵庫のドアからキッチンに現れることで、新鮮さを誇示している（**写真 9.37**）。

　不確実性回避の高い文化の広告では、メーカーの能力を誇示しなければならない。すべての技術的な詳しい説明を含めて、製品がどのように機能するかを示すことは重要である。これは、結果の重要性の方が大きい不確実性回避の弱い文化とは対照的である。歯磨きの広告とテレビ・コマーシャルの二つが、この差異をよく示している。エルメックス・アンド・アロナルの広告（**写真 9.38**）では、このブランドは、歯の健康のエキスパートと呼ばれ、製品がどのように機能するかを詳細に示している。対照的に、イギリスのクレストの広告は、製品を使った結果の美しさに焦点をあてている（**写真 9.39**）。

　写真 9.40 と **9.41** のテレビ・コマーシャルは、オドール・メッド3（オーストリア）

第 9 章 文化と広告訴求　329

写真 9.38　エルメックス・アド・アローナル、ドイツ

写真 9.39　クレスト、イギリス

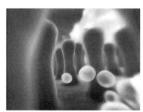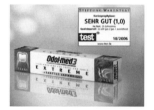

写真 9.40　オドール・メッド 3、オーストリア

とクレスト（アメリカ）のものだが、同じような差異を示している。オドール・メッド 3 は、歯ブラシと歯磨き粉が口の中でどのように機能するかを示している。クレストのコマーシャルは、あなたの笑顔が OK ならどんなにひどいことだって言えますというキャンペーンの一つ。この広告では一組の男女が結婚しようとしており、未来の花婿とその弁護士が、にっこり笑って彼女のことは信頼していないと告げるのである。

　テスティングとテスト結果は、不確実性回避の強い文化で好まれる。しかし、制作では異なる傾向がある。ドイツ人の好む表現に、「テストで最高」と「テストの勝者」というのがある。**写真 9.40** のオドール・メッド 3 のコマーシャルは、パッケージのショットに、同製品は非常によいテスト結果であると加えて終わる。製品に関する技術的な説明は、それが車であれ、歯磨き粉であれ、シャンプーであれ、どんな種類の製品でも非常に詳細となりがちである。

　恐怖の訴求は、不確実性回避の高い文化の方が、不確実性の低い文化よりも有効である。不確実性回避の低い文化では、人々は脅威よりも便益に反応する。これは特に、非

写真 9.41　クレスト、アメリカ

写真 9.42　ホンダ、スペイン　　写真 9.43　ステラ・アルトワ・
　　　　　　　　　　　　　　　　　　　ビイール、オーストラリア

営利、健康関連のコミュニケーションにとって重要である[22]。

　デザインは、ドイツとイタリアの広告の強力な要素である。ドイツの広告は、テクノロジー面にも重点を置く傾向にあるが、イタリアの広告は、外見に重点を置く。フランスとスペインの広告は、比較的アートやファッション志向である。

　不確実性回避の高い文化における人々のみだしなみは、不確実性回避の低い文化よりも良い。南ヨーロッパとゲルマン系諸国の広告の中では、人々は北ヨーロッパ文化の広告よりも断然良い身なりをしている。良い身なりをすると言うのは、適切な色を組み合わせ、適切なアクセサリーを選ぶということ。スペインのホンダの広告は、このことをよく示している（**写真9.42**）。これは、車と靴、バッグ、サングラス、携帯電話、その他もろもろと色をそろえることを提案している。洗練を究極に控えめとした表現が、ステラ・アルトワ・ビイールのオーストラリアの広告である（**写真9.43**）。他の例としては、二つの朝食の場のものがある。サコッティーノのイタリアの広告（**写真9.44**）では、身なりのよいお母さんとお父さんがいるが、対照的に、オランダのブルー・バンド・フー

写真 9.44　サコッティーノ、イタリア

写真 9.45　ブルー・バンド・フーデ・スタート、オランダ

デ・スタート（良い1日の始まりの意）では、下着姿のお父さんを示している（**写真 9.45**）。

　不確実性回避の高い文化では、プレゼンターはエキスパート、有能なプロフェッショナル、または有能なボス（教授や医者のようなタイプ）で、できれば白衣を着ているのが望ましい。低権力格差で、不確実性回避が弱い文化では、エキスパートのパロディが好まれる。

　不確実性回避の高い文化では、情緒が示されることがあり、「情緒」という言葉は、それ自体が魅力的である。その一例は、スペインの自動車座席のブランド、シートが使った「オート・エモシオン（訳注：車の情緒）」というキャッチフレーズである。

　不確実性回避の強い文化における広告に認識される訴求は、不安や緊張から解き放たれたという意味でのくつろぎである。これは、明白に表現されることがあるが、弱不確実性回避の文化では、緊張からの解放はどちらかというと暗黙のうちに示される。

長期志向／短期志向

　長期志向の対立価値は、「明日のために貯めておく」に対しての「今すぐ買って、後で払う」である。アメリカの広告で頻繁に遭遇する切迫感には、短期志向が反映されている。その例としては、「急いで」、「待ってないで」、「今なら50％引き、頭金不要、2年間無利子ローン、今だけ！」などがある。短期志向の考え方のもう一つの表現は、ハーゲンダッツ・アイスクリーム（**写真 9.46**）の広告に見られる「今すぐの楽しみ」や、

写真9.46　ハーゲンダッツ、イギリス

写真9.47　CK、スペイン

写真9.48　NTTドコモ、インターナショナル

写真9.49　LG、インターナショナル

CKの広告に見られるような、今を生きて、将来のことは考えないというもの。CKの広告は、こう言う：「グッドでもバッドでも、そのままで」（**写真9.47**）この次元に関する新データは、短期志向の重要な追加の側面を指摘している。寛大さを始めとする他者への奉仕である。これは、この次元でスコアの低いアフリカ諸国における「大物」として認識することができる。「大物」は家族、大家族、さらには家族の外側のネットワークにも、自分の持てるものを分け与える。これは、Oyedele and Minor[23]がナイジェリアと南アフリカで、広告の重要なテーマとして、観察したことである。

長期志向のシンボルは、こんもり茂った木や、未来の世代についての明白な言及である。これは**写真 9.48** に示した日本の電気通信会社、NTT ドコモのインターナショナル広告に見ることができる。韓国の LG のインターナショナル・キャンペーンも、**写真 9.49** に見られるように、継続を象徴する長期志向のシンボルを使っている。老人がその生涯で成し遂げられなかったことは、この赤ちゃんが引き継いで、成し遂げるであろう。この広告は、自然と人間との調和も象徴している。

　自然と人間仲間、両方との調和は、アジアの広告で人気の高い訴求である。これは、仲間との間で信頼を構築するためにも役立つ間接的なアプローチの一部である。多くの広告は純粋にエンターテインメントであり、ビジュアルや対象は目を楽しませるために利用されるが、その多くは自然に関連した竹、花、秋の紅葉、その他の季節を表すもので、これらは外国人には分からない象徴的な意味を持っていることが多い。西洋人の多くは、コンピュータの広告に蝶が使われたり、他のアジアの広告に出てくる自然の要素を理解しない。集団主義と長期志向の組み合わせは、自然と人間の調和を必要とするので、これが、このような広告スタイルの説明となる。その目的は、顧客を邪魔することなく喜ばせることである。

9-4. 広告コンセプトへの影響

　いくつかの次元の配置は、広告訴求の有効性に重大な影響を与える。訴求やコンセプトは、程度の差はあっても、訴求が効果的である文化群を示す 2 次元的マップの中に示すことができる。その一例は、ステータスの利用である。これは権力格差と男性らしさで変化する訴求である。ステータスは人の社会的地位を示し、高権力格差文化におけるメンツを保ち、男性らしさの文化では成功を示すために使われる。女性らしさの文化で、特に低権力格差（スカンジナビアとオランダ）では、ステータスへのニーズは低い。女性らしさの文化の特徴は謙遜と嫉妬であるので、ステータスの使用は逆効果である。男性らしさと権力格差の両方のスコアが高い文化は特にステータスの動機に敏感で、高級ブランドがそのニーズを満たす。このような高級ブランドの広告は、当然、ステータス訴求を使用する。特に中国人消費者にとっては、達成は、そのコミュニティからの称賛に対する社会的ニーズを満たすものである。これは社会的方向性のもので、高級ブランドは、このようなブランドを購入し、所有し、消費するという行為を通して、他者から尊敬されたいという中国人消費者のニーズを満たしている[24]。

　図表 9.1 は、30 カ国の 2 次元的マップであるが、広告中の訴求としてのステータスに、どのように反応するかを文化群によって示している。左下の欄にはスカンジナビア諸国とオランダがあるが、ここの文化ではステータス・訴求は、あまりうまく機能しない。

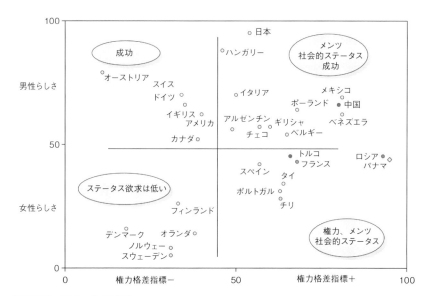

図表 9.1　ステータス欲求
出処：Hofstede 他からのデータ（2010）（別表 A 参照）

もしくは、社会の中のごく一部にしか機能しない。左上の欄は、アングロ・ジャーマンの群であるが、ここではステータスは、成功と結びつけられたときに最も訴求する。右の欄二つは、ヨーロッパ、ラテン・アメリカ、アジア文化の混合を示している。右下の欄では、ステータスは、主として社会的地位やメンツと結びつく。極端なのは右上の欄で、ここでは社会的地位と成功の両方が、広告の中のステータス・ブランドや訴求への原動力となっている。メキシコ、ベネズエラ、日本、中国が高ステータス文化である。

9-5. 素晴らしいアイディアは伝わるのか？

　素晴らしいアイディアやコンセプトは、それが価値を基礎としていた場合、消費者の心を打つものである。そのようなコンセプトは、それが生まれた国の中心的価値を反映する傾向にあり、限られた数の外国にしか伝わらない。インターナショナル広告の世界には、伝えられないコンセプトがたくさんある。イギリス人にとって特に魅力的なコンセプトの一例は、選択の自由である。これは他の多くのヨーロッパ人にとってはあまり重要でないコンセプトである。どうして、自由な国の消費者に、選択の自由がないなんてことがあるだろうか？
　ワイヤレス・テクノロジーに頻繁に使用されるコンセプト、「あなたの好きなところ

で作業」というのは、個人主義文化の典型である。個人主義文化では、人々は集団主義文化よりも簡単に仕事と家庭生活をミックスさせる。第8章で、家庭用コンピュータとモバイル・インターネットの普及に関する個人主義の影響を検討した。個人主義文化では、人々はオフィスから家庭、公園、ビーチにさえ仕事場を移したいと思っているが、集団主義文化では、職場は、その人の「家族」の一部であり、同僚と共に残って仕事を仕上げたいと思う。したがって、個人が公園で仕事をしているオレンジ社のような広告（**写真 9.50**）は、文化特有の物であり、北西ヨーロッパやアングロ・サクソン世界を超えて伝わることはできない。この広告は、公園でノート・パソコンを持っている個人が示され、「ビジネスは、境界がないことを知っている」と言っている。

　第2章で触れた、成功したグローバルなコンセプトとして説明されたキャンペーンは、洗剤ブランド、オモの「汚れはよい」というキャンペーンであった。このコンセプトは、子ども達が成長し、学習していくときには、汚れる場合もあるという信念に基づいている。なかには、このことを心配する親もいる。これは、汚れはオモが面倒を見るので、親は子どもを自由にして、汚れさせ、発達させてあげようと奨励する意見である[25]。しかし、Hollisによれば、同ブランドの約束は、文化やコンテクストによってさまざまに解釈される必要があるかもしれないという。アジアのオモは、「汚れはよい」というメッセージをイギリスのパーシルとは異なった形で伝えている。汚れに対する態度が異なっ

写真 9.50　オレンジ社、インターナショナル

写真 9.51　ホンダ、インターナショナル

ているからだ。アジアでは、汚れは危険であり、脅威であり、避けなければならない。イギリスでは、汚れはむしろ、見苦しい不愉快なものである[26]。

　企業は素晴らしいアイディアを持ち、全世界に中心的メッセージを発することがあるが、消費者は、それが自分たちの価値と合致しないと判定することもあるし、メッセージの読み取り方も価値によって変化する。かなり長い間、ロレアルは「私にはその価値があるから」という中心的テーマで、グローバルな広告キャンペーンを行なってきた。しかし、アジアの消費者は、これを「あなたにはその価値があるから」と読みとる。なぜなら、アジアの消費者は「私にはその価値がある」とは進んで言いたくないからだ。したがって、ロレアルはそのように変更したが、これを話すのは消費者自身ではなく、企業の権威になってしまった。つまり、中心的メッセージは変更されたということである[27]。

　素晴らしいアイディアのなかには、伝わるものもある。これらは価値ではなく、製品の属性や便益に基づいている（第11章参照）。これらは、製品に関連したアートであり、製品に関してポジティブな感情を与える。このタイプの広告は、情報を与える説得的コミュニケーションではなく、好感度モデルに従っている。その一例は、ホンダのテレビ・コマーシャルで、この中では、60人の聖歌隊が新しいホンダ・シビックを運転した体験を歌っている（**写真 9.51**）。

　このようなコンセプトは、有名なブランド用に他のメッセージを追加して使用することができる。また、コーポレート広告にも使用できるが、目的は、認知と信頼構築に限定される（第11章参照）。

　Hollis[28]は、伝わる素晴らしいアイディア、もしくは並外れた広告の能力には二つの主要な基準があると言う。その説得力の基準は、オーディエンスを引き込み広告ブランドと結びつく長期的な記憶を確立する能力と、即座に動機となるパワーが広告にあるかである。しかし、ある国で並外れている広告の内27％は、外国では許容基準を下回るパフォーマンスだった。国際的な広告主は、自国で素晴らしいアイディアを見つけ、それを他国にも広げられると考える際、外国でその広告を実施する前にテストをしたほうがよいと考えられる。本国と同様に機能すると思い込むべきではない。

9-6. 原産国訴求

　ある程度、伝わる訴求は原産国訴求である。この訴求は、製品カテゴリーと原産国の組み合わせを基礎とする。消費者は、製品とブランドの原産国に敏感である。製品やブランドの原産国や、外国の響きのあるブランド名は、消費者の知覚に影響する[29]。消費者は製品の評価を下すとき、原産国をステレオタイプの情報として使用する[30]。特定の国に対してポジティブ、またはネガティブな態度を持つ消費者は、国に関連した広告に対して好意的、または非好意的な反応を見せるだろう[31]。外国製品に対する態度は、製品の原産国によって異なる。衣類の「ファッショナブルさ」は、フランス産に関連するし、車の「品質」はドイツか日本に関連するだろう。ドイツの自動車ブランド、フォルクスワーゲンは、この訴求を非常にシンプルな形で使い、キャッチフレーズをドイツの「ダス・オート（ザ・カー）」としている。「フランスの香水」のような明白な組み合わせは、世界中で使用される。しかし、国のイメージは時とともに変化することがあるし、消費者の態度も変化することがある。非常に高級なブランドは、西洋文化に起源を持つものがほとんどなので、西洋の訴求を使用しており、アジアなどステータスの訴求が重要な文化では、特に魅力的となっている。そのため、これらのブランド広告は、外国でもめったに変更されない。さらに、ウェブサイトも同様である[32]。

　自国の製品を好むことは、「消費者ナショナリズム」とか、「消費者エスノセントリズム」と呼ばれる。消費者ナショナリズムは、愛国心と関連しているだろうが、これは短期志向の文化で比較的強い。

　第2章で検討したように、ポジティブな製品と国の組み合わせは、ある国がその分野（デザインまたはテクノロジーなど）で非常に強いと知覚されている場合に存在する。これは、製品カテゴリー（家具や車など）にとっても重要な特性である。このような製品と国の組み合わせは、「プロトティピカリティ（prototypicality）」と呼ばれる。どの製品カテゴリーがどの国とプロトティピカルであるかについての見解は、さまざまであろう[33]。

9-7. ユーモアが伝わらないのはなぜか

　ユーモアは、文化によって広告の中で多く使用されたり、ほとんど使用されなかったりする。ユーモアは伝わらないということは、頻繁に耳にする。なぜか？ユーモアは、因習や定着した考えを転覆させるような遊びであるからだ。ユーモアはタブーを壊すことを基礎としている。コメディは因習的な規則を破り、あるべき姿に反抗する形で進む。

文化的な因習を使用するので、文化を共有する人々にしか理解できない。その一例がゴーゴリの劇、「検察官」の一部である。この中で検察官の召使いがベッドに横たわっているところを見られるという場面がある。ゴーゴリの時代（1836年）のロシア人にとって、これは非常に面白いことだった。召使いは床に寝るもので、ベッドにいるということは、主人のベッドにいるということを意味し、前代未聞の無作法であった[34]。これは、ロシアの文化には合っている。ロシアはかつても今も、世界で最も権力格差のスコアが高い国の一つである。召使いの行為は、低権力格差文化の人々には理解できないし、したがって面白いと見なされることもない。

　文化は、使用するユーモアのタイプにも影響する。例えばパロディは、権力の声を偽装するものなので、低権力格差文化に合う。イギリスのユーモアの多くは、反権威主義を基礎としている。不確実性回避の弱い文化は、あいまいさに耐えることができるので、比較的微妙なタイプのユーモアやパロディ、控えめな表現を使う。不確実性回避の強い文化では、比較的直接的なタイプの、どたばた喜劇のユーモアが使われる傾向がある。ドイツ人の戒めるようなユーモアは、ドイツ人の完璧主義のニーズと関わりがあり、これは、ドイツ人が滅多に皮肉を使用しないためである[35]。ベルギーのユーモアは、直接的なものが多い。オランダとベルギーで、ユーモラスなテレビ・コマーシャルの好みの差異比較をすると、ベルギーではオランダよりもあけすけな冗談が好まれるが、これは不確実性回避のレベルの差異で説明できる。ダジャレや言葉遊びは、ベルギーよりもオランダで好まれる。不条理主義、パロディ、風刺が、特に専門家を真面目に受け止めないコマーシャルに使用された場合、ベルギー人は、オランダ人よりも、これを評価しない[36]。

　広告におけるユーモアの研究では、通常、数多くの異なるユーモアの工夫が識別されている。ダジャレまたは言葉遊び、控えめな表現、冗談、滑稽、「漫画」（続き漫画などの）、コメディ、どたばた喜劇、風刺、パロディ、皮肉、ブラック・ユーモアなどだ。ドイツ人はユーモアに欠けると言う定型化とは対照的に、ドイツの研究は、（Hillebrand[37]とMerz[38]参照）一つの違いだけはあるものの、同じようなタイプ数を区別している。イギリス／アメリカの研究では、控えめな表現がユーモアの工夫として言及されている。これは、前述のドイツの2研究ではユーモアの工夫としては規定されていないが、ドイツの研究では「シャーデンフロイド（意地悪な喜び）」をユーモアの工夫として言及しており、これはアングロ・サクソンの研究では言及されていない。

　Weinberger and Spotts[39]は、アメリカとイギリスのユーモアを6カテゴリーに分類した。ダジャレ、控えめな表現、冗談、滑稽、風刺、皮肉である。アメリカの広告スタイルには滑稽が多く、イギリスは風刺が多い。これは不確実性回避次元のスコアの違いで説明できる。Alden, Hoyer, and Lee[40]は韓国、ドイツ、タイ、アメリカのユーモラ

スなテレビ広告を検証し、すべての比較対象国で機能したユーモアの1タイプを発見した。それは、不釣り合いである。不釣り合いは、物語の中の予期せぬ展開で、これは人々を笑わせるである。比較対象全4カ国のユーモラスな広告の60％近くには、予期せぬ対比が含まれていたが、文化的な違いもいくつかあった。集団主義文化であるタイと韓国では、ユーモラスな訴求にはグループが含まれており、中心人物が3人以上であったが、個人主義文化であるアメリカとドイツでは、3人以上がいる広告は格段に少なかった。高権力格差文化（タイと韓国）では、主要キャラクター間の地位が同じではないユーモラスな広告が、低権力格差文化の2国（ドイツとアメリカ）よりも多かった。

　ユーモアを広告に使用することは、経営陣の決定事項である。一部の国で、他の国よりも多く使われる理由は、経営陣の文化的価値と関係しており、広告オーディエンスのユーモア感覚を反映するわけではない。広告の中のユーモアは、特に低権力格差文化で、不確実性回避が弱から中程度の文化に見られる。具体的には、イギリス、デンマーク、スウェーデン、ノルウェー、オランダである。明らかに、これらの文化の経営陣の人々は広告へのユーモア使用に前向きとなっているが、不確実性回避の強い文化の経営陣は、あまり好まない。

　文化的に多様な国々の消費者は、自分たちの文化に適合しない広告よりは、適合する広告訴求を好む。国境を超えるときには、ユーモラスなコマーシャルは、理解されない可能性もある。ユーモアが失敗すると、逆効果となる。オーディエンスを混乱させるだけではなく、怒らせてしまう可能性もある[41]。

要　約

　おのおのの文化の中には、対立価値、パラドックス的な価値が存在する。対比は、それぞれの文化の望ましい価値と望む価値の間にある。文化的価値のパラドックスを理解しない者は、世界の価値は収束していると考えたくなるかもしれないが、それは事実とは異なる。それぞれの文化はそれぞれに価値のパラドックスを持っており、それは他文化の価値パラドックスとは異なるものである。これは5つの次元によって理解することができる。

　一つの文化の対立価値は、その文化で最も意味のある要素と認識されているので、広告には重要であると思われる。望ましい価値と望む価値の両方が、広告の中で有意義な訴求を作成するのに使用される。ある文化の望む価値が、他の文化の望ましい価値に類似しているように思われる場合もある。

　独りぼっちの人々を集団主義文化の広告で示すことは、友人がいないと解釈される。しかし、それ以上の意味となる可能性もある。彼らのアイデンティティは集団であるの

で、アイデンティティがない人という意味になる可能性がある。世界の人口の 70 ％以上は、程度の差はあるものの集団主義的なので、広告主は、広告中にもっと多くの人々を示す方が賢明であろう。広告の中に多くの人々を見ても、個人主義文化の人々を傷つけることはないが、集団主義文化で孤独な人々を見せることはマイナスである。

　北米の広告が支配的であるため、インターナショナル広告には男性らしさが比較的低い文化や、集団主義文化の人々の理解を超える誇大広告がかなり多い。ヨーロッパに焦点をあてるインターナショナル広告主は、ヨーロッパ大陸の大多数の文化は女性らしさであることを考慮して、あまり誇大広告や競争的な広告を使わないようにすることを考えた方がよいだろう。

　最後に、文化の価値を理解することはなぜユーモアが伝わらないかを説明する一助となる。ユーモアは、文化を共有しない者には理解できない文化の因習を利用しているのである。

参考文献

（1）Moriarty, S., Mitchell, N., & Wells, W (2009) *Advertising: Principles and practice* (8th ed.). Upper Saddle River, NJ: Pearson Prentice Hall, p. 364.
（2）Polegato, R., & Bjerke, R. (2006, September) The link between cross-cultural value associations and liking: The case of Benetton and its advertising. *Journal of Advertising, 46* (3), 263-273.
（3）Okazaki, S., & Mueller, B. (2007) Cross-cultural advertising research: Where we have been and where we need to go. *International Marketing Review, 24* (5), 499-518.
（4）Samiee, S., & Jeong, I. (1994) Cross-cultural research in advertising: An assessment of methodologies. *Journal of the Academy of Marketing Science, 22* (3), 205-217.
（5）McQuarrie, E. F., & Phillips, B. J. (2008) It's not your father's magazine ad: Magnitude and direction of recent changes in advertising style. *Journal of Advertising, 37* (3), 95-106.
（6）De Mooij, M., & Hofstede, G. (2010) The Hofstede model. Applications to global branding and advertising strategy and research. *International Journal of Advertising, 29* (1), 85-110.
（7）Chang, T.-K., Huh, J., McKinney, K., Sar, S., Wei, W., & Schneeweis, A. (2009) Culture and its influence on advertising: Misguided framework, inadequate comparative design and dubious knowledge claim. *The International Communication Gazette, 71* (8), 671-692.
（8）Okazaki, S., & Mueller, B. (2007) Evolution in the usage of localized appeals in Japanese and American print advertising. *International Journal of Advertising, 27* (5), 771-798.
（9）Rhodes, D. L., & Emery, C. R. (2003) The effect of cultural differences on effective advertising: A comparison between Russia and the U.S. *Academy of Marketing Studies Journal, 7* (2), 89-105.
（10）Maleville, M. (1993) How boringly respectable can you get? A study of business slogans in three countries. *Toegepaste Taalwetenschap, 2.*
（11）McQuarrie, E. F., & Phillips, B. J. (2008) It's not your father's magazine ad: Magnitude and direction of recent changes in advertising style. *Journal of Advertising, 37* (3), 95-106.

(12) Zhou, N., & Belk, R. W. (2004) Chinese consumer readings of global and local advertising appeals. *Journal of Advertising, 33* (3), 63-76.
(13) Han, S.-P. & Shavitt, S. (1994) Persuasion and culture: Advertising appeals in individualistic and collectivistic societies. *Journal of Experimental Social Psychology, 30*, 326-350; Zhang, Y., & Gelb, B. D. (1996) Matching advertising appeals to culture: The influence of products' use condition. *Journal of Advertising, 25*, 29-46.
(14) Bowman, J. (2002) Commercials rise in the East. *M&M Europe: Pocket Guide on Asian TV*. London: Emap Media, p. 8.
(15) Wang, J. (2008) *Brand new China. Advertising, media and commercial culture*. Cambridge, MA: Harvard University Press, p. 70.
(16) Mitchell, R., & Oneal, M. (1994, September 12) Managing by values. *BusinessWeek*, pp. 38-43.
(17) These surveys are conducted each year. (www.rdtrustedbrands.com) (See Appendix B).
(18) Praet, C. L. C. (2001) Japanese advertising, the world's number one celebrity showcase? A cross-cultural comparison of the frequency of celebrity appearances in TV advertising. In M. Roberts & R. L. King (Eds.), *Proceedings of the 2001 Special Asia-Pacific Conference of the American Academy of Advertising*. Kisarazu, Japan, pp. 6-13.
(19) Praet, C. L. C. (2008) The influence of national culture on the use of celebrity endorsement in television advertising: A multi-country study. *Proceedings of the 7th International Conference on Research in Advertising (ICORIA)*, Antwerp, Belgium, s.l. [CD-ROM]; Praet, C. L. C. (2009) National wealth or national culture? A multi-country study of the factors underlying the use of celebrity endorsement in television advertising. In P. De Pelsmacker & N. Dens (Eds.), *Research in advertising: The medium, the message, and the context*. Antwerpen: Garant.
(20) Ma, R., Hung, K., Belk, R., Choi, S. M., Chan, K., & Tse, D. K. (2009) Special topics session: New perspectives in endorsement effects. *The proceedings of the 2009 American Academy of Advertising Asia-Pacific Conference and international symposium of advertising development and education*. Retrieved from http://www.aaasite.org/Proceedings.html
(21) Land of the big. (1996, December 21) *Economist*, p. 68.
(22) Reardon. J., Miller, C., Foubert, B., Vida, I., & Rybina, L. (2006) Antismoking messages for the international teenage segment: The effectiveness of message valence and intensity across different cultures. *Journal of International Marketing, 14* (3), 115-138.
(23) Oyedele, A., & Minor, M. (2012) Consumer culture plots in television advertising from Nigeria and South Africa. *Journal of Advertising, 41* (1), 91-107.
(24) Lu, P. X. (2008) *Elite China: Luxury consumer behavior in China*. Singapore: John Wiley & Sons, p. 57.
(25) De Swaan Arons, M., & Van den Driest, F. (2010) *The Global Brand CEO: Building the ultimate marketing machine*. New York: Airstream, p. 114.
(26) Hollis, N. (2010) *The Global Brand: How to create and develop lasting brand value in the world market*. New York: Palgrave Macmillan, pp. 183-184.
(27) Sulaini, K. E. (2006) *Blink: Tackling the communication flux within the Asia-Pacific region*. A research project submitted in fulfillment of the requirements for the degree of bachelor of communication, RMIT University, Melbourne, Australia and MARA University of Technology, Malaysia.
(28) Hollis, 2010.
(29) Diamantopoulos, A., Schlegelmilch, B. B., & Du Preez, J. P. (1995) Lessons for pan-European mar-

keting? The role of consumer preferences in fine-tuning the productmarket fit. *International Marketing Review, 12,* 38-52; Keillor, B. D., & Hult, G. T. (1999) A five-country study of national identity: Implications for international research and practice. *International Marketing Review, 16,* 65-82.

(30) Maheswaran, D. (1994) Country of origin as a stereotype: Effects of consumer expertise and attribute strength on product evaluations. *Journal of Consumer Research, 21,* 354-365.

(31) Moon, B. J., & Jain, S. C. (2002) Consumer processing of foreign advertisements: Roles of country-of origin perceptions, consumer ethnocentrism, and country attitude. *International Business Review, 11,* 117-138.

(32) Lin, E.-Y. (2011) Luxury branding on the Internet: Website characteristics, country-of-origin, and cultural context. In C. La Ferle & G. Kerr (Eds.), *Proceedings of the American Academy of Advertising Asia Pacific Conference.* Published in cooperation with the Queensland University of Technology and the Australian and New Zealand Academy of Advertising. Retrieved from http://www.aaasite.org/Proceedings.html

(33) Lee, C. W., Suh, Y. G., & Moon, B.-J. (2001) Product-country images: The roles of country-of-origin and country-of-target in consumers' prototype product evaluations. *Journal of International Consumer Marketing, 13,* 47-62.

(34) Van den Bergh, H. (1996, November 14) Lachen als bevrediging. *NRC Handelsblad,* 33.

(35) Bik, J. M. (1996, November 14) Variant op ernst. *NRC Handelsblad,* 35.

(36) Scheijgrond, L., & Volker, J. (1995) *Zo dichtbij, maar toch ver weg* [So close yet so far away]. Unpublished study for the Hogeschool Eindhoven, studierichting Communicatie.

(37) Hillebrand, K. (1992) *Erfolgsvoraussetzungen und Erscheinungsformen des Humors in der Werbung-Dargestellt am Beispiel von Low-Involvement-Produkten* [Effect hypotheses and manifestations of humor in advertising: Described for low involvement products]. Prüfungsamt für wirtschaftswissenschaftliche Prüfungen der Westfälischen Wilhelms-Universität Münster. Unpublished.

(38) Merz, G. (1989) *Humor in der Werbung* [Humor in advertising]. Freie Wissentschaftliche Arbeit zur Erlangung des akademischen Grades Diplomkaufmann und der Wirtschaftsend Sozialwissenschaftlichen Fakultät der Friedrich-Alexander-Universität Erlangen-Nürnberg, Nürnberg. Unpublished.

(39) Weinberger, M. C., & Spotts, H. E. (1989) Humor in U.S. versus U.K. TV commercials: A comparison. *Journal of Advertising, 18,* 39-44.

(40) Alden, D. L., Hoyer, W. D., & Lee, C. (1993) Identifying global and culture-specific dimensions of humor in advertising: A multinational analysis. *Journal of Marketing, 57,* 64-75.

(41) Lee, Y. H., & Lim, E. A. C. (2008) What's funny and what's not: The moderating role of cultural orientation in ad humor. *Journal of Advertising, 37* (2), 71-84.

--- 第 **10** 章 ---

文化と制作スタイル

　広告に使用される制作スタイル、または基本形は、広告メッセージのコンテクスト（背景事情）を示している⁽¹⁾。数多くの基本的広告形態が、多彩なバリエーションで使用されているのが認識できる。主な国際広告主は、異文化にも無差別に単一形態を使用してきている。その一例は、P&Gが全世界で使用しているテスティモニアル（証言）形式の広告である。主な国際広告主が使うからといって、これらの形式がすべての文化の第1選択というわけではない。例えば、「比較」形態は賛否両論ある。ある文化では効果的だと証明された形態でも、他の文化ではそうでない。例えば、エンターテインメント的なものは日本では効果的だが、アメリカではそうでない。インターナショナル広告には、どの基本形式がユニバーサルであり、どれがそうでないかを見極める必要がある。ある文化の形態の他文化における相対的有効性については、ほとんど分かっていない。本章の目的は、基本的な広告形態を再検討する。それらがいかに文化を反映し、さまざまな広告目的に役立っているかを検討する。広告形態の分類を再検討し、包括的に特徴付けていく。

<u>10-1. 広告形態の分類</u>

　これまでの章で指摘したように、広告スタイルは、訴求と制作で構成される。そして、訴求は文化によって異なる可能性があることが分かった。では制作はどうだろうか。いろいろな国に共通の動機や訴求を見つけることができたとしても、異なる表現が必要なことは多い。制作スタイルは、個人間コミュニケーション・スタイルを反映しているので、非常に文化的な意味が強く、制作の差異を理解することは重要である。制作の本質的側面は、基本的な広告形態であり、それには多くの種類がある。異文化間で広告を比

較するために、あらゆる種類の分類システムが開発されてきた。広告スタイルのすべての側面をカバーする非常に包括的なものもあれば、いくつかの側面しかカバーしないものもある。本節では、印刷広告やテレビ・コマーシャルの多彩な側面を分類するために使用されることの多いシステムを検討していく。

文献に見られる分類は、広告の2要素である戦略（コミュニケーション・レベル）と形態を混合する傾向にある。最も利用されている広告の分類は、「メッセージ戦略」であるが、これは「情報-転換」の特質に基づいている[2]。Moriarty[3]は、これを2大メッセージ戦略としてあげている。情報広告(informational advertising)は、明確なメッセージを扱う。転換広告（transformational advertising）は、イメージを扱う。ドイツのKroeber-Riel教授[4]は、「機能的」と「情緒的」という言葉を使用している。同じ分類に使用されている別の言葉は、「ソフトセル（訳注：間接的に訴える販売）」と「ハードセル（訳注：直接的に強く訴える販売）」で、例えばMueller[5]は、比較広告をムードや雰囲気と区別するために使用している。もう一つの類似した区別は、「製品情報」と「製品イメージ」で、製品イメージには象徴的情報も含まれる[6]。このタイプの分類はアメリカで始まったが、第7章で述べたように、アメリカでは二分法の「情報-情緒」が目立っている。特に、ハードセル-ソフトセルの区別はアメリカ型のアプローチである。これはほとんどの場合、アメリカの広告をアジアの国、通常は日本の広告と比較することに使用されているが、一般的に受け入れられている定義は、まずないと言ってよい。比較研究の説明は、ハードセルの主要素として明確な製品関連訴求と、販売志向を強調した製品の推薦をあげる傾向にある。ソフトセル広告では、人間的な感情が明確な製品関連訴求よりも強調される。ソフトセルとハードセルの訴求を測定する試みは、概して荒削りなままで、単一項目だけに頼っていることが多い。基本的に、ハードセル-ソフトセルの区別は、直接的か間接的かである。間接的なものは、直接的アプローチに慣れている人々からは「あいまい」とも見なされる。また、中国の広告は一般的に多くの注意が製品に払われているように、広告における製品への注意は、かならずしもハードセルとも言えない[7]。カテゴリー化したシステムは、文化のあらゆる側面をカバーしているが、本章では差異を理解するのに役立つと思われるさまざまなカテゴリー化をまとめたものを説明する。広告が一つだけのカテゴリーに適合することはまれで、二つ以上に適合することが多い。

最も基本的な広告形態のカテゴリー化は、Moriarty, Mitchell, and Wells[8]によるもので、ドラマと講義の区別をした。Moriartyらによれば、「ドラマ」とは映画や演劇のように間接的な語りかけの形態である。ドラマの中では登場人物が互いに話し合い、オーディエンスに向かっては語りかけない。これは、視聴者の推論を頼りにする。一方「講義」は、直接的な演説の形態である。話し手は、製品に関する講義を行ない、テレビの

画面や広告ページからオーディエンスに語りかける。講義では、話し手は、証拠（データ）を提示し、オーディエンスを説得する論拠などのテクニックを使う。

　他にも何人かが、基本的形態を区別して命名している。実生活の一片；製品にまつわるちょっとした話；テスティモニアル（専門家、スター、もしくは「普通の」人々からの）；トーキング・ヘッズ（画面に現れる語り手の顔）；製品と関係するキャラクター；動く製品；マンガ；ライフスタイル（製品、人、および使用の間の関係）；パーソナライゼーション（製品について語る人々）；製品イメージ（製品やコンテクストについての象徴的情報）；説明（ブランドがどのようなものか）；比較（競合相手を名指し）；連想（ライフスタイルもしくは状況）；象徴的（メタファー、ストーリーテリング、美意識）などである[9]。これらの分類は、ほとんどのアメリカの広告形態をカバーしている。

　フランスの広告専門家達も、いくつかの分類語を提示している[10]。「ラ・セデュクション（誘惑）」（フランスの広告は、消費者をオファーで誘惑する）；「ル・スペクタクル」（フランスの広告は、劇場、ドラマ、ショーである）；「ラムール（ロマンス）」（エロティシズム、欲望、愛情の表明）；「リューモア（ユーモア）」（愉快な連想、言葉遊び、ユーモア）である。この分類は、アメリカの研究者によって作成された分類とは全く異なる広告スタイルを反映している。

　広告の分類で最も包括的なのは、Moriarty[11]によるもので、アメリカで一般的に使われている14タイプの制作スタイルをリスト化した。(a) ニュース告知；(b) 問題解決；(c) ヒーローとしての製品；(d) デモンストレーション；(e) 耐久テスト；(f) 歌と踊りの豪華ショー；(g) 特殊効果；(h) 使用前-使用後と並列での比較；(i) 競争的比較；(j) アナウンサー；(k) 対話／インタビュー／会話；(l) 実生活の一片；(m) 代弁者；(n) エピソードである。これらの中の6区分で、ほとんどのアメリカの広告スタイルはカバーできるようだ。つまり、比較広告、アナウンサー、対話／会話、実生活の一片、テスティモニアル、エピソードである。

10-2. 全世界の7つの基本広告形態

　本章で提示する異文化間の広告形態比較の分類システムは、Franzen[12]による分類モデルに手を加えたものである。Franzenは、効果に影響を与える広告の特徴を分析するために、このモデルを使用し、効果差異の主な原因となるのは、限られた数の基本的形態であることを発見した。Franzenの8つの形態カテゴリーは、文献と生涯にわたるヨーロッパでの広告経験を基礎とした。これは、112変数の包括的コードリストを使用したオランダ広告の内容分析と統計分析によってテストされている。筆者の改訂は、11カ国以上のテレビ・コマーシャルの分析を基にしている。このモデルは、7つのグループ

と数多くの下位グループで構成される。7つの主要グループは、アナウンスメント、連想移転、レッスン、ドラマ、純粋エンターテイメント、イマジネーション、特別効果である。

　異文化間広告の分析は、その配分や制作方法はさまざまであるが、Franzenの基本形態がほとんどの文化に存在することを示している。Franzenのモデルの改訂版は、この節に示す（**図表10.1参照**）。どの基本形態も特徴的であり、それぞれが文化に関連している。基本形態は、互いに排他的ではないので、コマーシャルまたは印刷広告は、一つ以上の主形態もしくは下位形態を表す場合がある。形態は、層状で認識することができる。支配的な形態はある場合もあるが、広告の基調にあるものが、他の形態を表すこともある。組み合わせのなかには、他のものよりも頻繁に見られるものがある。

1．アナウンスメント

　アナウンスメントは、人々を使わずに事実を提示する。事実、またはビジュアル自体が語ると考えられる。これは広告の最も基本的なタイプで、製品と製品に関する情報である。

1.1．純粋なディスプレイ

　純粋なディスプレイには、主として製品の外見を基礎としたすべての形態が含まれ、どちらかというと店舗のウィンドウやショールームの製品のようなものである。製品はヒーローである。これは比較的、文化に縛られない形態で、インターナショナル広告には有効な場合がある。ファッション・アイテム、宝飾品、香水などの広告に見受けられる。一例は、クリニークのインターナショナル広告である（**写真10.1**）。

写真10.1　クリニーク、インターナショナル

1.2．製品メッセージ

　この形態は、製品属性のプレゼンテーションに基づいている。ビジュアル・プレゼンテーションや、製品もしくはブランドに関する事実の説明を含むこともある。これが最も頻繁に見受けられるのは、低コンテクスト文化である。事実に基づく論理的な説明は、個人主義的、低コンテクスト文化の特徴があるためである。この形態は、新製品、新サービス、カメラ、ビジネス間製品、プリンター、コピー機、コンピュータ、イノベーション製品などの広告が代表的である。メッセージは、製品の原料や、効能、

図表10.1　7つの基本広告形態

基本形態	下位形態
1. アナウンスメント	1.1 純粋なディスプレイ 1.2 製品メッセージ 1.3 企業プレゼンテーション、ドキュメンタリー
2. 連想移転	2.1 ライフスタイル 2.2 メタファー（隠喩） 2.3 換喩（メトニミー） 2.4 有名人移転
3. レッスン	3.1 プレゼンター 3.2 テスティモニアル／推薦 3.3 デモンストレーション 3.4 比較 3.5「ハウトゥー (How to)」
4. ドラマ	4.1 実生活の一片 4.2 問題解決 4.3 エピソード 4.4 劇場
5. エンターテイメント	5.1 ユーモア 5.2 製品に関する劇、もしくは芝居
6. イマジネーション	6.1 マンガ 6.2 動画 6.3 その他、非現実的演技
7. 特殊効果	7.1 動く製品、アニメーション 7.2 フィルム、ビデオ・テクニック、芸術的刺激要因

写真10.2　ドレメル、ドイツ

製品やサービスに関するニュース、値引き、セール、場所、動画など、いろいろな可能性がある。この形態の例は、小売広告でも見られる。インターナショナルに使用される場合は、指示書きの翻訳（吹き替えや字幕）が使われる。その一例として、ドレメル（ドイツ版）のインターナショナルなテレビ・コマーシャルのテレビ画像3枚を示す（**写真10.2**）。

写真 10.3　シェル、インターナショナル

1.3. 企業プレゼンテーション

　これは、企業広告に使用される典型的な形態である。ドキュメンタリーと比較し、企業とその製品もしくはサービスのプレゼンテーションを言語的、ビジュアル的に行なう。その活動を描写するために、企業や製品に関連する人々を含む場合もある。インターナショナル・コマーシャルでは、世界中の人々に見せることもある。ビジュアル、製品、または人々は、その企業のステークホルダー（利害関係者）にとって関心のあるものでなければならない。企業のメッセージは、ナレーションや歌で提示されることがある。この形態は、事実を示すナレーションの翻訳によって、簡単に国際化することができる。使用される事実の量は、文化に関連しており、低コンテクスト文化では多く、高コンテクスト文化では少なくなる。企業プレゼンテーションに使用されるスタイルは、その企業の文化に関連したものになりがちである。したがってアメリカの企業広告は、より直接的でパーソナライズされており、事実を含んでいるが、アジアの企業広告は、比較的間接的で、アジアの価値を含んでいる。これは、アジア企業の企業広告に見ることができる。例えば韓国のLGだが、第3章（**写真 3.5**）と第9章（**写真 9.49**）で例示した。また、ビジュアルはLGの企業テレビ広告にも使用された。これとは異なるスタイルとしては、シェルのインターナショナルなテレビ・コマーシャル（**写真 10.3**）とフランスの建設会社、ヴィンチ（**写真 10.4**）の画像が良い例である。シェルのコマーシャルは、石油掘削の環境への影響を研究する若いシェルの女性従業員を映し出している。フランスのヴィンチのコマーシャルは、ヴィンチの製品を間接的な形で示しているが、フランスの芸術志向を反映したものとなっている。視聴者は、有名なモナリザの絵に導かれていく。カメラがこの絵の細部にズームすると、視聴者は橋や道路を見ることになる。このコマーシャルは、モナリザの絵を見ながら携帯電話を使っている人を映して終わる。

2. 連想移転

　連想移転（association transfer）は、製品は、他の物、人、状況、または環境と組み合わされる。物や人との連想は、ブランドに移転するように意図されている。下位形態

写真 10.4　ヴィンチ、フランス

写真 10.5　ティオ・ペペ、スペイン

には、ライフスタイル、メタファー、換喩（メトニミー）、有名人移転がある。これらのほとんどは、間接的なスタイルである。

2.1. ライフスタイル

　ライフスタイルのコンセプトは、人々からの連想（若い、成功しているなど）を移転させるように意図されている。ライフスタイルのタイプは、文化に関連している。男性らしさの文化では、成功、裕福と連想することを好み、女性らしさの文化では、快適さや、友好的と連想したがるだろう。権力格差の高い文化は、適切な社会的地位を持つ人々と関連づける。人々は、他の人々と交流しているところを描かれることが多いので、制作形態は文化に影響を受ける。描写されるライフスタイルのタイプは、製品カテゴリーによって変化する。**写真 10.5**は、ティオ・ペペのスペインのコマーシャルの画像であるが、これは上流社会を反映したものである。**写真 10.6**は、マクドナルドのインターナショナル・コマーシャルの画像であるが、「若いライフスタイル」を示している。**写**

写真 10.6　マクドナルド、インターナショナル

写真 10.7　ベックス、ドイツ

真 10.7 は、ドイツのベックス・ビールのコマーシャル画像だが、20 代の若者のスポーティなライフスタイルを示している。

2.2. メタファー

メタファーは、物や動物（具象）もしくは概念（抽象）の特徴をブランドに関連づけて、移転させるために使用することができる。メタファーは、全カテゴリーの製品広告に使用される。言語でもビジュアルでも、また具象でも抽象でもよい。ビジュアルのメタファーは、高コンテクスト文化で使用されることが多く、言語のメタファーは、低コンテクスト文化で使用されることが多い。写真 10.8 は、雄牛の角を使って、安全性を象徴したスペインのプジョー 206 の広告である。

写真 10.8　プジョー、スペイン

2.3. 換喩（メトニミー）

換喩は、元の物の意味をブランドに移転する。例えば、花は香水になるし、果物はシロップになる。また、イチゴはジャムになる。これは間接的でビジュアルな形の説明なので、低コンテクスト文化よりも高コンテクスト文化に訴求する。スペインのレンフェ

写真 10.9　レンフェ、スペイン

鉄道テレビ・コマーシャルでは、若い女の子のドレスのファスナーが、線路に変わる（**写真 10.9**）。

2.4.　有名人移転

　この形態は、有名人が出演、もしくは有名人が他の人々と共演するが、デモンストレーションや、推薦、証言は行なわない広告を扱う。有名人を見せる唯一の目的は、ターゲット層に製品と有名人を関連づけさせることである。例えば、マイケル・ジョーダンとナイキやゲータレードを見せたり、エレガントな女優がファッショナブルな腕時計をつけて、パーティに楽しそうに参加しているなど。スポーツ・スターのイメージは、スポーツ・シューズやスポーツ・ドリンクに移転する。また、女優のイメージ、もしくは、「エレガントさ」が腕時計に移転する。ある女優が主婦の役をして、冷蔵庫について話せば、それは純粋な連想ではなく、推薦と見なされる。そこには、エレガントさの冷蔵庫への移転はないためである。イタリアのマティーニのコマーシャルの最後に、モデルのナオミ・キャンベルが出演して、ただ「マティーニ、それがパーティ」とだけ言ったとしたら、それは有名人による推薦というよりは、有名人連想、有名人移転である。日本のような集団主義文化では、セグメント、もしくは年齢層は、それぞれのスターを持っている。コマーシャルに登場する有名人の多くは、通常ブランドのサポートを間接的に行なっているので、人々はスターや「タレント」（第 9 章参照）を連想させることができる。有名人は、「おいしい」などの数語しか話さないかもしれない。国内の有名人を使用するか、または国際的な有名人を使用するかは、国によって異なる。韓国とアメリカの有名人使用を比較した調査では、香港の俳優（ジャッキー・チェン）とオランダ人の韓国サッカー・チーム監督以外は、すべて国内のスターであった[13]。

　個人主義、低コンテクスト文化は多くの事実を求めるので、連想移転よりは推薦の使用が多い。連想移転は間接的なので、集団主義文化の方が向いている。**写真 10.10** は、スペインの女優、ジュディス・マスコである。彼女は初めての子どもを妊娠して、ベビー服を見ている。その服はノリットで洗ったので新品のように見える。**写真 10.11** は、日

写真 10.10　ノリット、スペイン

写真 10.11　エプソン、日本

本のエプソン・カラープリンターのテレビ・コマーシャルの画像である。オフィスにいる人々がカラープリンターの必要性とコストについて話し合っている。最後に、有名な俳優（田村）が一言「エプソン」と言う。

3. レッスン

　レッスンは直接的コミュニケーション、すなわち事実と議論の提示であり、オーディエンスに講義することを意図している。言葉を述べ、説明し、示し、または納得させ、説得しようとする。これは、低コンテクスト、個人主義文化に特有の形態である。プレゼンターやナレーションによって、オーディエンスに何かを伝えたり説明したり、または多くの場合、ビジュアルの力を借りてデモンストレーションをしたり、比較をしたりする。オーディエンスは、「私たち形式」か、「あなたたち形式」で話しかけられ、指示が利用される場合もある。アメリカの例をいくつか示めそう。「全く新しいフォード150 に会ってください」、「ニコトロールでコントロールしよう」、「唯一許せるしわは、できないしわだけ」（オレイのオイル）、「あなたが私たちを必要とするときは、いつでも、どこでも：（ウェルズ・ファーゴ）、「あなたは 50 歳を過ぎたけれど、まだ気力は衰えていない…」（セントラム・シルバー栄養サプリメント）。意思の疎通や対話はないか、もしくはほとんどない。レッスン形態は、低コンテクスト文化に特有の形態であり、特にアメリカ人の事実に対する拘泥に適合する。講義形態のメリットは、制作コストがかか

らず、コンパクトで効率がよいこと。講義は、必要とあらば数秒で1ダースものセールスポイントを伝えることができる。バリエーションはいくつかある。

3.1. プレゼンター

　プレゼンターは圧倒的な存在感を持つ人物で、カメラに向かって語りかけ、主要メッセージを伝える。デモンストレーションをしたり、コメントだけをしたり、インタビューをしたり、されたりする。インタビューをされる場合、インタビューする相手は見えることも見えないこともある。プレゼンターの役割とその人の振る舞い方は、文化によって異なる。1人の有力なプレゼンターだけを使うのは、個人主義文化の特徴である。集団主義文化では、1人以上のプレゼンターが使われることで、説得的な感じは少なくなるかもしれない。男性らしさの高い文化では、プレゼンターは「パーソナリティ」か、主要な役割を果たす。男性らしさ-個人主義の組み合わせの文化では、プレゼンターは、説得的な形式を使用するが、これは、女性らしさの文化の人々には、「押し付けがましく」イライラさせられると受けとめられる。女性らしさの文化は、支配的な人間を好まないので、プレゼンターもアプローチも比較的ソフトな語り口となる。不確実性回避の強い文化のプレゼンターは、その製品やサービスについての能力を伝えなければならない。不確実性回避の弱い文化では、人々が専門家を好まないので、プレゼンターの専門知識は、控えめとなる。

　写真10.12は、ウクライナのアリエールのテレビ・コマーシャルからの画像である。当時は、すべての（ウクライナの）人が現代的な洗濯機や洗剤に慣れているわけではなかった。プレゼンターは製品を示し、これを昔ながらの固形石鹸と比較している。実験室のシーンは、信頼性を付加するために加えられている。**写真10.13**は、レチェ・アストリアナ（牛乳）のスペインのコマーシャル画像である。2人の専門家（養蜂家と酪農家）が内容物の質について話し合っている。**写真10.14**は、オランダの牛乳のテレビ・コマーシャル画像である。プレゼンターは、牛を犬のように扱っている。最後のショットでは、牛が骨を埋めようとしている。メッセージは、牛乳には骨によいカルシウムが含まれる

写真10.12　アリエール、ウクライナ

写真 10.13　レチェ・アストリアナ、スペイン

写真 10.14　メルクニー、オランダ

ということだけである。

3.2. 推薦と証言

　プレゼンターもしくはスポークパーソンは、その製品のユーザーであることを示す（テスティモニアル）か、それについての意見を持ち、その製品を推薦する（推薦）。純粋なユーザー証言は、低コンテクスト文化で使用され特にアメリカの企業に見られる。P&Gは、この形態を使い捨て製品カテゴリー（おむつ、生理用ナプキン）の数多くのブランドで全世界的に使用している。ユニリーバはこの形態をうまく使用して、ダブを国際的に紹介した。複数の国で、その地域のユーザー（有名人ではない）が、ソープとデオドラントの有効性について証言をした。**写真 10.15** は、このような証言の画像である。人々は7日間、同製品を試してその効果について証言した。オランダの Schelvis-Bijl、イタリアの Camuniti が証言をしている。他の例は、ダブ・デオドラントのもの。ポーランドの Broda は、いかに効果的かを語り、両腕を上げて自分のシャツがきれいなことを示している。またスペイン、バスク地方の Martin も、同様にしている。ユニリーバはダブの広告では、有名人ではなく普通の体型の女性に焦点を置いた（第5章参照）。

　推薦には有名人や専門家が含まれることがある。それは社会における彼らの役割や専門知識のために、彼らが見識を持っており、信じられ、納得させることができると思わ

写真10.15 ダブ・ソープ、オランダおよびイタリア（上段）；ダブ・デオドラント、ポーランドおよびスペイン（下段）

れるからである。信頼性は、真実を求めることに専念する文化にとっては重要な要素であり、証言は、信頼できるものでなければならない。有名人は、その製品を実際に使用しなければならない。例えばサッカー・シューズは、サッカー選手によって推薦されるべきである。モデルは、推薦しているシャンプーを使用しなければならない。アジア文化では、信憑性はそれほど必要とされない。西洋ブランドを推薦する有名人は、一般的にその製品カテゴリーと何らかのつながりがある（ナイキのシューズにはマイケル・ジョーダンなど）が、アジアの有名人は、さまざまな広い製品カテゴリーとつながりを持つことができる。例えば、中国人バスケットボール・スターの姚明（ヤオ・ミン）は、中国で家電製品、衣類、ファースト・フード・チェーンの推薦をしている。また、ボリウッドのスーパースター、Shah Rukh Khan は、インドで多くの多様なブランドの推薦をしている[14]。インドの消費者は、アメリカ人以上に製品に対して一般人ユーザーよりも、有名人の推薦に影響されやすい。それは有名人の知覚地位と魅力のためである[15]。もう一つの重要な差異は、インドでは、有名人のパーソナリティがブランドのパーソナリティとぴったり合っている必要はない[16]。

　フランスのロレアルは、シャンプーとフェイシャル・ケア製品の販売に有名人の推薦を使用している。あらゆる種類の映画やテレビの国際的有名人が、いろいろなシャンプー・ブランドの推薦をしている。全世界で使われたキャッチフレーズは「私にはその価値があるから」で、国によって字幕、吹き替え、翻訳などが使用された。国際的有名人の他に、ロレアルはローカルの有名人も使用した。インドの女優 Aishwarya Rai、ドイツのソプラノ歌手で女優の Maria Furtwängler などである。**写真10.16** は、アメリカ、フランス（モデルの Claudia Schiffer）、ドイツ（Maria Furtwängler）の例である。第9章で、アジアではキャッチフレーズが「あなたにはその価値があるから」と変更され

写真 10.16　ロレアル、アメリカ、フランス、ドイツ

写真 10.17　アリエール、ドイツ（ボッシュと共同）およびイギリス（プーマと共同）

たことについて言及した。

　低コンテクスト文化にとって、もう一つの効果的な証言のタイプは、専門家の証言である。例えば、P＆Gが共同マーケティング・コミュニケーションで使用したが、写真10.17にその2例を示す。ドイツでは、ボッシュ（洗濯機）のホルスト・ケットが、アリエール・フチュールを推薦し、イギリスではプーマのスチュワート・ノウェルが、アリエール・フチュールを、プーマのスポーツ・シャツにダメージを与えないことを証言し、推薦している。

　証言形態（testimonial form）は、多様な文化で使用されるが、プレゼンターの役割は、推薦でもテスティモニアルでも、文化によって異なる。男性らしさの文化では、プレゼンターは人目を引く人物、つまり有名人、スター、よく知られた人になる傾向がある。個人主義文化では、一般人が証言をする場合、身元が特定され、名前を出し、場合によっては署名も加えられる。集団主義文化では、有名人はアメリカのコマーシャルほど、はっきりは特定されない。アメリカでは、有名人は名前や職業を示す傾向にある[17]。女性らしさの文化では、一般人の証言は匿名となり、有名人はそのスターの身分をあまりひけらかさない傾向になる。日本のような高コンテクスト社会では、物事は間接的、黙示的に話される。例えば、「あなたに向いていますよ」ではなく「皆さん、いいとおっしゃっています」と言い、アメリカの証言に見られるような率直な主張や製品の長所などは言

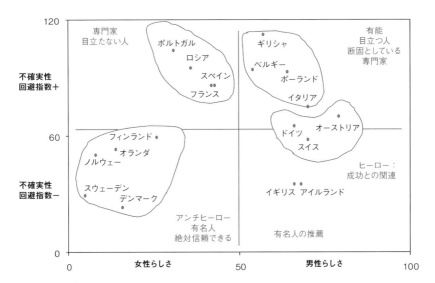

図表 10.1 プレゼンターの役割
出典：Hofstede 他からのデータ。(2010)（別表 A 参照）

わない。そのため、日本の典型的な証言は、なじみのあるタレントによる黙示的なおすすめである。

　男性らしさと強い不確実性回避が組み合わされた西洋文化は、人目を引くプレゼンターを使うが、その人は専門家でもあり、能力のある専門家で、信憑性を与えなければならない。これはドイツやイタリアのような国で見られるタイプである。女性らしさの文化は、ヒーローを重大に受け止めないか、もしくはその重要性を軽視する。大きな自我はあまり評価されない。よく知られた人々は、自分のことを真面目な形で提示せず、場合によっては、パロディのような証言という結果になることもある。プレゼンターの役割は、**図表 10.1** に示すように、4 つの文化グループに従ってまとめることができる。

3.3. デモンストレーション

　この形態の広告では、製品がどのように（うまく）機能するかを示す。製品属性と便益が示されるか、使用前、使用後の状況が示されることがある。プレゼンターは、製品がどのように機能するかをデモンストレーションすることがある。情報、詳細、指示の量は、不確実性回避の程度によって変化する。不確実性回避の強い文化は、不確実性回避の弱い文化よりも詳細な情報を必要とする。重点は、製品の属性や便益、つまり製品の使用前使用後や、製品試験に置かれる。一例は、スペインで放送されたリステリンのインターナショナルなテレビ・コマーシャルである。プレゼンターは、人間の歯の上を

写真 10.18　リステリン、スペイン

歩いていて、製品がどのように機能するかを語る。画像は、リステリンがどのように口のなかの細菌を除去するかを示す。これは低コンテクスト文化の直接的アプローチだが、高コンテクスト文化で使用されている（**写真 10.18**）。

3.4. 比較

比較広告には3種類のタイプが識別される。
- 競争的比較：ブランドが他の特定のブランドと比較される。
- ブランドが、他の特定されないブランドと比較される。ブランド名は出さずに、「ブランドX」、「他の有力ブランド」もしくは「従来型」の製品などと呼ばれ、対照比較の形で提示されるか、広告ブランドは、「このカテゴリーの他製品」よりも優れていると言われることが多い。
- 「最高」もしくは「世界一」

比較広告の例は、エレクトラソル（アメリカ）とハリファックス（イギリス）である（**写真 10.19 および 10.20**）。エレクトラソル・パワーボールのテレビ・コマーシャルは、製品がどのように機能するかを示し、その後、競合ブランドのキャスケードのパッケージを映す。すると手が出てきて、キャスケードのパッケージをエレクトラソルのパッケージで隠してしまう。ハリファックスのコマーシャルは、歌う銀行員を映し出す。彼はハリファックスと競合銀行の利率を書いたボードを見せる。特定しない競合ブランドとのブランド比較の例は、**写真 10.21** に示すドイツの洗剤ブランド、パーシルのテレビ・コマーシャル画像である。2人の姉妹が会って、姉の子どもの1人のドレスを妹がもらう。それはパーシルで洗ったものだ。その質の良さが、他の名前を特定しない洗剤で洗った服と比較される。

比較広告の評価は、文化によって異なる。これは、アメリカの典型的な形態である。個人主義−男性らしさの文化で、不確実性回避の程度が、弱から中の配置の文化に最も適合する。それ以外のほとんどの文化では評価されない。受容と拒絶を一番よく説明す

写真 10.19　エレクトラソル、アメリカ

写真 10.20　ハリファックス、イギリス

写真 10.21　パーシル、ドイツ

ることができるのは、個人主義-集団主義と男性らしさの配置の変化である。**図表 10.2** は、4つの文化グループを示している。この内三つで、この形態は受け入れられない。

　左下の欄は、集団主義と女性らしさの組み合わせで、ポルトガルとスペインが入っている。女性らしさのアジアと、ラテン・アメリカ文化もこの欄に入るだろう。これは、競争的比較広告の立入禁止区域である。集団主義文化では、競争を伴う比較は受け入れられない。それは、相手のメンツをつぶすからである。そんなことをすれば恨みを買い、適切でないことをしたことによって、自分のメンツもつぶれる。世界の人口の3分の2以上は程度の差はあっても集団主義であるので、これが比較広告の利用が比較的少ないことの説明になるだろう。これは女性らしさの文化でも攻撃的すぎると考えられ、魅力的には受け取られない。また、慎ましさという観点から、人々は自分がいかに優れているかを見せびらかすことは適切ではないと感じている。

　左上の欄は、集団主義と男性らしさの組み合わせである。男性らしさの文化は、勝つ

ことと戦うことへの関心によって特徴付けられ、基本的に競争的な比較広告を好む。男性らしさの文化は、自分が優れているという事実を表現したいのだろうが、集団主義と組み合わさると、他者のメンツを決定的につぶすことを避けるようになる。比較が使われる場合は、同じ会社の他の製品との比較が示される。例えば、革新的な新製品が、自社の旧型よりも優れているというような形となる。日本はこのような文化の典型例であるが、多くのラテン・アメリカ文化もこのグループに入る。

　右下の欄は、個人主義-女性らしさの配置の文化である。これは、スカンジナビア-オランダのグループである。女性らしさの文化は、相互協力のニーズのため、ソフトなアプローチの方を好む。直接的な比較に含まれる対立を好まない。最高であることは、受け入れられるが、それを口にすることは受け入れられない。「たぶん、世界最高のビール」（カールスバーグ、デンマーク）のような形となる。

　右上の欄は、男性らしさ-個人主義の組み合わせである。この組み合わせの文化では、人々は自らの権利に重点を置きがちである。その結果、アングロサクソン文化、特にアメリカ文化では比較広告を情報的で、消費者に「選択の権利」をオファーしていると見なす傾向にある。「コーラ戦争」に代表されるような、鋭い対立を好むのは、アングロサクソン文化だけである。ドイツ、オーストリア、スイスも比較広告を好む可能性があるが、強い不確実性回避によって抑制されており、そのために主張の正しさを証明しなければならないというような不明確さへの対処が難しくなる。アメリカではいろいろな

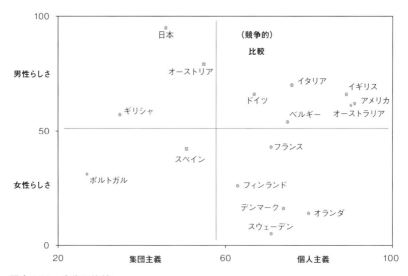

図表10.2　広告の比較
出典：Hofstede 他からのデータ。(2010) (別表 A 参照)

写真 10.22　ムーリネックス、スペイン

タイプの競争的な比較が利用されている。その例としては、対照比較、競合相手の名前を出してのデモンストレーション、競合相手のブランド・パッケージの画像を退かすなどがある。

3.5.「ハウトゥー（How to）」

　製品の使用やその結果達成できることが説明され、デモンストレーションされる。方法などを教える広告は、すべてこの形態となる。もう一つの例は、工業製品をどのように使うかをデモンストレーションする。この基本的形態は国際的に使用できるが、デザイン（キッチン、リビングルームなど）、人々がどのように見るかなどの差異は考慮しなければならない。**写真 10.22** の例は、スペインのコマーシャルで、ムーリネックスのミキサーの使用法を示している。

4. ドラマ

　ドラマは、2 人以上の人間の間の相互交流を伴う。始まり、中間部、「ハッピーエンド」といった、行為の継続がある。演技者は、メッセージを伝える。ドラマは、製品メッセージを伝えることを意図しているが、レッスンよりも間接的である。アメリカが起源で、連続ドラマとともに海を渡った。短い話やプロットが含まれており、人々が何かを体験したり、交流したり、状況に反応したり、互いに関連し合ったりする。レッスン形態とは異なり、視聴者に直接話しかけることはない。視聴者は観察者である。視聴者が他の人々の交流を観察して、自身の結論を出すことを想定している。下位形態には、実生活の一片、問題解決、エピソードがある。この形態の間接性は、高コンテクスト文化に有効であるが、この形態は典型的な「ソリューション」もしくは「ハッピーエンド」というアメリカ起源のものに基づいていることに留意すべきである。

4.1. 実生活の一片

　実生活の一片には、日常生活の出来事についてのドラマ化した対話と、実物そっくり

の状況がある。ストーリーの中心軸は製品である。通常は、製品を使用することで、情緒的に報われることになる。ある文化の「実生活の一片」の形態を、適応なしに他の文化に移すことはできない。適応は、人々がどのように見えるかだけでなく、互いの関係性も重要である。例えば、イタリア、フランス、スペインでは、年長者が若者にアドバイスをするが、オランダ、ドイツ、イギリス、スカンジナビアでは、若者が年長者にアドバイスをする。これに関連しているのが、描かれる人々を単独にするのか、グループにするのかという選択である。グループも両親と2人の子ども達なのか、祖父母も入る高齢者から若者までが入る拡大家族を示すのかという選択がある。また、役割の差異の程度も反映される。もう一つ重要な選択は、人々を家庭の中で見せるのか外で見せるのかという選択がある。南ヨーロッパでは、多くの製品の社会的なコンテクストが外であるのに対し、北ヨーロッパでは、その社会的コンテクストは家庭内である。

　また、製品が消費者に情緒的な報酬を与える方法にも差異がある。情緒的報酬を二つに分ける。最初の区別は、タスク志向か関係志向かである。個人主義的文化は、タスク志向であり、集団主義的文化は関係志向である。第2の区別は、自我ニーズと相互協力のニーズである。男性らしさの社会は自我ニーズによって特徴付けられるが、女性らしさの社会は相互協力ニーズによって特徴づけられる。これらの特徴は、コマーシャルの中に認識することができる。ドイツのコマーシャルの中の主婦の役割はタスク志向で、自我志向である。その結果示されているのは、たくさんの汚れ物とその後の清潔になった白い衣類である。女性らしさの文化では、情緒的報酬は母と子どもの関係となるだろう。

　ドイツの使い捨てキッチン・ペーパー、バウンティのテレビ・コマーシャルは、実生活の一片の一例である。バーベキュー・パーティで、いろいろな人が何かしら、拭かなければならない様子を映し出している（**写真 10.23**）。

4.2. 問題解決

　これは、西洋社会ですぐに見つけられる広告形態で、因果関係の考え方に関係している。問題が汚れなら、洗剤がきれいにする。問題がフケなら、「ヘッド&ショルダーズ」（フケ用シャンプー）で解決となる。

写真 10.23　バウンティ、ドイツ

写真 10.24　クロロックス、アメリカ

写真 10.25　デノレックス、ポーランド

　この形態は、洗剤に頻繁に使用される。その一例がクロロックスのテレビ・コマーシャルである（**写真 10.24**）。男の子が小川でカエルを捕まえ、シャツで手を拭く。最もよい洗剤はクロロックスである（通常のものと比較）。シャツはきれいになり、母親と息子は幸せそうにカエルを見る。もう一つの例は、ポーランドのフケ取りシャンプー、デノレックスのテレビ・コマーシャルである（**写真 10.25**）。男の子が父親の肩のフケを指す。次いで研究室にいる科学者が、デノレックスが髪にどのように作用するかについての詳細な写真などで、その有効性の証拠を示す。男の子が父親の髪に触ってもフケがないというハッピーエンドで終わる。この 2 例を他のバリエーションで表現すると、アメリカのクロロックスのコマーシャルは、比較であり、不確実性回避の高いポーランドのデノレックス・コマーシャルは、科学的証明である。

4.3. エピソード

　エピソードは、一連の個別の寸劇、もしくはビジュアル・シチュエーションであるが、行動に継続性はない。各エピソード中で製品が何らかの役割を果たす。エピソードは、人々の交流が特徴となる。常に対話があるわけではないが、ナレーションや歌が、製品とビジュアル化された行動の間の関係を示す。その 1 例が、ドイツのメルシー・チョコレートのテレビ・コマーシャルで、母の日のプレゼントを用意している少女や、幸福な人々を示している（**写真 10.26**）。

5. エンターテイメント

　エンターテイメントの特徴は、コミュニケーションの間接的形態である。エンターテイメントは、舞台劇、ミュージカル、ショー、コメディ、どたばた喜劇、ユーモア、ホ

写真 10.26　メルシー、ドイツ

ラー、風刺などの形態をとることができる。販売というよりは、オーディエンスを楽しませることを意図している。この形態は、広告内容に勝るものである。純粋なエンターテイメントは、説得的コミュニケーション・モデルに適合しない。しかしこれは、集団主義文化には典型的な形態であり、消費者と企業の間に関係性と信頼を構築するので、有効である。日本の広告代理店、電通によると、日本人は、講義されることを好まず、楽しまされることを好むという。

　広告をエンターテイメントにするものは何かということは、楽しませようとする文化の人々が一番よく判断できることである。また、エンターテイメントは相対的なものでもある。一般的に直接販売型の広告を多く使用する国々では、ほんの少し直接的な呼びかけから逸れただけでも、エンターテイメントと見なされることがある。日本の広告の多くは、日本人には消費者への明確なメッセージと見なされるかもしれないが、西洋人の目には、全くのエンターテイメントであると思われるかもしれない。低コンテクスト文化にとっては、高コンテクストの広告はすべてエンターテインメントを意図していると思われる可能性がある。下位形態は、ユーモアと製品に関する劇、もしくは芝居であり、これには舞台演劇の形態も含まれる。

5.1. ユーモア

　ユーモアは、オーディエンスを笑わせるものであれば、どんなものでもよい。ユーモアにはさまざまなタイプがあり、これについては、第9章の「ユーモアが伝わらないのは何故か」の節で説明した。ユーモアが伝わらないのは、ユーモアが文化を反映しているためである。人は、自身の文化の最も特徴的な側面について笑うことが多い。伝わるとされているユーモアのタイプは不釣り合い、つまり予期せぬことが起こる。広告におけるユーモアは、不確実性回避の弱い文化で見られることが最も多い。イギリス、デンマーク、ノルウェー、オランダ、南アフリカ、オーストラリアは、賞を獲得するようなユーモラスなテレビ・コマーシャルを制作してきている。これまでに紹介した形態の一つを、面白い形で提示することができる。一例は、香港のエレクトロラックス掃除機の

写真 10.27　エレクトロラックス、香港

写真 10.28　ラヴァザ、イタリア

コマーシャルである（**写真 10.27**）。1 人の男性が屋根から飛び降りて自殺すると脅かす。彼は飛び降りるが、途中で女性が掃除をしている窓のところに吸い付けられてしまい、地上に届かない。

5.2. 製品に関する劇、もしくは芝居

ユーモラスではない娯楽的コマーシャルは、すべてこの下位形態となる。一例は、イタリアのラヴァザ・コーヒーのテレビ・コマーシャルである（**写真 10.28**）。空を飛ぶ馬（ペガサス）のいる雲の上の非現実的な世界で、人々がコーヒーを飲み、ペガサスの事故について話し合っている。最後に、2 人の男性が、ペガサスに謝罪しなければならなくなる。賞を獲得した日本の日清カップ・ヌードルのテレビ・コマーシャル（**写真 10.29**）は、原始人が恐竜に石を投げている所を映し出す。製品とは何の関係もない。そして、ただ一言「ハングリー？カップ・ヌードル」とだけ言う。

6. イマジネーション

イマジネーション形態は、マンガもしくはフィルムやビデオ・テクニックなど、架空の世界の非現実的なプレゼンテーションとしての出来事の体験を描写するものである。この形態は子ども用の製品や、生理用品など、デリケートな製品でメッセージを伝える際に、そのままの形を避けたいような場合によく使用される。国際的に利用されるものとしては、ディズニー映画のキャラクターのような映画所有のプロモーションがある。

写真 10.29　カップ・ヌードル、日本

写真 10.30　バムセリン、デンマーク；コッコリーノ、イタリア；カージョリン、ギリシャ；クッシェルバイヒ、ドイツ

　この形態の広告は、国境を超えることが可能である。下位形態には、マンガ、映画のキャラクター動画、その他の非現実的な演技がある。よく使用されるのは、パーソナリティ・シンボルや、ブランドや製品属性に関連のあるアイコン、例えば、洗濯柔軟剤には柔らかさなどである。映画所有の例としては、フランスの洗剤オモに使用された猿や、家庭用洗剤のシフに使用された小人などがある。さまざまな国で異なるブランド名を持つ柔軟剤は、柔らかさを伝えるためにテディベアを使用している。写真は、このテディベアを使ったヨーロッパ4カ国のテレビ・コマーシャルの画像である。デンマークではバムセリン、イタリアではコッコリーノ、ギリシャではカージョリン、ドイツではクッシェルバイヒである（**写真10.30**）。このベアは、インターナショナル的な要素を一体化している。

7．特殊効果

　特殊効果形態は、あらゆる種類の芸術的要素、アニメーション、マンガ、撮影効果、レコーディング、ビデオ技術、音楽、メロディーなどを含む。この形態にも映画所有の使用があるので、イマジネーション形態と重なるところもある可能性がある。現代技術によって、芸術的資源の幅が新たに広がり、特定ターゲット層の刺激要因に調整することが可能な、創造的な広告を作成できるようになっている。これはMTVなど、若者向けのチャンネルの広告に人気の高い形態となっている。芸術的刺激要因の利用は、一部

写真10.31　M&Ms、ポーランド

写真10.32　ヴォーダフォン、チェコ共和国

の文化で他よりも多く見受けられる（例えば、ドイツよりも美術志向のスペインやインドで多い）。アニメーションによって「動く製品」を示すことに価値が含まれていない場合には、国境を超えることのできるビジュアルである。**写真10.31**は、動く製品の一例で、ポーランドのM&Msのテレビ・コマーシャルの2画像である。最近のテクノロジーのおかげで、主としてビデオ技術に基づいて芸術作品を制作することが可能となり、これらの作品は、純粋エンターテイメントとして見なすことができる。この形式は、南ヨーロッパの芸術志向文化に訴求する。

　通信会社のヴォーダフォンは、いろいろな国でこの形態を使用してきている。その一例は、チェコ共和国のヴォーダフォンのコマーシャルである（**写真10.32**）。この中では、カメレオンがどの程度の調整をしたいかについて話し合っている。これは、製品メッセージと特殊効果の組み合わせである。

　もう一つのヴォーダフォンのキャンペーンは、インド作成のものであるが、ズーズーという想像上の生き物で、製品メッセージを伝えるものだ。ズーズーは、インディアン・プレミアリーグ第2シーズンからヴォーダフォンが使っている広告キャラクターである。ズーズーは、球状の身体に卵のような形をした頭の白い生き物で、ヴォーダフォンのさまざまな付加価値サービスの広告に使用されている。このキャラクターは、アニメーションのように見えるが、実際は、ズーズーの着ぐるみを着た人間である。ズーズーは大人気となり、ソーシャル・メディアで多くのファンがフォローしている[18]。**写真10.33**は、3種類のヴォーダフォン・サービスのものだ。電話帳の簡単なバックアップ（友

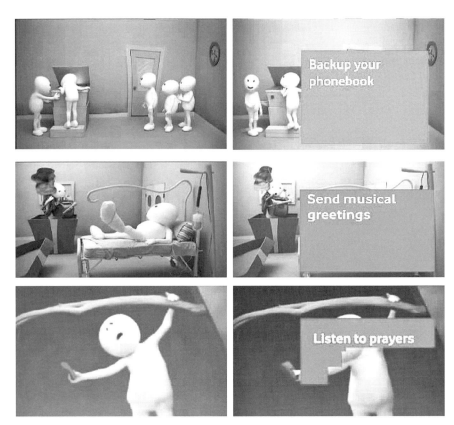

写真10.33　ヴォーダフォン、インド

人の顔をコピーする代わりに)、音楽付きのグリーティング（挨拶）、祈りを聞くことの3種類である。

10-3. 基本的形態、文化、製品カテゴリー間の関係性

　基本的形態、製品カテゴリーと文化の間の関係性に関して、いくつかの観察ができる。一部の基本形態の使用は、特定の製品カテゴリーと関連しているように思えるが、基本形態は製品カテゴリーよりも、市場リーダーの文化との関連の方が強いと推察される。問題解決の形態は、多くの国で洗剤に使用される基本形態である。原因は、トップ企業

であるアメリカのP&Gが、このスタイルを半世紀にわたり使用しているためであろう。ドイツの洗剤メーカー、ヘンケルはこの例にならい、自社の洗剤と洗濯柔軟剤のヨーロッパ諸国への広告に類似形態を使用してきている。イギリスのレキット・ベンキーザーは、ヨーロッパ中で、同社ブランド、ヴァニッシュ・クリスタル・ホワイトにこの形態を利用している。ネスレは、自社独自のスタイルを持ち、グローバル・ブランドであるニベアを販売しているバイヤスドルフも同様である。フランス企業のロレアルは、世界中で映画スターの影響力を活用してきている。

インターナショナル広告に使用されている基本形態は、広告主の文化によって決定されるが、企業の国際的発展段階によっても決定される。市場への新規参入者は、製品属性によって自社を表す傾向にある。1996年、ヨーロッパ市場への多くのアジア新規参入者（デーウーやヒュンダイなど）は、シンプルなアナウンスメントスタイルを使用した。外国市場で経験を積むにつれ、より洗練されたアプローチになってきているが、東アジアの価値が広告の中に認識される場合が多い。インターナショナル広告で使用されているアプローチや基本形態の中に、企業の原産国スタイルを認識することができる。P&Gは、香水、化粧品から洗剤、生理用品まで数多くの製品カテゴリーのブランドを市場に出している。さまざまな製品カテゴリーの同社ブランドに使用される基本形態は、オーディエンスの文化や製品カテゴリーよりも同社の文化との共通点が多い。いくつかの製品カテゴリーで、P&G、ユニリーバ、ドイツのヘンケルなどの支配的な多国籍企業が問題解決形態、テスティモニアル、対照比較を使用している。これらは、生理用品（オールウェイズ、エヴァックス、オーソニア・セダ、ケアフリー、タンパックスなど）、パーソナル・ケア製品および化粧品（マックスファクター、オイル・オブ・オレイ、ダブなど）、洗剤およびその他洗浄剤（アリエール、ダッシュ、ヴィジール、カルゴン、ドレフト、イエス、フェアリー、フルーリル、スニルなど）、おむつ（パンパース、リベロ、ドトティスなど）、ペットフード（ウィスカス、ペディグリー・パルなど）などであり、さらにヘッド＆ショルダーズ、クレアラシル、アメリカンエキスプレスなどの他のブランドもある。国際的企業が、ターゲット・オーディエンスの文化に合わせて広告スタイルや形態を選定するスピードは、非常に遅いものである。一例としては、ケロッグがサブブランドのいくつかをその国のスタイルで広告している。

要　約

世界的に使用されている広告形式としては7つの基本形式が区別できる。その分布は多様であり、文化に関連していると思われる。レッスンスタイルはアングロ・ジャーマン文化の一部であり、多くの他文化に輸出されたが、それが同様に効果的かについては

疑問が残るだろう。比較広告は、主として個人主義的で男性らしさ、不確実性回避の弱い文化に適しているが、これは、アングロサクソン世界だけである。純粋なエンターテイメントは間接的なスタイルであるので、集団主義的文化の方が、個人主義的文化よりもうまく機能する。

基本形態の中には、製品カテゴリーの代表となったものもある。特定文化の企業がその製品カテゴリーで支配的であり、それが全体の形態となったからである。P&Gやヘンケル特有の形態というものがある。プロクター&ギャンブルのような大手多国籍企業は、一つの基本形態をいろいろな文化で使用し、また有意義な形で文化的差異に適応させて成功しているが、自社製品やブランドを販売したい所の文化に最適な形態を使用していたならば、もっと成功していたかもしれない。

参考文献

（1）Laskey, H. A., Fox, R. J., & Crask, M. R. (1994, November/December) Investigating the impact of executional style on television commercial effectiveness. *Journal of Advertising Research*, 9-16.

（2）Laskey, H. A. (1988) *Television commercial effectiveness as a function of main messages and commercial structure* (Unpublished doctoral dissertation). University of Georgia, Athens, GA. Cited in Ramaprasad, J., & Hasegawa, K. (1992, January/February) Creative strategies in American and Japanese TV commercials: A comparison. *Journal of Advertising Research*. The classification was also used by Puto, C. P., & Wells, W. D. (1984) Informational and transformational advertising: The differential effects of time. *Advances in Consumer Research, 11*, 638-643.

（3）Moriarty, S. E. (1991) *Creative advertising: Theory and practice* (2nd ed.). Englewood Cliffs, NJ: Prentice Hall, p. 82.

（4）Kroeber-Riel, W. (1990) *Strategie und Technik der Werbung: Verhaltenswissenschäftliche Ansatze*. Kohlhammer, Edition Marketing, 2. Aflage. Stuttgart. Cited in Appelbaum, U., & Halliburton, C. (1993) How to develop international advertising campaigns that work: The example of the European food and beverage sector. *International Journal of Advertising, 12*, 223-241.

（5）Mueller, B. (1992, January/February) Standardization vs. specialization: An examination of Westernization in Japanese advertising. *Journal of Advertising Research*, 15-24.

（6）Leiss, W., Kline, S., & Jhally, S. (1986) *Social communication in advertising*. London: Methuen.

（7）Wang, N. (2007) Comparison and application in advertising between Western countries and China. *China Media Research, 3* (2), 9-13.

（8）Moriarty, S., Mitchell, N., & Wells, W. (2009) *Advertising principles and practice*. Upper Saddle River, NJ: Pearson Prentice Hall, p. 364.

（9）Appelbaum, U., & Halliburton, C. (1993) How to develop international advertising campaigns that work: The example of the European food and beverage sector. *International Journal of Advertising, 12*, 223-241; Katz, H., & Lee, W.-N. (1992) Oceans apart: An initial exploration of social communication differences in U.S. and U.K. prime-time television advertising. *International Journal of Advertising, 11*, 69-82; Cutler, B. D., & Javalgi, R. G. (1992, January/February) A cross-cultural analysis of

the visual components of print advertising: The United States and the European Community. *Journal of Advertising Research*, 71-80.
(10) Taylor, R. E., & Hoy, M. G. (1995) The presence of la séduction, le spectacle, l'amour and l'humour in French commercials. In S. Madden (Ed.), *Proceedings of the 1995 Conference of the American Academy of Advertising*. United States. Retrieved from http://advertising.utexas.edu/AAA/AAA95.html
(11) Moriarty, 1991, 89-91.
(12) Franzen, G. (1994) *Advertising effectiveness*. Henley-on-Thames, Oxfordshire, UK: NTC Business Publications.
(13) Choi, S. M., Lee, W. N., & Kim, H. J. (2005) Lessons from the rich and famous: A cross-cultural comparison of celebrity endorsement in advertising. *Journal of Advertising, 34* (2), 85-98.
(14) Roll, M. (2006) *Asian brand strategy: How Asia builds strong brands*. Trowbridge, UK: Cromwell Press Limited, p. 74.
(15) Biswas, S., Hussain, M., & O'Donnell, K. (2009) Celebrity endorsements in advertisements and consumer perceptions: A cross-cultural study. *Journal of Global Marketing, 22*, 121-137.
(16) Roy, S. (2006) An exploratory study in celebrity endorsements. *Journal of Creative Communications, 1* (2), 139-153.
(17) Choi, Lee, & Kim, 2005.
(18) Pramanik, A. (2011, July 6). Vodafone's Indian ZooZoos to be introduced in global markets. *India Today*. Retrieved on February 8, 2013, from http://indiatoday.intoday.in/story/zoozoos-of-vodafone-to-be-introduced-in-global-markets/1/143801.html

第11章

価値のパラドックスから戦略へ

　これまでの章では、文化がどのように消費者行動、ブランディング、広告に影響を及ぼすかを理解するための手段を提供してきた。グローバル・マーケティングに関する書籍は、ほとんどがマネジメント手法に従っているが、本書はそれらとは対照的に、消費者と文化の影響に重点的に取り組んできた。マーケティングとは消費者についてのものであり、マーケティングと広告が成功するのは、消費者の価値が製品またはブランドの価値と一致したときだけである。つまり、ある文化における成功戦略が他文化に拡大できるのは、類似の意味をなす価値がある場合だけである。異なる価値の文化には、新たな戦略を開発しなければならない。これは、企業戦略とマーケティング戦略に言えることである。文化が消費者に与える影響を理解すること、すなわち、消費者がどのように買い、どのようにコミュニケーションし、どのように広告を知覚するかを理解して、初めて戦略決定をすることができるのである。これこそが、本書の最終章に戦略的インプリケーションを取り上げる理由である。

　この最終章では、いくつかの戦略問題を取り上げる。企業戦略、マーケティング・ミックス、製品開発、市場開発、ブランディング戦略、小売戦略およびマーケティング・コミュニケーション戦略などを検討していく。ブランド価値とは、マインドシェアを意味する：ブランドが消費者の心の中に占める地位である。グローバルなマインドシェアに到達するためには、ブランドはさまざまな文化の消費者の心（mind）に一致しなければならない。グローバル・ブランド戦略においては、選択はグローバルかローカルかではなく、無効なグローバル標準化か、効果的な文化的セグメンテーション戦略かである。これまでに類似文化は、製品関連の価値、ニーズ、動機、コミュニケーション・スタイルと言う点ではクラスター化できることを学習してきた。このことは、ブランド戦略にも当てはまる。

共通の認識は、戦略はグローバルとなり得るが、制作はローカルでなければならないということである。しかし、これは正しくない。戦略の核心は文化である。ミッション・ステートメントもブランド・ポジショニングのステートメントも、文化に関連したものであるだろう。これらは、企業トップやブランド・マネージャーの哲学を反映しているためである。グローバル企業やグローバル・ブランド戦略が効果的であるためには、そのトップの価値に見合うのではなく、すべてのステークホルダー（利害関係者）、つまりその企業の株主や、その企業が運営しているすべての国のブランド消費者の価値に見合わなければならない。戦略開発の第1段階から、企業のミッションやビジョン、文化が関係しているのである。

11-1. 企業のグローバル戦略

グローバル企業、もしくは国際化をしたいと考えている企業が下す基本的な企業決定の一つは、自国以外で世界の中のどの市場に参入すべきか、またどうやって参入すべきか、ということで、これは「国際市場への参入方法」とも呼ばれる。また企業レベルでは、企業の中核事業や、企業が何を表すのかということの決定が下される。これは、ミッション・ステートメントとして形成される傾向にある。企業レベルのその他の活動には、コーポレート・アイデンティティやPR戦略および管理などの決定がある。これらのテーマについては、以下の節で検討していく。

国際市場への参入方法

企業はいろいろな方法で国際化しており、その中で国際化のさまざまな段階が識別される。

- 国際的代理店、流通業者、もしくは輸出管理会社（訳注：商社）などを利用した輸出
- ライセンス契約、フランチャイジングを使った外国生産
- 戦略的提携もしくはジョイントベンチャーで生産、研究開発、流通を共有
- 外国製造、もしくはグリーンフィールド運営
- 上記段階を飛ばし、いわゆるボーングローバル企業として運営。主として最初から全世界向けの製品を開発する情報通信技術分野

アメリカ企業が国際化した歴史的な理由は、外国に行く顧客に同行していったことである。最も明確な例は、コカコーラで、同社が国際化プロセスを開始したのは1928年、

アムステルダム・オリンピックにアメリカ・チームに同行したのがきっかけである。アメリカが第2次世界大戦に参戦したときには、コカコーラも軍隊を支持し、「軍服を着ている者は誰でも、どこにいようと、コカコーラを1本5セントで入手できる」ことを約束した。瓶詰め工場もこれに従ったので、コカコーラは「欲求のあるすぐ近くに」置くことができた。コカコーラの国際化の軌跡を追って、同社広告代理店もアメリカ国外でのクライアントのために国際化することになった。

　企業の成長にとって輸出が重要となるのは、国内市場が大きい企業よりも小さい企業の方である。大手グローバル企業の中には、小国発祥のものもある。その例としては、ネスレ（スイス）、ユニリーバ（オランダ）、IKEA（スウェーデン）、ノキア（フィンランド）などがある。自国市場が大きい企業にとっては、主に輸出はいくばくかの追加的収益を得るというものにすぎない可能性がある。第1章で言及したように、これは適応化の誘因としては弱い。輸出依存が大きい企業は、積極的に努力し、経験を積み、製品を適合化させ、チャネル支援を獲得して成功する。価格設定や製品の適応化が間違っていれば、業績が悪くなる[1]。広告の標準化か適応化かの議論と同様に、ほとんどの製品カテゴリーにとって、ローカル使用のための適応化は必要である。例外は高級品やテクノロジー分野の一部である。

　国際市場を選択する際には、いくつかの基準を検討しなければならない。市場規模、市場成長、経済発達、政治状況、競争、流通システム、小売構造、文化的距離などである。文化的に近い市場への投資を主とする企業もあれば、文化的距離がある市場であっても市場の可能性が大きいと見なして投資する企業もある。

　戦略的提携、合併、買収には、異なる文化の人々の協力が必要である。場合によっては、文化的な不適合が非常にネガティブな影響を与え、ジョイントベンチャーや合併の協力にも悪い影響を与えることがある。その一例は、ダイムラーとクライスラーの合併で、アメリカ・スタイルとドイツ・スタイルの働き方があまりにも異なっていたため、この合併は失敗した。もう一つの文化に関連した変数は、海外事業の管理と関与の程度である[2]。一般的に、権力格差の高い文化発祥の企業は、中央管理に慣れているが、低権力格差文化では、意思決定の委譲が比較的大きい。権力格差は、標準化か適応化かの選択の差異も説明する。中央管理はより高度に標準化され、ローカル・スタッフが自身の文化的価値をマーケティングやコミュニケーションに取り入れる自由は少なくなる場合が多いためである。

企業のミッションとビジョン

　世界的に見て、「ミッション・ステートメント」は、企業組織の戦略計画に不可欠な要素であると考えられている。これは、その企業が何を体現しているのかを明文化した

ものである。さらに、企業の「ビジョン」は企業が将来的にどこを目指しているのかを言葉にしたものである。企業のなかには、「戦略的意図」をビジョンに含めるところもある。ビジョンとミッションは、その関与が直接的なものであれ（従業員）、間接的なものであれ（株主など）、その企業に関与している全員に焦点を合わせなければならない。ミッション・ステートメントという概念の西洋における起源は、Bart[3]の定義に認識することができる。

　よいミッション・ステートメントとは、組織が存在するための独自で持続する理由を捉え、共通の目標を達成するためにステークホルダーを活性化するものだ……「私たちの事業とは何だろう？なぜ、存在しているのだろう？何を達成しようしているのだろう？」というような質問に企業が応えずにはいられないようにさせるものだ。

　独自性という個人主義的価値は別にして、ステートメントは、個人主義文化の自己分析という行為を反映する。ミッションとビジョンの概念は、西洋の創案であるが、この行為は世界中の企業に採用されてきている。企業の戦略的意図、哲学、価値、倫理、または運営有効性などを表明するステートメントを出すことは、グローバルな経営実務となってきている。しかし、だからといって形態や内容が類似しているわけではない。アメリカ企業のミッション・ステートメントは、その企業が何を体現しているのか、そのアイデンティティに対する抽象的なステートメントである。集団主義的で高コンテクスト文化では、企業は家族のような機能を持ち、企業が体現するものは必ずしも明確である必要はなく、明確にされる場合は企業トップの哲学とビジョンが表明される。
　企業のミッションやビジョンは、その形態と内容の双方において経営陣の世界観を反映するもので、通常は創業時の文化の価値を反映している。
　日本の戦略的意図の最も有名な例は、キヤノンの「ゼロックスをやっつけろ」と、コマツの「キャタピラー社を囲め」スローガンである[4]。日本は競争の激しい社会である。各社は、（自社より大きい）競合相手に矢を向ける。アジアの「形態（form）」と「内容（content）」の一例は、トヨタのウェブサイトにある「最高幹部からのメッセージ」としての企業ステートメント策定である。このメッセージのサブタイトル、「人、社会、環境との調和」[5]は、内容を示すものである。日本のキヤノンの企業理念は「共生」もしくは「人種、宗教、文化に関わらず、すべての人々が未来に向かって調和して共に暮らし、働く」[6]である。韓国のサムスンの経営理念は、「人材と技術をもとに、最高の製品とサービスを創り出し、人類社会に貢献する」[7]である。
　アメリカのステートメントは、業績、リーダーシップ、偉大さ、成長に対する必要性

を反映している。ゼネラルエレクトリックは言う。「信頼できる成長企業であるためには、毎四半期、毎年、実績を上げる戦略的原則を一貫して実行していくことが必要だ」。これには、リーダーシップ事業の構築、成長促進、コンセプトを、人々やチームにあまねく広げるということが含まれる[8]。マイクロソフトのミッションは、「世界中のすべての人々とビジネスの持つ可能性を最大限に引き出すための支援をすること」[9]である。このミッションは、アングロサクソンの自己実現という価値を反映している。オランダのフィリップスは、女性らしさ価値であるクォリティ・オブ・ライフを反映させて、同社ミッションを「有意義なイノベーションをタイムリーに導入することで、人々の生活のクォリティを改善する」[10]ための情熱としている。フランスのロレアルは、同社のミッションをロレアル・スピリットと呼んでいる:「ロレアルでは、誰もが美を目指していると確信しています。当社のミッションは、世界中の男性、女性がその美への願いを叶え、誰もが個性を最大限に表現できるようお手伝いをすることです。これが、当社事業と当社従業員のワーキング・ライフに意味と価値を与えるのです。私たちは、自分の仕事を誇りに思っています」[11]。

コーポレート・アイデンティティ

　ビジョンとミッションから、コーポレート・アイデンティティが抽出されるが、これには企業の中心的価値が含まれている。これも西洋発祥の慣行である。これは西洋のアイデンティティ概念に基づいたコーポレート・アイデンティティの定義の中に反映されている。例えば、イギリスのコミュニケーション・コンサルタント、Ind[12]は、「コーポレート・アイデンティティ」を「自我という点で、私たち個人のアイデンティティ意識に非常に似た、組織のアイデンティティである。したがって、それは独自性がある」と定義している。個人主義文化におけるコーポレート・アイデンティティの独自性と一貫性は、集団主義文化のアイデンティティとは対照的である。集団主義文化では、アイデンティティはさまざまな社会的地位や状況によって変化することがある。グローバル企業が自社のコーポレート・アイデンティティを定めるときは、自社が運営している多様な文化的コンテクストを考慮に入れた方がよい。

　通常、コーポレート・アイデンティティを作成する作業は、適切な社名の選定から始まる。コーポレート・アイデンティティを形成するその他の要因には、組織のロゴや、マーケティング・コミュニケーションなどがある。また言語、レタリング、連想などのすべては、必然的にその組織の発祥国の反映である。要するに、コミュニケーション・スタイルを反映しているのである。例えば、韓国企業の視覚的コーポレート・アイデンティティは、北米企業のものよりも象徴的で視覚的である[13]。西洋組織の多くは、このような要素を世界的に一貫したものにすることを好むが、これが、逆効果を生む可能

性があることを理解していない。すべての要素は、すべての国々で同じような意味を持ち、理解されるわけではないからである。中国に進出したアメリカ企業のなかには、適応化することを学んだ企業もある。例えば、コカコーラは、その名前を中国人のビジュアル志向に合わせて変更した。同社は、ブランドを「ココウ・コーレ」と改名した。これは、「口の幸福」という意味になる。

　西洋のコーポレート・アイデンティティ概念は、普遍的に認識されるはずだというものを基礎にしているが、実際には、世界各地でさまざまに解釈される。コーポレート・アイデンティティの知覚は、企業名をコーポレート・ブランドとして使用するかどうかにもよる。例えば、ユニリーバ（オランダ）とP&G（アメリカ）は、非常に大きな企業であるが、あまり一般には知られていない。それは、この2社はこれまで主として製品ブランドのマーケティングをしているからである。ネスレ（スイス）、ハイネケン（オランダ）、ヤクルト、ソニー、三菱（日本）、大宇（韓国）、BenQ（台湾）などの企業は、社名を（ほとんど）すべての製品に使用している。ハイネケンのアムステル、タイガー、ネスレのネスカフェ、ペリエ、ネスティー、キットカットなど、企業ブランド名の他に買収したブランド名を引き続き使用する場合もある。東アジアの企業は、一つの企業ブランドにこだわる傾向がある。第7章（「マーケティング・コミュニケーションの目的」の節）で検討したように、集団主義文化で企業ブランドを使用する理由は、企業への信頼の必要性である。これ以外にも、日本企業の多くは、西洋企業よりも頻繁に製品モデルを変更するということがある。日本人はよく知らないブランドを購入したがらないので、企業の包括ブランド（umbrella brand）の下で新製品を出す方が簡単である。その結果、日本の消費者が抱くコーポレート・イメージは、アメリカの消費者よりも強いものとなる[14]。

　最近まで、ユニリーバは自社のさまざまなブランドや製品に企業名を使用しないことを選択していた。その理由は、不祥事（オランダで1980年に同社冷凍食品ブランド、イグロの中に亜硝酸塩が混入していたなど）が、他のユニリーバ製品に対する消費者の不安につながる可能性があるからである。しかし、ロシア、日本、中国などの集団主義文化の特性に動かされ、ユニリーバは自社名をすべてのブランドに入れることを選択した。アジアの広告で、ブランド名に加えるべきは企業名である。ここしばらくの間、中国のP&GはP&Gのサインを加えるようにしている。例えば、ヘッド&ショルダーズのテレビ広告がそうである。また、日本ユニリーバは、日本の製品にそうしている。ダノンは、ヨーロッパではクッキーにルーというブランド名を使用しているが、アジアでは、企業名のダノンもこの種類の製品に付けている[15]。

　ブランド価値は、企業全体のビジョンやミッションの価値と適していなければならない。ブランド・ビジョンは、企業のビジョンと一致していなければならない。これらは、

互いに強め合う。これは、個人主義文化でも集団主義文化でも同じように重要である。ブランドと企業のビジョンが揃っていて、かつ明確であれば、企業に対する信頼はブランドへの信頼に変わるし、その逆もまた真である。この戦略は、ユニリーバやP&Gのように多くのブランドを抱える企業にとっては、難度が高くなる。抱えるブランドの中に、矛盾する価値を持つブランドが含まれる場合は、一貫性が期待される西洋世界では抗議行動が起こる可能性がある。その一例は、ユニリーバのブランド、アックスとダブの矛盾する価値である。アックスのメッセージは、アックスを使うことで男性は魅力的な女性をたくさん引きつけられるというものであるのに対し、ダブのメッセージは、美は内にあるというものだ。ポジティブなつながりは、ユニリーバのミッション「暮らしに活気を加え、それを持続的に行なう」と、2015年までに同社のヤシの実油すべてを持続可能であると認証を受けたものにするという同社の意図にある[16]。

コーポレート・アイデンティティのもう一つの側面は、インターネット上、ドット・コム・ドメインだけでグローバル企業として登録するのか、もしくはローカルのオンライン・アイデンティティとしてカントリー・ドメインを使うのかというものである。世界的企業は、さまざまな戦略を取っている。例えば、イギリスとスイスの企業は、日本やブラジルの企業に比べ、ローカル戦略を取ることが少ないようである[17]。

PRと文化

よく使われるPR（public relations）の定義は、アメリカで生まれたものであり、組織と一般大衆の関係管理に関わるものであるというもの。これは、とりわけコミュニケーション対話ということを示唆している[18]。またヨーロッパの研究者たちは、コミュニケーションをPRの中心として指摘する傾向がある。定義で示されているように、「PRは、相互理解を構築するためのコミュニケーションによる一般大衆との関係維持である」[19]。

PR理論と実施の中心となるのは、「関係性」と「一般大衆」である。「関係」は体系化されるべきであるという考え方と、「一般大衆」の概念の抽象化は、共に西洋の個人主義的な世界観の要素である。集団主義文化では、関係性志向は、人の存在に深く染み付いているものであり、日常生活の本質的要素である。この文化では、関係は個人的なものであり、一般大衆というような抽象的概念は、有効ではない可能性がある。もう一つ重要な差異は、個人主義文化における組織と一般大衆の関係性では、集団主義文化のような内集団と外集団の区別はないということである。集団主義文化でも、個人と一般大衆の関係性は重なりあうことがある。西洋人にとっては、一般大衆とは組織に所属している可能性もあるし、関係していない場合もあるが、組織に影響を与えうる個人、もしくは組織のいくつかの事柄に関して能動的なステークホルダーの集合である。一つの組織の一般大衆とは、コミュニティ、政府、メディア、株主、または消費者などとして

認識することができる。

　職業倫理に関しては、西洋のものは、絶対であり普遍的である傾向がある。対照的に東アジアの基準は、状況的で形式張らず、家族の絆、友人の絆、職場の絆、または見知らぬ人との絆など、人々の持つ絆のタイプによって変化するものである。パブリック・リレーションズの理論は、西洋の倫理基準、政府やメディアの役割に関する見解、また西洋的歴史認識が支配的である[20]。

　PRの起源がアングロサクソンであることから、ターゲット層が情報を与えられることを欲しており、情報は好意的な態度につながるという前提のもと、明確な情報を伝えることに重点が置かれるようになった。集団主義文化と高権力格差の文化でも通常、重要な目標は長続きする個人的な関係性を作り上げることである。特に中国人にとっての関係性（guanxi）の意味は、西洋よりもずっと広く、資源として、または好意的な態度、関心、特典などの混合である。そして、「快適な個人間の関係性」の維持がPRマネージャーの最重要課題である。それは、事務員や仲介業者などと「適切なときに気持ちのよいやり方で」頻繁に雑談をすることを意味する[21]。韓国のPR担当者とのインタビューでわかったことは、彼らは個人的関係性をコミュニケーションに影響を与えるものと見なしている。ジャーナリストはPR担当者との個人的な関係性に基づいて報道記事を選定していると、彼らは信じている[22]。アジアのPRと西洋のPRには、このように重要な差異があるため、Huang[23]は4つある西洋のPR戦略に第5の東洋的戦略「社会的活動戦略」を加えることを提案している。西洋の4つの戦略とは、仲介的コミュニケーション、個人間戦略、二者間戦略、均整のとれたコミュニケーションである。

　またインドにおけるPRの実践では、個人的影響のモデルは重要な役割を果たしており、PR担当者と政府やメディアの重要な地位にいる個人との代償型関係性という形で表れている。担当者はさまざまなテクニックを駆使して、戦略的地位にいる、彼らの言う所の「コンタクト」である人物との個人的な友情を構築しようとする。贈り物やディナーの接待は組織が必要とするときに代償として返してもらうための基盤を作っておくことになるので、PR担当者には重要である。個人的な関係性は、成功のための最重要側面であり、それは私生活にまで及ぶ。また、メディア代表者との接触は、彼らをディナーやカクテルなどに定期的に連れて行くなど個人的範囲で行なわれる。個人的な関係の重要性は、ヨーロッパのスロバニア、ラテン・アメリカ、日本、韓国など、他の集団主義文化でも見られる[24]。

　同様に集団主義文化のメキシコでは、個人間の関係性を形成することはPRの最重要要素であり、これには他のいくつかのメキシコ文化の特徴が強い役割を果たしている。その一つは、「コンフィアンサ」（信頼）であり、これは良い関係性を作り維持するためのカギである。もう一つは「パランカ」で、これは簡単には翻訳できない概念であるが、

個人や関係団体に便宜をはかることと見なすことができる。メキシコでも個人的な役割と組織的な役割は重なりあい、同僚の家族に関心を持ったり、仕事の前に個人的なことがらを話し合ったりする。パランカの概念は、PR には特に重要である。これは、仲間に対してあからさまな見返りを要求したりほのめかしたりすることなく、寛大さを見せる行為の一環である。PR の実践においては、企業の評判を高めるために行なわれる慈善活動という形で表れるが、これには具体的な便益のある単純な友情以上のものが含まれているので非常に重要である。これは、部外者は持つことのできないチャンスを与える社会的ネットワークの一環である。好意（贈り物）を交換することで、パランカは交流を促進するのに役立つ。部外者は不利な立場となる。個人主義文化の企業は、この現象を収賄と説明するかもしれない[25]。「他者への奉仕」や重要な文化的価値としての自己高揚を含む短期志向の一面として見なすこともできるだろう。

　個人主義文化と集団主義文化に見られる関係性の異なるタイプとは別に、もう一つ、権力格差が高いことの多い集団主義文化に関連する特徴がある。その特徴は、CEO は最高レベルで関係性を構築した人々であり、それを PR 担当者に委譲しようとはしない傾向である。PR 担当者は、企業の意思決定層にはいないためである。その結果、これらの文化では、PR 担当者はあまり自主的ではなくなる。

　高権力格差文化では、権力者が情報を適当と思うところに拡散するので、PR は低権力格差文化のものとは異なる機能を持つことが多くなり、信頼を得るために関係性を構築するという形になる。低権力格差文化では、信頼を構築するのは情報である。個人主義文化では、問題が起きると企業は、多大な PR 努力をして被害を食い止めようとする。集団主義文化では、企業にとって過ちを認めることはメンツを失うことを意味するため、抵抗がある。ときには、恥の感情から、企業が過ちや悲劇を隠蔽しようとすることもある。集団主義的で高権力格差文化では、企業への信頼性が必要であることから企業の評判は重要である。これは、オンライン・ショッピングでは特に重要である。企業の良い評判は、顧客の e ロイヤルティに貢献する[26]。

　PR には良いコミュニケーション管理が必要不可欠であるため、さまざまなコミュニケーション・スタイルに対する気配りが必要不可欠となる。PR 担当者は、あらゆる方法でメディアを通して一般大衆とコミュニケーションする。例えば、プレス・リリースを発表したり、メディアで報道されるようなイベントを実施したりする。西洋の個人主義的な PR の始まりは、プレス・リリースの重要性によって認識することができる。インターナショナル PR は、第 8 章で検討したように、文化によるメディア利用の差異や、ブログ等のコンピュータを媒介とするコミュニケーションなどの電子メディア利用の差異を考慮しなければならない。

　インターナショナル PR では、コミュニケーションするものは、何であれその地域に

関連するものでなければならない。さもないと、そのメッセージはゴミ箱に投げ込まれることになるだろう。ジャーナリストたちは、自分たちのメンタル・マップ（訳注：記憶の中に存在する「あるべき姿」）に合わないものは使用しない。地域に関連したメッセージを持っていないときは、重要メディアのジャーナリストと継続的な関係性を維持することは難しい。メッセージは翻訳されなければならないが、すべてのジャーナリストがメッセージの本質を理解するに十分な語学力があるわけではない。したがって、ジャーナリストの能力に頼るよりも自分たちで翻訳をしたほうがよいだろう。

　企業は、PR目的のバーチャル・プレス・ルームのあるコーポレート・ウェブサイトを使用することが増えてきている。コンテンツがどのようにデザインされるかということも、文化に関連している。アメリカとヨーロッパ7カ国の120社のコーポレート・プレス・ルームの分析によると、ほとんどが報告書、財務データ、沿革などの資料という点で充分とはいえず、いくつかのセクションでは編成や区分がうまくできていなかった[27]。第5章で検討したように、人々が情報を区分する方法は文化によって異なるので、情報を体系化したりウェブサイトをデザインしたりするときは、自身の文化に従って行なう。その結果、他の文化の人々にとっては、あるはずだと思う場所に情報がなく、わかりにくくなってしまうことがある。

11-2. グローバル・マーケティング・ミックス

　第1章で要約した標準化-適応化の議論は、ほとんどが広告についてであったが、その基本はすべてのマーケティング・ミックスに当てはまる。標準化の議論は、得てして、都会の若者のような人口統計学上のグループの存在にある。このようなセグメントは、グローバル・ブランドの存在ですでに飽和状態となっており、成長のチャンスはあまりない。徐々に、グローバルなマーケターは、インド、中国、ブラジルのような大規模な新興市場を、成長のチャンスと見なすようになっている。これらのセグメントを満足させるためには、異なるマーケティング・プログラムが求められる。例えば、インドでは、ヒンドゥスタン・リーバは、パッケージング（小さい1回サイズ）、価格、流通、広告も変更したが、洗剤、石けん市場における既存のブランド・イメージをうまく生かし、女性を利用した流通を形成し、物流管理を変更し、POP（購買時点）のディスプレイを使って、小都市部と農村部市場に到達するようにした[28]。

　同一製品が、同一価格、同一流通チャネルで国境を超えられることはまれである。多くのマーケティングの失敗は、製品、パッケージング、価格に関するものである。価格とは、製造、配送、為替レートのコストと、消費者の可処分所得だけではない。価格はステータスや品質の高低を伝えることができる。価格は競争と関係なく決めることはで

きない。中国では、中国ブランドのフューチャー・コーラはコークやペプシよりも6セント安く、これと競合するために、コカコーラは、返却可能な瓶入りの安いコーラを発売し、価格を下げてコークのコストは水と同じだと主張した[29]。製品の所有と利用は、歴史的ルーツを持つことが多く、これまでの章で、多くの製品カテゴリーが文化によって変化することを考察してきた。製品もコミュニケーションも文化の影響を受ける。最後に、その国の小売構造も自国のものとは大きく違うことがあり、これも成功に影響を与える。新しい市場に参入した小売業者の多くが失敗するのは、その地域の小売環境や消費者のニーズを理解していないからである。

文化を超えた製品／市場開発

　企業のなかには、自社をブランディングだけに焦点を絞ったマーケティング組織と見なすところもあるが、グローバル企業の存在基盤は、その製品もしくはサービスと、製品コンセプトをさまざまな市場に開発したり適応したりする能力である。企業の最も重要な決断は、どの製品もしくは製品バリエーションを、どの市場に出すかということである。

　多くの製品には、よく売れる市場というものがある。そのようなバリエーションの理由は、富や文化かもしれない。特定国に置ける特定製品の普及が低い理由が、文化的なものであるならば、その製品をその文化に合うように適応させるべきである。

　新たな製品と市場の組み合わせは、さまざまな文化的配置の新市場に参入する際に検討されなければならない。例えば、生命保険は個人主義文化の製品である。集団主義文化の市場に参入するには異なる製品が求められる。その一例が、シンガポールのヤッピー（若い都会派エリート層）向けの両親関連の年金保険である。彼らは新しいモバイル・ライフスタイルを取っているため、集団主義と儒教価値の強い要素である両親の面倒を見るという義務を果たすことが難しくなってきている。

　明確な文化的な差異をつかめば、さまざまな文化に対し、より適切な製品や製品適応をすることをしやすくなる。もし、特定のDIY（do-it-yourself）製品が不確実性回避の弱い文化ほどよく売れないとしたら、能力に対するニーズに応えるように製品を適応させなければならない。説明書を加えたり、トレーニングを提供したりするなど、顧客がこれを使えると感じるような根拠を加えるのである。同様に、リモコン機器や携帯電話などの電子機器は、不確実性回避の弱い文化では使いやすくしなければならないが、不確実性回避の強い文化では人々がそのプロセスをコントロールしたがるので、複雑な細かい機能があるかもしれない。

　最後に、製品開発で重要な部分は、ブランド管理の大きな一歩を踏み出すことである：ブランド・ビジョンを形成し、ブランド・アイデンティティや求められるブランド・イ

メージを決定し、価格を始めとするブランドのポジションを伝えることなどである。

文化を超えた市場開発予測

　文化の役割を理解することで、市場がどのように進展していくのか、また新製品や新サービスがどのように普及していくのかなどが予想しやすくなるので、マーケティング戦略を立てやすくなる。第5章で検討したように、新たなイノベーションや習慣を取り入れるのが早い文化もあれば、そうでない文化もある。インターネットを例にとってみよう。20世紀末、インターネットは、多大なる生産性を至る所にもたらし、すべての社会の平等性が増すであろうという予測がされていた。しかし、実際は特定の文化的特徴のある目的のためにインターネットを使っている。もっと正確な予測をするために、文化的類似性に従って各国をマッピングしてみるのもよいだろう。その一例が、インターネットの進展と影響の文化マップである。インターネットは、まず経済的に発展しており、低から中程度の不確実性回避の市場で普及した。このような所では、人々は不確実性回避が高い市場よりもイノベーションを受け入れるのが早い。このような市場は**図表11.1**の下の2欄に入る。**図表11.1**の上の2欄は、遅れている市場で、不確実性回避の高い文化の国々である。インターネットはすべての先進国市場で普及したが、その利用目的はさまざまである。低男性らしさ市場の人々は、インターネットを生活の質を高めるために取り入れ、使用頻度は頻繁で、レジャーや教育目的に使用しているが、高男性らしさ市場では、インターネットは、競争力を高めるために生産性を上げることが第1で最も重要である。

　導入率の相違を説明する第3の次元は、権力格差である。権力格差の高い文化では、政府は新開発に対して、より大きな権力を行使することができる。フランスでは、政府はミニテル・システムを支援することで情報テクノロジーの初期に影響を与えた。スペインでは、政府はインターネットの学校利用を後援して利用を推進した。韓国では、政府がブロードバンド・コミュニケーションを推進している。その結果、すでに2001年時点で韓国人は世界の他のどの国の人々よりもオンラインに費やす時間が多くなっていた。これは、韓国経済にも有益な効果を与えた[30]。韓国は、世界で最もブロードバンド普及が高い国の一つである。

　さまざまな製品カテゴリー用のマップを作成するときには、不確実性回避とは別の製品関連の次元を選定しなければならない。これらは、相対的利用と態度調査から発見することができる。

　不確実性回避は、イノベーションの採用という点で市場を区別する。また、新製品や製品バラエティの受認度をテストする市場を選定する際にも考慮しなければならない。テスト市場にヨーロッパでデンマークを選定したり、アジアでシンガポールを選定する

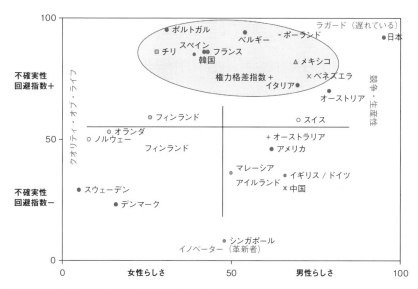

図表 11.1 インターネットの文化マッピング
出典：Hofstede 他からのデータ。（2010）（別表 A 参照）

ことは賢明ではない。これらの国は、どんなイノベーションも素早く採用するので、地域の他の国の代表にはならない。スコアがスケールの中間に位置する国を選定するほうがよいであろう。

製品開発とデザイン

　国境を超える際、多くの製品は物理的環境、ユーザーの習慣、文化的価値によって引き起こされる動機などに適応するように変更される。キッチンが小さければ、家電のサイズも小さくしなければならない。人々のサイズが違えば、衣類や靴に影響する。ファッションの好みもさまざまである。洗濯機は、人々が洗う必要のある衣類の種類や利用可能な電流、キッチンの大きさなどに適応する。アメリカの枕カバーは、ドイツのものとは違うサイズである。このような知識に欠けていたことが、ウォルーマートのドイツでの失敗の一つである。長年にわたり、西洋の企業は、自分たちのアイロンを日本や韓国の消費者に販売し続けていたが、日本人や韓国人は立ってアイロンがけをせず、座ってするということを発見したのは、つい最近のことである。これは当然、異なる人間工学的条件が求められることである。設計者がどのように物を成形するかということは、文化の一部である。スカンジナビアのデザインは、流線型でシンプルであり、これはノキアの携帯電話のデザインで認識することができる。中国人は、ピカピカしていたり、香

水が含まされていたりするなどの何かステータスを示すようなものがある電話機を好む。また、キッチンに関して何が素敵で美しく必要かということの知覚は文化によって異なる。

　基本的に、標準化と適応化の選択は、進出したい市場のタイプ次第である。もし、異なる価値の文化に製品を販売し適応しなければ、それは、ニッチ・マーケットしかないかもしれない。うまく適応されていれば、マス・マーケットを引きつけることができるかもしれない。これは**図表11.2**に示しているが、文化は、いくつかの価値や関連する習慣では重複することがある。価値の中には至る所で見られるものもあるが、その普及具合は、一部文化が他文化よりも進んでいる。ある文化の価値の流通は、通常の流通と変わらない。ある文化の平均は、他文化の平均とは異なるが、ある程度は重複することもある。インターナショナル・マーケターにとっては、このような重複がニッチとなりうる。

　グローバル・マーケターの選択は、ブランド価値や広告をターゲットの文化に合わせて適応させるか、自国文化の価値にこだわるかである。「後者の選択をすると、ターゲット市場では、自国でのようなマス・マーケットではなく、ニッチ・マーケットしか得られないという結果になるだろう。その一例が、イタリアの自動車ブランド、アルファ・ロメオである。イタリア人は、イギリス人やフィンランド人よりも攻撃的な運転をするため、アルファ・ロメオは、攻撃的なドライバーに応えるものである。フィンランドでも攻撃的な運転を好む人はいるものの、比較的小さなセグメントである。アルファ・ロメオは、イタリアではマス・マーケットに応えることができたが、製品やコミュニケーション戦略を適応させることはなかったので、フィンランドでは、ニッチ・マーケットしか得ていない。

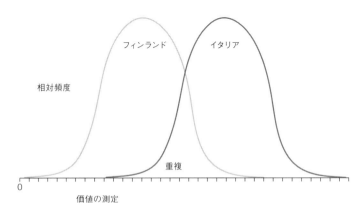

図表11.2　文化の重複

第2章で、マクドナルドやその他多くの成功している製品の適応化の例をあげた。中国では、ケンタッキー・フライド・チキンは、卵とじスープを提供している。ユニリーバのシャンプーは、黒ごまや朝鮮人参を加えたバージョンを出し、P&G のヘアケア製品は、強力なフケ防止処方で強化している[31]。家電製品の中国メーカーは、ユーザーがヤマノイモ（サツマイモ）を洗濯機で洗うためにパイプが詰まることを発見すると、それに適応させた。大衆に衣類の洗濯だけをするように指示するのではなく、パイプを大きくした新しい洗濯機を設計したのである[32]。インドでは、ヒンドゥスタン・リーバのサーフへのレスポンスとして洗剤ブランドのニルマが開発された。サーフは、ほとんどの消費者にとって、まだ高価すぎたからである。ニルマは、多くのインド人消費者が使用していた洗濯石けんよりも優れている洗剤であるが、サーフよりは品質が劣る[33]。

　また、ライン拡張数も国によって異なるだろう。自国では製品が知られており、それを製造している企業も有名であるため、自国消費者は外国市場よりも製品のバリエーションを受け入れやすいだろう。西ヨーロッパでは、腸内フローラに良いとされる乳酸菌入りの製品である日本のヤクルトは、1タイプしか販売されていない。しかし、日本ではヤクルトは数多くの製品を発売している。例えば、胃腸を安定させたり糖の摂取をコントロールしたり、精神的なリラックスのための製品もある。これらのヤクルト製品には、それぞれ特定の原料が入っており、日本の消費者は、これらすべてのさまざまな含有物について、よく知っている。さらに、ヤクルト本社が良質で有益な製品を供給すると信頼しているのである。日本の消費者が信頼しているのはヤクルトであり、だからこそ同社の製品を消費するのである。

　一般的に、製品利用は一晩で変化することはない。人々の行動は安定しており、過去または現在の行動によって、将来の行動を予測することができることが多い。新製品を開発し、マーケティングを行なう際には、過去と現在の行動を分析することが将来を予測する上で有益である。バーやカフェで楽しむことに慣れ親しんでいる人々の国では、インターネットへのアクセスはサイバー・カフェですることになるだろう。進化したデジタル写真のプリンターを違う国の人々に販売したいのなら、まず、アナログ・フィルムを最も使う人々はどの文化かを分析すべきである。

　製品デザインという側面は、文化特有となることがある。製品をデザインするときに、形によっては、望ましくない連想を起こすことがある。IKEA は、ほとんどの製品オファーを標準化している。中国の家具店にはテーブルのトップがガラスで作られたテーブルがたくさんあり、これらは中国の IKEA でも入手できる。上海の IKEA で入手できるコーヒーテーブルのデザインは、四角で囲んだ丸いガラスのテーブルトップだった。西洋の消費者にとっては、これは普通の小さなテーブルに見えるが、伝統的な中国の消費者にとっては適切ではなかった。中国では、丸は空を表し、四角は大地を表すからだ。

空を大地の中に納めることは、理にかなわないことである[34]。

パッケージ・デザイン

輸送、気候等の違いがあるため、パッケージ材は、重要である。しかし、パッケージは、消費者に届くと製品やブランドについてのメッセージを伝えるので、パッケージのデザインはさらに重要である。パッケージ・デザインは、立体的デザインとグラフィック・デザインそれぞれにさまざまであり、地域色を持っていることが多い。パッケージは、文字情報、コントラスト、ブランド・ロゴの位置やサイズ、言語情報の量、タイポグラフィの積極性、色使い（落ち着いた色か派手な色か、調和的か、対比的か）、形、象徴の使用、構造の程度、パッケージ・デザイン細部などの点で、多様である。体臭防止剤を例にとると、日本のパッケージは比較的、抽象的なシンボルを使用しているのに対し、ドイツのパッケージは、より具体的なシンボルを使っている。女性らしさの文化では、一般的に男性らしさ文化よりもソフトで調和的な色合いが使用されるが、これは、製品カテゴリーによって変化することがある。日本人は特に細心の注意を払ってパッケージされた製品を好む。

グローバルな好みに訴求するとしているグローバル・ブランドでさえも、世界的なパッケージ戦略はまとまっていない。これは、パッケージがブランド価値を反映しているためであり、また情報を提供しているからである。情報に対するニーズは、文化によって異なる。2003年、マクドナルドは、世界中で単一ブランド・メッセージの単一ブランド・パッケージを導入したが、2年後にはパッケージの栄養価値表をローカル化させる計画を発表した[35]。

7カ国のパッケージ・デザインの比較研究によれば、パッケージは立体デザインとグラフィック・デザインによるコミュニケーション法の両方で多様であり、また文字情報の使用、色の使用、形、シンボル、構造の程度、パッケージ・デザイン細部で多様である。文化は、これらの差異に多大な影響を与えるようである[36]。

パッケージ・デザインには、適切な色を選択することが重要である。Berg-Weitzel and Laar[37]は、女性用体臭防止剤のパッケージは、女性らしさの文化では、

写真11.1　ひょうたんから水のパッケージ

比較的コントラストが強く目立つ色であるが、男性らしさの社会では、調和的な色合いでコントラストが弱いものを使用して、強い役割区別のある社会における女性の優しさを是認しているという。第5章のフルーテッラのパッケージ写真は、画像デザインにおける場の依存のような精神機能の影響を示した物である（156頁参照）。基本的に、広告と同様にパッケージもシンボルや言葉の使い方、人々の描写方法、色、装飾的要素、形などによって、文化のコミュニケーション・スタイルを反映している。

　日本人は、きちんとパッケージされた製品を大変好む。ミネラル・ウォーターの製造業者、キンキ・パートナーズは、「ひょうたんから水」というミネラル・ウォーターのパッケージを伝統的な水筒の形にして、製品の差別化をはかった。昔、ひょうたんの中身を掘り出して乾かし、水や穀物を運ぶのに使用されていた。中に入っている水は、有名な奈良県吉野のミネラル・ウォーターの源泉水である（**写真11.1**参照）。

11-3. 小売

　スーパーマーケットや大型ショッピング・モールが世界的に出現したが、小売のインフラストラクチャーやショッピング行動に関しては、各国は多様である。第5章で、ショッピング行動の差異について検討した。外国に拡大したいと考える小売チェーンは、インフラストラクチャーとショッピング行動の差異に適応しなければならない。各国間の重要な差異は、家のスペースが狭いため、もしくは毎日新鮮な食べ物を欲しいために、人々が毎日ショッピングに出かけるのか、週に1度の大量購入をするのか、もしくは楽しみのために買い物をするのかということである。インドの中流層消費者にとっては、買い物は娯楽の代表的な形である。家族でのお出かけの一環である。昔はバザールだったが、今では近代的なモールで「ビッグ・バザール」（訳注：インドの大手スーパーマーケット名）もあれば、マクドナルドもあり、家族が回るルートとなっている[38]。ウォルマートやコストコ、メトロ、カルフールなどの西洋の小売チェーンは、次第に他国への進出をするようになっている。失敗する場合は、ある文化での成功モデルをそのまま再現し、差異を認識しなかった結果であることが多い。

　アメリカのウォルマートは、15カ国で8,500店舗を運営しているが、その名前はいろいろで、イギリスではアスダ、日本では西友である。ウォルマートは、一部の国では成功しているが、失敗している国もある。南米や中国では成功しているが、ドイツや韓国では成功しなかった。日本には西友チェーンの株を購入することで参入したが、同社のコスト削減を理由とした人的資源戦略のため、同チェーンは日本ではあまり人気となっていない。もともと、これはウォルマートの「毎日低価格」というモデルでもあるが、日本では低価格は低品質を連想させるため、うまくいっていなかった。しかし、

不景気によりウォル-マート・モデルは、以前より日本人に訴求するようになってきた[39]。「自社ブランド」の管理が強いイギリスのテスコは、22店舗を開店するという意図を持って2000年に台湾に参入した。2005年、同社はわずか6店舗を開店した後に撤退した。理由の一つは、アイデンティティとテスコのイメージの大きなギャップである。自国市場では、低予算、低価格はテスコ・ブランドの主要な知覚であった。しかし、テスコは自社ブランドに対する何の広告もプロモーションもほとんどしなかったので、台湾の消費者はテスコというブランドが存在していることすら知らなかった。台湾の消費者は、小売ブランドはいつも「安物」か、低品質と見なす。さらに、テスコは、コーンフレークやマカロニなどの外国製品も提供したが、台湾の習慣には適していなかった[40]。

　小売はローカルなものであるので、ほとんどのインターナショナル小売業者は、ローカル店舗と融合することで新市場に参入してきた。例外は、スウェーデンのIKEAとアメリカのトイザらスである。この2社は国外でオリジナルの形式を再現することで有機的成長をすることを選択している[41]。このオリジナル形式のすべての要素がどこでも受け入れられるわけではない。IKEAのいつものやり方は、自分で組み立てるというものであるが、組み立てサービスを求める権力格差の高い文化には魅力的ではない。しかし、他の理由で成功することも可能である。例えば、IKEAはリビング・ルーム、寝室などをカバーするトータル・コンセプトを提供している。これは、総合的な考え方をすることの多い集団主義的で権力格差の高い文化には魅力的である。ロシアは、権力格差のスコアは高いが、IKEAは同国で非常に成功している。また、アジア全般でも差異がある。IKEAは中国では非常に人気があるが、日本では失敗した。DIYのコンセプトが、きちんと準備され小型サイズのものが好まれる日本文化には合わないからである。その他の例としては、中国で典型的な喫茶店の雰囲気を作り上げたスターバックスがある。また、オーレイは、自社ブランドを西洋の製品として提示するのではなく、生薬の原料を入れることでローカル文化と一体化している[42]。マークス＆スペンサー（M＆S）やC＆Aなど、いくつかのヨーロッパ・ファッション系の小売チェーンは、他のヨーロッパ市場に参入したが、失敗した。自国のファッションを他国に提供したり、自国市場の戦略や哲学を他の市場にも、かたくなに展開したからである。大陸ヨーロッパでは、イギリス・ブランドのセント・マイケルだけを強調したり、クレジット・カードを受け付けないという形は、イギリスでのようにはうまく行かなかった。またアジアでは、適応化が十分でなかった。マークス＆スペンサーは、上海に店舗を開店したが、中国人はこれをイギリス的すぎると見なし、上海在住のイギリス人は、これを中国的すぎると不満をもらした[43]。

　店舗のインテリア・デザイン、提供する製品タイプ、また小売で製品をどのように展示するかは、さまざまである。女性らしさの文化のスーパーマーケットでは、食品の買

い物を男性がすることが多く、子どもを伴うことさえある。これが、ショッピング・カートのデザインに影響する。子どもの自立が重要な権力格差の低い文化では、子どものための小さなショッピング・カートもあり、子どもも自分で買い物ができる。不確実性回避の高い文化では、陳列棚に価格以外の情報が多く提供されている。従業員は身なりがよく、例えば白い床などのように、清潔さが誇示される。食品の新鮮さを象徴したり、本日のお買い得などは、すぐには用意できないようなきっちりとデザインされた一貫性のある価格表示ではなく、手書き情報で提示される。個人主義と権力格差に関連する差異は、製品がどのようにカテゴリー化されているかである。種類別か、関係性別か、色別の場合さえある。ベルギーのスーパーマーケットは、カテゴリー別に製品を展示する傾向がある。例えば、パスタとパスタ・ソース、ワインと肉という具合である。一方、オランダでは製品は種類別にカテゴリー化されることが多い。例えば、パスタと米という具合である。その他の差異は、視覚的な経路表示か、言葉による経路表示かというものがある[44]。

またショッピング・モールのデザインも、一つの文化から他の文化に単純に移し替えることはできない。多くの要素が成功か失敗かを左右するが、そのうちのいくつかは、単純なインフラストラクチャーである。中国華南地方では、Dongguan Sanyun Yinghui Investment & Development companyが、当時から数えて18年前に建築されたミネソタ州の郊外型ショッピング／テーマ・レジャー環境の「モール・オブ・アメリカ」を模したものを造った。この華南モールが失敗した理由はいくつかある。同地域の人口密度は低すぎたし、道路アクセスも、公共交通機関も良くなかった。さまざまな地域との接続性も弱く、混乱していた。モール・オブ・アメリカの成功は、大きな地理的領域の中にレジャー／娯楽／小売施設がなかったことがベースであるが、東莞市の近くには定着したショッピング・モールがあまり遠くないところに複数存在していた。消費者が伝統的な大通りでのショッピングから現代的なショッピング・センターに移っているので、中国の他のショッピング・モールの多くは、成功してきている。失敗は計画性の欠如、小売と娯楽の適切な調整を怠ったこと、アクセスの悪さが引き起こしたものだろう[45]。

国際的小売調査の大半は、さまざまな国に対する小売調整の標準化は、問題となると、結論付けている。

11-4. ブランディングと文化

本書のいくつかの章で、ブランディングに対する文化の影響を検討した。ブランド・コンセプト自体は、西洋的で、個人主義的な現象である。ブランドは一般的に個人的特

質という点で、抽象的な性格を備えた独自のパーソナリティとして位置付けられている。個人主義文化では、個人的特質はさまざまであるので、一つのブランドのパーソナリティがすべての文化で同様に魅力的とはならない。信頼性は、不確実性回避の高い文化では魅力的な特徴であり、名声は権力格差の高い文化では重要である。集団主義文化では、消費者は信頼する企業の製品を選択する。その結果、「企業ブランド」は、アジアで比較的慣例的であり、「製品ブランド」は、比較的西洋的、個人主義的な現象である（第5章、「マーケティングにおけるパーソナリティとアイデンティティ」の節参照）。製品ブランドはポジショニング目的に開発される。それは競合相手と自社とのブランド・ポートフォリオ中の、他ブランドの両方に対してのものである。集団主義文化では、マーケティングの重要目的は、企業と消費者の間に関係性と信頼を構築することである。この目的のためには、強力な企業ブランドを開発することは、競争的な製品ブランドのポートフォリオを開発するよりも優れた戦略である。

アジアでブランドが最も成功するのは、成功イメージのある企業と結びつけられたときである。西洋では、一つのブランド名では適さないと思われるようなあらゆる種類の製品が、一つの企業ブランド名に結びつけられることがある。例えば、日本の化粧品会社である資生堂のおむつは、西洋では、まず化粧品とおむつが両立するのか、という点で判断されることになるが、アジアでは資生堂のイメージが、その製品を試してみるに十分な理由を提供することになる[46]。ブランド拡張が調和している必要性は、第5章（「カテゴリー化」の節）で説明したように、個人主義文化の特色である。

また、集団主義文化はブランドを個人と関連づけない。製品を購入するのは製品特有の性質のためであり、抽象的なブランドのためではない。**写真11.2**は、スペイン、バルセロナのスーパー・ソル小売チェーンの屋外広告であるが、これには一流製品を提供と書いてあって、北ヨーロッパでのように一流ブランドとはなっていない。

グローバルで活躍したい企業は、ブランド・コンセプトの文化的特有性を考慮すべきである。ブランド・アイデンティティを練り上げる際には、アジアの消費者は、あまり抽象的なブランド・アイデンティティやブランド・パーソナリティに関心がないことに注意しなければならない。それよりも企業が表すものは何か、どれくらい信頼できるのかに関心を持っている。グローバル企業は、そのコーポレート・アイデンティティとブランド・アイデンティティを、北ヨーロッパ／アメリカ（ブランド・アイデンティ

写真11.2　スーパー・ソル、スペイン、バルセロナ

ティ）とアジア（コーポレート・アイデンティティ）の両方に対応できるように調整すべきである。

　グローバル・ブランド企業は、さまざまな国で自社のブランド・エクイティを測定する傾向がある。ブランド・エクイティの重要な要素は、消費者エクイティであり、これはブランド連想によって一部測定される。これらの連想の多くは抽象的であり、文化によってさまざまに表現される。この点において、西洋の測定システムは、グローバルのブランド・エクイティ測定に適切ではない。Hsieh[47]は、ブランド連想に基づいて、16カ国で19の自動車ブランドのブランド価値を計算し、著しく異なっていることを実証した。ヨーロッパでは、19ブランドの平均的ブランド価値は、アジア諸国よりも高かった。これらの差異は、個人主義と相関関係があることが示された（$r = .68$）。その他の研究でも、いろいろな文化的な状況は消費者にさまざまなブランド評価をさせていることが確認されている[48]。

11-5. 異文化でのブランド・ポジショニング

　ブランド・ポジションとは、ブランドが市場で占有していると見なされる場所もしくはブランドの世界で、そのブランドが表すものである。このポジションには、消費者の心の中にあるそのブランドの連想が含まれる。これには、ブランドのすべての側面が含まれる：製品属性、便益、価値である。ブランド戦略を立てるときに、企業はブランド・ポジショニング・ステートメントの中に求められるブランド・ポジションを策定する傾向がある[49]。

　「ブランド・ポジショニング・ステートメント」とは、ブランドの外的側面と内的側面とを結びつけることである。この二つの側面を説明することで、西洋のブランディング理論の最もよく使用される一連の用語を扱うことになる。ブランドの「内的側面」とは、企業によってブランドに注入されたブランド要素である。これには、ブランド・アイデンティティ、ブランドに付けられた価値などがある。それによって人々がそのアイデンティティを認識できるものが含まれる。アイデンティティは、送り手（企業、組織）がそのブランドについて伝えたいと思うものであり、これには、パーソナリティと言う点でのブランドの特徴が含まれる。ブランドの「外的側面」には、消費者が受け取るもの、イメージ（もしくは消費者がそのブランドをどのように知覚しているか）、および利用法（もしくはブランドの製品が日常生活の中でどのように使用されるか）などが含まれる。日常生活におけるブランドと製品の役割は、求められるブランド・アイデンティティに貢献することができる。

　ブランドは、外的側面と内的側面の間が適切に結びついていれば、きちんとポジショ

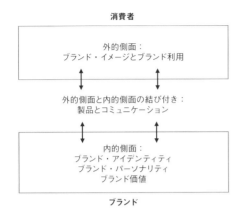

図表11.3 ブランド・ポジショニング・ステートメントの要素

ニングされていることになる。これは、図表11.3 で視覚的に表されている。

いくつかのマーケティング・ミックスの要素が、アイデンティティをイメージ化する一因となるが、その中でも<u>製品そのもの</u>と<u>コミュニケーション</u>が最も視覚的であり、文化的な影響を受ける要素である。価格はポジショニング戦略に使用されるように、価格と流通のようなその他のマーケティング手段も関連がある。

11-6. 外的側面：製品利用とブランド・イメージ

ブランド・アイデンティティの策定を可能にするためには、既存のブランド・イメージと、消費者がそのブランドや商品をいかに扱っているかに対する知識が必要である。これらはマーケターのツールである。イメージとは消費者がブランドに何を見るかということであり、その結果、すべてのメッセージをどのように知覚し、精神的に一体化するのかということである。イメージは消費者の心の中にある連想ネットワークである。理想的には、そのイメージが、送り手がブランドについて伝えたいアイデンティティと一致することである。

製品利用

グローバル・ブランドがどのように知覚されているかを理解するには、多くの国での徹底的に消費者調査して、ブランドが使用されているあらゆる状況を理解することが必要である。それには消費者と話をするだけでなく、消費者と一緒に歩いてみることも含まれる。消費者の家に入り、彼らが何をしているのか、そのブランドが消費者のニーズにどのように適合しているのか（もしくは適合できるのか）を調べるのである。

P&Gやユニリーバのような大手グローバル企業は、消費者の家庭内に入ることで、コンシューマー・インサイトを蓄積している。P&Gは、消費者のトイレやシャワー行動のフィルムを作成している。ユニリーバは、ナイジェリア、ベトナム、パラグアイ、ニュージーランド、ドイツなどさまざまな国で消費者がキッチンで何をしているかを撮影している。両社は、消費者行動は一つであるという前提を基にした意思決定は、企業

が犯す最悪の過ちの一つであるということを学習した。ブランドがどのように知覚され、そのブランドの製品がどのように利用されているかを知ることは、ブランド・アイデンティティを決定するために必要不可欠である。ブランド／製品の知覚や利用に対する知識やインサイトを深めるための「消費者に会う」セッションのようなテクニックは数多くある。

　既存行動を知ることは、今後の行動を理解するための役に立つことが多い。文化の中に埋め込まれた既存の習慣を強化する方が、新しいものを紹介するよりも容易である。既存習慣強化の一例は、フィリップスとコーヒー会社、サラ・リー／ダウエ・エフベルツのジョイントベンチャーであるセンセオ・コーヒーマシーンの発表である。センセオは、新しいタイプのコーヒーマシーンで、エスプレッソ・マシーンとドリップ・フィルター・マシーンの複合型である。エスプレッソ・マシーンのように、これは1度に1杯か2杯のコーヒーを作るが、もっと安価である。そしてドリップ・フィルターよりも簡便である。必要なのはコーヒーを含んだパッドだけである。これはコーヒーを個人で楽しみたい個人主義文化に訴求した。コーヒーは1杯ずつ別に作られるので、1人ずつ自分の趣味に合ったコーヒー・フレーバーを選ぶことができる。あなたのパートナーがカフェイン抜きを好み、あなたは強いアラビカ・コーヒーを好むとしても、それぞれ好きなものを作ることができる。このコンセプトは、簡便性と個人主義のトレンドに一致している。つまり、手間のかからない自分好みのコーヒーを、可能なかぎりの短い時間で作るというものだ。これは、個人主義的な価値を強化する。消費者行動は、少しずつ変化してきたが、家庭でコーヒーを飲むいつもの習慣は維持されているので、コーヒーメーカーは家庭で使う典型的なマシーンである。コーヒーの消費が自宅以外の場所でされることの多い文化では、これはあまり人気がない可能性がある。スペインでスターバックスが成功した理由は、提供するコーヒーのバラエティに対するニーズを満たしたからではなく、一緒に座ってのんびりとおしゃべりをしたいという若者の、すでにあるニーズに応えたからである。

　開発途上国での製品利用を予測する際には、そこの人々が先進諸国、特に北米の行動を模倣すると期待すべきではない。社会的ステータスを伴うために何らかの行動を模倣することはあるが、一定期間の後は、自分たちの旧来の価値に合った行動に回帰する。第2次世界大戦後、日本人は西洋の服を身につけた。しかし、21世紀初頭、日本の若者は着物を再発見した。

　グローバル化も近代化も、西洋化と同じではない。第1章で検討したように、人々は、グローバルに考えることを望んでいる場合もあるが、グローバル化の結果、実際は自分の特定のローカルな価値に気づくようになっている。人々はますます自分の国や地域のコミュニティに共感するようになっている。アジアのほとんどの国は、新しいテクノロ

ジーを導入しているが、同時に自らのアイデンティティは維持している。西洋のようになるというよりは、アジア諸国は、彼ら独自の近代性を進展させている(50)。

　人々がお金をたくさん持つようになるほど、文化的に決定づけられた行動に固執したり洗練させたりすることが容易になる。人々はこの文化的行動に適合するブランドを選定するだろう。これは、ブランド・ポジションは、多面的でなければならないということを意味している。ブランドの意味は、ポルトガル人の女性に対するものとベトナム人の男性に対するものでは異なるからである。

ブランド・イメージ

　ブランド・イメージは、消費者の心の中のブランドを表すものである。これはブランド・アイデンティティの所産である。西洋文化では、イメージは独自の性格を持つ人間のようなものとなり得る。集団主義文化では、供給元に対する品質と信頼の表現となるだろう。その製品は、信頼できる製品群の一部である。

　理想としては、ブランド・アイデンティティは、イメージの中に反映されるべきである。それは消費者が受け取ったものである。同じ文化の中でアイデンティティとイメージの相違が起こることもあるが、異文化では、アイデンティティとイメージのギャップは、大きくなりがちである。マーケティング調査会社の多くは、ポジショニング・モデルを提供している。これは、人間のパーソナリティ特質や価値観といった点からブランドを定義する上に役立つもので、普遍的であるとされているが、調査記述の中に、会社自身の文化の特徴が認識されることが多い。消費者は、ブランドに自身の心象地図に合った特徴を付け、そこからブランド・イメージをふくらましていく。これは、必ずしも意図したブランド・アイデンティティを反映しない。北米人にとってのマクドナルドのイメージは、中国人にとってのイメージとは異なるかもしれない。例えば、マクドナルドは、さまざまな市場で、ファミリー・レストランであったり、若者のための場所であったりという風に、自社のポジショニングを変化させているからである。外国においては、アメリカからの旅行者は、清潔さと慣れ親しんだ食べ物を期待するので、彼らにとっては、もともとのイメージが最も魅力的である。これにより、旅行者は慣れない文化に対する不安に対処することができ、外国にいても自国にいるような感じを体験できる(51)。だが、マクドナルドは旅行客相手の事業だけでは生き残ることはできないだろう。

　既存ブランドと同じブランド・ポジショニングで国外市場に参入してもうまくいかない。チョコレート・ブランドのミルカは、イギリス進出したが失敗した。濃いクリーム・ミルクというミルカがドイツで成功したポジショニングは、すでにキャドベリーズ・デイリー・ミルクが持っていたからである(52)。

　多くのグローバル・ブランドは一貫したブランド・アイデンティティを望み、それが

一貫したブランド・イメージにつながることを期待するが、文化によってブランド・イメージは異なるという結果になる。第5章（「マーケティングにおけるパーソナリティとアイデンティティ」の節）で、強力なグローバル・ブランドは、さまざまな文化のなかで文化的に関連性のあるさまざまなブランド特徴を持っていることを示した。このような差異、つまり文化的に関連性のあるイメージが、これらグローバル・ブランドの成功を反映しているのではないだろうか。もっとも企業は、このような形で成功がもたらされることを意図してはいなかったかもしれない。成功は、製品の品質、革新性、集約的流通のおかげであった可能性がある。レッド・ブルのイギリス、シンガポール、オーストリア、ドイツ、オランダ、アメリカのイメージを比較すると、レッド・ブルのブランド・パーソナリティの知覚に差異があることがわかる。グローバル広告キャンペーンは、ブランドの特徴として能力と高揚感を押し出しているが、これが訴求できるのは、ほぼイギリスの人々だけであるようだ。文化的に異なる市場用にブランド・パーソナリティを創りだして差別化するアプローチは、一貫したアプローチよりも市場志向であるだろう[53]。

　一貫性を求めないアジアのマーケターは、文化が違えば物も違ってくると言って、ブランドが文化から文化へと漂うことを容認する。ハローキティのようなブランドは、さまざまな文化でさまざまなイメージと意味を創りだし、ターゲット層自身が選べるようにする。日本では10代と成人女性までも、アメリカでは幼い子ども達という風に[54]。

11-7. 内的側面：ブランド・アイデンティティとパーソナリティ、およびブランド価値

　内的側面は、企業がブランドに挿入したブランドの特徴である。西洋のグローバル企業は、一般的にターゲット層とさまざまな国で一貫したパーソナリティ特徴と価値を注入したがる。しかし、ターゲット層や場合によって、これらの特徴を変更するマーケターも、なかにはいる。

　さまざまなブランド価値が、多様な文化のために選定される。国際的に公開するために選定されたブランド価値が、特定諸国で使用されているブランド価値と矛盾しない限りは、並んで存在していけるだろう。同様に、ローカルでも文化的に関連するようなローカル・バリエーションのあるインターナショナルなブランド・アイデンティティを開発することも可能であるはずだ。結局のところ、ブランドがいろいろな国でさまざまな価値を伝えていることに気づく消費者はどれほどいるだろうか？おそらくそれに気づく消費者は、その企業の従業員くらいしかいないだろう。

ブランド・アイデンティティとパーソナリティ

　本章でコーポレート・アイデンティティについて述べてきたことは、ブランド・アイデンティティにも通じる。西洋人は一貫したブランド・アイデンティティを作成することを望むため、普遍的と考えられるシンボルをブランドに結びつけることになるが、普遍的とはならないことが多い。または、ブランド・パーソナリティにさまざまな言語や文化によって異なる意味となる場合もあるコンセプトを付けようとしてしまう。一貫性で失敗した一例は、月経のシンボルとして赤い点を使用したコーテックスのキャンペーンである。これはアジア市場では受け入れられなかった。ベトナムでも中国でも拒否され、年配の女性は、血を強く連想させるため、このイメージを嫌った。韓国では、消費者の反対により、清潔、純潔、新鮮さを象徴する白い点を作ることになった(55)。このようにするのでなく、よりよい選択は、たとえ製品は全世界で同一であっても、ブランドに関して何が有意義であるかを探し、また異なる文化群の人々の生活における役割を見つけて、ブランドにさまざまな基本的価値を乗せることである。

　パーソナリティ特質は文化によって異なるので、異文化間のブランド・ポジショニングのためのパーソナリティ記述は、すべての国で同じように理解されるわけではない。まず、アメリカでは頑健性、日本では平穏というような文化特有のパーソナリティ次元がある。このように地域固有の次元に一致したブランド・パーソナリティは、他国では自国のようには一致しない可能性が高い。ブランド・イメージの節で検討したように、消費者は、マーケターが考えたアイデンティティではなく、自分の文化に一致した強力なブランドにパーソナリティを付けるのである。次に、類似の特質を付けることはさまざまな関連性を持つ可能性もあるので、類似特質の描写と思われるものの意味はまったく異なるものとなることもある。ブランド・パーソナリティの特質はグローバル・ブランドのポジショニングに使用される時、特にマーケティング・コミュニケーション・コンセプトの基礎として使用される場合には問題を引き起こす。

ブランド価値

　第２章で説明したように、コミュニケーションには属性、便益、価値という三つのレベルがある。多くの国際企業は、製品属性や便益を提示するだけでなく、製品に価値を加えて消費者の心の中にブランドのポジションを作りたいと考えている。特に、英米企業はユニバーサルなグローバル価値という信念を持っているため、このアプローチをグローバル広告に広めてきた。こうして、ファーストフードには幸福が使用され、車や腕時計のブランド販売には成功が、トレーニング・シューズの販売には、無限の人間の可能性（「ジャスト・ドゥー・イット」）が、ジーンズには自由が使用されている。

写真 11.3　リーバイス、スペイン

　多くのアメリカ発祥のグローバル広告キャンペーンは、アメリカの価値を反映している。例えば、リーバイスは**写真 11.3** に示すように、インターナショナル広告で（動きの）自由に重点を置いている。これは、スペインのリーバイスのインターナショナル・テレビ広告からの画像である。2 人が競争のように全力疾走しているところを示している。これを見たスペイン人が思うのは、自由ではなく競争であり、個人的な競争はひんしゅくを買うものである。

　アジア人は、意識的にブランドに価値を付加することはないが、成功しているアジア・ブランドは確かに価値を持っている。中国の青島ビールのようなブランドは、自身を「土地の人」とポジショニングしているが、これはローカル消費者のことを理解している。シンガポールのタイガー・ビールのような全地域的なアジア・ブランドは、アジア性のイメージを表現している。現代的なアジアの象徴化に加え、お墨付き的な意味での西洋への言及をすることで、地域的な訴求を加えている[56]。

　グローバル・ブランディング戦略のなかで異文化間の一貫性が望まれる理由の一つは、コントロールの要望である。企業は自社ブランドの価値が、いろいろな国で必ず一貫して類似しているようにしたい。多くの調査によって、企業がブランドに注入する要素は、さまざまな国の消費者の心の中で、多様なイメージとなってしまうことがわかっている。他地域の消費者が、これらのグローバル・ブランドをその企業が意図したものとは異なる価値として知覚しているなら、プロセスはコントロール不能ということである。コントロールをするのであれば、企業が運営しているさまざまな文化用に、ブランドに具体的な特徴（製品特徴、ブランド価値、特質、企業価値）を定義する方がよい場合がある。

11-8. 異文化のブランド・コミュニケーション

　強いブランドを構築する主な便益は、マーケティング・コミュニケーション効果の向上である[57]。ブランドは消費者の心の中に一連の強力な連想を持つことができると強い。コミュニケーションは、ブランド・アイデンティティとそれに付随する価値を伝えるものと想定される。これは、消費者の心の中のブランド・イメージとなり、それが消

費者に推薦された製品を購入する可能性を評価させることになる。

インターナショナル・ブランディングとインターナショナル広告に対する価値概念の応用

　価値は、ブランドの連想ネットワークの一部であり、訴求、広告スタイル、基本形態、制作細部に反映される。西洋のブランド・マネージャーは、ブランド戦略を作る際意識的に価値を選定するが、アジアのマーケターは、これを明白には行なわない。しかし具体的な人物と関連付けることで、ブランドに価値が付けられる。明示的か暗黙的かを問わず、すべてのマーケティング・コミュニケーションは、価値を伝達する。価値とは、消費者に属性や便益もしくはより高いレベルの結果を超えるものをもたらすことで、ブランドを差別化する機会を提供する。価値を付加することで、同カテゴリー中の競合ブランドに対する差別化をする連想ネットワークを創ることになり、ブランドの強力なポジションを構築する一助となることができる。

　ブランド・コミュニケーション戦略を作成するためのツールに「価値構造マップ（バリュー・ストラクチャー・マップ、VSM）」がある。これは特定対象者グループが、特定製品もしくはブランドについてどのように知覚したり考えたりする傾向があるかを説明するものである[58]。価値構造マップは、製品属性と便益を価値に結びつけるものである。

　属性は、具体的なこともあれば抽象的なこともある。便益は機能性であったり、製品属性のもたらす心理社会的影響だったりする。価値構造のマップは、人々のブランドへの関連付けの構造を属性、便益、価値の３段階で示す。ある製品の特定属性とそれによる便益と価値の間に人々が作る関連付けのタイプが、どのように結びついているかを示している。この結びつきは、Gutman[59]が開発したもので、手段・目標連鎖モデルとして提示された。Gutmanは、最重要点を以下のように系統化した：手段は、人々が関与する対象（製品）または活動であり、目標は、幸福、安全、達成などの評価された存在状態である。「手段・目標連鎖」は、製品またはサービスの選択が望む最終状態の達成をどのように促進するのかを説明しようとするものである。このようなモデルは、価値と行動を結ぶ主要な消費者プロセスを表す要素で構成される。Rokeachの手段価値と最終価値の区別は、手段と目標に相当する。

　手段・目標連鎖に使用されたテクニックは、「ラダリング（laddering）」である。これはデプス（in-depth）の１対１のインタビュー・テクニックで、消費者が製品属性を自身にとって意味のある関連へと、どのように変換するのかを理解するために使用される[60]。このラダリング・テクニックを使うことで、知覚要素の間の一連のつながりを明らかにすることができる。これはその後、さまざまなレベルの抽象概念を表す。**図表**

例：練り歯磨き

```
属性     フッ素入り      強力
 ↓         ↓           ↓
便益     虫歯予防      清潔、白い歯
 ↓         ↓           ↓
価値      安全性        自信
```

図表11.4　コミュニケーションの段階（VSM、ラダリング）

```
具体的属性  →  茶色、炭酸、赤い缶
抽象的属性  →  アメリカの、現代的
機能的便益  →  いつでも、どこでも
心理的便益  →  友達が飲んでいる、グループ活動
手段価値    →  正しいユーザー・イメージを提供
最終価値    →  帰属、安全
```

図表11.5　コミュニケーションの段階：コカコーラ

11.4は、歯磨き粉の関連付けの3段階を示すものである。また、**図表11.5**は、コカコーラの（仮想）関連付けの6段階を示している。価値構造のマップの例は、**図表11.6**の自動車のためのもので、多数のRokeachの最終価値と手段価値、および一つのアジア価値、自然との調和が含まれている。

　ブランドの差別化を求める広告主は、属性と便益による別ルートをたどって最終価値に達することができる。このシステムでは、製品属性は世界的に同じであるかもしれないが、異なる最終価値が属性に結びつけられることがあり（これは調査によってわかる）、さまざまな文化を反映している。自動車選定のためのVSMの1ルートの例を示すと、例えば「強力なエンジン」という一属性と、目標価値である「喜び」があり、その間を「素早い加速」→「想像力に富んだ、大胆な」→「個人的な楽しみ」→「主体性」→「喜び」というルートを通ることになる。もう一つのルートは、同じ属性を出発点とするが、「安全」→「家族と自分自身を保護」→「信頼できる」→「愛情／世話」→「家族の保安」となる。これは、女性らしさの文化のルートの一例となるだろう。ボルボは、「頑丈なボディ」の属性からこのルートを使用している。集団主義／高権力格差／高不確実性回避という文化配置におけるルートなら、「デザイン／色」→「現代的」→「洗練／趣味がよい」→「権威／権力」→「社会的地位」となるだろう。ターゲット層、文化、競争によってさまざまなルートをたどることができる。多国籍企業のキャンペーンで、一つ以上の次元について類似の国々をターゲットとする時は、それぞれの国が共通に持つ価値を使った1ルートを選定することも可能だろう。他の2例は、**図表11.7**と**11.8**のVSMである。

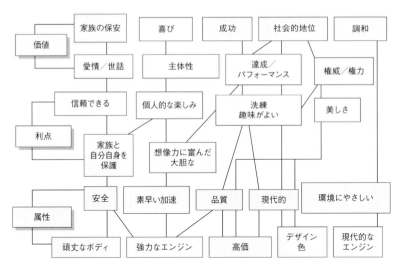

図表 11.6　価値構造マップ：自動車

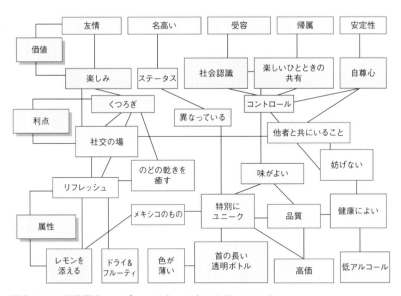

図表 11.7　価値構造マップ：コロナ・エキストラ、スペイン

　このVSM 2例は、ビール・ブランドのコロナ・エキストラのために、スペインとドイツに共通の戦略を作らなければならないというケースワーク中のスペイン人とドイツ人学生グループが作成したものである。学生達は、まず属性を選定し、その後共通の最

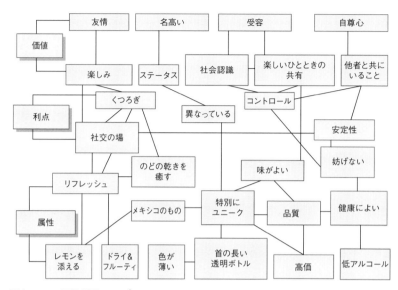

図表 11.8　価値構造マップ：コロナ・エキストラ、ドイツ

終価値を見つけようとした。彼らの発見したところでは、スペインとドイツの文化が共通に持っているものは「友情」、「名高い」、「受容」であった。スペイン人は、「帰属」と「安定性」を重要な最終価値とし「自尊心」と「他者と共にいること」をその最終価値のための手段とした。ドイツ人は、「自尊心」を彼らにとっての最終価値であるとし、「安定性」と「他者と共にいること」は「自尊心」という最終価値への手段とした。学生達の結論は、スペインのための「帰属」と「安定性」と、ドイツのための「自尊心」に至る二つだけのルートは共通戦略には使えないが、最終価値と決定した「友情」、「名高い」、「受容」は共有し、共通戦略に使用することができるというものだった。

　ブランドに関連している属性、便益、価値は、どれもユーザーのニーズと動機と一致していなければならない。製品属性の中には、本質的に文化特有のものがある。洗剤、家庭用清掃用品、ハンドソープに対する抗菌という宣伝文句は、依然として不確実性回避の高い文化では魅力的である。オランダでは、殺菌という広告をする複数製品がうまくいかなかったが、それは、ドイツ人やスペイン人には魅力的である。

　多くの便益、すなわち製品が消費者に何をしてくれるのかということも慎重に観察しなければならない。ブランド・コンサルタントでもあるPercy[61]は、ブランドを正しくポジショニングするには、消費者の視点での具体的なニーズと、それに関連付けられる便益を細心の注意を払って検証する必要があるとしている。さらに、コミュニケーション・スタイルと形態は、その消費者の文化に合うものでなければならない。

属性、便益、価値の他に、ブランドはこれまでの章で説明したような提示の仕方、広告スタイルや基本形態の構成によっても競合ブランドとの対比で差別化される。中には価値を付加せず、ただ、製品属性を提示するだけで制作の細部だけを調整して成功したブランドもある。そうでないブランドは、文化特有の基本形態を開発して属性や便益を伝達してきた。ヨーロッパ発祥で最も成功しているインターナショナル・ブランドは、継続的に革新的な製品属性や便益に重点を置き、文化的に関連性のある広告形態やスタイルを使っている。例としてはロレアル、ニベア、アクティメル（ダノンより）、フォルクスワーゲンがある。**写真** 11.4 と 11.5 は、ドイツとフランスのフォルクスワーゲンのコマーシャル画像である。製品属性は、「4モーション」である。ドイツのコマーシャル（**写真** 11.4）は、テストとデモンストレーションに対するドイツ人の典型的なニーズを反映している。偶然、トボガン（小型そり）のコースに入ってしまったドライバーが、そのコースを使って山を下りカフェバーに行く。コーヒーを注文したときに、財布をなくしたことに気づいたドライバーは、そのままコースを上がっていく。これはエクストリーム（極端な）テストである。フランスのコマーシャル（**写真** 11.5）は、メタファー・アプローチを使い、4モーション技術をあらゆる種類のトリックと関連付けている。女性を半分に切断するトリック、ボクシングのトリック、映画のトリックなどである。

　文化的分析に基づいたブランド・ポジションを初期の段階で策定すると、効果的なコミュニケーションが促進され、強力なインターナショナル・ブランド、もしくはグローバル・ブランドを構築する基礎が築かれる。非常に限定的なブランド価値と便益だけを使ってグローバル・ブランドのポジショニングを成功裡に策定し実施している企業は、わずか数社である。ジレットは、「密着」という言葉で評判を作ってきた。イノベーショ

写真 11.4　フォルクスワーゲン　4モーション、ドイツ

写真 11.5　フォルクスワーゲン　4モーション、フランス

ンを重ねるたびに、同社製品はより密着して剃ることができる。コミュニケーションは、この属性の段階にとどまっている。コカコーラは、その本質をいつでも入手可能な喉の渇きを癒すものとして定義した一例である。世界のある地域では、消費者はこれを楽しさや幸福と受け取り、また社会的地位と受け取る地域もある。ジレットとコカコーラは、世界的に均一のアイデンティティを定義しているが、そのメッセージをどう受け取るかは消費者に委ねており、ブランドに対するイメージは、国によって異なる。両社は継続的に消費者の受け取り方をモニターしているので、コントロールができている。このような差異について企業が認識しており、消費者の受け取り方が彼らの心象地図に合っている限りは、さまざまな受け取り方には何の問題もない。そうでない場合は、企業は異文化での適合を改善するように努力しなければならない。

11-9. グローバル・マーケティング・コミュニケーション戦略

第2章で、6つのグローバル戦略について説明した。ブランド戦略に従って、望むブランド・ポジションを伝えるために、形態やスタイルの構造を決定しなければならない。第10章で学んだように、選定された形態は、文化と関連付けることができるか、もしくは歴史的に見て製品カテゴリーと関連付けられる。マーケターは、一つの形式に固執したいのか（P＆Gが、いくつかのブランドでそうしているように）、それとも自由を与えたいのか（フォルクスワーゲンが、さまざまな国で全く異なるスタイルで行なっているように）を、繰り返し自らに問う必要がある。ブランド・コミュニケーション構造は、複数が可能であり、それは市場の発展段階によっても多様である。それぞれの戦略は、基本形態と広告制作をさまざまに組み合わせたものを使用している。グローバル広告は、最終的には六つの戦略という形に落ち着く。

1. 完全な標準化：1製品もしくは1ブランド、ディスプレイ

外国に販売するものが1製品もしくは1ブランドという場合。製品はメッセージである。広告は製品属性にだけ焦点を絞る。これは、基本的に輸出広告である。1言語となるだろう。この戦略は例えば、香水やアルコール飲料などのローカル広告に加えての包括キャンペーンで使用される。例としては、クリニークやバカルディがある。これは、コーポレート広告にも認識することができる。どんな価値も含まないように気をつけなければならない。そうしなければ文化的な問題に陥ることになる。製品属性だけに焦点を絞ることで、新製品を発表する際に成功する戦略となり得る。製品やブランドが均一

性を増している世界では、このような戦略が長期的に効果を発揮することはまれである。

2. 半標準化：1ブランド、1広告形態、そして標準制作（ナレーション、もしくは吹き替え）

革新的製品属性と便益を広告の中心とする。一部の国では、原語（英語が多い）がそのまま使用され、そうでない場合は、ナレーションや字幕などが加えられる。すべての国が吹き替えに慣れているわけではないので、話している人の口元を示さない方が良いだろう。そうしないと、その広告が「輸入」されたことが、あまりにもはっきりとしてしまう。テレビ番組でナレーションが入るのに人々が慣れていない国では、これは消費者を苛立たせてしまう。この戦略は、パーソナル・ケアのインターナショナル・ブランドが最も使用する（例：ジレット、ロレアル）。ナレーションだけを使い、人々の対話による意思疎通を示さないことで、国境を超えた利用が可能になる。これは、独特な製品属性や便益と継続的革新で成功しているブランド向きの戦略である。

3. 1ブランド、1形態、多様な標準的制作要素

この戦略は、パターン標準化とも呼ばれ、一つの広告形態を使用するが、これにはさまざまな構造で使用することができる制作要素が含まれる。制作要素は、さまざまな価値（例：さまざまなユーザーの便益によって表現される）を反映することがある。この戦略のリスクは、一つの広告の中に対立する価値が組み合わされることである。コンセプトは、元の国の価値を反映しがちであるが、実際の制作で対照的な価値が加えられることがあるからである。例えば、オランダで買い得であることに焦点を当て、さらにテストについての下りを加えるようなことだが、これは、オランダの文化には合わない。このような場合、文化の特有性が損なわれる。訴求の組み合わせは、個別訴求が一致している国で行なうときのような効果を発揮しないことがある。このような訴求の組み合わせは、例えば、シャンプー、練り歯磨き、家庭用品などの全ヨーロッパ的キャンペーンに見ることができる。

4. 一つもしくはさまざまなブランド名、一つの広告形態、さまざまな制作

これは、P&Gのようなアングロサクソン型多国籍事業者の多くが使用する戦略である。さまざまなブランド名の類似製品を、比較、テスティモニアル、ドラマなど、一つの一貫した基本的広告形態で広告するが、人々、原語、文化は適応化させる。これは、生理用品、洗剤、食器用洗剤（ドレフ、フェアリー、エース）などに使用されている。P&Gは、西欧諸国でこの戦略を使って成功してきている。一つの形態に基づき、さまざまなコマーシャルが各国で作成され、制作は適切な文化的価値を反映している。その

一例は、権力格差の高い文化では、年配者が若者にアドバイスをし、権力格差の低い文化ではその反対となるというものである。

5. 一つ、もしくはさまざまなブランド名、一つのコンセプト、文化に適合する広告スタイルに基づくさまざまな制作

一つの抽象的基盤、もしくは概念をさまざまなローカル制作の基礎とする。例としては、ダノンのアクティメルやユニリーバの男性用体臭防止剤アックスのキャンペーンがある。アクティメルのコンセプトは、冬や慌ただしい生活のような苦しいときに人々の身体を回復させるというものである。アックスのコンセプトは、女性を激しく魅了するというもの。これらのコンセプトを表現するために、多くの異なる制作物が利用される。認識できる要素としては、ブランド名やパッケージ、クライマックス、音楽、シンボルなどがある。さまざまな国でコンセプトに基づいた多様な制作を実施し、類似の文化的配置を持つ国々が採用するということも可能である。この戦略の長所は、中心に認識できるコンセプトを置き、それをローカルの価値を使用して表現することができる点である。実際の広告は、文化的な適応化の必要性に応じてグローバルにも地域全般にも、またはローカルに限って使用することもできる。

6. 文化的セグメンテーション：グローバルに行動し、ローカルに考える

これは、「グローバルに考え、ローカルに行動する」というパラダイムの逆である。生産、調達、流通、マーケティング、さらには生産における規模の経済と組織の関連便益においては、グローバル化のすべての便益を受けるが、精神的イメージだけは例外として標準化できないとする。広告は、大半がローカルであるが、企業（本社）から承認される。これが、ローカル文化の価値やコミュニケーション・スタイルを活用することを学んだ企業のグローバル戦略である。このような企業は、ローカルの消費者との関係性を構築する。その企業名は保証として使用される。これはネスレの戦略である。また、フォルクスワーゲンの戦略にも、多くの日本企業の戦略にも認識することができる。製品が中心となるので、重点は製品属性に置かれるが、広告スタイルは、文化群によって変化する（フォルクスワーゲンの4モーションのように）。

11-10. 市場開発の段階別コミュニケーション戦略

市場開発の段階によって、さまざまなコミュニケーション戦略が求められる。あらゆる種類の耐久消費財とテクノロジー分野、さらには進化した食品の新製品のグローバル・マーケティングにおいて、全世界的に、所得が国内市場全体に普及するための主要な推

進力となる。経済的に均一な地域では、新製品の受容は、不確実性回避の程度によって変化する。新製品発表後、さらに普及するかは、多様な文化的配置のニーズと動機次第である。したがって、新製品の発表時、まだ多かれ少なかれ無名であるときに、一部の製品カテゴリーでは、広告は製品属性に焦点を絞ることができる。また、製品と広告は、共に標準化できる。競争が激しくなってくると、製品は差別化をするようになり、広告は便益や価値に焦点を絞ることで差別化しなければならない。顧客の需要は均一ではなくなり、文化によって消費者のニーズは異なるので、コミュニケーション中に使用される便益や価値は、さまざまなニーズに応えるように改めるほうがよいだろう。以下に国際市場開発の3段階を提案する。これには各段階におけるグローバル・マーケティング・コミュニケーションのさまざまな帰結が伴う。

第1段階：グローバル製品、グローバル・マーケティング・コミュニケーション
　一般的商品の市場浸透は、経済的に均質でない地域では国富により、また経済的に均質な地域では文化的要素による。一例は、テレビが新発売されたときの浸透である。もっと最近の例では携帯電話の浸透がある。この第1段階においては、マーケティング・コミュニケーションは、製品属性を基礎とすることができ、比較的標準的である。コカコーラの外国市場における成功は、この第1段階であった。同分野で比較的競争が少なく、同社のグローバル広告は効果的だった。ノキアは標準化したインターナショナル広告で携帯電話を発表した。ノキアは、「みんなとつながる」という人間のコミュニケーションの基本的な価値を反映する意見を述べることで、携帯コミュニケーションの一般的な属性を広告した。携帯電話のメーカーは、携帯電話サービス・プロバイダに便乗した。携帯電話サービス・プロバイダは、各国の通信大手企業であり、ローカルに意味のあるサービスを提供し、文化的に意味のある広告をすることで、自身の市場に浸透していたからである。この段階における携帯電話メーカーのメッセージは、一般的なもののままで、新製品の属性、例えば小さいとかデザインがよいとかいうことの紹介をしていた。

第2段階：グローバル製品、マーケティング・コミュニケーションの適応化
　市場が飽和状態になってくると、市場の内外で差別化が起こるが、これは市場によってさまざまなパターンとなりがちである。同じ差別化をされた製品はどこでも販売されているが、同じものが、ある文化では他よりもよく売れる。テレビの例をたどると、全メーカーはワイド・スクリーンのテレビと文字放送機能を開発した。しかし、不確実性回避の高い文化では、ワイド・スクリーン・テレビがよく売れ、個人主義文化では文字放送の利用が多かった。この段階で、携帯電話サービス・プロバイダは、それぞれのサービスの差別化をするようになった。SMSメッセージは、個人主義文化でまず受け入れ

られた。スペインのような集団主義文化では、母親が子ども達とコミュニケーションするための特別なサービスが提供された。権力格差の高いベルギーでは、学校に通う児童には特別に放課後料金が提供され、授業中に子ども達に電話を使って欲しくない学校教師の権威と衝突を避けるようにした。女性らしさの文化では、電話による電子バンキング・サービスが導入された。新しいサービスは、既存の習慣や嗜好に追随するものだった。この段階で、市場はまだ一般的製品で飽和状態にはなっていないので、製品はまだ標準化することが可能である。しかし、マーケティング・コミュニケーションは適応化しなければならず、これは、文化群を明らかにすることで可能となる。携帯電話メーカーは、製品を適応化させたが、広告は言葉だけの適応化だった。その後、広告はより高いレベルに移り、便益のレベルとなった。ノキアの「あなたは情報を支配下に置く」と言うようなメッセージが出るようになった。コカコーラはこの段階に入ったときも、第1段階の戦略を継続したが、有効性は低くなっていた。その結果、同社はメッカ・コーラ（フランス）、ラアク（オランダ）、バージン（イギリス）のようなローカル・ブランドが参入するスペースを作ることになった。

第3段階：ローカル製品、ローカル・マーケティング・コミュニケーション

　これは市場が一般的製品で飽和状態となった段階であり、激しい競争により、企業は製品とマーケティング・コミュニケーションの両方で差別化を強いられることになる。各国市場間の利用や動機についての文化的差異に適応化するための製品拡張をすることは利益になる。その市場は、製品に関連する文化的価値に沿った単一市場ということもあるし、市場群ということもある。テレビのカテゴリーでは、双方向テレビもしくはコンピュータおよびインターネットによる放送が例となる。圧縮したビデオをテレビで見ることのできるシステム、VCD（ビデオCD）プレイヤーは、ランダム・アクセスの再生が可能であり、カラオケに利用されたことから、アメリカよりもアジアでずっと早く普及した。2002年、携帯電話は第3段階に突入したが、ヨーロッパでは携帯電話のメーカーが製品の標準化を固持し、まるでまだ第1段階にいるかのような広告を行なった。ノキアは、中国のような大規模な発展途上市場だけ、中国で人気のある占星術の記号付きグリーティングカードのようなローカル嗜好に訴求する機能付き携帯電話を販売した[62]。しかし、ノキアは特定市場のための特定機種のデザインは開発しなかった。最もノキアは、子会社を通じて世界中の富裕層や有名人に訴求すると思われる、金やプラチナの高価で高級なサブブランド（ヴァーチュ）を提供した。また、ジーメンスは、Xelibriという名で「ファッション・アクセサリー・フォン」を提供した[63]。中国では、人造ダイヤの埋め込まれた携帯電話への好みが成長したが、これは低俗であると見なされ、西洋では悪趣味となる。その結果、中国では、TCL、ニンポー・バード、アモア

ソニックといった携帯電話のブランドが急速に市場シェアを獲得し、ノキアやモトローラはシェアを失っている。遅きに失したが、モトローラは、中国で非常に人気のあるダイヤモンドを埋め込んだ電話デザインのコピーを始めた[64]。コカコーラは、かなり昔に第3段階に突入しているが、その戦略を変更したのは、やっと20世紀の終わりになってからで、ローカル製品開発を始めた。

　第3段階では、マーケティング・コミュニケーションは、マルチ・ローカルもしくは文化群による差別化をしなければならない。この段階で、ノキアとエリクソンは、全ヨーロッパ向けに「好きな場所で働くことができる」という訴求をベースにした広告を展開した。これは、スカンジナビア諸国の文化構造には適応するが、南ヨーロッパには適応しない。

　成長の3段階のうち、インターナショナル・マーケティングにとっては、第2段階が最も重要となる。この段階では市場が差別化を始める一方、企業は第1段階の成功の恩恵をまだ受け取っている最中であるからだ。ローカルの消費者行動を、この段階で企業が理解していれば、それは第3段階で利益を得る投資となる。

要　約

　グローバル・マーケティングとグローバル広告にとって、選択はグローバルとローカルの間にある。本書では、実際の選択は、失敗と成功の間にあると主張してきた。一つの標準化した戦略は、規模の経済のためにコストを削減すると思われてきた。しかしながら、コスト削減で得られるものは、有効性を失うことで相殺されてしまう。プレゼンテーションにおける一貫性ということも、よく耳にする標準化のためのもう一つの根拠である。

　これは、西洋の心構えを反映するものだが、グローバルに共有されるものではない。世界のさまざまな地域の消費者に到達したいのであれば、彼らが理解する形で話さなければならない。そのような形での話し方というのは、異文化の消費者の心や行動を研究するだけでなく、マネージャーの世界観が、戦略にどのように反映されるのかも理解することで学ぶことができる。組織上層部によって、コーポレート・ミッション、ビジョン、アイデンティティが策定されるが、これは上層部の世界観を反映している。ブランド戦略やブランド・ポジショニングのステートメントもまた、ブランド・マネージャーの世界観を反映している。彼らは、市場は人であることを忘れがちである。

　ローカル感度の大きな有効性を指摘した研究も複数あるが、大半は程度の差はあれ、グローバル消費者文化の出現というものを指摘している。今やもう、マーケターの大半は、すべてのアジア人は同じでないことを理解しているだろう。ところがヨーロッパに

関しては、ますます経済的統合への期待が高まっており、広告はますます標準化されていくことになる(65)。これは希望的な観測である。本書は、ヨーロッパ全体に残る文化的差異の例を豊富に示してきた。

実際、この数年はマーケティング・マネージャー達の文化的感度が高まってきており、文化がいかに消費者行動に影響を与えるかについてのインサイトを確立する調査が増えてきている。新しいパラダイムは、文化的なセグメンテーションである。すなわち、文化的特性に基づいて市場を特徴付け、文化に適する戦略を開発することである。強いグローバル・コーポレート・アイデンティティは、文化的感度と両立することができる。一貫性を堅持するのではなく、ブランドは実用的になって消費者の文化的な好みや習慣に適応すべきである。これこそが、グローバル・マーケティング、グローバル・ブランディング、グローバル広告の未来である。

参考文献

(1) Cavusgil, S. T., & Zou, S. (1994) Marketing strategy performance relationship: An investigation of the empirical link in export market ventures. *Journal of Marketing, 58*, 1-21.
(2) Malhotra, S., & Sivakumar, K. (2011) Simultaneous determination of optimal cultural distance and market potential in international market entry. *International Marketing Review, 28* (6), 601-626.
(3) Bart, C. (1998) Mission matters. *CPA Journal 8*, 56-57.
(4) Murphy, J. J. (2004, August 8) The concepts of vision and mission revisited. Negotiation Academy. Retrieved November 21, 2004, from http://www.calumcoburn.co.uk/articles/articles-vision-mission/
(5) Retrieved November 5, 2008, from http://www.toyota.co.jp
(6) Retrieved November 5, 2008, from http://www.canon.com
(7) Retrieved November 5, 2008, from http://www.samsung.com
(8) Retrieved November 5, 2008, from http://www.ge.com/investors/investing/faqs.html
(9) Retrieved November 5, 2008, from http://www.microsoft.com
(10) Retrieved November 5, 2008, from http://www.philips.com/about/company/missionandvisionvaluesandstrategy/index.page
(11) Retrieved November 5, 2008, from http://www.loreal.com/_en/_ww/html/our-company/the-1-oreal-spirit.aspx
(12) Ind, N. (1992) *The corporate image: Strategies for effective identity programmes*. London: Kogan Page, p. 19.
(13) Jun, J. W., & Lee, H.-S. (2007) Cultural differences in brand designs and tagline appeals. *International Marketing Review, 24* (4), 474-491.
(14) Souiden, N., Kassim, N. M., & Hong, H. J. (2006) The effect of corporate branding dimensions on consumers' product evaluation, a cross-cultural analysis. *European Journal of Marketing, 40* (7/8), 825-845.
(15) ACNieisen. (n.d.) *Global mega brand franchise: Extending brands within a global marketplace*. Re-

trieved June 25, 2004, from http://hu.nielsen.com/pubs/2003_ql_ci_mega.shtml
(16) Retrieved November 6, 2008, from http://www.unilever.com/ourcompany/newsand-media/press-releases/2008/
(17) Murphy, J., & Scharl, A. (2007) An investigation of global versus local online branding. *International Marketing Review, 24* (3), 1265-1335.
(18) Elements of the definition by the Public Relations Society of America, 1988.
(19) Ruler, B. van, & Verçiç, D. (2002) *The Bled Manifesto on public relations*. Paper presented at the 9th International Public Relations Research Symposium, Bled, Slovenia, July 4-7.
(20) Creedon, P., & Al-Khaja, M. (2005) Public relations and globalization: Building a case for cultural competency in public relations education. *Public Relations Review, 31*, 344-354.
(21) Liu, X. (2006) Beauty is in the eye of the beholder: Public relations and multinational corporations. *International Journal of Advertising, 25* (4), 447-470.
(22) Kim, Y., & Bae, J. (2006) Korean practitioners and journalists: Relational influences in news selection. *Public Relations Review, 32*, 241-245.
(23) Huang, Y. H. (2003) A Chinese perspective of intercultural organization-public relationship. *Communication Studies 12* (4), 251-276.
(24) Bardhan, N., & Sriramesh, K. (2006) Public relations in India. *Journal of Creative Communications, 1* (1), 39-60.
(25) Hackley, C. A., Dong, Q., & Howard, T. L. (2009, March 11-14). Koichi Yamamura (Ed.). *International public relations faces challenges: The impact of palanca in shaping Mexico's public relations*. Paper presented at the 12th Annual International Public Relations Research Conference, March 11-14, Coral Gables, Florida (pp. 163-173). Retrieved February 5, 2012, from http://www.instituteforpr.org/wp-content/uploads/IPRRC_12_Proceedings.pdf
(26) Jin, B., Park, J. Y., & Kim, J. (2008) Cross-cultural examination of the relationships among firm reputation, e-satisfaction, e-trust, and e-loyalty. *International Marketing Review, 25* (3), 324-337.
(27) González-Herrero, A., & Ruiz de Valbuena, M. (2006) Trends in online media relations: Web-based corporate press rooms in leading international companies. *Public Relations Review, 32*, 267-275.
(28) Bhatia, T. K., & Bhargava, M. (2008) Reaching the unreachable: Resolving globalization vs. localization paradox. *Journal of Creative Communications, 3* (2), 209-230.
(29) Wang, J. (2008) *Brand new China: Advertising, media and commercial culture*. Cambridge, MA: Harvard University Press, p. 131.
(30) Drewitt, N. (2001, June) Korea opportunities. *M&M Europe*, 15-22.
(31) Wang, 2008, p. 131.
(32) Wang, 2008, p. 151.
(33) Sinha, D. (2011) *Consumer India: Inside the Indian mind and wallet*. Singapore: John Wiley & Sons (Asia), p. 98.
(34) Grønlien, L. (2005) *Understanding the challenges of entering the Chinese market*. Trondheim: Norwegian University of Science and Technology, Department of Product Design.
(35) *Businessweek*. (2006, January 23) Global packaging: The reality. Retrieved February 15, 2013, from http://userwww.sfsu.edu/hussain/mktg680/bw%20012306%20global%20packaging%20reality.pdf
(36) Choi, I., Nisbett, R. E., & Smith, E. E. (1997) Culture, category salience, and inductive reasoning.

Cognition, 65, 15-32.
(37) Van den Berg-Weitzel, L., & Van de Laar, G. (2001) Relation between culture and communication in packaging design. *Brand Management, 8*, 171-184.
(38) Sinha, 2011, p. 91.
(39) Banjo, S. (2012, September 27) Wal-Mart says time is right for Japan. *The Wall Street Journal*, retrieved February 15, 2013, from http://online.wsj.com/article/SB10000872396390443589304577635683490334436.html
(40) Ho, C.-W., & Temperley, J. (2009) Consumers' reaction to Tesco's market entry in Taiwan: A comparison with the UK experience. *Proceedings of the Fifth Asia Pacific Retail Conference*, Hong Kong, August 25-27, 2009.
(41) Suh, J.-G. (2007, September 4-6) Entry and growth strategy of multinational retailers in Korea: A case of Samsung-Tesco. *Proceedings of the Fourth Asia Pacific Retail Conference*, College of Management, Mahidol University, Bangkok, Thailand.
(42) Zhang, Y. (2009, July 26) *Design for global markets. Balancing unilateral global brands with local cultural values* (Master's thesis). University of Cincinati, Ohio.
(43) Parry, S. (2009, January 5) Shoppers shun flagship M&S store in China for being "too British and too expensive." *Daily Mail, MailOnline*. Retrieved January 5, 2009, from http://www.dailymail.co.uk/news/article-1104775/Shoppers-shun-flagship-M-S-China-British-expensive.html
(44) これらは、2006年、2007年、2008年、ロッテルダムのウィレム・デ・クーニング・アカデミーの小売デザイン修士課程の学生達による調査結果の例である。学生達は、オランダのスーパーマーケット、アルバート・ハインと、ベルギーのスーパーマーケット、デレーズを比較した。その際、類似の環境にある同規模の店舗を使用した。
(45) Ness, A., Choi, A., & Kuo, Y. (2009, August 25-27) Success and failure in southern China shopping mall development In *Proceedings of the Fifth Conference on Retailing in Asia Pacific*. Oxford Institute of Retail Management and The Hong Kong Polytechnic University, Institute for Enterprise.
(46) Schmitt, B. H., & Pan, Y. (1994) Managing corporate and brand identities in the Asia-Pacific region. *California Management Review, 36*, 32-48.
(47) Hsieh, M. H. (2004) Measuring global brand equity using cross-national survey data. *Journal of International Marketing, 12* (2), 28-57.
(48) Koçak, A., Abimbola, T., & Özer, A. (2007) Consumer brand equity in a cross-cultural replication: An evaluation of a scale. *Journal of Marketing Management, 23* (1-2), 157-173; Yoo, B., & Donthu, N. (2002) Testing cross-cultural invariance of the brand equity creation process. *Journal of Product and Brand Management, 11* (6), 380-398.
(49) ブランド・ポジショニングに関する説明の基礎は、アミューズ・コンサルタンシーの社長であるアルネ・マアス博士による。アルネ・マアスは本書第3版の本章の共著者である。
(50) Roll, M. (2006) *Asian brand strategy: How Asia builds strong brands*. Trowbridge, UK: Cromwell Press Limited, p. 40.
(51) Bengtsson, A., Bardhi, F., & Venkatraman, M. (2010) How global brands travel with consumers: An examination of the relationship between brand consistency and meaning across national boundaries. *International Marketing Review, 27* (5), 519-540.
(52) Hollis, N. (2010) *The global brand*. Palgrave MacMillan, p. 127.
(53) Foscht, T., Maloles, III, C., Swoboda, B., Morschett, D., & Sinha, I. (2008) The impact of culture on brand perception: A six-nation study. *Journal of Product and Brand Management, 17* (3), 131-142.

(54) Belson, K., & Bremmer, B. (2004) *Hello Kitty. The remarkable story of Sanrio and the billion dollar feline phenomenon.* Singapore: John Wiley and Sons, p. 166.
(55) Wang, 2008, pp. 91-92.
(56) Cayla, J., & Eckhardt, G. M. (2007) Asian brands without borders: Regional opportunities and challenges. *International Marketing Review, 24* (4), 444-456.
(57) Keller, K. L. (2009) Building strong brands in a modern marketing communications environment. *Journal of Marketing Communications, 15* (2-3), 139-155.
(58) Olson, J. C., & Reynolds, T. J. (1983) Understanding consumers' cognitive structures: Implications for advertising strategy. In L. Perry & A. G. Woodside (Eds.), *Advertising and consumer psychology.* Lexington, MA: Lexington Books.
(59) Gutman, J. A. (1982) Means-end chain model based on consumer categorization processes. *Journal of Marketing, 46,* 60-72.
(60) Reynolds, T. J., & Gutman, J. A.(1988, February-March) Laddering theory, method, analysis, and interpretation. *Journal of Advertising Research,* 29-37.
(61) Percy, L. (n.d.). *Tools for building strong brands.* Retrieved December 2003 from http://www.larrypercy.com/tools.html
(62) Cai, Y. (2001, Fall) Design strategies for global products. *Design Management Journal,* pp. 59-64.
(63) The origins of Vertu. (2003, February 22) *Economist,* pp. 66-67.
(64) The local touch. (2003, March 8) *Economist,* p. 62.
(65) Jiang, J., & Wei, R. (2012) Influences of culture and market convergence on the international advertising strategies of multinational corporations in North America, Europe and Asia. *International Marketing Review, 29* (6), 597-622.

別表A (Appendix A)

Hofstede 66カ国の国別スコアおよび2011年購買力平価（PPP）における国民1人当たり総所得（GNI）

国名	2011年PPPにおける一人当たりGNI（US$）	個人主義－集団主義	権力格差	長期志向	男性らしさ	不確実性回避	耽溺－抑制
アルゼンチン	17,250	46	49	20	56	86	61
オーストラリア	36,410	90	36	21	61	51	71
オーストリア	42,080	55	11	60	79	70	62
バングラディッシュ	1,940	20	80	47	55	55	19
ベルギー	39,270	75	65	81	54	94	56
ブラジル	11,500	38	69	43	49	76	59
ブルガリア	13,980	30	70	69	40	85	15
カナダ	39,730	80	39	36	52	48	68
中国	8,450	20	80	87	66	30	23
チリ	16,330	23	63	30	28	86	68
コロンビア	9,640	13	67	13	64	80	83
クロアチア	19,330	33	73	58	40	80	33
チェコ	24,280	58	57	70	57	74	29
デンマーク	42,300	74	18	34	16	23	69
エクアドル	8,310	8	78		63	67	
エストニア	20,830	60	40	82	30	60	16
フィンランド	38,500	63	33	38	26	59	57
フランス	35,650	71	68	63	43	86	47
イギリス	35,940	89	35	51	66	35	69
ドイツ	39,970	67	35	82	66	65	40
ガーナ	1,820	20	77	4	46	54	72
ギリシャ	26,090	35	60	45	57	112	49
グアテマラ	4,800	6	95		37	101	
香港	51,490	25	68	60	57	29	16
ハンガリー	20,260	80	46	58	88	82	31
インドネシア	4,530	14	78	61	46	48	37
インド	3,620	48	77	50	56	40	26
イラン	11,400	41	58	13	43	59	40
アイルランド	33,230	70	28	24	68	35	64
イスラエル	27,120	54	13	37	47	81	
イタリア	32,710	76	50	61	70	75	29
日本	35,530	46	54	87	95	92	41
韓国	30,340	18	60	100	39	85	29
ラトビア	17,820	70	44	68	9	63	12
リトアニア	19,690	60	42	81	19	65	15

国名	2011年PPPにおける一人当たりGNI (US$)	個人主義－集団主義	権力格差	長期志向	男性らしさ	不確実性回避	耽溺－抑制
マレーシア	15,190	26	104	40	50	36	57
メキシコ	15,060	30	81	24	69	82	97
マルタ	24,170	59	56	47	47	96	65
モロッコ	4,910	46	70	14	53	68	25
オランダ	43,260	80	38	67	14	53	68
ナイジェリア	2,300	20	77	13	46	54	84
ノルウェー	62,970	69	31	34	8	50	55
ニュージーランド	28,970	79	22	32	58	49	74
パキスタン	2,880	14	55	49	50	70	0
パナマ	14,740	11	95		44	86	
ペルー	10,160	16	64	25	42	87	46
フィリピン	4,160	32	94	27	64	44	41
ポーランド	20,480	60	68	37	64	93	29
ポルトガル	24,480	27	63	28	31	104	33
ルーマニア	15,140	30	90	51	42	90	19
ロシア	19,940	39	93	81	36	95	19
エルサルバドル	6,690	19	66	19	40	94	88
セルビア	11,640	25	86	52	43	92	28
シンガポール	59,790	20	74	71	48	8	45
スロバキア	22,230	52	104	76	110	51	28
スロベニア	26,960	27	71	48	19	88	47
スペイン	31,660	51	57	47	42	86	43
スウェーデン	42,200	71	31	52	5	29	77
スイス	53,320	68	34	73	70	58	66
台湾	38,200	17	58	92	45	69	49
タイ	8,390	20	64	31	34	64	45
トルコ	17,340	37	66	45	45	85	49
ウルグアイ	14,740	36	61	26	38	100	53
アメリカ	48,890	91	40	25	62	46	68
ベネズエラ	12,620	12	81	15	73	76	99
ベトナム	3,260	20	70	57	40	30	35

出典：Hofstede 他（2010）；ラトビアおよびリトアニア：M. Huettinger（2006）。「ビジネスライフにおける文化的次元：ラトビアおよびリトアニアの Hofstede の指数（Cultural Dimensions in Business Life：Hofstede's Indices for Latvia and Lithuania）」。「バルト諸国管理ジャーナル（Journal of Baltic Management）」。4つの次元に対するガーナとナイジェリアのデータは、Hofstede の西アフリカのスコア、長期志向と耽溺-抑制は、2010年 Hofstede 他の Minkov より。一人当たり GNI 2011（購買力平価における）：ワールド・ディベロップメント・インディケータ（World Development Indicators）データベース、世界銀行国民経済データ http://data.worldbank.org/indicator/NY.GNP.PCAP.CD. 台湾の一人当たり GNI は、「CIA ワールド・ファクトブック（CIA World Factbook）」より。

別表 B（Appendix B）

データ出典

本書では、文化分析に多くの二次データが使用されている。データベースは、いくつかのタイプがある。

1. メディアが主催する消費者調査で、製品消費やメディア利用についての質問をするもの。使用した調査は、「リーダーズ・ダイジェスト（Reader's Digest）」調査、「現在のヨーロッパ調査 1970（A Survey of Europe Today 1970）」と、ユーロデータ（Eurodata）1991、およびヨーロピアン・メディア・アンド・マーケティング・サーベイズ（European Media and Marketing Surveys, EMS）1995、1997、1999、2007、2012。
2. さまざまな製品の売上に関する統計データは、ユーロモニター（Euromonitor）のような商業的ソースから一人当たりの価値およびリットル、もしくはキログラムで測定されている。複数のグローバル市場調査企業が、インターネットでデータを公表している。例としては、TNS、イプソス、TGI などがある。
3. 政府組織、または非政府組織が公表した経済的統計：世界銀行、国際連合、経済協力開発機構（OECD）、およびユーロスタット（Eurostat）。
4. 各国市民の意見や習慣の調査は、政府組織が公表している。使用した主な調査は、欧州委員会総局発表の複数のユーロバロメーター報告書である。
5. 学術主導の価値研究。例としては、世界価値研究（ワールド・バリューズ・サーベイ、World Values Survey）、ヨーロッパ価値研究（ヨーロピアン・バリュー・スタディ、European Value Study）がある。
6. 例えば、観光産業、自動車産業、電気通信産業などの業界主導の研究。例としては、電話についてのデータを提供した国際電気通信連合（ITU）、観光産業についてのホーテック（Hotrec）、また、ニューヨークのビバレッジ・マーケティング・コーポレーション（Beverage Marketing Corporation）などがある。
7. マーケティング・リサーチ会社、メディア、企業などが実施、発表した消費者行動の特定分野に関する研究。例としては、ローパー・スターチ、ニールセン、シノベイト、TGI などによる報告書、またリーダーズ・ダイジェストの「信頼されるブランド（Trusted Brands）」がある。

この別表は、カテゴリー1から6までの調査研究を説明する。これに加え、各章の末尾にデータ引用元のさまざまな研究を示している。

1. メディア主導の消費者調査

リーダーズ・ダイジェスト調査（The Reader's Digest Surveys）。ライフスタイル、消費者の消費性向、ヨーロッパ17カ国の人々の態度についての研究報告で、1970年と1991年に発表された。1970年調査のデータは、18歳以上の国民人口の確率サンプル代表の結果である。比較可能な標本調査は、1969年初めに西ヨーロッパ16カ国で実施された。およそ24,000人へのインタビュー調査が含まれている。「ユーロデータ（Eurodata）1991」は、1990年初夏（5月／6月）に実施された比較可能サンプル調査を基にしたものである。およそ22,500人への面接調査が含まれている。この研究は、リーダーズ・ダイジェスト・アソシエーションの依頼により、同社のヨーロッパ版とヨーロッパ事務所の協力で実施された。スウェーデン以外は、ヨーロッパのギャラップ系列企業、機関が実施し、ギャラップ・ロンドンが調整した。確率サンプルは、17カ国それぞれで採取されたもので、一般家庭に住む18歳以上の人口の代表となる。―リーダーズ・ダイジェスト・アソシエーション社、ロンドン。

　調査対象国は、オーストリア、ベルギー、デンマーク、フィンランド、フランス、ドイツ、ギリシャ、アイルランド、イタリア、ルクセンブルグ、オランダ、ノルウェー、ポルトガル、スペイン、スウェーデン、スイス、イギリスである。

ヨーロピアン・メディア・アンド・マーケティング・サーベイズ（EMS）The European Media and Marketing Survey（EMS）（当初はオランダ、アムステルダムのInter/View-NSS [http://www.interview-nss.com] により実施された。データは、1995年、1997年、1999年、2012年の調査から使用）。当初、この調査は、Inter/View-NSSにより実施されたが、後に同社はシノベイトが所有することになり、2013年にはイプソス傘下となり、同社が調査実施を継続している（www.ipsos.com）。EMSは、ヨーロッパの「産業界」調査（後に、その他の世界地域に拡大）であり、国内および国際メディア利用と複数製品、およびサービスの所有を測定するものである。EMSは調査対象国の上位20％世帯の主たる所得者を対象とし、その人口はヨーロッパ富裕層の4,400万人近いと推定される。データは、面接調査とアンケート自己記入を基にしている。調査結果は、加入者のみが利用できる。2012年、調査されたのは以下の21カ国である：オーストリア、ベルギー、チェコ共和国、デンマーク、フィンランド、フランス、ドイツ、ギリシャ、ハンガリー、アイルランド、イタリア、ルクセンブルグ、オランダ、ノルウェー、ポーランド、ポルトガル、スペイン、スウェーデン、スイス、トルコ、イギ

リス。EMSは、アフリカ、中東にも拡大している。

シノベイト PAX（Synovate PAX）は、アジア太平洋のクロスメディア調査で、20,000人以上の高級志向消費者のメディア、製品、ブランド消費に関する継続追跡データを出している。対象としているのは以下のアジア大都市である：バンコク、香港、ジャカルタ、クアラルンプール、マニラ、シンガポール、台北、ソウル、東京；インドではムンバイ、ニューデリー、バンガロール；オーストラリアでは、シドニーとメルボルン。PAXデジタル・ライフ（PAX Digital Life）は、デジタルメディア利用に関するデータを提供している。

イプソス・ヤング・アジアンズ・サーベイ（Ipsos Young Asians Survey）（2010）は、アジアの15～24歳の若者のデジタルメディア消費に関するデータを提供する。中国、香港、インド、インドネシア、韓国、ミャンマー、フィリピン、シンガポール、台湾、タイ、ベトナムの13,708人のサンプルを基にしている。

2. 商業統計的データベースおよび市場調査

ユーロモニター（Euromonitor）。「コンシューマー・ヨーロップ1997（Consumer Europe 1997）」は、汎ヨーロッパ市場の数多くの製品の売上高および売上量についての売上情報概要である。また、「コンシューマー・インターナショナル1997（Consumer International 1997）」は、ロンドンのユーロモニター社によるものである。ユーロモニターは、全世界の製品消費および所有についてのデータベース（「コンシューマー・ワールド（Consumer World）」）と、カテゴリー別データ報告書を発表している。（www.euromonitor.com）

「コンシューマー・ヨーロップ1997」に含まれる国は、オーストリア、ベルギー、デンマーク、フィンランド、フランス、ドイツ、ギリシャ、アイルランド、イタリア、ルクセンブルグ、オランダ、ノルウェー、ポルトガル、スペイン、スウェーデン、スイス、イギリスである。

「TNSデジタル・ワールド（TNS Digital World）（2008）」および「デジタル・ライフ（Digital Life）（2011）」は、TNSグローバルによるグローバル報告書で、ウェブサイト、http://www.tnsdigitallife.com で発表している。TNSはコンサルタント企業、カンターの傘下にある調査企業である。2008年、同社は世界16カ国の18～55歳の27,522人に面接調査をし、オンライン行動、オンライン・ソースへの信頼、友人による推薦行動に対する好みを調査した。また、2011年には60カ国、72,000人がオンラインで何をする

のか、またその理由を質問された。

TGI（www.globaltgi.com）は、毎年製品消費に関するデータのTGIプロダクト・ブックを発表している：2012年発表のデータは、世界62カ国を対象としていた。

ニールセン（Nielsen）は、グローバルな市場調査企業で、自社の調査結果からの抜粋とともに、グローバルなトレンドを発表しているが、通常は、対象国数は限定的である。

3. 経済統計

世界銀行（World Bank）。年次世界開発報告（Annual World Development Reports）には、経済統計とインフラストラクチャーに関するデータが納められている：世界開発指標に関する別報告書；世界のほとんどの国に関するデータ（世界銀行、ニューヨーク（www.worldbank.org）。表1からの収入データ。「開発主要指標（*Key Indicators of Development*）」には、表5.11に日刊紙、インターネット、パソコンなどのデータが納められている。「インフォメーション・エイジ（The Information Age）」。

国際連合（United Nations）。国連統計年鑑（UN Statistical Yearbooks）には、製品所有とメディアに関する経済データが、世界のほとんどの国のデータと共に納められている。ニューヨーク：国際連合（http://unstats.un.org/unsd/syb/）。

OECDとは、経済協力開発機構の略称である。OECDは、収入、人口増加、労働などの社会的指標について、複数の統計を発表している。また、危険行為、余暇時間、食事にかける時間などの特別報告書も発表している。例えば、「図表で見る世界の社会問題（Society at a Glance）（2009）」には、ヘルスケア、余暇、食事時間等に関するデータが納められている。識字率に関するデータは、「OECD生徒の学習到達度調査Programme for International Student Assessment（PISA）」に提示されている。

EC統計局（Eurostat）。(a) 年次報告書には、人口統計データおよび消費に関するデータが納められている。データは、欧州連合加盟国のものである。(b) ソーシャル・インディケーターズ・レポート（社会指標報告書）。(c) ファミリー・バジェット・サーベイ（家庭予算調査）。「ヨーロッパの消費者：事実と数字（Consumers in Europe: Facts and Figures）（2001）」は、1996年から2000年までのデータを扱っており、ルクセンブルグの欧州共同体公式刊行物事務所が発表したものである。データは、欧州連合加盟国のオーストリア、ベルギー、デンマーク、フィンランド、フランス、ドイツ、ギリシャ、アイ

ルランド、イタリア、ルクセンブルグ、オランダ、ポルトガル、スペイン、スウェーデン、イギリスおよび、加盟候補国、ブルガリア、キプロス、チェコ共和国、エストニア、ハンガリー、リトアニア、ラトビア、マルタ、ポーランド、ルーマニア、スロベニア、スロバキア、トルコについてのものである。報告書「消費者の時間の過ごし方（How Consumers Spend Their Time）」(2002)は、1998〜2002年のデータを扱っている。報告書「欧州連合における映画、テレビ、およびラジオ（Cinema, TV and Radio in the EU）」は、1980から2002年のデータと共に、視聴覚サービスについての統計を扱っている。

4. 政府世論調査

ユーロバロメータ（Eurobarometer）。標準的ユーロバロメータ報告書は、欧州連合加盟国の居住者人口（15歳以上）についてのものである。すべての加盟国に適用された基本サンプル設計は、多段階、無作為（確率）のものである。レポート53（2000年10月）のために行なわれた面接調査数は、16,078回であった。ユーロバロメータ調査の結果は、表、データ・ファイル、分析形式で報告され、ブリュッセルの欧州委員会総局が発表する。2004年までは、欧州連合加盟国と欧州連合加盟候補国用には別の調査が実施されていた。2004年と2007年の欧州連合拡大後、候補国は、標準ユーロバロメータに含まれている。2007年からは、調査は24ないし27カ国に及ぶ。欧州連合を越えて、スイス、トルコ、イスラエルなどの国々を加えるものもある。

調査結果は、欧州委員会のインターネット・サーバーで発表される（http://europa.eu.int/comm/dg10/epo）。各年、全体的な人生に対する満足度など、毎年繰り返される特定の質問を含む標準報告書が発表されている。

いくつかの特別報告書が発表されており、なかには、何年も後に繰り返されたものもあり、比較が可能となっている。例えば、「情報社会測定（Measuring the Information Society）」(1997年、2000年)；「若いヨーロッパ人（The Young Europeans）」(1997年、2001年、2007年)；「トレンド変数（Trend Variables）」1974〜1994年（1994年11月）などがある。一連の調査は、スペシャル・ユーロバロメータ（Special Eurobarometer, EBS）と呼ばれており、そうでないものはフラッシュ・ユーロバロメータ（Flash Eurobarometer)と呼ばれている。本書で使用したのは、以下のフラッシュ・ユーロバロメータ、およびスペシャル・ユーロバロメータからのデータである。

ユーロバロメータ（1997）「標準ユーロバロメータ報告書（Standard Eurobarometer Report）」(47)

ユーロバロメータ（2000）「ヨーロッパ人は、自らをどう捉えているか（How Europeans See Themselves）」

ユーロバロメータ(2000)「情報社会測定(Measuring Information Society)」(53)
ユーロバロメータ(2001)「標準ユーロバロメータ報告書(Standard Eurobarometer Report)」(55)
ユーロバロメータ(2002)「標準ユーロバロメータ報告書(Standard Eurobarometer Report)」(57.1)
ユーロバロメータ(2002)「消費者調査(Consumer Survey)」。フラッシュ・ユーロバロメータ(117)
ユーロバロメータ(2003)「グローバル化(Globalisation)」。フラッシュ・ユーロバロメータ(151b)
ユーロバロメータ(2004)「欧州連合の市民とスポーツ(Citizens of the European Union and Sport)」(EBS 213)
ユーロバロメータ(2005)「社会的価値、科学とテクノロジー(Social Values, Science and Technology)」(EBS 225)
ユーロバロメータ(2006、2008、2011)「Eコミュニケーション世帯調査(E-Communications Household Survey)」(EBS 249、293、362)
ユーロバロメータ(2007)「ヨーロッパ社会の現実(European Social Reality)」(EBS 273)
ユーロバロメータ(2007)「ヨーロッパの文化的価値(European Cultural Values)」(EBS 278)
ユーロバロメータ(2007)「若いヨーロッパ人:欧州連合の15～30歳の若者調査(Young Europeans: A Survey Among Young People Aged Between 15-30 in the European Union)」。フラッシュ・ユーロバロメータ報告(202)
ユーロバロメータ(2008)「Eコミュニケーション、世帯調査(E-Communications Household Survey)」(EBS 293)
ユーロバロメータ(2008)「欧州連合市民が見た情報社会(Information Society as Seen by EU Citizens)」フラッシュ・ユーロバロメータ(241)
ユーロバロメータ(2008)「環境に対するヨーロッパ市民の姿勢(Attitudes of European Citizens Towards the Environment)」(EBS 295)
ユーロバロメータ(2008)「EUにおける児童のためのより安全なインターネット利用を目指して—保護者の観点(Towards a Safer Use of the Internet for Children in the EU-A Parents' Perspective)」フラッシュ・ユーロバロメータ(248)
ユーロバロメータ(2009)「情報社会の信用性(Confidence in the Information Society)」フラッシュ・ユーロバロメータ(250)
ユーロバロメータ(2010)「科学とテクノロジー(Science and Technology)」(EBS

340)
ユーロバロメータ（2011）「消費者エンパワーメント（Consumer Empowerment）」（EBS 342)
ユーロバロメータ（2011）「進展する若者（Youth on the Move）」フラッシュ・ユーロバロメータ（319）

5. 研究者主導の価値調査

世界価値調査（World Values Survey）。世論調査による価値研究は、1980年代初めにヨーロッパ価値調査として開始された。1981年、欧州連合加盟10カ国で実施された。1990年には第2次調査が開始され、16カ国が追加された。調査名は世界価値調査（WVS）に改められた。調査は4波（訳注：本調査は1回の調査を「波」と呼んでいる）実施されている。1981～1984年、1990～1993年、1995～1997年、1999～2001年。最終的に対象国は53カ国となり、世界人口のおよそ70％を代表するものとなっている。アンケートには、360以上の強制選択の質問が含まれている。調査対象分野には、生態学、経済、教育、情緒、家族、健康、幸福、宗教、余暇、友人などがある。

> 1990年のデータは、以下から出版されている：
> Inglehart. R. Basanez. M. & Moreno. A. (1998)。「人類の価値と信条：異文化ソースブック（Human Values and Beleifs: A Cross-Cultural Sourcebook）」アン・アーバー：ユニバーシティ・オブ・ミシガン・プレス。

> 1999／2000年のヨーロッパのデータは、以下で出版されている：
> 「ヨーロッパ価値研究：第3波（European Values Study: A Third Wave）」。「1999／2000年ヨーロッパの価値研究調査ソースブック（Source Book of the 1999/2000 European Values Study Surveys）」レーク・ハルマン、ティルバーグ大学。PO Box 90153, 5000 LE Tilburg, The Netherlands (evs@uvt.nl)。1998から2004年の完全データファイルは、現在 http://www.worldvaluessurvey.org からダウンロードできる

欧州社会調査（European Social Survey）。もうひとつの調査は、「欧州社会調査」（シティ大学ロンドン、比較社会調査センター、R. Jowellおよびセントラル・コーディネーティング・チーム）である。「欧州社会調査（ESS）」は、30カ国以上を対象に隔年で行なわれる複数国調査である。第1回は、2002／2003年に実施され、第2回は、2004／2005年、第3回は、2006／2007年に実施された。最新データは2012年である。この

プロジェクトは、欧州委員会、ヨーロッパ科学財団、参加国各々の研究資金提供機関の共同で資金供給を行なっている。このプロジェクトは、シティ大学ロンドン、比較社会調査センターのロジャー・ジョウェルが率いるセントラル・コーディネーティング・チームが指揮をしている（http://www.eruopeansocialsurvey.org）。問い合わせ先は、ess@city.ac.uk である。

　アンケートには、2つの大きなセクションが含まれており、各々がおよそ120問で構成されている。「核」モジュールは、どの回でも比較的一定しており、これに加えて2つ以上の「ローテーション」モジュールが、間隔を置いて繰り返される。核モジュールは、広範な社会的変数の変化および一貫性を観察することを目的としており、その変数には以下のようなものが含まれる：メディア利用、社会公共的信頼；政治への関心と参加；社会政治志向、統治、有効性；モラル的、政治的、社会的価値；社会的排除、国家、民族、宗教的忠誠；福利、健康、治安；人口統計と社会経済学。さらに主たる面接の最後には、回答者に対し補足アンケートが提示される。このアンケートの最初の部分は、人間的価値スケール（核の部分）であり、2番目の部分は、主アンケートの設問の信頼性と有効性を評価する一助とするための測定に特化している．完全なデータファイル（SPSSで）は、以下のサイトからダウンロードすることができる：http://ess.nsd.uib.no。

6. 業界主導組織

国際電気通信連合（International Telecommunications Union, ITU）は、全世界の電話通信に関するデータを提供する（www.itu.int）。

ビバレッジ・マーケティング・コーポレーション（The Beverage Marketing Corporation）は、在ニューヨーク。ソフト・ドリンクに関する全世界のデータを販売している（www.beveragemarketing.com）。

ホーテック（Hortec）は、ヨーロッパのホテル、レストラン、カフェなど観光産業に関するデータを発表している（www.hotrec.org）。

コムスコア（ComScore, Inc.）は、グローバル・インターネット情報プロバイダーである。同社は、独占所有のデータベースを保持している。これはインターネットが利用される無数の方法や、オンラインで起きているバラエティ豊かな活動の継続的、即時的な測定を提供するものである（www.comscore.com）。

オフコム（Ofcom）は、イギリスの放送、電気通信、無線通信部門を規制する独立機関である。刊行物は、複数国のテレビ、ラジオ、電気通信コミュニケーションに関するデータを提供する市場報告書である（www.ofcom.org.uk）。特に関連性の高いものは、「オフコム国際電気通信市場報告書（Ofcom International Telecommunications Market Report）（2010）」である。

あとがき

　本書は、Marieke de Mooij による Global Maketing and Advertising : Understanding Cultural Paradoxes, Fourth Edition, Sage, 2014 の邦訳である。原著は、文化とマーケティング分野におけるパイオニア的な書籍であり、グローバル・マーケティングおよびコミュニケーション分野の代表的なテキストでもある。1998年に初版が刊行されてから2014年まで、Global Marketing and Advertising は4版を重ねて今日に至っている。

　監訳者は原著の1版に接してから20年近くが経つが、「コミュニケーション」と「グローバル」を二本柱とするマーケティングの研究者になるにあたり、最も大きな影響を受けた一冊である。一見、「コミュニケーション」と「グローバル」は別のマーケティング領域にみえるかもしれない。しかし、真の「コミュニケーション」を理解するためには「グローバル」な消費者を理解することが求められ、「グローバル」な消費者を理解するためには、自分とは全く異なる環境下におかれた他国の消費者との「コミュニケーション」が求められる。したがって、「グローバル」と「コミュニケーション」の本質を理解し、活用することは、グローバル化の進展やソーシャルなどの新たなメディアの登場によって、革新的な戦略が求められる今日のマーケティングに欠かせない車の両輪のような存在であろう。

　世界経済のグローバル化とインターネットを中心とした情報テクノロジーの活用は、これまでわれわれが経験したことがない新たなビジネス領域を作り出した一方、経済格差を生み出す主因として指摘されている。さらに、1990年代の欧州統合に象徴されるグローバル化と、今年起きたイギリスの欧州連合からの離脱に象徴される欧州の亀裂は偶然ではない。「統合と分裂」は、洋の東西を問わず長い歴史の中で繰り返されてきている。このようなパラドックスの核心を捉え、理解することは、マーケティングに携わる人々に、より一層求められていくことだろう。

　本書の翻訳作業は2015年度から始まり、訳者の原稿に基づいて専門用語の校正と、さらに、関連分野の専門知識のない一般人でも読めるようなわかりやすい内容への校正を重ねてきた。本書は、監訳者のゼミ生や大学院の受講生を始め、千倉書房の編集部、外部の協力者の方々と議論して内容の校正作業を重ねてきた成果である。

　文化に対する深い知識に基づき原文の翻訳を進めてくれた山田恭子氏と、出版の企画だけではなく、校正作業を丁寧にサポートしてくださった千倉書房の川口理恵氏、なら

びに山田昭氏に対し、心より御礼申し上げる。さらに、浜銀総合研究所の太田和正氏、成瀬真実子氏、日経広告研究所の石村具美氏、原著者の日本側の研究協力者でもあった鈴木宏衛先生などの方々にも貴重なアドバイスを頂いた。この場を借りて御礼申し上げたい。

　アメリカを中心としたマーケティング研究一色であるといっても過言ではない今日のマーケティング学術界で、ヨーロッパ・マーケティング学会（EMAC）の日本代表理事として、ヨーロッパ・マーケティング研究の代表的な著作を国内に紹介できるようになったことは何よりも大きな喜びである。さらに、制度的な企業側のアプローチやマス・マーケティングを軸とした既存の理論的限界が浮上しつつあるグローバル・マーケティングの領域で、文化に対する試行錯誤が蓄積されたヨーロッパの研究者の著作を国内に紹介できたことが、学術界だけではなく実務の世界にも微力ながら貢献できることを願うばかりである。グローバル化時代の新たなマーケティングの領域を学習したい方々と、文化を軸としてマーケティングや広告を中心としたコミュニケーションに興味がある方々にとって参考となることを祈る。

2016年 夏
朴 正洙

主要索引

あ 行

アイコン（icon） 75
アイデンティティ（identity） 127, 129, 134, 136
eコマース（e-commerce） 278
イーミック（emic） 86
イデオロギー（ideologies） 184
イド（id） 144
インサイト（insight） 25, 66, 96
インターナショナル・ブランディング（international branding） 400
インターナショナル・メディア・プランニング（international media planning） 297-298
インデックス（index） 75

永続的部分注意（perceptual partial attention） 260
エスノセントリズム（ethnocentrism） 86, 141, 208
エティック（ethic） 86

オーラ・メディア（oramedia） 268
おもてなしの知覚（perception of hospitality） 70, 320

か 行

概念（concept） 225
拡散（divergence） 9-10
革新性（innovativeness） 169
革新的（innovative） 312
価値、価値観（value） 61, 72, 181, 184, 187, 192
価値構造（value structure） 400
価値のパラドックス（value paradox） 2, 64, 307, 373

儀式（ritual） 72
規範（norm） 184

苦情処理（complaining behavior） 168
クラスター（cluster） 191
グローバリゼーション（globalization） 2, 8

グローバル
　——・イメージ（global image） 44
　——・コミュニケーション（global communication） 2, 8, 51
　——・コミュニティ（global communities） 15
　——ネス（globalness） 44
　——部族（global tribes） 15
　——・ブランディング（global branding） 31
　——・ブランド（global brand） 39, 50
　——・マーケティング（global marketing） 2
　——・マーケティング・コミュニケーション（global marketing communication） 1, 405, 408
　——・マーケティング・ミックス（global marketing mix） 382

計画購買（planned buying） 167
見解（view） 225
言語（language） 81
　——的（verbal） 227
　——的個人（verbal personal） 227
　——的文脈（verbal contextual） 227
原産国（country of origin） 21-22, 43-44, 141, 307, 337
権力格差（power distance） 98, 108, 138, 267, 313

高コンテクスト（high-context） 99, 356
口述性の残余（remnant of orality） 228
口述的（oral） 224, 240
　——会話（oral conversation） 225
　——な定型思考（oral formulaic thought） 225
　——発話（oral utterance） 225
公正（fairness） 310
行動（behavior） 128
購買行動（buying behavior） 165, 167
コーポレート・アイデンティティ（corporate identity） 377
個人主義／集団主義（individualism/collectivism） 98, 105, 107, 237, 271, 284, 315

個人的特質(personal trait) 184
コンシューマー・エクイティ(consumer equity) 33
コンタクト・ポイント(contact point) 261
コンティンジェンシー(contingency) 14
コンテクスト(context) 98, 198
コントロール所在(locus of control) 157-158

さ 行

再生(recall) 238
自我焦点(ego focused) 149
識字能力(literacy) 223-224
次元(dimension) 181, 196, 207
資源誘因(resource-incentive) 38
自己(self) 129, 130, 136
社交辞令(social etiquette) 129
修辞学(rhetoric) 100, 233, 234
収束(convergence) 9, 10
集団主義(collectivism) 392
証言(testimonial) 354
——形態(testimonial form) 356
情緒(affect) 128, 148
象徴(symbolism) 238
情緒的(emotional) 31, 240, 242
衝動購買(impulsive buying) 167
消費者
　——行動(consumer behavior) 9, 13, 61, 127
　——行動領域(consumer behavior domains) 162
　——エスノセントリズム(cousumer ethnocentrism) 141-142, 337
　——敵対心(consumer animosity) 141-142
神経質(nervous) 133
信念(belief) 184
審美眼的な(aesthetic) 24, 338
シンボル(symbol) 72, 75
神話(myth) 32

推薦(endorsement) 354
スキーマ(schema) 153, 221, 247
ステレオタイプ(stereotype) 61, 71-72, 184, 200, 337
——化(stereotyping) 71

制作(execution) 343
成熟の効果(maturation effect) 186
生態学的錯誤(ecological fallacy) 202

世代効果(generation effect) 186
選択的知覚(selective perception) 70
相互依存自我(interdependent self) 317
ソーシャル・メディア(social media) 281-282, 290
訴求(appeal) 1, 61, 147, 235, 307, 337, 343
ソーシャル・ネットワーク・サービス(SNS) 280

た 行

ダイレクト・マーケティング(direct marketing) 289
態度(attitude) 139
対話(dialogue) 222
他者焦点(other focused) 149
男性らしさ/女性らしさ(masculinity/femininity) 98, 112, 147, 321
耽溺/抑制(indulgence/restraint) 98, 119
知的スタイル(intellectual style) 80
長期志向/短期志向(long-/short-term) 98, 110, 237, 284, 331
沈黙(silence) 222-223

ツァイトガイスト効果(zeitgeist effect) 186

低コンテクスト(low-context) 99, 351, 356

等価性(equivalent) 202
動機づけ(motivation) 144
独創的(original) 133
独立自我(independent self) 317, 319
トライバル・ブランディング(tribal branding) 35

な 行

認知(cognition) 128, 153
熱狂(enthusiastic) 133
年功効果(seniority effect) 187
年齢効果(age effect) 187

は 行

パーソナリティ(personality) 127, 129, 133, 136, 398
ハイブリッド・メディア(hybrid media) 269
バイラル・ブランディング(viral branding) 35

バイラル・マーケティング（viral marketing） 292
場からの独立（field independent） 155
発話（utterance） 222-223
PR（public relations） 379
場への依存（field dependent） 155
パラドックス（paradox） 5, 308, 310

ヒーロー（hero） 72
非言語的（nonverbal） 223, 227
平等（equality） 310

不確実性回避（uncertainly avoidance） 98, 116, 118, 138, 273, 327, 360, 384, 391
ブランディング（branding） 31, 391
ブランド
　――・ロイヤルティ（bland loyalty） 168
　――・アイデンティティ（brand identity） 396
　――・エクイティ（brand equity） 37
　――拡張適合（brand extension fit） 39
　――価値（bland values） 398
　――・ポートフォリオ（brand portfolio） 48
　――・ポジショニング・ステートメント（bland positioning statement） 393
　――・レバレッジ（brand leveraging） 38

並列処理（parallel processing） 260

包括ブランド（umbrella brand） 378
ポリクロニック（polychronic） 101-102, 263, 276

ボーン・グローバル企業（born global firm） 23
ボーングローバル（born global） 47
保証戦略（endorsement strategy） 51

ま行

マズローの欲求段階（Maslow's hierarchy of needs） 143
マルチ・タスキング（multitasking） 260

名声（prestige） 283
メタファー（metaphor） 7, 78, 96, 238, 350
メンツ（face） 140, 145-146

モノクロニック（monochronic） 101-102
モバイル・マーケティング（mobile marketing） 294

や行

有名人（celebrity, spokesperson） 35, 45, 138-139, 238, 265, 315, 317, 320-321, 324, 349, 351, 354-356

ら行

ライフスタイル（lifestyle） 142, 210
ライン・ブランド（line brand） 38

霊感（inspiration） 101
レンジ・ブランド（range brand） 38
連想ネットワーク（association network） 33, 42, 52, 261

【著者紹介】
マリーケ・デ・モーイ Ph.D.
異文化コミュニケーションの研究者、コンサルタントであり、世界の文化、マーケティング、広告に関する幅広い教育経験（スペイン、ナバーラ大学）を持つ。主な著書としては、*Consumer Behavior and Culture: Consequences for Global Marketing and Advertising* (2010) 2nd edition, SAGE. *Human and Mediated Communication Around the World: A Comprehensive Review and Analysis* (2014) Springer International などがある。

【監訳者紹介】
朴　正洙　博士（商学）早稲田大学
銀行・商社勤務を経て、2001 年 Sungkyunkwan 大学経営大学院修士課程修了、2005 年早稲田大学大学院商学研究科修士課程修了。2012 年同大学大学院博士後期課程修了。早稲田大学商学学術院助手、助教、関東学院大学経済学部准教授を経て、2015 年 4 月より駒澤大学グローバル・メディア・スタディーズ学部准教授。主な著者としては、『消費者行動の多国間分析』（千倉書房）。

グローバル・マーケティング・コミュニケーション

2016 年 9 月 16 日　　初版第 1 刷発行
2017 年 6 月 30 日　　　　第 2 刷発行

著　者　マリーケ・デ・モーイ
監　訳　朴　正洙
発行者　千倉成示
発行所　株式会社 千倉書房
　　　　〒 104-0031　東京都中央区京橋 2-4-12
　　　　TEL 03-3273-3931 ／ FAX 03-3273-7668
　　　　http://www.chikura.co.jp/

印刷・製本　藤原印刷株式会社

© JEONGSOO Park 2016 Printed in Japan
ISBN 978-4-8051-1090-4　C3063

JCOPY 〈(社)出版者著作権管理機構 委託出版物〉
本書のコピー、スキャン、デジタル化など無断複写は著作権法上での例外を除き禁じられています。複写される場合は、そのつど事前に、(社)出版者著作権管理機構（電話 03-3513-6969、FAX 03-3513-6979、e-mail : info@jcopy.or.jp）の許諾を得てください。また、本書を代行業者などの第三者に依頼してスキャンやデジタル化することは、たとえ個人や家庭内での利用であっても一切認められておりません。